NATIONAL GEOGRAPHIC

PANAMA

Mehr wissen – besser reisen

Tipp Die persönlichen Tipps der National Geographic Experten laden zum Entdecken ein

Wissen Hintergründe und Fakten zu Geschichte, Kultur, Gesellschaft, um das Land besser zu verstehen

Erlebnis Erlebnisse und Aktivitäten, die Sie sich nicht entgehen lassen sollten

NATIONAL GEOGRAPHIC

PANAMA

INHALT

Seite 2/3: Cayo Zapatilla in Bocas del Toro
❮ Ein Zweifingerfaultier auf der Isla Colón in Bocas del Toro

Farbenprächtige Häuser säumen den Casco Viejo, das historische Zentrum von Panama-Stadt.

Heim auf Stelzen auf der Isla Caranero

8 RÜCKSICHTSVOLL REISEN

Umsichtige Urlauber brechen voller Neugierde auf und kehren reich an Erfahrungen nach Hause zurück. Wer dabei rücksichtsvoll reist, kann seinen Teil zum Schutz der Tierwelt, zur Bewahrung historischer Stätten und zur Bereicherung der Kultur vor Ort beitragen. Und er wird selbst reich beschenkt mit unvergesslichen Erlebnissen.
Möchten nicht auch Sie verantwortungsbewusst und rücksichtsvoll reisen? Dann sollten Sie folgende Hinweise beachten:

- Vergessen Sie nie, dass Ihre Anwesenheit einen Einfluss auf die Orte ausübt, die Sie besuchen.
- Verwenden Sie Ihre Zeit und Ihr Geld nur auf eine Weise, die dazu beiträgt, den ursprünglichen Charakter eines Ortes zu bewahren. (Auf diesem Weg lernen Sie ein Land auch sehr viel besser kennen.)
- Entwickeln Sie ein Gespür für die ganz besondere Natur und das kulturelle Erbe Ihres Urlaubslandes.
- Respektieren Sie die heimischen Bräuche und Traditionen.
- Zeigen Sie den Einheimischen ruhig, wie sehr Sie das, was den besonderen Reiz ihres Landes ausmacht, zu schätzen wissen: die Natur und die Landschaft, Musik, typische Gerichte, historische Dörfer oder Bauwerke.
- Scheuen Sie sich nicht, mit Ihrem Geldbeutel Einfluss zu nehmen: Unterstützen Sie möglichst solche Einrichtungen oder Personen, die sich um die Bewahrung des Typischen und Althergebrachten bemühen. Entscheiden Sie sich für Läden, Restaurants, Gaststätten oder Reiseanbieter, denen offensichtlich an der Bewahrung ihrer Heimat gelegen ist. Und meiden Sie Geschäfte, die den Charakter eines Ortes stören.
- Wer auf diese Weise reist, hat mehr von seinem Urlaub, und er kann sicher sein, dass er seinen Teil zum Erhalt und zur Verbesserung eines Ortes oder einer Landschaft beigetragen hat.

Diese Art des Reisens gilt als zeitgemäße Form eines sanften, auf Nachhaltigkeit bedachten Tourismus; NATIONAL GEOGRAPHIC verwendet dafür auch den Begriff des »Geo-Tourismus«. Gemeint ist damit ein Tourismus, der den Charakter eines Ortes – seine Umwelt, seine Kultur, seine natürliche Schönheit und das Wohlergehen seiner Bewohner – nicht aus den Augen verliert. Weitere Informationen zum Thema gibt es im National Geographic's Center for Sustainable Destinations unter *nationalgeographic com/travel/sustainable-destinations-photos/.*

ÜBER DEN AUTOR UND FOTOGRAFEN

Christopher P. Baker Nach einem Geografie-Studium an der Universität London und Lateinamerika-Studien an der Universität Liverpool ließ sich der Autor Christopher P. Baker in Kalifornien nieder und begann seine berufliche Laufbahn als Reiseautor, Fotograf und Lektor. Neben mehr als 200 Publikationen schrieb er über 20 Reiseführer für führende internationale Verlage, darunter National Geographic Reisehandbücher zu Costa Rica, Kuba und der Dominikanischen Republik sowie *Mi Moto Fidel: Auf dem Motorrad durch Kuba*. Als zweifach preisgekrönter Autor ist Baker ständiger Experte für National Geographic und begleitet Kreuzfahrten nach Costa Rica und Panama sowie Reisen und Fotoexpeditionen von National Geographic nach Kuba und Kolumbien. 2008 gewann er den begehrten Lowell Thomas Award als Reisejournalist des Jahres.

Gilles Mingasson Der Fotograf Mingasson wuchs im französischen Grenoble auf, bevor er in Paris als Fotojournalist tätig wurde. Nachdem er für einen Auftrag in die USA geschickt worden war, wählte er Los Angeles als Ausgangsbasis. 1990 fuhr Mingasson mit dem Fahrrad 12 000 Kilometer mit zwei Kameras quer durch die Sowjetunion. Am Vorabend tiefgreifender Umwälzungen, die von vielen noch gar nicht verstanden wurden, fotografierte er Menschen, die ihr ganzes Leben unter der Sowjetherrschaft verbracht hatten. Heute arbeitet Mingasson an Dokumentar- und Fotoberichten für Kunden wie *Newsweek, Fortune, Readers's Digest, Scholastic, Sky, Le Nouvel Observateur, L'Equipe, La Repubblica Delle Donne, Espresso, Elle* und *Le Figaro*. Zu seinen Arbeiten zählen Berichte über die NASCAR Dads, die Auswirkungen der globalen Erwärmung auf ein Dorf der Inuit und eine Dokumentation über Latinos in den USA. Aufträge führten ihn nach Asien, Australien, Lateinamerika, Europa, Indien und Nordafrika.

Detail einer 1200 Jahre alten Keramik, Veraguas-Museum, Santiago

TIPPS DER NATIONAL GEOGRAPHIC-REISEEXPERTEN

ZEHN SPOTS, DIE SIE NICHT VERPASSEN DÜRFEN

1

Spaziergang durch den Casco Viejo

Der Casco Viejo (siehe S. 72ff.) ist das koloniale Herz von Panama-Stadt und UNESCO-Welterbe. Spanier, Franzosen und Amerikaner haben ihre Handschrift hinterlassen und das »Alte Viertel« in ein lebendiges Museum verwandelt. Malerische Kirchen wie die Catedral Metropolitana stehen an hübschen, von Straßencafés gesäumten Plätzen. Eindrucksvolle Bauwerke wie der Palacio Presidencial sind Zeugen von Panamas wechselhafter Geschichte, die auch in zahlreichen Museen veranschaulicht wird.

2

Vor der Isla Granito de Oro schnorcheln

Der Parque Nacional Isla Coiba ist das größte Meeresschutzgebiet Panamas. Vor einer Kulisse tiefgrünen Regenwaldes, der vom Lärm der Brüllaffen und dem Gekreische bunter Aras widerhallt, breiten sich wunderbare Tauchreviere aus. Bestens geeignet, auch für ungeübte Schnorchler, ist das warme Wasser am Strand von Granito de Oro (siehe S. 183). Hier teilt man sich das glasklare Wasser mit Grünen Meeres- und Karettschildkröten, während harmlose Ammenhaie gemächlich vorbeiziehen.

3

Eine Bootsfahrt durch den Panamakanal

Zu einer Reise nach Panama gehört eine Schiffsfahrt auf dem Panamakanal. War das Land zur Zeit der Konquistadoren Transitland für ungeheure Reichtümer nach Spanien, so ist es seit dem 19. Jahrhundert die berühmteste Abkürzung der Welt mit dem Suezkanal. Auf Teildurchfahrten (siehe S. 116ff.) erlebt man die Faszination dieser Wasserstraße.

4

In Guna Yala *molas* kaufen

Kein anderes indigenes Volk in Panama konnte seine traditionelle Lebensweise so gut bewahren wie die Guna in der Comarca de Guna Yala. Berühmt sind ihre *molas*, Stoffbilder mit buntem Linienspiel, die zum Symbol der Guna-Kultur avanciert sind. Allerdings muss hart gefeilscht werden (siehe S. 142), will man eines der hochwertigeren Stücke erstehen.

5

Relaxen am Strand des Archipiélago de las Perlas

In diesem Archipel hat man die Qual der Wahl aus 200 Inseln. Ob an den weißen Sandstränden der unbewohnten Isla Mogo Mogo oder Isla Chapera (siehe S. 127) oder an den zahlreichen Traumstränden der Isla Contadora (siehe S. 127), deren Schönheit mit der von Perlen verglichen wird – hier findet jeder sein persönliches Paradies zum Entspannen.

6

Walbeobachtung im Golf von Panama

Dutzende Wal- und Delfinarten tummeln sich vor den Küsten Panamas. Das warme Wasser nutzen die Meeressäuger als Paarungs- und Geburtsrevier. Ideale Bedingungen also, um auf Walbeobachtungstouren (siehe S. 184) Buckel-, Bryde-, Finn-, Grind- oder gar gigantische Blauwale aus nächster Nähe zu sehen.

7

In den Bergnebelwäldern des Vulkans Barú

Panamas einziger Vulkan, der Barú, ist mit einer Höhe von 3475 Metern auch der höchste Berg des Landes. Die von Nebelwäldern bewachsenen Hänge sind leicht zugänglich und bieten neben fantastischen Wanderwegen auch die Gelegenheit, die geheimnisvollen Quetzals zu beobachten (siehe S. 223).

8

Frisch geernteten Kaffee in Boquete kosten

In Boquete im Siedlungsgebiet der Ngöbe-Buglé wird auch Panamas bester Kaffee angebaut. Einige Produzenten und Röster bieten Besichtigungen ihrer *cafetales* an. Die schönste Plantage ist die Finca Lérida (siehe S. 221), auf der Besucher einen frisch gerösteten Kaffee mit Blick auf die Kaffeefelder genießen.

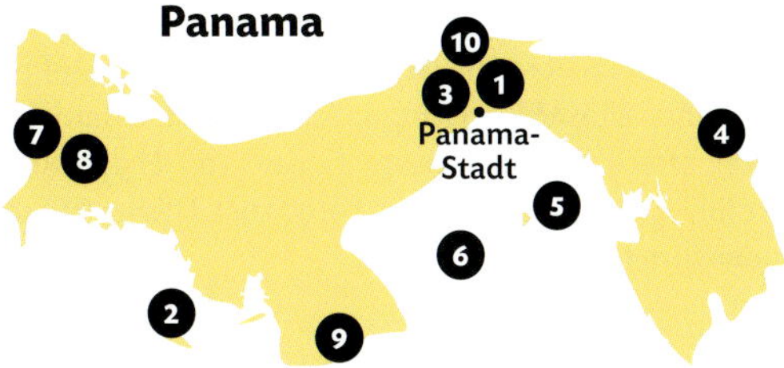

9

Kolonialstädte und Folklore-Tradition auf Azuero

Die Halbinsel Azuero gilt als Seele der Nation und hat sich in Ortschaften wie Chitré (siehe S. 192) oder Parita (siehe S. 194) nicht nur die koloniale Architektur erhalten können, sondern ist auch das Land der Cowboys. Berühmt sind die über 500 jährlichen Feste auf der Halbinsel, darunter der »Tanz der Teufel« in Villa de los Santos (siehe S. 192). Hier kann man auch die schönsten *polleras*, die Nationaltracht Panamas (siehe S. 198), bestaunen.

10

Vogelbeobachtung vom Baumkronenturm

Panama ist ein Paradies für Vogelbeobachter, besonders in den Baumkronen der Regenwälder. Eine tolle Möglichkeit, um Motmots, Weißflügel-Faulvögel und andere Arten zu sehen, ist der Canopy Tower, eine zur Ökolodge umgewandelte Radarstation im Parque Nacional Soberanía (siehe S. 114). Für ihren Vogelreichtum bekannt ist auch die Pipeline Road (siehe S. 114), die zum Panama Rainforest Discovery Center mit einem 40-Meter-Aussichtsturm führt.

TOP 5 FOTO-TIPPS

Die NATIONAL GEOGRAPHIC **Your Shot** Community, 2006 gegründet, hat mehr als eine halbe Million Mitglieder aus 196 Ländern. Sie steht allen Interessierten offen, ob Hobbyfotograf oder Profi. Dieses Reisehandbuch präsentiert Ihnen die fünf schönsten Fotos zum Thema Panama – als Inspiration oder zum Nachfotografieren.

1

Blick aus der Vergangenheit in die Zukunft

Bei der Suche nach einem schönen Motiv stieß Walter Arbaiza in Panama-Stadt auf dieses verfallene Haus. Vielleicht schauten seine Bewohner einst ebenfalls durch dieses Fenster auf die sich rasant wandelnde Metropole.
Brennweite: 70 mm – Belichtungszeit: 1/400 s – Blende: f/16 – ISO 100

2

Die *pollera*, der Stolz der Panamaerinnen

Bei festlichen Anlässen zeigen die Frauen ihre *polleras*, die aufwendige Nationaltracht. In Panama-Stadt konnte T. Maruyama mit diesem Foto einfangen, mit welchem Stolz das prachtvolle Gewand bis heute getragen wird.
Belichtungszeit: 1/125 s – Blende: f/5,6

3

Begegnung mit Erdbeerfröschchen

Am Red Frog Beach in Bocas del Toro fühlt sich der Rote Pfeilgiftfrosch, auch Erdbeerfröschchen genannt, besonders wohl. Lange musste Nick Smith nicht suchen, bis er ein schönes Exemplar vor die Linse bekam.
Brennweite: 6 mm – Belichtungszeit: 1/125 s – Blende: f/8 – ISO 250

4

Chorizo in der Feuerglut

Stimmungsvolle Motive boten die Essensstände vor dem Eingang zu einem Open-Air-Konzert in Panama-Stadt. Die Köchin am Grill mit feurigen Chorizos faszinierte Fotografin Maria Gonzales besonders.

Brennweite: 50 mm – Belichtungszeit: 1/1000 s – Blende: f/1,6 – ISO 2000

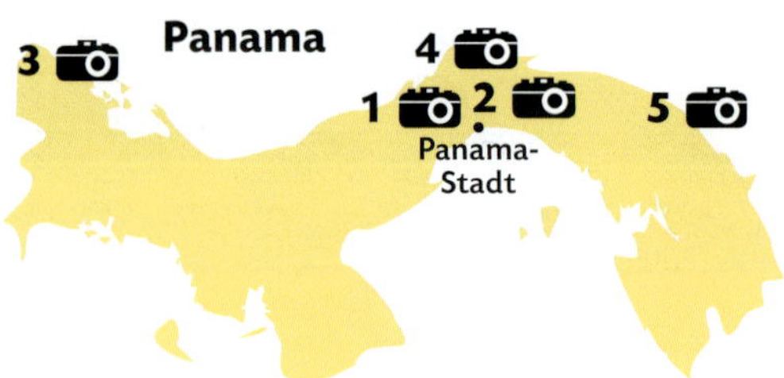

5

Per Boot ins Paradies

Cayucos sind die gängigen Transportmittel in der Inselwelt Panamas. Mit ihnen gelangt man auch zu den entlegenen Inseln. Natalia Zisa war in Guna Yala unterwegs, um ihr persönliches Paradies zu finden. Als sie bei San Blas aus dem Boot stieg, wusste sie, dass sie es gefunden hatte.

Brennweite: 18 mm – Belichtungszeit: 1/200 s – Blende: f/14 – ISO 100

Sie wollen mit Ihren Fotos Teil der Your Shot Community werden? Nähere Infos finden Sie unter yourshot.nationalgeographic.com

Großartig und dramatisch durchmisst er einen ganzen Kontinent: der Panama-Kanal, der ebenso heißt wie das Land, das er zerteilt. Doch neben dem Kanal hat das Land eine Menge weitere Schätze zu bieten. Panama wartet mit staunenswerten Wildtieren, unberührten Stränden und dem modernen Komfort der Hauptstadt auf.

Panama verbindet zwei riesige Kontinente und Ozeane miteinander und vereint deren jeweilige Flora und Fauna. Meere, Berge und Wälder strotzen nur so von Tieren und Vögeln. Zudem ist Panama-Stadt eines der weltweit größten Finanzzentren und eine kosmopolitische Hauptstadt, die auf eine reiche und auch bewegte Geschichte zurückblicken kann.

ANREISE

Die meisten Besucher reisen per Flugzeug oder Schiff an. Innerhalb des Landes reist man am besten mit dem Auto, in entlegene Gebiete besser mit Allradantrieb. Inseln erreicht man per Boot oder kleinem Flugzeug. Kurzbesuche sollten sich auf Panama-Stadt und den angrenzenden Kanal beschränken, vielleicht noch auf einen Abstecher in eines der entlegeneren Gebiete, um die tropische Natur und die Kultur der Ureinwohner zu erleben. Wer länger bleibt, kann sich die Kaffeekultur des Hochlands und die herrlichen Surfstrände der Karibik erschließen.

EINWÖCHIGE REISEN

Eine einwöchige Reise sollte **Panama-Stadt** zum Ausgangspunkt nehmen. Hier können die Ruinen von Panamá Viejo sowie der Casco Antiguo erkundet werden, der lebendige koloniale Altstadtkern. Ein Muss sind darüber hinaus das Museo del Canal Interoceánico, die Catedral Metropolitana und die Plaza de Francia. Man sollte durch den Stadtteil Balboa spazieren, das Verwaltungsgebäude des Panamakanals und das Biomuseo besichtigen. Die modernen Viertel von Panama-Stadt strotzen vor Hotels, Restaurants und Nachtklubs. Die wichtigsten Orte lassen sich in zwei Tagen besichtigen.

Wissen

BESUCHERINFORMATION

Die zentrale Touristenorganisation ist die **Autoridad de Turismo Panama** (*ATP; BICSA Financial Center, Ave. Balboa u. Alquilino de la Guardia, Panama City, Tel. 526-7000, www.visitpanama.com*). ATP-Büros gibt es im ganzen Land; die Standorte können unter *www.atp.gob.pa/oficinas-regionales* eingesehen werden. Die Umweltbehörde des Landes, das **Ministerio de Ambiente** (*www.miambiente.gob.pa*), verwaltet die Nationalparks und andere Schutzgebiete.

Panama-Stadt ist ein guter Ausgangspunkt für Ausflüge zum nahegelegenen Kanal, den man vom **Besucherzentrum an den Miraflores-Schleusen** überschauen oder per Boot erkunden kann; Bootsausflüge können bei örtlichen Anbietern gebucht werden. Die Wasserscheide des Flusses **Chagres** eignet sich hervorragend zur Vogelbeobachtung, z. B. vom Canopy Tower oder dem Gamboa Rainforest Resort aus, wo eine Seilbahn eine tolle Perspektive bietet, sowie für Wildwasserfahrten. Im karibischen Hafen **Portobelo**, 45 Kilometer östlich von Colón, erinnern Festungen an spanischen Wohlstand und die seeräuberische Vergangenheit. Hier kann man zwischen Korallenriffen und nach Wracks spanischer Schatzgaleonen tauchen. Von Panama-Stadt lässt sich selbst der entlegenste Winkel in drei Autostunden erreichen. Für Kanal und Karibik sollte man sich zwei Tage Zeit nehmen.
Für einen Kurzstopp auf **El Porvenir**, der Hauptinsel der San-Blas-Inseln, kann man ein Flugzeug chartern. Auf Wichub Huala gibt es *molas* zu kaufen – handgearbeitete Nähkunstwerke mit mehrschichtigen Applikationen. Von dort kann man ein Boot mieten und zur **Isla de los Perros** fahren, in türkisem Wasser schnorcheln und sich auf unwiderstehlichen weißen Stränden sonnen. Man kann dort auch übernachten, um in die indigene Kultur einzutauchen. Am nächsten Tag fliegt man zurück nach Panama-Stadt und von dort weiter Richtung **Darién**, um Vögel zu beobachten und durch das größte intakte Regenwaldgebiet Mittelamerikas zu wandern. Bei Ancon Expeditions *(Tel. 269 94 15, www.anconexpeditions.com)* können Zweitagestouren gebucht werden, entweder zum 457 Meter hoch gelegenen **Cana** im Nationalpark Darién oder zur **Reserva Natural Punta Patiño**. Beides sind lohnende Ziele, um Harpyien, Aras, Affen und diverse andere Tiere zu beobachten, mit viel Glück vielleicht sogar eine scheue Großkatze.

WER MEHR ZEIT HAT

Panama bietet eine erstaunliche Vielfalt, darunter auch ein paar herrliche Strände. Einige der schönsten säumen die Ufer des **Archipiélago de las Perlas**; ein Flug zur Isla Contadora lohnt sich

Für Vogelbeobachter sind die Gelbbrustaras in den Tiefebenen Ostpanamas eine Augenweide.

Wissen

TRINKGELD-TIPPS

Trinkgeld gibt man nicht automatisch, aber man kann damit guten Service belohnen. Die meisten Restaurants berechnen eine Servicepauschale von 10 Prozent. Bei Gruppenreisen erhält der Reiseleiter ein Trinkgeld von 3–5 US-Dollar pro Tag und Person; 10 US-Dollar pro Tag und Person ist angemessen für Fremdenführer. Hotelpagen erwarten 1 bis 2 US-Dollar pro Koffer. Zimmermädchen sind mit 1 bis 2 $ pro Tag gut bedient. Taxifahrer erwarten kein Trinkgeld.

schon deshalb. Alternativ kann man auch mit dem Auto zur **Playa Blanca** fahren und unterwegs im **El Valle de Antón** übernachten, einer Art »Aussteiger«-Dorf in einem Krater, um dort zu wandern, zu reiten oder sich auf der Seilrutsche von Canopy Adventure einen Adrenalin-Kick zu geben. Die **Halbinsel Azuero**, das Herzstück der Folklore-Tradition, ist nicht nur mit Kolonialstädten gespickt, sondern bietet in den küstennahen Feuchtgebieten auch hervorragende Möglichkeiten zur Vogelbeobachtung. Eine kurze Bootstour zur **Isla Iguana** lohnt, um Kolonien von Fregattvögeln zu sehen oder einen Wal zu erspähen. Surfer finden hier perfekte Bedingungen. Und wer gern feiert, kommt in dieser Festival-Hochburg garantiert nicht zu kurz, vom Festival de la Pollera bis hin zum Karneval in La Tabla.

Sportangler und -taucher kommen in den Wassern vor der **Isla Coiba** auf ihre Kosten, die man per dreistündiger Bootsfahrt vom Surferparadies Playa Santa Catalina erreicht. Vogelbeobachter und Wanderer können vom Interamerican Highway abfahren und im Inland aus einer Vielfalt von Mög-

Wissen

NASS ODER TROCKEN? DIE BESTEN REISEZEITEN

In Panama gibt es ausgeprägte Regen- (Mai bis November) und Trockenzeiten. Die Trockenzeit mit heiterem Himmel und seltenen Regenschauern eignet sich am besten. Dann sind aber auch Hotels ausgebucht, Mietautos vergeben und die Preise am höchsten. Doch in Panama gibt es zahlreiche Klimazonen mit vielen Mikroklimata und regionalen Abweichungen. An der karibischen Küste und in Darién kann es das ganze Jahr über regnen. Die Temperaturen differieren in den einzelnen Landesteilen wenig; nur in der trockenen Azuero-Region kann es im Sommer siedend heiß werden. Die Tiefebenen sind dauerhaft schwül und feucht. Während der Regenzeit sind Hotels und Mietautos gut verfügbar, und der Regen lässt die Vegetation üppig sprießen. In vielen Landesteilen regnet es oft nur nachmittags, und die Schauer währen meist kurz. Dennoch gilt: Schwere und andauernde Niederschläge sind überall möglich; die Karibikküste und Darién verzeichnen fast täglich starke Regenfälle.

lichkeiten wählen: dem **Parque Nacional Omar Torrijos** und dem **Parque Nacional Santa Fé de Veraguas**; weiter südlich bei **Natá** warten präkolumbianische Stätten. Wer Hochlandvögel sehen will, sollte etwas Zeit in der Stadt **Boquete** verbringen, die Ausgangspunkt für Wanderungen zum **Volcán Barú** ist. Auch von dem am südlichen Zipfel des Nationalparks La Amistad gelegenen Bergdörfchen **Cerro Punta** kann der Vulkan erklommen werden. Tropische Strände genießt man am besten in **Bocas del Toro**. Der Archipel wird dank toller Surfstrände, bunter Korallenriffe, tierreicher Wälder und des entspannten afro-karibischen Flairs immer beliebter.

Spielende Kinder in einer schmalen Seitenstraße des Casco Viejo von Panama-Stadt

FREIZEITAKTIVITÄTEN

Sowohl an der Pazifik- als auch an der Karibikküste gibt es großartige Surfspots, inklusive einer Vielzahl von Surfschulen für Anfänger. **Playa Santa Catalina** und **Bocas del Toro** sind hier tonangebend. In Panama gibt es traumhafte Korallenriffe, besonders um die Isla Coiba, den Archipiélago de las Perlas und vor der östlichen Karibikküste. Im Gebiet von Guna Yala ist Tauchen zwar verboten, der einstige Schatzhafen von Portobelo an der Karibikküste macht jedoch eine Ausnahme. Ozeanriesen sind die Besuchermagneten des **Parque Nacional Marino Golfo de Chiriquí**, von dem auch Sportangler begeistert sein werden. Der Lago Gatún bietet ein Angelrevier mit vielen großen Barschen. Sportfischerboote legen von der Tropic Star Lodge an der Küste von Darién ab, um es vor der Hannibal Bank mit einem Marlin aufzunehmen. Wildwasserfahrten gibt es vor allem auf dem Fluss Chagres nahe Panama-Stadt und auf dem Chiriquí bei Boquete. ■

Wissen

EIN AUTO MIETEN

Die Einheimischen fahren oft rücksichtslos. Lassen Sie nichts im Auto zurück, was gestohlen werden könnte! Bußgelder nie an Ort und Stelle bezahlen, sondern nur zusammen mit dem Personal der Autovermietung. Eine Versicherung ist Pflicht. Die meisten Autovermietungen akzeptieren ausländische Versicherungen, wenn garantiert ist, dass Panama inbegriffen ist. Halten Sie sich an die Geschwindigkeitsbegrenzungen und bleiben Sie stets wachsam.

Geschichte und Kultur

❮ Aufführung des *congo* in Portobello. Der Tanz ist ein Teil des afro-antillanischen Erbes.

In Panama, einem schmalen Tropenstaat, gibt es Regenwälder voller exotischer Tiere, Nebelwälder um die Gipfel zerklüfteter Gebirge und lebendige indigene Kulturen. Eine reiche Flora und Fauna entwickelte sich neben Befestigungen und verschlafenen Kolonialdörfern. Panama wird sich seines großen Potenzials gerade erst bewusst.

Der Tourismus hat Panama erst spät für sich entdeckt, ein Grund war sicherlich die Gewaltherrschaft des Diktators Manuel Antonio Noriega (1934–2017), der seit der Invasion der US-Militärs im Jahr 1989 bis zu seinem Tod in Haft saß. Heute arbeitet das Land erfolgreich am Aufbau einer stabilen Demokratie. Natürlich hat Panama immer noch politische und wirtschaftliche Probleme. Aber deren Existenz hat für Touristen kaum eine

Rescacielos – Wolkenkratzer – kratzen am Nachthimmel von Bella Vista, Panama-Stadt

Bedeutung, wohingegen sich viele Besucher von den Piratengeschichten einer lange zurückliegenden Vergangenheit faszinieren lassen.

In den alten Festungen von Portobelo und San Lorenzo glaubt man geradezu noch die Enterhaken niedergehen und den Rauch der Kanonen riechen zu können. Die Ruinen von Panama Viejo (Alt-Panama) sind stumme Zeugen für die Brutalität, mit der der Pirat Henry Morgan (1635–88) die Stadt angriff. Die teilweise überwucherten Pflastersteine des Camino Real sowie des Camino de Cruces erinnern an die Schatzstraßen, die einst Panama Viejo und Portobelo verbanden. Wandert man über diese bemoosten Pfade, kann man fast die Schreie der mit Gold- und Silberbarren für die spanischen Galeonen beladenen Maulesel hören. Panama-Stadt – eine moderne Metropole mit glitzernden Wolkenkratzern – ist stolz auf seine Vergangenheit, insbesondere auf das Juwel aus der Kolonialzeit, den Casco Viejo. Dieses alte Viertel ist voller Museen, Restaurants und Jazz-Clubs zwischen Stadtvillen in impressionistischen Farben.

In den Festungen Portobelos und San Lorenzos glaubt man Enterhaken klingen und Kanonenrauch spüren zu können.

Das temperamentvolle Land ist voller Kontraste. Die Kanalzone – der Grünstreifen entlang des Kanals – ist ein endloses Band aus Waldgebieten, das nach Süden in den Darién übergeht, dessen Regenwälder Jaguare, Affen, Pfeilgiftfrösche und viele andere Arten beherbergen. Auf der Halbinsel Azuero wird es trockener und staubiger; Cowboys reiten gemächlich durch Dörfer aus der Kolonialzeit. Die Chiriquí-Hochebene umfasst schroffe Berge, an deren Ausläufern sich grüne Kaffeeplantagen entlangziehen, über

Wissen

HÖFLICHKEIT IN PANAMA

Als Besucher unterwegs in Panama gilt es möglichst folgende Fehltritte zu vermeiden:

- **Beim Händeschütteln nicht zu fest zudrücken!**
- **Die Einwohner sind stolz auf ihr Land und reagieren besonders empfindlich auf Anspielungen auf den vergangenen US-Imperialismus.**
- **Bescheiden sein und sich nicht wie ein Besserwisser benehmen.**
- **Unangemessene »Komplimente« gegenüber Frauen unterlassen.**

ihnen wolkenverhangene Wälder, die Heimat des Quetzals, eines Vogels von atemberaubender Schönheit. Die Karibikküste – mit Korallenriffen in jadegrünen Gewässern – bietet einen interessanten Mix zweier Kulturen: die eine tief verwurzelt im afro-karibischen Erbe, die andere entstanden aus der Kultur der indigenen Guna-Völker, deren Frauen sich so extravagant kleiden wie die exotischsten, bunten Papageien.

Apropos Vögel: Alle Besucher schwärmen von der großartigen Vogelwelt. Sportangler kommen dagegen wegen Meeren voller preisverdächtiger Fänge – Dorade, Blauer Marlin, Gelbflossenthun und sogar Cichlabarsch. Wanderbegeisterte können die Gipfel im Nationalpark Volcán Barú und im Parque Internacional La Amistad erklimmen. An zwei Dutzend Stränden kann man die Eiablage der Meeresschildkröten beobachten, und gekrönt wird der Ausflug in eine faszinierende Tierwelt durch einen Besuch bei den Walen vor dem Archipiélago de las Perlas. Ein Muss für jeden Panamabesucher ist eine Bootstour durch die gewaltigen Schleusen des Kanals.

DIE PANAMAER

Wenn man ein Land als Schmelztiegel bezeichnen kann, dann ist es Panama mit einer Bevölkerung von mehr als vier Millionen Menschen aus aller Herren Länder. Großartig gekleidete Guna, spärlich bekleidete Emberá-Wounaan, Afrokariben, hinduistische Händler, chinesische Supermarktbetreiber, »reinblütige« Vertreter der spanischen Elite – aber die Mehrheit sind Angehörige verschiedenster Ethnien.

Die ersten Spanier, die kamen, waren auf der Suche nach Gold und fanden blühende indigene Kulturen vor. Viele fielen sehr schnell aus Europa eingeschleppten Krankheiten sowie dem Wüten der spanischen Konquistadoren des 16. Jahrhunderts zum Opfer, überlebt haben noch sieben reinblütige indigene Kulturen. Durch die Verbindung von indigenen Völkern und Spaniern entstand die exotische Bevölkerungsgruppe der Mestizen, die heute über 65 Prozent der Gesamtbevölkerung ausmachen, und auch französische, niederländische und englische Händler sowie Piraten beteiligten sich an dem Bevölkerungsmix. Diese Ausländer wurden ebenso schnell in die hauptsächlich Spanisch sprechende Hauptkultur assimiliert wie die afrikanischen Sklaven, die während des 16. und 17. Jahrhunderts nach Panama gebracht wurden. Viele dieser Sklaven flüchteten in Dschungelverstecke und gründeten Gemeinschaften, die heute stolz auf ihre Vorfahren, die *cimarrones* (Flüchtigen), sind. Aus deren Verbindung mit den indigenen Völkern entstanden die Mestizen als weitere Ethnie im Schmelztiegel Panama.

Zu Beginn des 20. Jahrhunderts setzte eine hundertjährige Einmischungsgeschichte der Vereinigten Staaten in Panama ein. Während des zehn Jahre dauernden Kanalbaus von 1904 bis 1914 hatten amerikanische Ingenieure das Kommando über fast 60 000 Arbeiter aus aller Welt, hauptsächlich aus der Karibik. Viele blieben, so wie auch die Familien von fast 10 000 amerikanischen Arbeitern und amerikanische Militärangehörige. In den letzten Jahren kam eine neue Gruppe Amerikaner und Europäer hinzu, die ihren Lebensabend in der Sonne verbringen wollen und sich vor allem um Boquete und Bocas del Toro niedergelassen haben.

NATIONALGEFÜHL

Die Menschen in Panama haben eine gespaltene Beziehung zu den Vereinigten Staaten. Panama wurde Kolumbien in einem ersten Beispiel US-amerikanischer Kanonenbootdiplomatie entrissen, und die Amerikaner

Der Río Caldera verläuft entlang der Hänge des Volcán Barú, eines Kaffeeanbaugebiets.

Diablos (Teufel) tanzen am Fronleichnamsfest in Villa de los Santos.

schrieben 1904 die Verfassung, die den Menschen eine Unabhängigkeit an der kurzen Leine garantierte. Die 16 Kilometer breite Panama-Kanalzone, in der die Wasserstraße mit einer Gesamtlänge von 80 Kilometern liegt, wurde amerikanisches Staatsgebiet mit über zwölf Militärstützpunkten, was den Menschen aus Panama ein Dorn im Auge war. 1964 schlug der Unmut in offenen Hass um. Der anschließende Erfolg von Omar Torrijos Herrera (1929–81) bei den Verhandlungen um den Panamakanal-Vertrag, durch den Panama den Kanal zurückerhielt, resultierte in einem Rausch der Souveränität, der *soberanía*. Seit 1999 ist das Land nun vollständig unabhängig. Einige schauen mit Wehmut auf die Zeiten zurück, als das US-Militär viele Tausend Zivilisten zu Sonderkonditionen beschäftigte und jedes Jahr 350 Millionen US-Dollar in die Wirtschaft des Landes pumpte.
Mehr als 75 Prozent der Bevölkerung des Landes leben in Städten; jeder Dritte in Panama-Stadt. Außer Colón und David sind die meisten Städte relativ kleine, von Landwirtschaft und Handel geprägte Zentren. Die Mehrheit der Landbevölkerung lebt einfach, baut im Hochland Kaffee und landwirtschaftliche Produkte an und widmet sich in der Tiefebene der Viehzucht, wo jeder Tag an die Zeit der Cowboys erinnert – vor allem auf der Halbinsel Azuero.

LEBENSSTANDARD

Die Lebenserwartung der Menschen in Panama ist etwa so hoch wie in anderen entwickelten Staaten. Der Zugang zu Bildung ist frei, und die Kosten für Gesundheitsversorgung sind gering, doch es gibt sehr deutliche regionale Unterschiede. Panama-Stadt beispielsweise ist ein führendes Bankenzentrum mit einer ausgeprägten Mittelschicht.

Das Pro-Kopf-Einkommen in Panama ist mit 14 500 US-Dollar für Mittelamerika erstaulich hoch, doch gibt es Unterschiede. Über 30 Prozent der Bevölkerung leben in Armut, viele von ihnen in den Slums der Städte. Viele Tausend verarmter *colonos* (Wanderarbeiter aus der Landwirtschaft) praktizieren die Brandrodung und fällen wertvolle Wälder für Weideflächen. Vielfach wird kritisiert, dass die Elite von Panama-Stadt, die sich in ihre edlen Wohnanlagen zurückgezogen hat, keinerlei Interesse am Elend der verarmten Ngöbe-Buglé oder der Bewohner der Provinz Darién zeigt, von denen viele Nachkommen afrikanischer Sklaven sind. Viele Menschen sprechen von einer Hackordnung unter den Völkern und einer Verbindung zwischen sozioökonomischem Status und Volksgruppe. Noch immer sind Menschen mit indigenem Hintergrund und Schwarze Diskriminieringen ausgesetzt.

INDIGENE VÖLKER HEUTE

In Panama leben etwa etwa 430 000 Menschen indigener Völker, knapp zwölf Prozent der Bevölkerung, die meisten in einem der fünf autonomen Bezirke *(comarcas)* mit Selbstverwaltungsrecht. Trotz der Verabschiedung von Gesetzen, die diese Kulturen schützen sollen, vergibt die Regierung Minen- und Holzgesellschaften Abbaugenehmigungen für die Gebiete der amerikanischen Ureinwohner.

Panamas größtes indigenes Volk sind die Ngöbe-Buglé mit fast 200 000 Menschen, die im westlichen Hochland leben. Aber in den 1930er-Jahren drängten transnationale Bananen-Handelsgesellschaften und Viehzüchter die Ngöbe aus ihren Lebensräumen; gefangen in Armut, bleibt ihnen nur die Brandrodung zur Erschließung neuer Anbauflächen, während sich ein Teil des Volkes in der Kaffeeernte oder als Wanderarbeiter auf den Plantagen verdingt. Im Oktober 1996 marschierten mehrere hundert Ngöbe-Buglé auf Panama-Stadt und forderten ihre *comarca,* die im folgenden Jahr eingerichtet wurde. Sie umfasst ein Zehntel der Fläche Panamas in Bocas del Toro, Chiriquí und Veraguas. Die Guna mit etwa 50 000 Menschen leben im südlichen Bereich der Karibikküste und bevölkern seit mehreren hundert Jahren das Archipiélago de San Blas. Im frühen 20. Jahrhundert versuchte die Regierung Panamas die Traditionen der Guna zu unterdrücken und zwang ihnen die westliche Kultur auf. 1925 kam es zu Ausschreitungen, und die Guna erhielten kulturelle und politische Autonomie. Sie leben traditionell

Die Landbevölkerung führt ein einfaches Leben mit Kaffeeplantagen und Farmen im Hochland und Viehzucht im Tiefland.

Wissen

REDEWENDUNGEN DER NGÖBE-BUGLÉ

Die Guaymí-Bevölkerung in Westpanama und im Osten Costa Ricas besteht aus verschiedenen Volksstämmen. Mit rund 200 000 Menschen zahlenmäßig größter Stamm sind die Ngöbe, die sich mit den Buglé vermischt haben. Sie leben in einer *comarca*, einem indigenen Territorium, das sich in sieben Bezirke in den Provinzen Chiriquí, Bocas del Toro und Veraguas gliedert und etwa neun Prozent der Landesfläche einnimmt. Gesprochen wird *Ngäbere*, eine Variante der *Chibcha*-Sprache. Ein Viertel der Ngöbe-Buglé-Volksgruppe spricht nur *Ngäbere*. Hier einige Redewendungen:

yan-tera dego – **Guten Morgen!**
yan-tera dere – **Guten Tag!**
yan-tera day-oo – **Guten Abend!**
ma bone-yo – **Hallo!**
ma cone-yo – **Wie heißt du/heißen Sie?**
ti go ... – **Ich bin/ich heiße ...**
atwai hederre – **Bis später/Tschüss!**
coing – **Danke.**

vom Fischfang und dem Kokosnussanbau und treten für den Schutz ihres Gebietes ein. Aber sinkende Fischbestände zwangen sie, auch Touristen ihre Gebiete zu öffnen.

Das Volk der Emberá-Wounaan mit etwas mehr als 30 000 Menschen lebt im Regenwald des Darién. Sie werden zwar immer zusammen genannt, sind aber ethnisch und sprachlich unterschiedlich. Sie leben vom Fischfang, dem Anbau eigener Produkte und der Jagd. Obwohl sie ursprünglich als Nomaden umhergezogen sind, haben sie, unterstützt von der Regierung Panamas, in den vergangenen Jahren feste Siedlungen gegründet. Was ihnen fehlt, ist das politische Gewicht der größeren und besser organisierten Volksgruppe der Guna.

REGIERUNG UND POLITIK

Nach der Verfassung des Jahres 1972 ist Panama eine demokratische Republik mit einem gewählten Präsidenten, einem Vizepräsidenten und einem Kabinett, bestehend aus 15 Ministern. Die Präsidenten werden für eine fünfjährige Amtszeit gewählt, eine Wiederwahl ist nicht möglich. Regiert wird das Land von der Asamblea Nacional (Nationalversammlung), sie ist die Legislative und besteht aus 71 gewählten Mitgliedern, die die Provinzen sowie die Guna-*comarca* vertreten. Die Amtsperiode der Abgeordneten dauert fünf Jahre, getagt wird in dem hohen Palacio Legislativo am Parque Legislativo in Panama-Stadt. Panamas zehn Provinzen – Bocas del Toro, Chiriquí, Coclé, Colón, Darién, Herrera, Los Santos, Panamá, Panamá Oeste und Veraguas – werden jeweils von einem berufenen Gouverneur regiert. Die fünf autonomen Regionen indigener Völker senden Vertreter in die Regierung.

PARTEIEN UND PERSÖNLICHKEITEN

Zwischen 1968 und 1989 kontrollierten vom Militär gestützte Diktatoren die Regierung. Der aktuelle Präsident Juan Carlos Varela (*1963) wurde im Mai 2014 mit dem Wahlversprechen, endlich gegen die Korruption vorzugehen, ins Amt gewählt. Er vertritt die Panamenista Party, die 1936 von Arnulfo Arias Madrid (1901–88) gegründet wurde. Arias' Witwe, Mireya Moscoso de Gruber (*1946), führte die Partei in den 1990er-Jahren und wurde 1999 die erste Präsidentin Panamas. Ihr wichtigster Verbündeter ist der Partido Revolucionario Democrático (PRD), 1978 von Anhängern Omar Torrijos' gegründet, um dessen Militärherrschaft zu legitimieren. Unterstützt wird sie von den Gewerkschaften und der Mittelschicht in den Städten. Die stärkste Gegenkraft ist die Cambio Democrático (CD), die 1998 gegründet wurde. Diese Partei der politischen Mitte hat ihre Anhänger hauptsächlich in den Provinzen und ist nationalistisch geprägt. Nach der amerikanischen Invasion wurde Noriegas berüchtigte Panama Defence Force aufgelöst, und das Land ist heute ohne Streitkräfte. Es gibt eine bewaffnete Polizei, und das amerikanische Militär behält sich das Recht vor, zum Schutz des Kanals einzugreifen. ■

Seit gut einem Jahrhundert passieren Schiffe die Kanalschleusen von Miraflores.

Die Verschmelzung der Geschmacksrichtungen aus aller Welt spiegelt sich in den Restaurants wider. Jede Stadt hat ihr Chinarestaurant, ihre südamerikanische *parrillada* (Steakhaus) und ihre Pizzeria. Thai- und japanische Restaurants, die Küche aus Indien und dem Nahen Osten sind in Panama-Stadt vertreten.

Mais ist einer der Grundbestandteile in den ländlichen Küchen Panamas.

Panamas geschmackvolle inländische Küche vereinigt indigene, spanische und afrikanische Einflüsse zu köstlichen Gerichten. Am Typisch ist *sancocho*, Suppe mit regionalen Abwandlungen, die Mais, Maniok und andere Gemüsesorten enthält. *Sancocho santeño* aus Los Santos besteht aus Süßkartoffeln mit Koriander, Knoblauch und Huhn, in Bocas del Toro isst man sie mit Schweineschwänzen. Panamaer lieben Fleisch wie Schweinebraten und *patacón con puerco*, Schweinefleisch mit Kochbananen. *Pollo asado* (Brathähnchen) ist ein Element der *comida criolla. Bistec* (Steak), *arroz con pollo* (Reis und Huhn), oft mit Zwiebeln und Knoblauch oder mit Erbsen oder klein geschnittenem, hart gekochtem Eigelb zum Frühstück, sind weitere Favoriten. Häufiger gehört zu einem *desayuno típico* (typischen Frühstück) in Panama eine Maistortilla mit frischem Käse, Braten und Eiern.

Panama ist das Wort der Ureinwohner für »Fischreichtum«. Fast überall gibt es *ceviche*, rohen Fisch, mariniert mit Zwiebeln und Peperoni. Beim Fisch sollte man *tilapia* (Weißkehlbarsch) und *corvina* (Adlerfisch) wählen, die oft mit *ajo* (Knoblauch) serviert werden; auch *dorado* (große Goldmakrele) und *pargo* (Seebrasse) sind sehr beliebt. Entlang der Karibikküste gibt es Hummer, Krabben und weitere Meeresfrüchte, die mit Gewürzen und Kokosnussmilch verfeinert werden. Die Forelle ist eine regionale Spezialität in Boquete. Mais wird in Panama oft verwendet, so gibt es die Pastete *tamal* – Teig aus Maismehl, gefüllt mit geschmortem Hähnchen- oder Schweinefleisch, Peperoni, Knoblauch und Zwiebeln, in ein Bananenblatt gewickelt und gekocht. *Chiricanos* sind typisch für die Halbinsel Azuero, das Gebäck besteht aus Maismehl und geriebener Kokosnuss, gesüßt mit Zuckerrohrsaft und Honig. Außerdem muss man probieren: *Plátano en tentación*, eine Beilage aus gebackener Kochbanane, gesüßt mit Melasse und Zimt. *Carimañolas*, gestampfter gekochter Maniok, gefüllt mit Rindfleisch und frittiert. *Chicheme*, ein Getränk aus gemahlenem Mais und Milch, mit Zimt und Vanille. *Tamal de olla*, gebackene Mais-*tamales*, gefüllt mit Fleisch, Gemüse und Rosinen. Üppig ist das Angebot tropischer Früchte. Früchte wie *marañón* (Cashew-Frucht) und *guanábana* werden zu *batidos* verarbeitet, Shakes mit Wasser oder Milch. *Agua de pipa* – das Wasser der grünen Kokosnuss – ist ein perfekter Muntermacher. In Panama wird auch helles Bier gebraut, beispielsweise von Soberana und Balboa. In der Stadt trinkt man *seco*, einen herben Zuckerrohrschnaps, häufig gemischt mit Milch; auf dem Land dagegen trinkt man eher *vino de palma*, Palmwein aus gegorenem Palmsaft. Der Rum des Landes, *Carta Vieja*, ist hell und weich im Geschmack. Weine sind in der Mittelschicht sehr beliebt. Panamas leicht gerösteter Arabica-Kaffee wird eher dünn oder wie ein Espresso stark und süß getrunken.

Erlebnis

ESSEN WIE DIE EINHEIMISCHEN

Ob französische, chinesische Küche oder Nouvelle Fusion – geboten wird hier alles. Die Geschichte dieses Landes bescherte Panama Speisen aus aller Welt, die wenig mit lokalen Traditionen gemein haben. Doch man lernt das Land besser kennen und spart Geld, wenn man die heimischen Gerichte probiert. Wie wäre es zum Beispiel mit *bocas*, den in den meisten Bars angebotenen schmackhaften Häppchen wie etwa Hähnchenflügel? *Sodas* sind kleine, familienbetriebene Markt- oder Straßenlokale, in denen man mit einheimischen Arbeitern essen kann. Serviert werden einfache lokale Gerichte wie hausgemachte *casados* oder *comida corriente*, einfache und preiswerte kleine Tagesgerichte aus verschiedenen Speisen – z. B. Salat, Sättigungsbeilage, Hauptspeise, die auf einem Teller serviert werden. Bei diesen schlichten Menüs handelt es sich meist um Rindfleisch, Huhn oder Fisch mit einer Mischung aus Bohnen und Reis oder Kartoffeln, dazu Gemüse wie frittierte Yucca und manchmal frischen Käse sowie Salat.

Als am 15. August 1914 der Panama-Kanal mit der Durchfahrt der *SS Ancón* eröffnet wurde, erfüllte sich ein fünfhundert Jahre alter Traum. Panama war schon immer der Übergang zwischen zwei Meeren – von der Zeit der präkolumbischen Indianer, die das Land durchquerten, bis zur heutigen Ära großer Containerschiffe.

ERSTE BESIEDLUNG

Volkstämme bewohnten das heutige Panama bereits vor 12 000 Jahren. Man nimmt an, dass fast eine Million Angehörige indigener Völker zum Zeitpunkt der Eroberung durch die Spanier im 16. Jahrhundert hier lebten. Sie lassen sich in drei Kulturregionen im Westen und Osten sowie in Zentralpanama aufteilen. Die meisten erlagen der Brutalität der spanischen Eroberer und den aus Europa eingeschleppten Krankheiten, und so haben bis heute nur acht indigene Völker überlebt.

Die Völker Panamas wurden von Häuptlingen angeführt und bildeten nie ein geeintes Königreich.

Überall findet man rätselhafte Felszeichnungen. Es gibt viele Grabungsstätten, deren Funde meist nicht älter als 2000 Jahre sind. Obwohl Handelsbeziehungen zwischen den Gruppen und mit höher entwickelten Kulturen im Norden und Süden bestanden, scheinen sich keine komplexen soziopolitischen Strukturen entwickelt zu haben. Die Völker Panamas bildeten nie ein Königreich, sondern wurden von Häuptlingen *(caciques)* angeführt, deren Gebiete sich teilweise überschnitten.

KULTUREN IM WESTEN

Die Barriles-Kultur gilt als Panamas früheste Zivilisation. Sie hatte ihren Ursprung im heutigen Costa Rica. Ihre Angehörigen wanderten um 500 v. Chr. nach Panama und siedelten im Hochland von Chiriquí um eine Kultstätte an den Hängen des Volcán Barú. Die Kultur breitete sich zur Karibik- und zur Pazifikküste aus und entwickelte sich von bäuerlichen zu komplexeren Gemeinschaften, deren Blütezeit um 500 n. Chr. durch einen Ausbruch des Vulkans Barú endete. Die Barriles-Kultur hinterließ monochrome Töpferwaren, *metates* (dreibeinige Steintische zum Mahlen von Mais) sowie Steinstatuen. Nach der Barriles-Kultur kamen die Coclé sowie die Chiriquí- und Veraguas-Kulturen, die der Nachwelt Tonwaren hinterließen.

KULTUREN IN ZENTRALPANAMA

Die ältesten archäologischen Stätten befinden sich im pazifischen Tiefland in den Provinzen Coclé, Herrera und Veraguas. Die Menschen, die an der Pazifikküste siedelten, führten dort um 3000 v. Chr. die Landwirtschaft ein. Um 500 n. Chr. hatten sich komplexe Gesellschaftsstrukturen entwickelt, die für ihre Landwirtschaft Brandrodung praktizierten, aber auch Fischfang und Handel mit anderen Bevölkerungsgruppen. Angeführt wurden sie von mächtigen Häuptlingen *(caciques)*.

Vorkolumbische Ritzzeichnungen auf der Piedra Pintada (bemalter Stein) bei El Valle

Der größte Ort, Sitio Conte, bei Penonomé war mindestens 200 Jahre lang eine bedeutende vorkolumbische Begräbnisstätte. Sie wurde in den 1930er-Jahren entdeckt, als der Río Grande einen neuen Verlauf nahm und Grabbeigaben ans Tageslicht kamen. Goldene Objekte sowie das Wachsausschmelzverfahren, das von den Volksstämmen vor Ort übernommen wurde, um Tierfigurinen sowie dekorative Schmuckstücke zu formen, die den *caciques* vorbehalten waren, kamen vor etwa 2000 Jahren aus Peru. Wenn ein Häuptling starb, wurde er zusammen mit seinen Frauen, Dienern und Besitztümern, darunter Keramiken wie Vasen und Ständer, die mit schönen Tiermotiven verziert waren, bestattet.

Der Parque Arqueológico El Caño bei der Stadt Natá zeigt Funde aus der Zeit um 1100 v. Chr., und wie im Sitio Conte gibt es Steinsäulen mit Mustern in Tier- oder Menschenformen. Die meisten Steine wurden entfernt.

KULTUREN IM OSTEN

Die Kulturen im Osten traf die Brutalität der spanischen Konquistadoren als Erste. Es ist wenig über sie bekannt, da sie von den Spaniern fast vollständig ausgelöscht wurden. Sie waren Jäger und Sammler, sprachen eine *Chibcha*-Sprache und waren verwandt mit den Volksstämmen des Amazonasgebiets. Die Völker des Ostens lebten in Rundhütten aus einer Pfostenkonstruktion mit Wänden aus Zuckerrohrblättern und Dächern aus Palmblättern. Spanische Konquistadoren berichteten, dass die *caciques* in den größten Hütten wohnten, in denen die über Rauch konservierten Körper

Der spanische Forscher Vasco Núñez de Balboa entdeckt 1513 den Pazifischen Ozean.

der Vorfahren aufbewahrt wurden. Die Keramiken dieser Volksgruppen sind grob, obwohl sie mit Steinwerkzeugen sehr geschickt Kanus aus Baumstämmen herstellten.

DIE ERSTEN EUROPÄER

Erster Europäer in Panama war der spanische Eroberer Rodrigo de Bastidas (1460–1527), der 1501 an der Karibikküste des Darién entlangsegelte. Im folgenden Jahr kam Christoph Kolumbus (1451–1506) auf seiner vierten und letzten Reise in die Neue Welt; er erkundete die Küstenlinie zwischen Bocas del Toro und Darién und gründete eine Siedlung in der Nähe der Mündung des Río Belén, der jedoch kein Glück beschieden war. Er benannte das Gebiet nach dem dort lebenden Volk Veraguas.

1513 überquerte der spanische Eroberer Vasco Núñez de Balboa (1475–1519) den Isthmus und nahm den Pazifischen Ozean für Spanien in Besitz. Seiner Verwaltung folgte die von Pedro Arias de Ávila (1440–1531), der die Stadt Nuestra Señora de la Asunción de Panama (Panama-Stadt) als die erste spanische Siedlung an der Pazifikküste gründete und sie zur Hauptstadt erklärte. Auf Balboas gerechte Behandlung der indigenen Völker folgten Tyrannei und Ausbeutung. Gemeinschaften wurden niedergemetzelt, andere mussten als Sklaven im Dschungel des Darién nach Gold schürfen. Mitte des 16. Jahrhunderts nannten die indigenen Völker die Spanier nach einem Raubtier *guacci-guacci.* Ganze Volksstämme starben aufgrund der unerträglichen Zwangsarbeit aus. Aus Europa eingeschleppte Krankheiten beschleunigten diesen Prozess. Manche Gruppen, wie die Buglé,

Wissen

VASCO NÚÑEZ DE BALBOA

Vasco Núñez de Balboa (1475–1519) versteckte sich 1510 als blinder Passagier auf einem Handelsschiff, um Gläubigern zu entkommen. Er landete schließlich im Darién als einer der ersten Siedler von Santa María la Antigua del Darién, der ersten erfolgreichen Stadt, die die spanische Krone an der Landenge gründen ließ. Bald brachte es Balboa zum Gouverneur der Region. Drei Jahre später überquerte er die Landenge und sah am 25. September 1513 als erster Weißer den Pazifik. In Rüstung gekleidet, watete er feierlich ins Meer, nannte es Mar del Sur (Südsee) und nahm es für Spanien in Besitz. Diese Entdeckung machte Panama zum Ausgangspunkt für die Eroberung der Pazifikküste. Balboas Entdeckung des Pazifik und des an Perlen reichen Archipiélago de las Perlas schürte die Eifersucht seines Rivalen Pedro Arias de Ávila (1440–1531), alias Pedrarias Dávila, der durch Intrigen zu Balboas Nachfolger ernannt wurde. 1519 dann verurteilte der neue Gouverneur Balboa wegen angeblichen Verrats und ließ ihn grundlos und ohne Anklage zum Tode verurteilen und hinrichten.

fochten bittere Kämpfe gegen die Spanier, zogen sich schließlich aber in die Bergwälder der Cordillera Central und die Ebenen von Veraguas an der Karibikküste zurück.

DIE SCHATZSTRASSE

Nach der Eroberung von Virú, dem heutigen Peru, durch Francisco Pizarro (1478–1541) im Jahr 1532 füllte der Reichtum der Inkas die Keller von Panama-Stadt – Hauptstadt der damaligen Provinz Castillo de Oro. Die Siedlung wuchs rasch zum wichtigsten Zwischenlager an, in dem der Reichtum der Neuen Welt gehortet wurde. Unvorstellbare Mengen von Silber, Gold, Smaragden, Perlen und anderen Schätzen wurden auf einer einwöchigen Reise mit Mauleseln über den Isthmus zu den spanischen Schiffen transportiert.

1517 hatte der Konquistador Gaspar de Espinosa (1484–1537) mit dem Bau des Camino de Cruces begonnen, der Panama mit dem 1510 gegründeten Karibikhafen Nombre de Dios verband. Da der Hafen keinen Schutz bei Wirbelstürmen bot, begann man 1585 einen neuen Hafen in besserer Lage zu bauen, der zu Ehren des Königs San Felipe de Portobelo genannt wurde. Ein Dekret befahl den Bau eines zweiten Eselpfads, des Camino Real (Königsweg), der zur neuen Stadt führte.

Die indigenen Völker gaben den Spaniern den einem Raubtier entlehnten Namen *guacci-guacci*.

Die Züge der mit Schätzen beladenen Maulesel waren zeitlich mit der jährlich ankommenden spanischen *flota* (Schiffsflotte), die Waren aus der Alten Welt brachte, abgestimmt. Hunderte Schiffe strömten nach Nombre de Dios und später nach Portobelo. Die Märkte, auf denen Silber und andere Rohmaterialien gehandelt wurden, zogen Tausende spanischer Händler, Soldaten, Geistliche und Schreiber an. Nach dem Gesetz musste ein Fünftel *(el quinto)* der Schätze der Neuen Welt an

Ein gefangener Spanier kniet bei der Einnahme von Panama-Stadt vor Sir Henry Morgan.

den König von Spanien abgegeben werden. Über 181 400 Tonnen Silber verließen zwischen den Jahren 1550 und 1650 Portobelo in Richtung Spanien. Der Reichtum zog schließlich Piraten an. Der englische Freibeuter Sir Francis Drake (1540–96) griff Nombre de Dios 1572 an und brachte einen ganzen Schatzzug in seine Gewalt. Zum Schutz von Portobelo und der Mündung des Río Chagres begannen die Spanier schließlich Befestigungen zu bauen. 1595 wollten Drake und John Hawkins (1532–95) mit 26 Schiffen Nombre de Dios und Panama-Stadt plündern. Hawkins starb jedoch auf der Fahrt, auch Drake erkrankte und starb am 27. Januar 1596; er wurde auf See in der Nähe der Mündung von Portobelo bestattet. Der Pirat William Parker (1587–1617) plünderte 1602 Portobelo. 1668 plünderte der walisische Freibeuter Henry Morgan die Stadt und nahm ihre Bevölkerung in Geiselhaft. 1671 griff Morgan Panama-Stadt an und brannte sie nieder. Nach der Plünderung bauten die Bewohner ihre Siedlung einige Kilometer weiter westlich wieder auf, diesmal in einer strategisch günstigeren Lage – den heutigen Casco Viejo. Panama-Stadt und Portobelo wurden so häufig zerstört, dass Spanien die Passage der Schiffe um das Kap Horn erlaubte und das Goldene Zeitalter von Portobelo als die »reichste Kleinstadt in Westindien« beendet war.

KOLONIALZEIT

Die spanische Alleinherrschaft auf dem Isthmus war bedroht, als im Jahr 1698 die Company of Scotland gegründet wurde, die eine Kolonie an der Küste des Darién einrichten wollte. Die Kolonie New Edinburgh endete allerdings in einem finanziellen Desaster für Schottland. Im frühen 18. Jahrhundert schafften die Erzfeinde England und Spanien eine Periode der Koexistenz. 1731 nahm die spanische Küstenwache den englischen Seefahrer und Händler Robert Jenkins auf seiner Fahrt zu den Westindischen Inseln gefangen und schnitt ihm ein Ohr ab. Sieben Jahre später zeigte Jenkins sein verstümmeltes Ohr den Mitgliedern des House of Commons. Die Parlamentarier stimmten für Krieg (auch der Krieg um Jenkins' Ohr genannt). Am 20. November 1739 wurde daraufhin Portobelo angegriffen, das sich nach kurzem Widerstand ergab.

Die Zeit der spanischen Krone neigte sich dem Ende zu, und die Entwicklung in Mittelamerika stagnierte. Immer wieder kam es zu Aufständen. Am 10. November des Jahres 1821 nahmen die Bewohner von La Villa de los Santos zu Simón Bolívar, dem Befreier Lateinamerikas, mit dem Brief *Primer grito de independencia* (Erster Ruf nach Unabhängigkeit) Kontakt auf. 18 Tage später schloss sich Panama Großkolumbien an, einer Union, der Kolumbien, Ecuador, Peru und Venezuela angehörten. Im Jahr 1826 berief Bolívar im Casco Viejo von Panama-Stadt einen Kongress ein, auf dem eine Union aller Republiken gegründet werden sollte. 1830 zerbrach Großkolumbien schließlich. Panama erklärte seinerzeit seine Unabhängigkeit, aber Kolumbien zwang das Land, sich wieder anzuschließen, und so wurde Panama eine von vielen Provinzen Kolumbiens.

Wissen

COMPANY OF SCOTLAND

William Paterson, der 1694 die Bank of England gründete, rief 1695 die Schottische Gesellschaft für den Handel mit Afrika und den Karibischen Inseln ins Leben. Tausende Schotten investierten Geld in eine Kolonie im panamaischen Darién. Als die rivalisierende East India Company das englische Parlament dazu zwang, die Gelder aus Patersons Firma abzuziehen, erlitt Schottland einen Staatsbankrott, was zur Auflösung des Schottischen Parlaments führte.

KANALFIEBER

1848 gelangte die kolumbianische Provinz wieder in den Blickpunkt der Öffentlichkeit, nachdem man in Kalifornien Gold entdeckt hatte. Es gab noch keine Eisenbahn quer durch die Vereinigten Staaten, und Abenteurer kamen in Panama an, um den Isthmus auf dem Camino de Cruces zu überqueren. Die Nachfrage nach Packeseln und die Preise dafür stiegen ins Unermessliche. Der spätere Held des Bürgerkriegs und US-Präsident Capt. Ulysses S. Grant (1822–85) sah sich gezwungen, den Wucherpreis für die Packesel für seine schwer an Cholera erkrankte Vierte Infanterietruppe zur Überquerung der Halbinsel aus eigener Tasche zu bezahlen. Da trat William Henry Aspinwall (1807–75) auf den Plan, ein Unternehmer, der die Pacific Mail Steamship Company und die Panama Railroad gründete; 1855 schloss er den Bau der Bahnstrecke über den Isthmus ab. Zwischen 1848 und 1869 überquerten etwa 375 000 Goldsucher den Isthmus vom Atlantik zum Pazifik erst mit Mauleseln, dann mit der Eisenbahn.

Abenteurer aus aller Welt landeten in Panama, um den Isthmus über den alten Camino de Cruces zu überqueren.

Der Erfolg der Panama Railroad weckte die Hoffnung nach Größerem. Diese wurde genährt von dem französischen Ingenieur Count Ferdinand de Lesseps (1805–94), dem Erbauer des Suezkanals, der nun den Bau eines Kanals durch den Isthmus von Panama ins Auge fasste. 1880 gründete er seine Compagnie Universelle du Canal Interocéanique de Panamá, kaufte von Kolumbien das Exklusivrecht, einen Kanal zu bauen, und legte einen Fonds zur Finanzierung des Projekts auf. Die Kosten und die Schwierigkeiten, *La Grande Tranché* (den großen Graben) durch die Berge zu ziehen, den Río Chagres und die Tropenkrankheiten zu bezwingen, zwangen zur Aufgabe. Etwa 22 000 Arbeiter waren bereits gestorben, die meisten an Malaria oder Gelbfieber, als 1889 die Gesellschaft in Konkurs ging. Die französische Regierung stürzte über diese Affäre, da man Betrug, Bestechung und unerlaubte Einflussnahme aufdeckte; de Lesseps und sein Sohn Charles wurden zu fünf Jahren Gefängnis verurteilt.

Ein blutiges Zwischenspiel – der Prestan-Aufstand – ereignete sich 1885, als der ehemalige Präsident des Departamento de Panamá, Rafael Aizpuru (1843–1919), die Macht ergriff. Kolumbianische Truppen wurden von Colón in Marsch gesetzt. Pedro Prestan aus Haiti nutzte die Situation und übernahm die Kontrolle über Colón. Die kolumbianischen Truppen kehrten allerdings nach Colón zurück und schlugen Prestan in die Flucht, der zuvor noch die Stadt anzündete. Prestan wurde gefangen genommen und gehängt, während Aizpuru von der US-Marine abgesetzt wurde.

DER KANAL UND DIE UNABHÄNGIGKEIT

Inzwischen hatten die Vereinigten Staaten beschlossen, dass eine Verbindung der beiden Ozeane notwendig für die Schlagkraft des Landes zur See sei, und waren bereit, einen Kanal zu bauen, wobei die beste Route in Nicaragua vermutet wurde. Dass Panama gewählt wurde, ist den Anstrengungen von Philippe Bunau-Varillas (1859–1940), des ehemaligen Chefingenieurs der Compagnie Universelle du Canal Interocéanique de Panamá, zu verdanken. 1894 hatte dieser die Compagnie Nouvelle gegründet, die die französischen Rechte für den Kanalbau kaufte; 1904 verkaufte er diese Rechte für 40 Millionen US-Dollar an die Vereinigten Staaten.

Als Kolumbien sich weigerte, den Bedingungen der Amerikaner für den Bau zuzustimmen, entwickelte man einen Plan, die Provinz Panama loszulösen. Angeregt von Bunau-Varilla, verbündeten sich prominente Bürger Panamas mit den führenden Leuten der Panama Railroad. Am 3. November 1903 erklärten sie die Unabhängigkeit von Kolumbien. Die Vereinigten Staaten erkannten sofort die neue Republik an. Zwischenzeitlich hatte sich Bunau-Varilla selbst zu Panamas Botschafter in den USA erklärt. Noch bevor eine offizielle Delegation aus Panama zur Verhandlung eines neuen Kanalvertrags nach Washington kam, hatte der Franzose den Hay-Bunau-Varilla-Vertrag ausgehandelt, der die USA dazu verpflichtete, einen Kanal durch den Isthmus von Panama zu bauen. Der Vertrag gewährte den Vereinigten Staaten die Souveränität über den Kanal und eine 16 Kilometer breite Zone. Die amerikanische Regierung zahlte der neuen Regierung Panamas einmalig 10 Millionen UD-Dollar sowie jährlich 250 000 US-Dollar. Bunau-Varilla räumte den Vereinigten Staaten ein, sich nach Belieben einzumischen. Der Hay-Bunau-Varilla-Vertrag, der einer nichts ahnenden panamaischen Delegation als vollendete Tatsache präsentiert wurde, blieb ein Streitpunkt zwischen den beiden Nationen. Am 4. Mai 1904 ging der panamaische Grund aus französischer Hand an die Vereinigten Staaten.

Wissen

ZURÜCKGELASSEN

Nach der Unabhängigkeitserklärung 1903 sandte US-Präsident Roosevelt ein Kriegsschiff nach Panama, um kolumbianische Truppen daran zu hindern, den Aufstand zu unterdrücken. Die an Land befindlichen kolumbianischen Truppen wurden von Colón nach Panama-Stadt geschickt, wobei die panamaische Eisenbahngesellschaft darauf bestand, dass die Offiziere im vorderen Zugteil sitzen; dann koppelten man die hinteren Wagen ab und ließ die Truppen zurück. Bei ihrer Ankunft in Panama-Stadt wurden die kolumbianischen Offiziere von eigenen Soldaten verhaftet, die von Verschwörern bestochen worden waren.

Vor den riesigen Metalltoren der Gatún-Schleuse wirken die Arbeiter wie Zwerge.

DIE GRÖSSTE INGENIEURLEISTUNG ALLER ZEITEN

Die amerikanischen Ingenieure erkannten, dass ein Kanal auf Meereshöhe nicht möglich war. Sie planten daher, einen Damm am Chagres zu bauen. So sollte ein Stausee 26 Meter über Meereshöhe entstehen. Drei Schleusenanlagen sollten die Schiffe anheben und absenken. Der Isthmus würde so überbrückt, nicht durchtrennt werden. Der Nachweis des kubanischen Arztes Carlos Finlay (1833–1915), dass Gelbfieber von Moskitos übertragen wird, trug auch zum Erfolg des Kanalprojekts bei. Dem Militärarzt Col. William C. Gorgas (1854–1920) gelang es, die *Aëdes aegypti* als Überträger von Gelbfieber und die *Anopheles-Mücke* als Überträger der Malaria in der

Region auszurotten. Inzwischen hatte der Chefingenieur John F. Stevens (1853–1943) eine Transportbahn gebaut, die das Gestein abtransportierte, das durch die Sprengung der Culebra-Schneise durch den 14 Kilometer breiten Bergrücken freigesetzt wurde. 1907 kündigte Stevens. Col. George W. Goethals (1858–1928), ein Militäringenieur, führte das U.S. Army Corps of Engineers zum Erfolg.

Der nach zehn Jahren fertiggestellte Kanal war 80 Kilometer lang und zog sich von der Limon-Bucht am Atlantik zur Panama-Bucht am Pazifik. Am 7. Januar 1914 durchfuhr ein französisches Kranboot, die *Alexandre La Valle*, als erstes den gesamten Kanal, aber erst am 15. August 1914 fand mit der Durchfahrt der *SS Ancón* die offizielle Eröffnung statt. Am 3. August 1914, mit dem Ausbruch des Ersten Weltkriegs, passierte ihn der erste Ozeandampfer, die *Cristobal*. Theodore Roosevelts »Großer Graben« verkürzte die Fahrt der Schiffe von New York nach San Francisco um 14 484 Kilometer.

PANAMA – EINE NATION ENTSTEHT

In den Jahren nach Fertigstellung des Kanals hielt der wirtschaftliche Fortschritt Einzug in Panama, und eine moderne Infrastruktur entstand. Aber die Demokratie setzte sich nur langsam durch. Unklare politische Verhältnisse veranlassten die USA mehrmals, militärisch zu intervenieren, so in den

Demonstrationen von Regierungsgegnern am 14. März 1988 in Panama-Stadt

Wissen

FLAGGENSTREIT

1947 gab es die ersten größeren Aufstände gegen die amerikanische Präsenz, als die gesetzgebende Versammlung Panamas zusammentrat, um über die Ausweitung des Rechts der amerikanischen Armee, militärische Stützpunkte außerhalb der Kanalzone zu nutzen, zu beschließen. Bislang nur unterschwellige antiamerikanische Tendenzen traten im Flaggenstreit zutage, und am 9. Januar 1964 entlud sich der Volkszorn offen. Die Regierung unter Lyndon B. Johnson stimmte daraufhin zu, in der Kanalzone neben der amerikanischen Flagge auch die panamaische Flagge zu hissen. Als er bekanntgab, die Anzahl der Flaggen in der Zone zu reduzieren, fühlten sich viele *zonians* (amerikanische Staatsbürger in der Zone) gekränkt. Es wurde eine Initiative für den Erhalt der Flaggen gegründet. Als Studenten der Balboa High School eine amerikanische Flagge hissten, zogen panamaische Studenten des Instituto Nacional ihre Landesflagge daneben auf. Ihre Flagge wurde heruntergerissen. Die Emotionen schlugen hoch, und es kam zu gewalttätigen Ausschreitungen. Bei den Unruhen starben 27 Menschen, die meisten durch Kugeln amerikanischer Soldaten. Der Flaggenstreit war ein entscheidender Moment in der Geschichte Panamas und wurde zu einem Wendepunkt in den Beziehungen zwischen den USA und Lateinamerika.

Jahren 1908, 1912, 1918 und 1925, als die gewaltsame Unterdrückung der Guna-Kultur durch die panamaische Regierung zu Aufständen in San Blas führte. Die Guna erklärten ihre Unabhängigkeit und riefen einen eigenen Staat, die Republik Tule, aus. 1938 erhielten die Guna Autonomiestatus
1936 wurde das Recht der USA auf Intervention durch den neuen Hull-Alfaro-Vertrag widerrufen. Der Vertrag wurde nach Arnulfo Arias Madrid (1901–88) benannt, dem Vorsitzenden der Acción Comunal, einer kämpferischen Gruppe, die 1931 gewaltsam die Regierung von Florencio Harmodio Arosemena (1872–1945) gestürzt hatte. Nach einem kurzen Zwischenspiel wurde Arias' Bruder zum Präsidenten ernannt. Arias stand für den *panameñismo*, einen rassistischen, faschistischen und antiamerikanischen Nationalismus. Aber bei den Armen war er so beliebt, dass er zwischen 1940 und 1968 drei Mal zum Präsidenten gewählt wurde; jedes Mal wurde er von der Polizei abgesetzt. Arias' Widersacher, José Antonio Remón Cantera (1908–55), Kommandant der Nationalpolizei, wurde 1952 zum Präsidenten gewählt und begann mit Reformen, bevor er bei einem Maschinengewehrangriff auf der nach ihm benannten Pferderennbahn getötet wurde.
1968 wurde Arnulfo Arias ein drittes Mal gewählt. Sofort forderte er die Rückgabe des Kanals an Panama, aber er wurde nach nur elf Tagen im Amt vom Militär gestürzt. In dem daraufhin entstandenen Chaos übernahm

Omar Torrijos Herrera die Macht, und es begann eine 21 Jahre andauernde Militärherrschaft. Torrijos etablierte sich als populäre Führungspersönlichkeit, die das Land wirtschaftlich voranbrachte und umfassende Reformen durchsetzte. Panamas Gesundheitssystem wurde ausgebaut. Eine Agrarreform verteilte Land an verarmte Bauern, und mehrere Millionen Dollar wurden in Panama-Stadt investiert. Aber die Verfassung wurde ausgesetzt, die Presse zensiert, und viele politische Gegner wurden ermordet. Torrijos festigte seine Popularität mit dem Torrijos-Carter-Vertrag. Dieser von Torrijos und Präsident Jimmy Carter am 7. September 1977 in Washington unterzeichnete Vertrag gewährte den Panamaern Mitspracherecht bei Kanalangelegenheiten und legte den Besitzübergang des Kanals an die Republik Panama sowie die Schließung aller amerikanischen Militärstützpunkte nach Ablauf von 20 Jahren fest.

DIE NORIEGA-HERRSCHAFT

Am 31. Juli 1981 starb Torrijos bei einem Flugzeugabsturz. Sein Tod hinterließ ein Machtvakuum, in dem Militärvertreter um die Vorherrschaft kämpften. Torrijos hatte Oberstleutnant Manuel Antonio Noriega (1934–2017) zum Chef der Spionageabwehr ernannt. Noriega sicherte sich die Kontrolle über die Nationalgarde und über das Land, während ein verfassungsmäßiger Präsident und betrügerische Wahlen den Schein demokratischer Abläufe aufrechterhielten.

Im September 1985 wurde Dr. Hugo Spadafora (1940–85), ein Vertrauter Torrijos' und Noriega-Gegner, verhaftet, als er aus seinem Exil in Costa Rica nach Panama zurückkehrte. Als sein enthaupteter und brutal gefolterter Körper entdeckt wurde, brach der Hass gegen Noriegas korrupte, brutale Herrschaft, die Gegner mithilfe der paramilitärischen »Dignity Battalions« terrorisierte und ermordete, offen aus. Trotzdem war sich Noriega, der seit den frühen 1970er-Jahren auf der Gehaltsliste der CIA stand (der damalige CIA-Direktor George H. W. Bush hatte eine jährliche Zahlung von 110 000 US-Dollar an Noriega bewilligt), der Unterstützung der Vereinigten Staaten sicher. Die US-Regierung wollte Noriegas Verwicklung in den Drogenhandel und die Geldwäsche für Kolumbiens Medellínkartell nicht sehen. 1987 beschuldigte ein ehemaliger Vertrauter Noriegas, Oberst Roberto Díaz Herrera, Noriega öffentlich, in den Tod von Torrijos und Spadafora verwickelt zu sein. Der Aufschrei wurde zu einem »Kreuzzug der

Am 20. September 1989 ordnete George H. W. Bush eine militärische Invasion – Operation Just Cause – an, um Noriega zu fangen.

Bürger«, und die Mittelschicht Panamas forderte Noriegas Rücktritt. Noriega organisierte Gegendemonstrationen seiner Anhänger, der Unterschicht in den Städten.

Noriegas Gegner einigten sich auf die Unterstützung von Guillermo Endara Galimany (1936–2009) bei den Wahlen im Mai 1989, für die Noriega Carlos Duque aufgestellt hatte. Als klar war, dass Duque verloren hatte, annullierte Noriega die Wahl. Jimmy Carter, der als Wahlbeobachter in Panama war, erhob Vorwürfe gegen Noriega, der daraufhin seine paramilitärischen Kräfte zur Verhinderung von Demonstrationen einsetzte.

Nun änderte sich auch die Stimmung in Washington. Die USA erließen Wirtschaftssanktionen, froren alle Kanalzahlungen ein und ermutigten zu einem Putsch, zu dem es am 3. Oktober 1989 kam. Der Staatsführer Panamas reagierte mit blutigen Repressalien. In der Zwischenzeit eskalierten die Zusammenstöße zwischen Noriegas Streitkräften und in Panama stationierten amerikanischen Truppen und erreichten ihren Höhepunkt, als am 17. Dezember ein US-Marinesoldat erschossen wurde.

Am 20. Dezember 1989 ordnete Präsident George H. W. Bush eine Militärinvasion – Operation Just Cause – an, um Noriega festzunehmen, der Zuflucht in der Botschaft des Vatikan suchte. Nach zehn Tagen psychologischer Kriegsführung gab Noriega auf und wurde in die USA gebracht, wo er 1992 zu einer 30-jährigen Gefängnisstrafe wegen organisierten Verbrechens, Drogenhandels und Geldwäsche verurteilt wurde. Wegen guter Führung konnte Noriega im Jahr 2007 die US-Haft verlassen und wurde

Juan Carlos Varela wurde 2014 zum Präsidenten gewählt.

nach Frankreich überstellt, wo er wegen Geldwäsche für weitere sieben Jahre ins Gefängnis kam.
In Panama wurde Noriega 1995 in Abwesenheit wegen Mordes zu 20 Jahren Gefängnis verurteilt und nach seiner Rückkehr 2011 sofort in Haft genommen. Anfang 2017 für eine Tumorbehandlung in den Hausarrest entlassen, verstarb er im Mai desselben Jahres. Auf amerikanischer Seite wurden bei der Invasion nur 23 Soldaten, aber 4000 panamaische Zivilisten getötet, und mehrere Tausend Menschen verloren ihr Obdach, nachdem die amerikanischen Streitkräfte El Chorrillo, eine Armensiedlung in Panama-Stadt angriffen, um Noriegas Kommandozentrale zu zerstören.

DIE NEUE DEMOKRATIE

Nach der Absetzung Noriegas wurde Guillermo Endara Galimany als Präsident vereidigt. Trotz der Schwierigkeiten, wieder zur Demokratie zurückzukehren, gilt Endaras Amtszeit als Erfolg. 1999 wählten die Panamaer erstmals eine Frau in das Präsidentenamt, Mireya Moscoso, die Witwe des früheren Präsidenten Arnulfo Arias. Ihre Amstzeit war von Korruptionsvorwürfen überschattet. Im selben Jahr übernahm der Anwalt Enrique Garrido aus dem Stamm der Guna als erster indigener Vertreter den Vorsitz der Nationalversammlung.
Punkt 12 Uhr mittags am 31. Dezember 1999 ging der Kanal in das Eigentum Panamas über, für dessen Kontrolle jetzt die Autoridad del Canal de Panama (ACP) zuständig ist. Alle 11 000 amerikanischen Soldaten verließen das Land. Nach wie vor räumte aber ein bilateraler Vertrag den USA das Recht ein, zurückzukehren, wenn die Sicherheit des Kanals bedroht ist. Die ACP hat den Kanal zu einem profitablen Unternehmen entwickelt. 2006 legte die ACP Pläne für einen Kanalausbau und den Bau eines neuen Großhafens an der Einfahrt an der Pazifikküste vor. Der internationale Handel wächst, und die Schiffe haben mittlerweile eine zu Zeiten des Kanalbaus unvorstellbare Größe (siehe Special Seite 108 ff.).
Unter Ricardo Martinelli wurden ab 2009 Reformen angestoßen, um ausländische Besucher ins Land zu locken. Mit Erfolg, wurden 2013 schon 2,2 Millionen Besucher gezählt. 2014 folgte ihm Juan Carlos Varela, dessen Familie die größte Spirituosenbrennerei des Landes besitzt. Er wollte die Korruption bekämpfen. Als Stichwort seien die 2016 veröffentlichten Panama Papers genannt – vertrauliche Unterlagen des Offshore-Dienstleisters Mossack Fonseca, die legale Strategien der Steuervermeidung sowie Steuer- und Geldwäschedelikte in globalem Ausmaß belegen. Die 2016 fertiggestellte Erweiterung des Panamakanals brachte einen weiteren deutlichen Schub für die Wirtschaft des Landes, die heute bereits die zweitstärkste Lateinamerikas ist. Seit 2019 ist Laurentino Cortizo Präsident des Landes. ■

Als schmale Landbrücke, die zwei Ozeane und die beiden Hälften des amerikanischen Kontinents voneinander trennt, zeigt Panama alle Facetten eines Tropenlands. Die Landschaft variiert vom üppigen Regenwald bis zum Nebelwald, der, in dichte Wolken gehüllt, an steilen Hängen zum Volcán Barú ansteigt.

Der Isthmus ist noch relativ jung. Das Land begann vor drei Millionen Jahren aus dem Meer aufzusteigen und ist das Produkt von geologischen Erhebungen, die durch das Zusammentreffen von drei tektonischen Platten erfolgten. Obwohl Panama in den Tropen liegt, ist das Mikroklima durch die Höhen- und Oberflächenunterschiede sehr vielfältig. Die Ebenen von Azuero sind trocken und die Küstenebenen von Colón nass. Die Temperaturen schwanken über das Jahr kaum, dennoch steht die schwüle Hitze des Tieflands in Kontrast zu der trockenen Kälte des Hochlands. Zwar ist der Isthmus recht schmal, doch ist das Klima auf der Pazifikseite anders als das auf der Karibikseite: Von der Karibik bringen die Winde viel Feuchtigkeit mit, die sie auf dieser Seite abregnen.

Es gibt zwei Jahreszeiten: nass (Mai bis November) und trocken (Dezember bis April), obwohl man korrekter sagen müsste, »nass« und »weniger nass«. Feuchtigkeit ist auf der Seite des Pazifik kein so großes Thema, obwohl es auch hier in der feuchten Jahreszeit sehr schwül werden kann. 35 Prozent des Landes gehören zu einem der 15 Nationalparks oder den 50 Schutzzonen, knapp 3400 Quadratkilometer liegen in sieben Nationalparks entlang des Panamakanals in einer 16 Kilometer breiten Wasserscheide. Meeresnationalparks schützen einige der über 1500 Inseln. Vor vielen dieser Inseln befinden sich Korallenriffe und im Mündungsbereich der Flüsse wächst der größte Mangrovenwald Amerikas.

Ein unberührter dschungelartiger Bergwald im Parque Internacional La Amistad

Umweltschutz ist zwar ein Thema, trotzdem wurden in den letzten hundert Jahren 65 Prozent von Panama durch die Rinderzucht abgeweidet und durch Brandrodung zerstört. Ein Großteil der Halbinsel Azuero und der Ausläufer der Cordillera Central sind heute praktisch abgeholzt. In der jüngeren Vergangenheit hatte die Verlängerung der Panamericana in den westlichen Darién katastrophale Folgen für die Wälder. Von Halbwüsten bis zu paradiesischen Regenwäldern, in Panamas unterschiedlichen Landschaften findet sich die ganze Fülle der Tropen wieder, und jede Region besitzt ihren ganz eigenen individuellen Charakter.

DAS HOCHLAND IM WESTEN

Die Landschaft im Westen ist ein schroffes Felsengebirge, das schnell von der Ebene entlang den Küsten ansteigt und die Karibik vom Pazifik trennt. Der 3336 Meter hohe Berg Cerro Fábrega bildet die Grenze zu Costa Rica, und zwischen den *cerros* (Berggipfeln) dieses Faltengebirges mit Cerro Trinidad, Cordillera de Tabasará und Cordillera Central liegen tiefe Täler. Winde, die mit viel Feuchtigkeit aus der Karibik ankommen, laden ihre Last an den extrem feuchten Osthängen ab und lassen einen Regenwald voller Bromelien und Orchideen wachsen. Auf den Gipfeln gedeihen Moose und Farne im Nebel, und die Pfiffe des Quetzal-Vogels dringen ins Ohr. Ein großer Teil dieses Dschungels ist im Parque Internacional La Amistad geschützt und zu einem Refugium für bedrohte Tierarten geworden. Der Volcán Barú steigt zwischen diesen Bergen auf, der letzte Ausbruch war im 16. Jahrhundert. Heiße Quellen und dampfende Fumarolen sind Zeugnis seiner schlummernden Kraft.

ZENTRALPANAMA

Etwa zwei Drittel der Bevölkerung Panamas leben in einem Bereich des Isthmus. Gut ein Drittel davon lebt in Panama-Stadt, einer großen Küstenstadt an der südlichen Einfahrt in den Panamakanal (da der Isthmus die Meere in Ost-West-Richtung trennt, verläuft der Kanal in Nord-Süd-Richtung). Der übrige Teil der Bevölkerung lebt westlich der Stadt in den Pro-

Unter diesen Bungalows in Bocas del Toro plätschern Karibikwellen.

vinzstädten und Dörfern entlang der Ausläufer der Cordillera Central und des Interamerican Highways. Die Bevölkerung breitet sich erst seit Kurzem nach Osten aus, und die meisten Siedlungen sind klein und ohne Bedeutung. Das Land ist also sowohl bildlich gesprochen, aber auch tatsächlich vom Kanal in zwei Teile geteilt.

Am Südende des Kanals liegt die kosmopolitische Hauptstadt des Landes, Panama-Stadt, am Golf von Panama. Mit einer Fähre kann man auf die Isla Taboga fahren, und weiter draußen ist das Archipiélago de las Perlas mit großartigen Stränden und Tauch- und Schnorchelgebieten. Nach Osten läuft die Hauptstadt entlang des Interamerican Highways in feuchte, teilweise überschwemmte Sumpfgebiete voller Brackwasser aus. Nach Westen führt die Schnellstraße zu Stränden, die an Wochenenden beliebte Ausflugsziele für Städter sind. Zum Landesinneren erheben sich die Altos de Campana, eine fast abgeholzte Bergregion mit zerklüfteten Hügeln und felsigen Tälern, durch die markierte Wege führen. Ein breites Tal, das Valle de Ancón, ist sehr schön. Colón, die etwas heruntergekommene

Obwohl ganz Panama in den Tropen liegt, ist das Mikroklima durch Höhen- und Oberflächenunterschiede äußerst vielfältig.

Hafenstadt an der Karibikküste, bildet die Einfahrt in den Kanal im Norden. Noch heute wachen die spanischen Befestigungen über die Einmündung des Chagres und die Einfahrt in den alten Schatzhafen Portobelo.

ÖSTLICHE KARIBIKKÜSTE

Die Küste erstreckt sich in einem 230 Kilometer langen Bogen nach Südosten. Davor liegen die über 350 San-Blas-Inseln mit Korallenriffen. An Land säumen die Küste grüne Berge, die die natürliche Grenze zur Provinz Darién bilden. Dieser Bereich ist die autonome *comarca* (Bezirk) Guna Yala, die nur den Guna vorbehalten ist. Die Guna-Bevölkerung lebt hauptsächlich auf zehn dicht besiedelten Inseln. Viele Inseln bieten schlichte Unterkünfte für Touristen. Einfache Boote dienen der Fortbewegung, sodass man auch unbewohnte Inseln erreichen kann, auf denen man weiche Sandstrände an warmen tropischen Gewässern, ideal zum Schnorcheln, findet. In der Küstenebene werden Kokosnüsse angebaut, es gibt jedoch auf dem Festland nur wenige Siedlungen und in den Berggebieten der stark bewaldeten, nur über die Waldschutzzone Área Silvestre Protegida de Narganá erreichbaren Serranía de San Blas und Serranía de Darién überhaupt keine.

DER ISTHMUS DES DARIÉN

Panamas kaum besiedelte südöstliche Region wird im Norden von den Bergregionen Serranía de San Blas und Serranía de Darién sowie im Süden von den Bergketten begrenzt, die sich am Pazifik erheben. Die Berge umschließen ein 250 Kilometer langes Becken, dessen Wasser in den Golfo de San Miguel fließt. Hier regnet es viel. Die Flüsse sind die Verbindungs-

Wissen

RÍO CHAGRES

Der Panamakanal ist eine künstliche Wasserstraße, die die 82 Kilometer lange Landenge zwischen Atlantik und Pazifik teilt. In den üppig bewaldeten Bergen westlich und östlich des Kanals befinden sich die durch Nationalparks geschützten Wasserquellen und auch der mächtige Río Chagres, die den Kanal speisen. In den Chagres fließt das Wasser eines Gebiets, das fast doppelt so groß wie das Saarland ist. Dies ist die Heimat der Emberá, und man kann dort großartige Wildwassertouren unternehmen. Im Gebiet des Chagres gibt es eine schier unendliche Vielfalt an Vogel- und Tierarten, darunter große Populationen von Affen, Jaguaren und Harpyien, einem der größten Greifvögel der Welt. Der Chagres fließt in den Gatún-See, der durch die Überflutung eines 425 Quadratkilometer großen Waldgebiets entstand, als man 1906 einen Damm baute. Im See sieht man immer noch halb versunkene Bäume, und es gibt Inseln mit großem Tier- und Pflanzenreichtum.

(wasser)straßen für die isoliert lebenden Gemeinschaften der Emberá-Wounaan und afrokaribischer Gruppen.
Der Bau der Panamericana in den 1970er-Jahren machte das in den Bergen gelegene Tal für die Nutzung zugänglich. Ein Großteil des Regenwalds ist mittlerweile verschwunden. Die Straße endet in Yaviza, und dahinter liegt die andere Hälfte des Darién im zweitgrößten Regenwald der westlichen Hemisphäre. Im Parque Nacional Darién gedeiht eine üppige Vegetation. Riesige *cedro*-Bäume ragen 30 Meter in die Höhe, mehrere Hundert Orchideenarten wurden gezählt. Die höchste Erhebung ist der 1875 Meter hohe Cerro Tacarcuna. Östlich des Golfo de San Miguel beginnt ein Küstenstreifen mit schwarzen Sandstränden.

WESTLICHE PAZIFIKKÜSTE

Die südlichen Ausläufer des Hochlands im Westen entwickeln sich zu einer hügeligen Küstenebene, die sich um den Golfo de Chiriquí legt. Die *llanura* (Ebene) umgibt im Westen die Bahía de Charco Azul bis zur Punta Burica. In den Tiefebenen im Westen gedeihen Bananenplantagen. Die Pazifikküste ist 1234 Kilometer lang. Um die klauenförmige Halbinsel Burica und die Ostküste des Golfs reihen sich Strände, die bei Surfern beliebt sind. Die Gewässer vor dem mittleren Küstenteil münden in Mangrovenwäldern, zu denen auch die Manglares de David, der größte Mangrovenwald in Panama, gehört. Entlang dieser Küste gibt es viele Vögel, und Meeresschildkröten legen an den Stränden ihre Eier ab. Vor der Küste schützt der Meeresnationalpark Golfo de Chiriquí das Gewässer: Haie, Mantarochen, Marline und kleinere Fische schwimmen zwischen den Korallenriffen. Etwas weiter im Meer liegt die unbewohnte Isla Coiba, Panamas größte Insel, die heute ein Naturreservat ist, in dem insbesondere Affen, Leguane und Vögel wie der hellrote Ara leben. Taucher finden dort erstklassige Bedingungen. Die Stadt David befindet sich in der Mitte der Provinz.

Panamas größte Insel war einst eine Strafkolonie; heute ist sie ein Naturreservat, das vor allem Affen, Leguane und Vögel beheimatet.

DIE HALBINSEL AZUERO

Diese Halbinsel, die im Süden in den Pazifischen Ozean ragt, ist ein Trockengebiet. Im Nationalpark Sarigua wachsen viele Kakteen. Eine Kette zerklüfteter Berge im Westen geht nach Osten hin über in eine honigfarbene Ebene. Die Wälder der Tiefebene sind für Viehweiden und später Zuckerrohrplantagen gefällt worden. Im Frühjahr und Sommer färben das Gelb der Chinarindenbäume, das Violett der Trompetenbaumgewächse und das Orange der Flammenbäume ganz Azuero ein. Einige Kolonialstädte sind Glanzpunkte entlang der Hauptstraße, die von der Ostküste in das Hinterland führt. Die Surfer zieht es an die wellenreiche Küste. Küstenvögel nisten zu Tausenden in den Ebenen. Vor der Küste liegt das Refugio de Vida Silvestre Isla Iguana, hier leben Fregattvögel in den Gewässern, in die es auch Buckelwale zur Fortpflanzung zieht. In diesem Schutzgebiet sowie dem Refugio de Vida Silvestre Isla de Cañas legen Meeresschildkröten ihre Eier ab.

WESTLICHE KARIBIKKÜSTE

Diese Karibikküste ist etwa 770 Kilometer lang. Im westlichen Teil liegt die Bucht des Río Sixaola, die bis zur Grenze von Costa Rica reicht; in der breiten Küstenebene wachsen viele Bananenstauden, dazwischen finden sich Mangroven und Sümpfe. Von der staubigen Handelsstadt Changuinola fahren Lkws von den *fincas* (Plantagen) der internationalen Obsthandelsgesellschaften zum Hafen Almirante. Von dort gelangt man zum Archipiélago de Bocas del Toro. Auf den Inseln zieht die Stadt Bocas Town mit afrokaribischem Flair Touristen an. Die von Korallenriffen und Mangroven eingefassten Inseln liegen in der Laguna de Chiriquí, in der vor allem in der Bocatorito Bucht viele Delfine leben. Der Meeresnationalpark Isla Bastimentos schützt eine Region voller Mangroven, Regenwälder und Korallenriffe. Im Osten ragt die Halbinsel Valiente in die Lagune, hinter der der Golfo de los Mosquitos beginnt. Gruppen der Ngöbe-Buglé und Teribe leben hier, denen der wachsende Ökotourismus neue Einkommensquellen erschließt. ■

Die Palmenstrände der Inseln von San Blas sind von der Sonne verwöhnt.

An der Nahtstelle zwischen den beiden Teilen Amerikas treffen die Biotopstrukturen aufeinander. Die Region mit üppiger Pflanzen- und Tierwelt beschrieb Präsident Theodore Roosevelt in einem Brief 1906: »Es ist ein echter Tropenwald, Palmen, Bananen, Brotfruchtbäume, Bambus, hohe Ceibas und großartige Schmetterlinge und schillernd bunte Vögel, die zwischen Orchideen fliegen.«

TREIBHAUS PANAMA

Man findet in Panama zehn unterschiedliche Lebensräume, von den Mangrovenwäldern und Feuchtgebieten an den Küsten bis zu den Nebelwäldern der Berggipfel. Im bunten Bild des Landes finden sich auch braune Flecken, einzelne trockene Laubwälder zwischen verdorrten Savannen in Azuero. Panama ist eingehüllt in feuchte Luft und hohe Temperaturen, wobei die Sonne fast das gesamte Jahr über im Zenit steht. Diese Wärme zusammen mit viel Regen, der mancherorts sogar 5000 Millimeter im Jahr erreicht, bildet die Grundlage für üppiges Pflanzenwachstum. In diesem Land gibt es über 10 000 bekannte Pflanzenarten, darunter mehr als 1500 verschiedene Bäume und mindestens 678 Farne, von denen manche über vier Meter hoch werden können.

ORCHIDEEN UND ANDERE BLUMEN

Panama besitzt einen einzigartigen Orchideenreichtum: Bislang hat man etwa 1200 Orchideenarten gefunden, darunter die Flor del Espíritu Santo, die weiße Peristeria-Elata-Orchidee, die die Nationalblume Panamas ist. Aufgrund der Feuchtigkeit findet man sie vom Küstenbereich bis zu den nebelverhangenen Hochlagen am Volcán Barú. Zu jeder Jahreszeit blühen Dutzende von Arten, von der stecknadelkopfgroßen *Platystele jungermanniodes* bis zu den schönen Dracula-Orchideen, wie der *Dracula vampira* mit schwarzen Blüten und bis zu 30 Zentimeter langen Blättern. Die Landschaft ist in ein buntes Farbenkleid gehüllt: orange und violette Engelstrompeten, Flamingoblumen in Weiß, Rot und Rosa, Helikonien, fleischig rote Passionsblumen und *labios ardientes* (heiße Lippen). Sogar in den tropischen trockenen Laubwäldern von Azuero explodiert in den Wintermonaten das Leben, wenn *corteza amarilla* (gelbe Rinde), rosa Palisanderholz und feuerrote Blüten des Tulpenbaums oder des afrikanischen Flammenbaums ihre Blütenblätter wie Konfetti fallen lassen.

Panama bietet zehn unterschiedliche Lebensräume, von Mangrovenwäldern und Feuchtgebieten bis zu Nebelwäldern.

Wissen

EINEN WILDFÜHRER FINDEN

Wer Wildtiere sehen und etwas über Panamas Flora und Fauna erfahren will, muss sich einen Wildführer suchen (siehe S. 304f.). Für viele Besucher ist ihr Wildführer das Highlight der ganzen Reise. Wildführer haben die erstaunliche Fähigkeit, mit ihrem Adlerblick Wildtiere zu erspähen und zu bestimmen, die ein ungeübtes Auge mit Sicherheit verpassen würde. Die besten unter den Führern bewegen sich von Kindesbeinen an in der Natur und haben sich mit der Zeit einen soliden Ruf aufgebaut. Viele sind auf Vögel, Botanik oder Herpetologie spezialisiert; sie arbeiten meist als Freiberufler und können über Agenturen wie Ancón Expeditions *(Tel. 50 72 69 94 15, www.anconexpeditions.com)* **gebucht werden.**

MANGROVENWÄLDER UND FEUCHTGEBIETE

Entlang der Küsten gibt es fünf Arten der *manglares* (Mangroven). Diese Salzpflanzen, Halophyten, die an Land wachsen, aber deren Wurzeln in Salzwasser überleben können, gedeihen im Schwemmland der Küsten. Riesige Mangrovenwälder wachsen am Golfo de Chiriquí, an der Bahía de Panama und am Golfo de San Miguel. Sie stehen im Brackwasser, und ihre ineinandergeschlungenen, pfahlartigen Wurzeln bilden ein Geflecht in den verzweigten Kanälen, zwischen denen sich neues Schwemmland anlagert und neues Küstenland entsteht. Damit wirken sie der Erosion durch die Gezeiten entgegen und binden Nährstoffe für viele Pflanzen und Tiere. Am Wasser lebende Zugvögel, Stelzvögel und kleine Säugetiere leben hier zuhauf und ernähren sich von Flohkrebsen, Krabben, Muscheln und anderen Tierchen in den Sümpfen, die auch Lebensraum für sehr viele Fischarten und wirbellose Tiere aus dem Meer sind.

Der Lago Gatún und der Lago Bayano im Landesinneren sind voller Wasserhyazinthen. Andere grüne Feuchtgebiete, Sumpfwälder und Frischwasserseen findet man insbesondere, wenn man von der Bahía de Panama ins Inland kommt; sie sind beliebte Zwischenstationen vieler Zugvögel von den Küstengebieten. Die Marschgebiete der Área Protegida Ciénaga de las Macanas und des Refugio de Vida Silvestre Cenegón del Mangle an der Pazifikküste sowie des San San Pond Sak an der Karibikküste werden in der Regenzeit überflutet und sind dann voller Enten und anderer Wasservögel.

REGENWÄLDER

Regenwälder gehören zu den komplexesten Ökosystemen der Erde. Biologen kennen mindestens 13 Arten von Regenwäldern, vom Dschungel in der Tiefebene bis zu Nebelwäldern in den Bergen bis zu einer Höhe von

1220 Metern. So ist es möglich, dass in Panama auf demselben Breitengrad ein immergrüner tropischer Regenwald an der Karibikküste wächst und es an der Pazifikküste einen zu bestimmten Jahreszeiten trockenen, immergrünen Wald gibt. In allen Regenwäldern fallen mehr als 2500 Millimeter Regen pro Jahr. In denen der Tiefebenen, die die Hanuras-Ebene an der Karibik und im Darién bedecken, können es 7500 Millimeter sein. Die Regenwälder der Tiefebene sind geprägt von vielen Schichten Grün. Die Bäume erreichen Höhen von 30 Meter und mehr und bilden ein kompaktes Dach. Bäume wie der Mahagonibaum und der Kapok- oder Wollbaum ragen in den Himmel. Hunderte Baumarten sind umschlungen von Bromelien, Parasitenpflanzen und Ranken.

In den heißen, feuchten Tropengebieten wachsen die Pflanzen das ganze Jahr über. Abgestorbene Blätter zersetzen sich schnell, und die Nährstoffe werden für die Erweiterung des Blätterdachs eingesetzt. Damit ist die Humusschicht der Tropenwälder dünn, und die Hartholzbäume besitzen weit verzweigte Wurzeln. Nur etwa zehn Prozent des Sonnenlichts erreichen den Waldboden, wo die *Sombrilla de pobre* (»Schirm des armen Mannes« – Riesenrhabarber) mit ihren Mammutblättern wächst, um möglichst viel Licht aufzufangen. Ein Großteil des Lebens spielt sich im Dach des Waldes ab, in dem die vielfaltigen Geräusche der Tiere die Luft erfüllen.

Die Gipfel des Volcán Barú sind in Nebel gehüllt, die üppiges Wachstum fördern.

OPTIMALE VOGELBEOBACHTUNG

Wo auch immer man sich in diesem Land befindet, es gibt verblüffend viele Vögel zu sehen. In einem Gebiet mit so vielen Ökozonen hat man die Qual der Wahl. Panama ist nicht nur perfekt für Vogelbeobachter, sondern bietet auch ein großes Netzwerk an fachkundigen Führern.

Quetzals leben in den Bergwäldern.

Viele Besucher kommen hierher, um den Quetzal zu erspähen, dem man im Hochland um den Volcán Barú begegnet. Die Feuchtgebiete der Pazifikküste ziehen Tausende von Wasservögeln an. Und in den Biotopen der Region Darién findet man für jeden Buchstaben des Alphabets eine Vogelart: von Arassaris über Harpyien bis hin zum Zweifarben-Ameisenpitta. Eine optimale Tour sollte verschiedene Lebensräume wie Bergnebelwald, Tiefland-Regenwald, Mangroven, Küstenfeuchtgebiet und küstennahe Inseln umfassen. Unter den mehr als 960 Routen haben wir ein paar der besten herausgesucht.

Beobachtungsorte

Cana Field Station (siehe S. 152f.) liegt in 500 Metern Höhe und flankiert den Cerro Pirre im Darién. Dieser Pfad ist bekannt für Königsgeier, Aras und Tuberkelhokkos. Anfragen über **Ancón Expeditions** *(Tel. 50 72 69 94 15, www.anconexpeditions.com)*. **Cheeseman's Ecology Safaris** *(Tel. 40 87 41 53 30, www.cheesemans.com)* bietet Frühjahrstouren, die u. a. die für ihren Vogelreichtum berühmten Schauplätze wie Soberanía National Park und Sendero los Quetzales vereinen. **Pipeline Road** (siehe S. 114) führt vom Gamboa Highway in den Parque Nacional Soberanía und ist Panamas herausragendster Vogelbeobachtungspfad. **Sendero los Quetzales** wurde nach den prächtigen Quetzals benannt; von denen gibt es hier unzählige in den Nebelwäldern zu beiden Seiten des Pfades, der die Hochlandstadt Boquete mit Cerro Punta verbindet, östlich und westlich also des Volcán Barú.

Vogelkundler

Birding Panamá *(Tel. 50 73 92 56 63, www.birdingpanama.com)* vermittelt die besten einheimischen Vogelkundler. Die Website verzeichnet auch wunderbare Vogelbeobachtungsplätze. **Panamá Audubon Society** *(Tel. 232 59 77, www.audubonpanama.org)* offeriert jährlich mehr als 20 Vogelbeobachtungs-Exkursionen.

VÖGEL

Über die Jahrmillionen haben unzählige Lebensformen die Landbrücke zwischen Nord und Süd überquert und zu einer ungeheuren Artenvielfalt beigetragen. Panama ist zwar klein, dennoch gibt es hier 960 Vogelarten, von denen zwölf nur dort zu finden sind. Etwa 150 Vogelarten sind Zugvögel. Die Feuchtgebiete an den Küsten bieten einen Lebensraum für Zugvögel, die Küsten bevorzugen, wie die Strandläufer, Schlammtreter und Regenbrachvögel, die man in Kolonien von Zehntausenden von Vögeln sieht. Der Weiße Ibis, Löffler und Reiher picken ihre Nahrung aus dem Küstenboden, wo die Mangroven Nistplätze für Pelikane, Fregattvögel und sogar Tölpel bieten, die man auf der Isla de los Pájaros (Vogelinsel) und auf den Inseln vor Azuero beobachten kann.

Über die Jahrmillionen haben Lebewesen die schmale Landbrücke überquert und eine erstaunliche Artenvielfalt hervorgebracht.

In Panama gibt es 18 Papageienarten, von den kleinen Panama-Amazonen bis zu den riesigen Gelbbrustaras, einer der sechs gefährdeten Araarten. Große Gruppen des Hellroten Ara sieht man auf der Isla Cioba. Tukane mit ihrem mächtigen bananenförmigen Schnabel gibt es überall, auch die Kuhreiher sieht man oft auf den Weideflächen. Und der Quetzal kommt hier häufiger vor als in jedem anderen Land Mittelamerikas, vor allem um den Volcán Barú, insbesondere im Frühling.

In Panama gibt es auch Dutzende Arten von Tangaren, Trogonen und Tauben sowie Glockenvögel, Schirmvögel und Ameisenvögel, die die Insekten und Eidechsen jagen, die von Treiberameisen aufgescheucht werden. Die Liste ließe sich noch endlos weiterführen.

Panamas Nationalvogel ist die kräftig gebaute Harpyie, die größte der etwa 50 Greifvogelarten des Landes. Sie nistet in den Kronen der höchsten Bäume, wo sie Affen und andere Tiere im Flug fängt. Der Vogel ist gefährdet, aber der Fondo Peregrino-Panama führt ein erfolgreiches Zucht- und Auswilderungsprogramm durch.

SÄUGETIERE

Fast die Hälfte aller 218 Säugetierarten in Panama sind Fledermäuse, unter denen sowohl Pflanzenfresser und Blutsauger, die sich vom Blut schlafender Rinder ernähren, als auch fischfressende Arten sind. Die meisten Säugetierarten leben zurückgezogen, so wie die sechs Arten tropischer Katzen, die man auch aufgrund ihrer Tarnung kaum zu Gesicht bekommt. Häufig sieht man die sieben Affenarten des Landes, von Manteläffchen und

Ein entspannter Mantelbrüllaffe in der Provinz Azuero

Kapuzineraffen mit ihren weißen Gesichtern bis zu Brüllaffen. Zwei- und Dreifinger-Faultiere hängen in den Baumwipfeln. Und Wasserschweine leben in den Sumpfgebieten des nördlichsten Verbreitungsgebiets ihrer Art. Am Boden leben die braunen Nasenbären. Rotten von zum Teil aggressiven Nabelschweinen mit ihren starken Kragen trifft man tief im Regenwald. Mittelamerikanische Tapire sind in Wäldern der Tiefebenen und der Berge zu Hause. Meerschweinchen, Ameisenbären und Gürteltiere sind weitere häufige Säugetiere, und Otter schwimmen in den Flüssen des Parque Nacional Chagres.

AMPHIBIEN UND REPTILIEN

Amphibien und Reptilien gibt es viele im Tropenklima. Schlangen, von denen Panama über 120 Arten aufzuweisen hat, finden sich überall, sind aber meist gut getarnt und kaum zu sehen. Eine Schlingpflanze kann sich als eine grün schillernde Palmenviper herausstellen. Boas mit einer Länge von

bis zu 3 Metern sieht man an den Flussufern. Die meisten Schlangen sind jedoch klein und jagen Vögel, Eidechsen und Nagetiere. Weniger als zehn Prozent der Schlangen sind giftig. Zur Familie der Viperidae gehört die gefürchtete, glänzend braune Lanzenotter, eine Riesenschlange, die für die meisten tödlichen Schlangenbisse in Panama verantwortlich ist. Der Biss der Korallenotter mit ihren hellen Streifen ist ebenfalls tödlich. Bislang keine Berichte gibt es über Bisse von der sehr giftigen schwarz-orangen Wasserschlange, die in der Bahía de Panama in Schwärmen auftritt.
Auch Frösche gibt es viele, darunter Baumfrösche mit ihren roten Augen und fröhlich bunte Pfeilgiftfrösche. Seit einigen Jahren dezimieren tödliche Pilze viele Arten und bedrohen auch den mittlerweile seltenen goldfarbenen Panama-Stummelfußfrosch *(Atelopus zeteki)*, der sich durch Körpersprache verständigt. Amerikanische Krokodile *(cocodrilos)*, die bis zu 4,5 Meter lang werden, leben zuhauf an den Flussmündungen und den Flussläufen der Tiefebenen sowie am Lago Gatún. Ihre kleineren Verwandten, die Kaimane, werden nur bis zu 1,8 Meter lang. Leguane leben in den Wäldern der Tiefebenen und werden bis zu 0,9 Meter lang. Ihre Population wurde aufgrund ihres wohlschmeckenden Fleisches von den *campesinos* stark dezimiert. Beliebt unter den kleineren Reptilienarten ist der Helmbasilisk, der im Tiefland lebt und Jesus-Christus-Echse genannt wird, weil er auf den Hinterbeinen über Wasser läuft. Fünf Meeresschildkröten-Arten legen ihre Eier an den Stränden der Karibik- und Pazifikküste ab. Bemerkenswert ist die gemeinsame Eiablage der Oliv-Bastardschildkröten im Refugio de Vida Silvestre Isla de Cañas im Herbst.

LEBEN IM MEER

Seekühe, eine gefährdete Art von Pflanzenfressern, leben zurückgezogen in den Gewässern des San San Pond Sak. Im Golfo de Chiriquí und Golfo

Wissen

FAULTIERE

Faultiere *(perezosos)* mit ihren kräftigen Armen und gebogenen Krallen hängen gewöhnlich in den Baumkronen und bewegen sich im Zeitlupentempo. In Panama gibt es zwei Arten: die Dreifingerfaultiere und die kleineren, nachtaktiven Hoffmann-Zweifingerfaultiere. Die Laubfresser haben riesige Mägen, um die großen Mengen schwerverdaulichen Futters zu verarbeiten, das bis zu einer Woche dort verbleiben kann. Ihr Stoffwechsel ist entsprechend langsam. 18 Stunden am Tag nehmen Schlaf oder Verdauung ein. Sehr reinlich sind sie nicht; ihr zottiges Fell ist von Algen grün verfärbt und von Käfern bewohnt.

de Panama wimmelt es von Fischen, und Angler fangen dort Goldmakrelen, Thunfische und Marline. Buckelwale und sogar Pottwale und Orkas kommen zur Paarungszeit hierher und bringen ihre Jungen in den nährstoffreichen Gewässern des Golfs zur Welt. Harmlose Mantarochen und Walhaie, Tintenfische, Krabben und Langusten locken immer mehr begeisterte Taucher in den Pazifischen Ozean. Auf der Karibikseite schwimmen verschiedene Fischarten zwischen den Korallenriffen vor den San-Blas-Inseln und der Provinz Bocas del Toro, wo Delfine Zuschauern gerne ihre Kunststücke zeigen.

Fünf Arten von Meeresschildkröten legen an den Stränden der Karibik- und Pazifikküste ihre Eier ab.

INSEKTEN

Man schätzt, dass in Panama etwa 46 000 Insektenarten auf jedem Hektar Land leben, von Blütenmilben, die in den Nasenlöchern der Kolibris von Blume zu Blume reisen, bis zu 7,5 Zentimeter langen Nashornkäfern. Allein auf der Isla Barro Colorado gibt es über 200 Ameisenarten, von Treiberameisen bis zu Blattschneiderameisen, die die Blattstücke über ihren Köpfen tragen. Außerdem gibt es in Panama 1600 Schmetterlingsarten, darunter auch den leuchtend blauen Morphofalter. ■

Panama ist Heimat einer Reihe bunter Amphibien, darunter der Rotaugenlaubfrosch.

Panamas Folklore-Tradition ist unglaublich reich. In den bildenden Künsten hat man sich von Zwängen befreit und findet nun große Anerkennung in aller Welt. Klassische und zeitgenössische Musik spiegeln den kulturellen Geist des Landes wider und erinnern an die vielfältigen indigenen Traditionen vor der Ankunft der Spanier.

BILDENDE KÜNSTE

Kunstschaffen reicht in Panama 10 000 Jahre zurück, in eine Zeit, als vorkolumbische Völker ihre Kultschalen und andere Keramiken mit stilisierten Motiven verzierten. Während der Kolonialzeit beschränkte sich das künstlerische Tun auf Religion. Die Kunst aus der Zeit nach der Unabhängigkeit Panamas ist eng verbunden mit dem Namen Roberto Lewis (1874–1949), dessen allegorische, romantische Wandmalereien den Palacio Presidencial und das Teatro Nacional schmücken. Der moderne Stil von Manuel E. Amador (1869–1952) bereitete der eher abstrakten Kunst, etwa von Eudoro Silvera (1917–2010), Alfredo Sinclair (1915–2014) und Guillermo Trujillo (1927–2018), dessen Arbeiten die Liebe zum Land mit der Mythologie der indigenen Bevölkerung verbinden, den Weg.
Panamas eklektischer Kunstszene – lange von der Anwesenheit der Amerikaner überschattet – fehlte ein nationales Thema. Eine Ausnahme bildet das Werk von Brooke Alfaro (*1949), der im Jahr 2000 seine Malerei aufgab und sich der Videokunst zuwandte, um das Leben der Unterschicht Panamas zu porträtieren. Inspiriert von den Arbeiten des Kubaners Wilfredo Lam (1902–1982) beschäftigt sich auch Arturo Lindsay (*1946) mit den spirituellen und ästhetischen Traditionen Afrikas. Die größte Sammlung von Arbeiten panamaischer Künstler findet sich im Museo de Arte Contemporáneo in Panama-Stadt. Internationale Anerkennung fanden die Fotografien von Iraida Icaza (*1952) und Sandra Eleta über ihr Buch *Portobelo: Fotografías de Panamá* und ihre Fotodokumentation über die Emberá-Wounaan.
Nach der Eröffnung des Instituto de Artes 1907 entstand eine meist von Europäern getragene Bildhauerschule, die im Stil des Klassizismus arbeitete. In den 1940er-Jahren machte sich José Mora Noli (1923–81) als erster Bildhauer Panamas einen Namen. Die bedeutendste unter diesen Künstlern ist heute Isabel de Obaldía (*1957), die viel mit Glas arbeitet.

KUNSTHANDWERK

Panama ist berühmt für die kunstvoll gestickten *molas* der Guna, die mit weißen Spitzen eingefassten *pollera*-Röcke und die Fratzen der Teufelsmasken aus Pappmaschee in den Städten des Azuero. Die Werke der Maskenmacher Darío López und Iván de León sind Sammlerstücke. Marktstände hängen voll mit Strohhüten, die es in vielen Varianten gibt. Einige der

Panamaische Kunst im Instituto Nacional de Cultura

qualitativ hochwertigen Flechtarbeiten und Designs stammen von den Ngöbe-Buglé, die ihre Strohhüte mit Federn verzieren. Die meisten Hüte stammen aus den Provinzen Coclé und Herrera, wo die Strohhutproduktion in Azuero-Dörfern wie Ocú und Pedregosa industrielle Züge angenommen hat. Die Emberá-Wounaan sind berühmt für ihre filigranen flachen Korbflechtereien, die mit Tiermotiven verziert sind, und für ihre Schnitzkunst, mit der sie aus der Steinnuss der Taguapalme kleine Tierfiguren arbeiten. Die Ngöbe-Buglé sind bekannt für ihre *chácaras,* kunstvoll handgeflochtene Taschen aus Blattfasern der Pitahanfpflanze, *cabuya.* Mus-

Wissen

NGÖBE-BUGLÉ *CHÁCARAS*

Die indigenen Völker der Ngöbe-Buglé transportieren alles – von Babys bis hin zu ihren Einkäufen – in *chácaras* (oder *kra* in ihrer Sprache). Diese unterschiedlich großen Taschen werden aus den Fasern von wildem Hanf geflochten. Jeder besitzt mehrere davon. Kleine und mittelgroße *chácaras* werden über der Schulter, größere werden, unterstützt durch einen Stirnriemen, auf dem Rücken getragen. Die Pflanzenfasern werden bei Neumond (für mehr Farbintensität) und in Abwesenheit der Männer in verschiedenen Farbtönen gefärbt. Die gewobenen Muster sind voller Symbole und erzählen Geschichten, bilden Landschaften ab oder imitieren Fell oder Färbung bestimmter Tiere.

terelemente bei jeder Kunst von Ngöbe-Buglé sind das Dreieck und die Schlangenmuster *(culebrakrays)*, die für die Bedeutung der Schlangen in der Mythologie der Ngöbe-Buglé stehen. Meisterhaft sind ihre *chaquiras* – Halsketten aus Glasperlen, die bis zu 30 Zentimeter breit sind.

LITERATUR

Eine literarische Kultur mit namhaften Schriftstellern hat sich in Panama nur langsam entwickelt. Ausnahme waren der Romancier und Dramatiker Víctor de la Guardia (1772–1823), der Dichter Dario Herrera (1870–1914) und die patriotische Dichterin Amelia Denis de Icaza (1836–1911). Besondere Ausdruckskraft hatten Mitte des 20. Jahrhunderts der avantgardistische Romancier Guillermo Sánchez Borbón (1924–2005), der unter dem Pseudonym Tristán Solart schrieb, sowie Ricardo Miró (1883–1940), dessen Gedicht *Patria* eine Hommage an seine Heimat ist.

Obwohl die Analphabetenrate in Panama sehr niedrig ist, wird in Panama wenig gelesen. Es sind Selbstreflexionen und Themen des täglichen Lebens, mit denen sich die Autoren meist in Gedichten und Kurzgeschichten befassen. Zu den bekannten Schriftstellern der jüngeren Vergangenheit gehören der Dichter Joaquín Beleño (1922–88), dessen Romane *Luna Verde* und *Gamboa Road Gang* sich mit den Ungerechtigkeiten des Panamakanals befassen, und Carlos Francisco Changmarín (1922–2012), der über das Leben auf dem Land schreibt. Einer der bekanntesten zeitgenössischen Autoren ist Enrique Jaramillo Levi (*1944), der auch Panamas Literaturzeitschrift *Maga* herausgibt.

Panama hat eine lebendige Theaterszene und zeigt in Theatern jeder Größe klassische bis experimentelle Stücke.

Erlebnis

FEIERN AUF REGIONALEN FIESTAS

Das Jahr in Panama ist ein einziger Festtaumel. Fast jede Stadt feiert einen Schutzheiligen *(fiestas patronales)*, anlässlich dessen es Stierkampf und *tope* (Demonstration von Reitkünsten) gibt, Feuerwerke, Schönheitswettbewerbe und traditionelle Musik und Tanz. Religiöse *feriados* (Feiertage) und Prozessionen werden in der Karwoche abgehalten, die *carnavales* finden kurz nach der Fastenzeit statt. Die indigenen Gemeinden des Landes feiern ihre eigenen unverwechselbaren und farbenfrohen Feste, die auf der Website der Autoridad de Turismo Panamá *(www.visitpanama.com)* verzeichnet sind. Wichtige Feste sind:
Die **Feria de las Flores y el Café** *(Jan., Boquete)* auf der man prächtige Blumenschauen bewundern kann.
Der **Carnaval** *(März, Las Tablas)* mit seinen Folklore-Tänzen, Schönheitswettbewerben, Livemusik und Karnevalsumzügen gilt als Panamas farbenprächtigstes Straßenfest.
Beim **Festival de la Pollera** *(Juli, Las Tablas)* zu Ehren der panamaischen Traditionen wird die Königin der *pollera* (Trachtenkleid) gekrönt.
Beim **Festival Nacional de la Mejorana** *(Sept., Guararé)*, dem wichtigsten Folklore-Festival, gibt es Ochsenkarren-Festzüge und traditionelle Gitarrenmusik.

THEATER

In Panama gibt es eine lebendige Theaterszene, gespielt wird alles, vom klassischen bis zum experimentellen Stück auf großen und kleinen Bühnen. Bekannt ist der in Panama geborene Bühnenregisseur José Benjamin Quintero (1924–99), der in den 1950er-Jahren zu den Ersten der Off-Broadway-Bewegung gehörte und Mitbegründer des Circle im Square Theatre in New York war. Die Theater Guild of Ancón spielt auf Englisch im Art-déco-Bau des Teatro Balboa in Panama-Stadt. Das bedeutendste Theater des Landes ist das Teatro Nacional.

MUSIK UND TANZ

Panama tanzt heute im Salsa-Rhythmus. Aber es gibt auch eine Folklore-Tradition, die als *música folclórica*, auch als *típico* oder *pindín* bezeichnet, heute fast nur noch auf Festivals oder auf Bühnen präsentiert wird. In Panamas *música típica* verschmelzen der Klang der fünfsaitigen Mejorana-Gitarre, der *tambores* (afrikanische Bongo-Trommeln) und der präkolumbianischen Musikinstrumente, wie die Samenkapseln der Tagua-Palme und die *churucas* (Rasseln aus Kürbissen). Typische Tänze sind der *punto*, die *mejorana*, der *tamborito* (Panamas Nationaltanz) und ähnliche Stampftänze für Paare in traditioneller Kleidung: dem *montuno-Hut* und weißen Hemden bei den Männern und knöchellangen, spitzenbesetzten *pollera*-Röcken

bei den Frauen. Traditionelle Tänze sind vom spanischen *paseo* abgeleitet, wobei Männer und Frauen im Kreis umeinandertanzen, begleitet vom typischen »yip-yipping« – dem in Panama *saloma* genannten Ruf.
Fast wöchentlich gibt es in Azuero, dem Kernland von Musik und Tanz in Panama, ein Folklore-Festival. Keines ist bunter als das Fronleichnamsfest, dessen Höhepunkt die Teufelstänzer mit ihren Masken und Kostümen sind. Die Gemeinschaften der Ngöbe-Buglé, Emberá-Wounaan und Guna führen gerne traditionelle Tänze auf, die von Trommeln und panflötenartigen Blasinstrumenten begleitet werden. Viele *típico*-Tänze, wie *los enanos* (Zwerge) und *el zaracundé*, stammen aus der afrikanischen Kultur und werden auf Festivals von Tänzern, die getrocknete Bananenblätter tragen, aufgeführt. Die Provinz Colón ist bekannt für ihre *congos,* bei denen Darbietungen die Geschichte der in Panama lebenden Menschen von den Afro-Antillen erzählen. Für den klassischen Bereich wurde 1941 das Nationale Symphonieorchester unter der Leitung des spanischen Komponisten Alberto Galimany (1889–1973) gegründet. Das Ballet Nacional de Panamá entstand 1970. Die Begeisterung für klassische Musik wuchs, als die britische Primaballerina Margot Fonteyn (1919–91) sich in Panama niederließ. Jährlich im Oktober findet das Festival Nacional de Ballet statt. Die internationale Jazz-Szene der Hauptstadt hat ihren Höhepunkt jährlich im Januar beim Panama City Jazz Festival. Gegründet wurde die Veranstaltung von Panamas bekanntestem Jazz-Komponisten, Pianisten und Grammy-Preisträger Danilo Pérez (*1965). Die jüngere Generation tanzt heute zu Hip-Hop-, Rock- und Latin-Rhythmen, wie Salsa, Cumbia und Merengue. Aus den Nachtclubs dröhnt an den Wochenenden der typische *Vida-loca*-Beat. ■

Der Grammy-Preisträger und Musiker Rubén Blades war Panamas Tourismusminister

Panama-Stadt

❮ Stadt der Gegensätze: ärmliche Fischerboote vor der Skyline der Finanzmetropole

Panamas Hauptstadt, kosmopolitisch, kompakt und brütend heiß, erstreckt sich entlang der Küste einer breiten pazifischen Bucht am Südeingang zum Kanal. Ihr feuchtheißes Meeresklima erinnert manchmal an ein türkisches Dampfbad. Kolonial und modern zugleich ist die Stadt mit 881 000 Einwohnern im Verwaltungsgebiet und 1,5 Millionen in der Metropolregion die mondänste Metropole zwischen Miami und Maracaibo.

Als Kreuzung zwischen zwei Kontinenten und zwei Ozeanen wird die Stadt seit 500 Jahren von Wirtschaft und Handel geprägt. Die 1519 an der Mündung des Río Abajo gegründete alte Stadt blühte auf als Umschlagplatz für Schätze, die über den Camino Real, den Königsweg, nach Spanien gebracht wurden. 1671 zerstörte der berühmt-berüchtigte Pirat Henry Morgan die Stadt. Der Neuaufbau begann auf der Landzunge San Felipe. Hinter Festungsmauern entstanden in der neuen Stadt vornehme Kolonialbauten. Der kalifornische Goldrausch und der Bau der Panama-Bahn Mitte des 19. Jahrhunderts brachten einen weiteren Entwicklungsschub. Die Ankunft der Compagnie Universelle du Canal Interocéanique in den 1880er-Jahren brachte Pariser Flair in die Altstadt Casco Viejo. Die Unabhängigkeit 1903 und der Kanalbau katapultierten die Stadt ins 20. Jahrhundert. Neue Bezirke entstanden quasi über Nacht neben US-amerikanischen Militärbasen, die acht

Jahrzehnte lang bestanden. Die Basen sind heute geschlossen, aber ihre weißen Bungalows und Stadthäuser haben sich ihren Charme bewahrt.
Durch den Kanal als internationales Handelszentrum positioniert, entwickelte sich die Stadt zu einer wuchernden Metropole. Heute ist Panama-Stadt ein bedeutendes Bankzentrum, das vor Modernität vibriert. Die Türme aus Glas und Marmor im Bankendistrikt, die hohen Wohnblöcke von Punta Paitilla, das von Kauflustigen wimmelnde Geschäftsviertel El Cangrejo – all das ist weit entfernt von den Ruinen von Panama Viejo und den gepflasterten Straßen im Casco Viejo.
Die Stadt bietet starke Kontraste. Die Wohnviertel der Mittel- und Oberschicht in Bella Vista, El Cangrejo und Marbella mit eleganten Boutique-Hotels und feinen Restaurants liegen mitten in einem vom Bauboom geprägten Hochhausgebiet. Die Altstadt ist jedoch von der Stadtentwicklung verschont geblieben. Voller malerischer Plätze, Museen und Kirchenbauten ist der Casco Viejo zu einem Viertel mit eleganten Villen, hippen Restaurants und trendigen Cafés umgestaltet worden.
Panama-Stadt ist nicht überall ganz ungefährlich. Englisch sprechende Führer stehen auf den Gehwegen des Casco Viejo bereit, wo eine starke Polizeipräsenz die Kriminalität in Schach hält. Teile des Casco Viejo sollte man besser meiden, ebenso die Straßen von Salsipuedes, Santa Ana und El Chorrillo mit ihren von Kriminalität geplagten Mietskasernen. ■

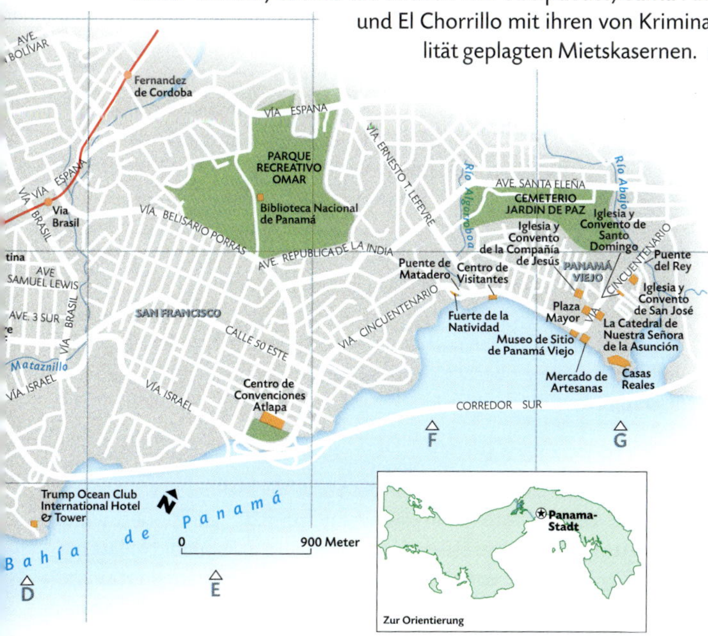

Das 1673 nach der Zerstörung von Panama Viejo gegründete »Alte Viertel« ist der farbigste und sehenswerteste Stadtteil. Es ist ein lebendiges Museum, das eine Fülle historischer Bauten, pittoresker Plätze, bezaubernder Straßencafés und besonderer Museen zu bieten hat. Das auch Casco Antiguo oder San Felipe genannte Viertel ist seit 1997 UNESCO-Weltkulturerbe.

Die neue Stadt (16 Hektar) war sehr viel kleiner als Panama Viejo, ihre Vorgängerin, die 50 Hektar umfasste. Die ursprüngliche Stadtmauer mit ihren Wehrtürmen und einem Graben mit Böschung zum Schutz vor landseitigen Angriffen bremste die Entwicklung. Siedlungen, die außerhalb der Stadtmauern aus dem Boden schossen, wurden von afrikanischen Sklaven und dem ärmeren Teil der Bevölkerung bewohnt.

Tipp

Der Casco Viejo ist heute wieder das kulturelle Zentrum von Panama-Stadt. Jeden Monat kommen neue Lokale und Galerien hinzu.

BEN HIRSCH
NATIONAL GEOGRAPHIC-FELDFORSCHER

1878 zerstörte ein verheerendes Feuer ein Drittel der Altstadt. Der Rest verfiel rasch im tropischen Klima. Ein ehrgeiziges Projekt wurde 1997 begonnen, um den Casco Viejo in seiner alten Pracht wiederherzustellen. Ein Jahrzehnt später hatte die Gegend ihre alte Lebendigkeit und neuen Glanz gewonnen. Schmiedeeiserne Balkone sind mit bunten Blumen überladen, pastellfarbene Häuserwände glühen golden in der späten Nachmittagssonne. Am Abend sitzt man unter Straßenlaternen, deren Licht die Innenhöfe von angesagten Restaurants und Bars erhellt. Hier finden sich einige der schönsten Sehenswürdigkeiten der Stadt: die Iglesia de San José, die Plaza de la Independencia, die Plaza Bolívar, der Palacio de las Garzas und die Plaza de Francia.
Die Stadt ist sicherer geworden, aber es bleiben genug dunkle Winkel. Vorsicht ist geboten, wenn man nachts durch die Straßen geht. Selbst tagsüber empfiehlt es sich, einen Besuch der Gegend von Chorrillo westlich des Casco Viejo zu vermeiden.

PLAZA DE FRANCIA

Dieser Platz öffnet sich zum Meer an der Spitze der Halbinsel, wo der Casco Viejo auf die Bucht stößt. Um die Wende zum 20. Jahrhundert wurde der Platz zu Ehren der französischen Kanalinitiative in Frankreich-Platz umbenannt. Der Platz wird von einem Obelisken beherrscht, auf dem ein gallischer Hahn sitzt und der unten von Bronzebüsten Ferdinand de Lesseps'

Gärten und spanische Kolonialarchitektur laden im Casco Viejo zu einem Spaziergang ein.

und vier anderen beim französischen Kanalbauversuch tätigen Persönlichkeiten bewacht wird. Die Geschichte des Kanalbaus und der 22 000 Arbeiter, die dabei starben, ist auf Tafeln im Halbkreis unter der Esplanade **Paseo Estebán Huertas** graviert. Eine weitere Tafel erinnert an Carlos J. Finlay, den kubanischen Physiker, der die Verbindung zwischen dem Moskito *Aëdes aegypti* und dem Gelbfieber entdeckte.

Bei stürmischem Wetter donnern Brecher gegen die östliche Strandmauer; in der spanischen Kolonialzeit wurden Verurteilte an diese Mauer gekettet und ertränkt. Heute befinden sich in neun in die Mauer gebauten Gewölben – **Las Bóvedas** – eine Kunstgalerie und das Restaurant Las Bóvedas, das freitagabends Jazz bietet. Gleich nördlich davon liegt das strahlend weiße **Instituto Nacional de Cultura**, die für die Museen und anderen kulturellen Einrichtungen des Landes zuständige Regierungsbehörde. Das Gebäude beherbergt auch das kleine **Teatro Anita Villalaz** *(Tel. 501 40 20 oder -40 44)*.

CASCO VIEJO

Karte S. 70 B1

Besucherinformation

Officina del Casco Antiguo, Calle 3, San Felipe, Casco Viejo

209 63 00

www.cascoviejo.com

PLAZA DE FRANCIA

Karte S. 70 B1

INSTITUTO NACIONAL DE CULTURA

Plaza de Francia

501 40 00 oder 501 48 00

Geschl. Sa u. So

www.inac.gob.pa

An der Nordseite des Platzes besticht die **Französische Botschaft** *(Tel. 211 62 00, Calle 1 Ecke Plaza de Francia)*, an deren Ostseite eine Bronzestatue von Pablo Arosemena (1836–1920) steht, der den Kanalvertrag mit der US-Regierung verhandelte und später Präsident der Republik Panama wurde (1910–12 und 1920). Jedes Jahr am 14. Juli veranstaltet die Botschaft eine Gartenparty mit Feuerwerk.

IN DER NÄHE DER PLAZA

Die Ruinen zweier Häuserblöcke nordwestlich der Plaza gehören zur **Iglesia** und zum **Convento de Santo Domingo** *(Ave. A, Ecke Calle 3)*, von den Dominikanern 1756 errichtet. Daneben beherbergt das **Museo de Arte Religioso Colonial** religiöse Kunstwerke, darunter den barocken Originalaltar des Konvents.

PLAZA DE LA INDEPENDENCIA

Rund um den Platz stehen Gebäude aus der Kolonialzeit und in seiner Mitte eine achteckige Pergola. Der spanische Klassizismus aristokratischer Häuser vermischt sich hier mit dem französischen Rokoko des 19. Jahrhunderts. In der trockenen Jahreszeit explodiert der Park in einem Farbenrausch knallgelber Birkenrindenakazien, zarter Rosa Poui und leuchtendroter Flammenbäume.

Die barocke Catedral Metropolitana wendet ihre Fassade der Plaza de la Independencia zu.

An der Westseite wird der Platz von der **Catedral Metropolitana** (*Calle 7 Este, Ecke Ave. Central*; siehe S. 76f.) beherrscht, deren Bau 1688 begonnen und 1796 vollendet wurde. Der koloniale Kirchenbau hat eine eher schlichte Fassade, deren mittlerer Teil – teils maurisch, teils Barock – aus Steinen der Ruinen vom Convento de la Merced in Panama Viejo besteht. Auf jeder Seite ist sie flankiert von dreistöckigen Glockentürmen, deren Dächer mit Perlmutt-Einlegearbeiten weiß im Sonnenlicht glitzern. In der Kathedrale fanden am 3. November 1903 die Feierlichkeiten zur Unterzeichnung der Unabhängigkeitserklärung von Kolumbien statt. Ein Reliquiar enthält die Gebeine des heiligen Aurelio; es ist hinter einem Jesus-Bild verborgen. Schräg gegenüber der Kathedrale liegt an der Südwestecke des Platzes der 1910 im neoklassizistischen Stil erbaute **Palacio Municipal**. Im zweiten Stock führt das kleine **Museo de História de Panamá** (*Tel. 501 41 28*) durch die Geschichte des Landes von der Ankunft Balboas bis 1977. Ausgestellt sind Waffen, Modelle alter Festungen und Dokumente.

Das in typisch französischem Kolonialstil erbaute, dreistöckige Gebäude mit Mansardendach an der Südostseite des Platzes ist das schöne **Museo del Canal Interoceánico**, das 1997 im früheren Hauptsitz der Compagnie Universelle du Canal Interocéanique eröffnet wurde. Die Geschichte des Baus begann als Grand Hotel (wo Ferdinand de Lesseps 1879 mit einem Bankett gefeiert wurde) und beherbergte in den Jahren von 1904 bis 1912 die amerikanische Kanalkommission. Die Exponate dokumentieren chronologisch die Herkulesarbeiten des Kanalbaus, erinnern an die kalifornischen Goldgräber und an den Bau der Panama-Eisenbahn. Unter den Modellschiffen ist die S.S. *Ancón*, die als erster Dampfer offiziell den Panamakanal durchfuhr. Im Saal darüber sind Münzen und Briefmarken ausgestellt, darunter die Kanalzonenmarken sowie eine Abschrift der Torrijos-Carter-Verträge von 1977, mit denen die Vereinigten Staaten den Kanal an Panama übergaben. Weitere Exponate umfassen präkolumbisches Gold, spanische Rüstungen und Waffen sowie den Tisch, an dem Panamas Unabhängigkeitserklärung unterzeichnet wurde. Die Exponate sind nur auf Spanisch beschriftet, aber es gibt Englisch sprechende Führer. Audio-Führungen werden gegen eine Gebühr angeboten.

MUSEO DE ARTE RELIGIOSO COLONIAL
✉ Ave. A Ecke Calle 3
☎ 208 28 87
🕒 Geschl. So u. Mo
$ $

PLAZA DE LA INDEPENDENCIA
Karte S. 70 B1, S. 81

MUSEO DEL CANAL INTEROCEÁNICO
✉ Plaza de la Independencia
☎ 211 16 49
🕒 Geschl. Mo
$ $
www.museodelcanal.com

IN DER UMGEBUNG

Von der etwas südlich gelegenen früheren **Iglesia y Convento de la Compañia de Jesús** *(Calle 7 Oeste)* stehen heute nur noch die barocke Fassade und Säulen. Kirche und Kloster wurden 1749 vom Jesuitenbischof Francisco Javier de Luna gegründet und dienten kurze Zeit als Universität, bevor sie 1781 niederbrannte. Das vermutlich älteste Haus im Casco Viejo, die einfache, zweistöckige **Casa Góngora** *(Ave. Central an der Calle 4 Oeste, Tel. 212 03 38, Sa u. So geschl.)* einen Block östlich der Plaza, wurde 1756 für einen spanischen Perlenhändler gebaut. Es dient heute als Kunsthaus und Konzertraum. Die offizielle Residenz des panamaischen Präsidenten, der **Palacio Presidencial**, nimmt nördlich von der Plaza einen ganzen Block ein. Besichtigungen sind nur nach vorheriger Anmeldung möglich. Der Palast wurde 1673 erbaut und 1921 im maurischen Stil restauriert. Die Statuen der Reiher, die sich um den Brunnen des Patio Andaluz gruppieren, gaben ihm den Beinamen Palacio de las Garzas (Palast der Reiher). Highlights sind eine Galerie lebensgroßer Bronzestatuen der Tugenden und die Wandmalereien von Roberto Lewis im Salón Amarillo und Salón Los Tamarindos. Besuchern wird auch der Salón de Gabinete gezeigt, wo die Kabinettstreffen des Präsidenten stattfinden.

PLAZA BOLÍVAR

Königspalmen beschatten das **Denkmal von Bolívar**, der hier 1826 einen lateinamerikanischen Kongress organisierte. Er kam in einer Klosterschule an der Nordostecke des Parks zusammen. Heute beherbergt der **Palacio Bolívar** das Außenministerium. Der Innenhof – die Plaza de Los Libertadores – hinter der geschnitzten Holztür ist mit den

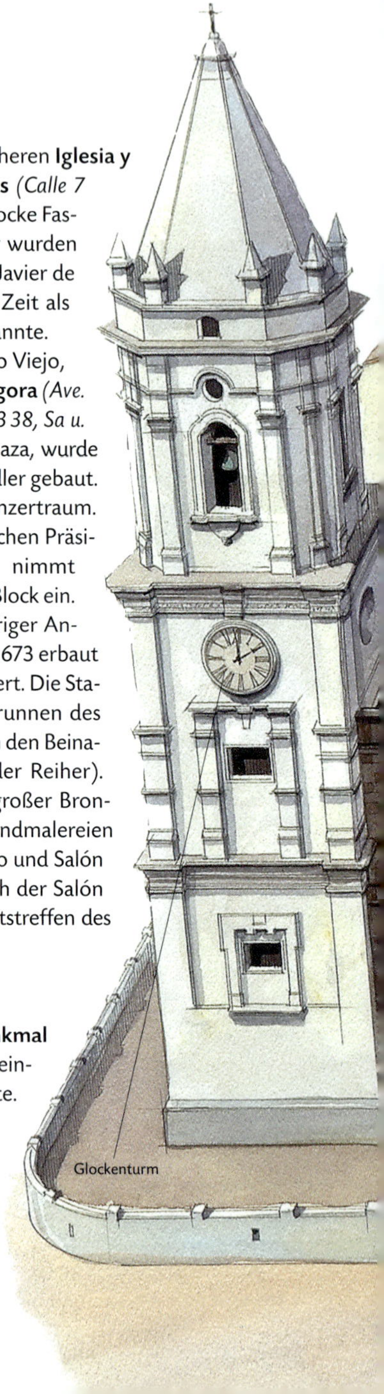

Catedral Metropolitana

Wissen

SIMÓN BOLÍVAR

Simón Bolívar (1783–1830), der in ganz Südamerika als El Libertador (Der Befreier) bekannt ist, war der militärpolitische Führer, der einen Großteil des Kontinents von der spanischen Kolonialmacht befreite. Bolívar wurde in Caracas geboren. Seine Eltern starben, als er noch ein Kind war, und hinterließen ihm ein Vermögen. 1810 schloss er sich der Unabhängigkeitsbewegung an und eroberte Caracas 1813 als Führer einer nationalistischen Armee. Es war der erste einer Reihe von weiteren Siegen, die 1819 in Lateinamerika zu einem Verbund befreiter Nationen führte: Großkolumbien. Bolívar entwarf eine Verfassung und wurde erster Präsident der Republik Großkolumbien. Die Republik brach jedoch aufgrund von politischen Differenzen und Aufständen auseinander. Am 27. April 1830 trat er zurück und starb am 7. Dezember in der Quinta de San Pedro Alejandrino in der Stadt Santa Marta, in deren Kathedrale er bestattet wurde.

Wappen der Republiken verziert, die am Kongress teilnahmen; an seiner Ostseite blickt eine Bronzebüste von Bolívar auf einen Teil des Klosters hinab. Der Hof kann während der Geschäftszeiten besichtigt werden, ebenso wie die **Sala Bolívar**. Die Sala Capitular (Konferenzsaal), wo der Kongress tagte, enthält eine Kopie von Bolívars goldenem, mit 1374 Diamanten besetztem Zeremonialschwert; im oberen Stock befinden sich die Originaldokumente des Kongresses.

Die angrenzende romanische **Iglesia y Convento de San Francisco de Asís** *(Calle 3 Este an der Ave. B)* stammt von 1761. Das Franziskanerkloster hat einen achteckigen Glockenturm und einen recht nüchternen Innenraum. Im Büro hinter der Kirche kann man sich die Erlaubnis zum Besteigen des Turms holen. Von dort hat man eine herrliche Aussicht über den Casco Viejo, einschließlich der erst kürzlich restaurierten **Iglesia San Felipe de Neri** *(Ave. B, Ecke*

Simón Bolívar blickt von seinem Sockel im Parque Bolívar über den Casco Viejo.

Innenraum der Catedral Metropolitana

Calle 5). Sie wurde im Jahr 1688 errichtet und ist damit eines der ältesten Bauwerke in Panama. Ihr Turm ist mit Perlmutt verziert.

An der südöstlichen Ecke des Platzes befindet sich das 1974 restaurierte **Teatro Nacional**. Gennaro Nicola Ruggieri entwarf diese Miniatur-Scala im europäischen Stil mit üppigen Rokoko-Verzierungen. Der dreistöckige, halbrunde Theatersaal hat noch die ursprüngliche Bestuhlung mit vergoldeten, roten Samtstühlen. Die Deckengemälde stammen von dem panamaischen Künstler Roberto Lewis und stellen Themen der Landesgeschichte dar. Lewis' Büste steht in der Lobby neben der von Margot Fonteyn, der britischen Ballerina, die lange in Panama lebte und hier auftrat. ■

Tipp

Für einen guten, dicht gewebten Panama-Hut muss man in den Geschäften des Casco Viejo mit etwa 60 US-Dollar rechnen.

DAVID KENNEDY
NATIONAL GEOGRAPHIC-MITARBEITER

PALACIO PRESIDENCIAL

Karte S. 70 B1
zwischen Calles 5 Este u. 6 Este
527 96 00
Führungen Di–Fr, eine Woche vorher schriftlich vorbestellen unter guiasdepalacio@presidencia.gob.pa (keine Shorts, Jeans, T-Shirts oder Sandalen)
www.presidencia.gob.pa

PLAZA BOLÍVAR

Karte S. 70 B1, S. 81

PALACIO BOLÍVAR

Antiguo Instituto Bolívar, Plaza Bolívar, Calle 3
228 95 94
Geschl. Sa u. So

SPAZIERGANG DURCH DEN CASCO VIEJO

Dieser Spaziergang führt durch das am vollständigsten erhaltene koloniale Erbe Panamas: eine Schatztruhe voller historischer Bauten, von Festungsresten aus dem frühen 17. Jahrhundert bis zu französischen Wohnhäusern des 19. Jahrhunderts und Jugendstil-Schätzen vom Anfang des 20. Jahrhunderts.

Die leuchtende Pracht eines blühenden Tulpenbaums ziert die Plaza de Francia.

Auf den Hauptstraßen kann man sich dank der Touristenpolizei und der *asistentes de turismo* (autorisierte Fremdenführer) sicher bewegen. Dennoch birgt der Casco Viejo für jeden, der die Touristenpfade verlässt, Risiken. Beginnen Sie den Rundgang an der **Officina del Casco Antiguo** ❶ *(OCA, Calle 3 u. San Felipe, Tel. 209 63 00, www.cascoviejo.com)*, einem Regierungsbüro, das touristische Informationen bereithält und folgen Sie der Calle 3 in Richtung Norden bis zur Avenida Central. Biegen Sie links ab. Nach zwei Blöcken erreichen Sie die **Plaza de la Independencia** ❷ (siehe S. 74f.) mit dem **Museo del Canal Interoceánico** (siehe S. 75f.) und dem **Museo de História de Panamá** (siehe S. 75) daneben. Nach der Besichtigung der **Catedral Metropolitana** (siehe S. 75) an der Westseite der Plaza gehen Sie auf der Calle 7 Oeste einen Block nach Süden und rechts auf die Ave. A. Nach einem Block erreichen Sie die kleine **Iglesia de San José** *(Avenida A* *zw. Calle 8 u. Calle 9).* Der Überlieferung nach schmückte ihr Goldaltar einst die Iglesia de San José in Panama Viejo. Henry Morgan soll das Stück übersehen haben, angeblich, weil der Pfarrer es schwarz übermalt hatte. Laufen Sie einen Block nach Westen zum **Parque Herrera** ❸ mit einer Bronzestatue von General Tomás Herrera zu Pferde. Weiter geht es zum Wachtturm **Baluarte Mano de Tigre**, dem Überbleibsel der kolonialen Stadtmauer. Zurück auf der Calle 9 Oeste gehen Sie nach Norden zur **Iglesia de la Merced** mit schöner Barockfassade. Der neoklassizistische Bau schräg gegenüber ist die **Casa de la Municipalidad** ❹, Sitz des Bürgermeisters. Nach dem Rückweg zur Calle 9 Este wenden Sie sich nach links. Biegen Sie auf der Avenida Eloy Alfaro auf die **Plazuela de Puerta del Mar** ab. Hier besticht die schöne Fassade der **Casa de los Monogramas**, die 1743 als Kloster entstand. Nehmen Sie sich Zeit für einen Besuch der Fischstände am **Mercado de Mariscos** ❺, 100 Meter weiter westlich. Gehen Sie 100 Meter nach Osten bis zum Polizeiposten *(an der Calle 7*

Siehe Karte S. 70–71
➤ Oficina del Casco Antiguo
4 Stunden
2,4 km
➤ Museo de Arte Religioso Colonial

Ein barocker Altar zieht Touristen in die Iglesia de San José.

Este). Nach der Kontrolle gelangen Sie rechts zur **Casa García**. Dahinter liegt der weißgetünchte **Palacio Presidencial** ❻ (siehe S. 76).

Weiter geht es auf der Avenida Eloy Alfaro Richtung Osten zur Calle 3 Oeste. Biegen Sie nun nach rechts zum Eingang des **Palacio Bolívar** (siehe S. 80) ab. Nach der Besichtigung der **Sala Bolívar** verlassen Sie das ehemalige Kloster. Wenn Sie rechtzeitig kommen, können Sie den Turm der **Iglesia y Convento de San Francisco de Asís** (siehe S. 78) besteigen, um den herrlichen Blick über die **Plaza Bolívar** ❼ (siehe S. 76) zu genießen, wo Treppen zum **Monumento Bolívar** hinaufführen. Das schöne, maurisch inspirierte Gebäude an der Nordseite ist ein Apartment-Komplex, in dessen Erdgeschoss sich ein Restaurant befindet.

Überqueren Sie die Südostecke, um das **Teatro Nacional** (siehe S. 79) zu besichtigen, folgen Sie dann der Ave. B bis zur **Plazuela de las Mojas** ❽. Das schön restaurierte Kolonialgebäude an der Südseite ist das **Privathaus von Rubén Blades**, des berühmten Salsa-Sängers. Weiter geht's die Treppen hoch zum **Paseo General Estebán Huerta**, der am Wasser entlang zur **Plaza de Francia** ❾ (siehe S. 72f.) mit ihren Büsten und Tafeln zu Ehren des französischen Kanalbauversuchs führt.

Vorbei an **Las Bóvedas** und dem **Instituto Nacional de Cultura** an der Ostseite der Plaza und der **französischen Botschaft** an der Nordseite (siehe S. 73) gehen Sie auf der Calle 2 Oeste bis zur **Plaza Charles V** ❿, die mit einer Büste des Kaisers des Heiligen Römischen Reiches, Karl V. (1500–58), aufwartet.

Gehen Sie links auf der Avenida A weiter zur Ruine der **Iglesia de Santo Domingo** und dem **Museo de Arte Religioso Colonial** (siehe S. 74) nebenan. Zum Abschluss des Spaziergangs wartet eine Erfrischung bei **Granclement** *(https://granclement.com)*, wo es delikates Eis gibt.

Diese Parkanlage ist das einzige richtige Naturreservat im tropischen Amerika, das innerhalb einer Stadtgrenze liegt. Sie wimmelt von Tieren und verfügt über die letzten Spuren von echtem pazifischem Trockenwald in Mittelamerika. Stadtbewohner nutzen ihn zur Erholung und für verschiedene sportliche Aktivitäten.

Der 265 Hektar große städtische Naturpark liegt etwa zehn Autominuten nördlich des Stadtzentrums und ist über den am Ostrand des Parks verlaufenden Corredor Norte erreichbar. An den Hügeln der nördlichen Stadtgrenze bildet dieser seltene Rest eines pazifischen Trockenwalds eine biologische Brücke zu den Nationalparks. Über 250 Vogel- und 36 Reptilarten bewohnen den Wald. Schildkröten paddeln im Río Curundu, wo Kaimane nach Fischen jagen. Faultiere hängen an Ästen, und Springaffen tollen in den Baumkronen. Für den Besuch empfiehlt sich der frühe Morgen. Starten Sie am **Besucherzentrum** *(Tel. 232 55 16)* am Parkeingang nahe der Kreuzung von Camino de la Amistad und Avenida Juan Pablo II. Hier gibt es Karten und Schautafeln über die lokale Flora und Fauna und hier beginnen gut beschilderte Pfade durch den Park; aus Sicherheitsgründen sollte man nicht allein loswandern. Der 0,6 Kilometer lange **Sendero La Momótides** ist flach und eignet sich zur Einführung. Der Waldlehrpfad **Sendero La Cienaguita** ist am besten für die Beobachtung der Tiere und bildet eine Schlaufe mit dem **Camino del Mono Tití**, der durch den Wald bergauf zum **Cerro Cedro** *mirador* (Aussichtspunkt) führt. In 150 Metern Höhe blickt man über die Stadt und die Miraflores Schleusen. Eine noch spekatulärere Aussicht bietet sich vom 42 Meter hohen **Smithsonian Canopy Crane** *(Reservierung nur über Ancon Expeditions, Tel. 269 94 15, www.anconexpeditions.com).* ■

PARQUE NATURAL METROPOLITANO
Karte S. 70 C3
Ave. Juan Pablo II
500 09 08
Besucherzentrum So geschl. Geführte Touren nach Voranmeldung
$
www.parquemetropolitano.org

Wissen

REGENBOGENTUKANE

Den farbenprächtigen Regenbogentukan muss man als Panama-Besucher gesehen haben. Der bunte Schnabel des etwa 50 Zentimeter großen, gelbbrustigen Vogels kann bis zu einem Drittel seiner Größe ausmachen. Tukane sind soziale Vögel; sie fliegen in kleinen Trupps durch die Bäume, rufen krächzend, schnappen nach Früchten, Beeren und Insekten und schlucken sie mit einem flinken Schnabelklapp hinunter.

In den Zwillingsdistrikten, flankiert von den Hauptverkehrsadern – Avenida Balboa und Vía España – und eingezwängt zwischen Casco Viejo und Parque Natural Metropolitano, liegen die meisten Museen und viele günstige Hotels.

AVENIDA CENTRAL

Ein Bummel auf der breiten Straße, die den Casco Viejo mit Calidonia verbindet, führt Sie mitten ins geschäftige Treiben der Stadt. Als Startpunkt eignet sich die **Plaza Santa Ana**, wo das **Café Coca Cola** *(Tel. 228 76 87)* – angeblich das älteste Kaffeehaus im Lande – gut für einen Espresso ist. Die nördlich der Plaza gelegene Avenida Central ist eine Fußgängerzone. Vor Billighotels und Discountläden sehen Sie Guna-Frauen in farbenprächtigen Trachten, Straßenhändler, die *guarapa* (Zuckerrohrsaft) verkaufen, und nach der neuesten Mode gekleidete Jugendliche, die zu Salsa-Melodien tanzen. Bleiben Sie auf dem Fußgänger-Boulevard. Santa Ana und der Distrikt Salsipuedes östlich der Plaza Santa Ana sind Elendsviertel, hier ist Vorsicht geboten, vor allem nachts. Zu Salsipuedes gehört das **Barrio Chino**, eine kleine »Chinatown« an der Calle 15 Este.

PLAZA CINCO DE MAYO

Die Fußgängerzone führt nach Norden zur Plaza Cinco de Mayo, auf der ein kleiner Brunnen steht, der auch als **Monumento a los Caídos** (Gefallenendenkmal) oder Feuerwehrdenkmal gilt. Das Denkmal erinnert an sechs Feuerwehrleute, die am 5. Mai 1914 beim Brand einer Feuerwerksfabrik umka-

Ein poppig bemalter *diablo rojo* (roter Teufel) schiebt sich durch die Straßen von Calidonia.

men. An jedem 27. November finden auf der Plaza Fackelumzüge des Cuerpo de Bomberos statt. Die Feuerwehrleute legen ihre Paradeuniformen an und marschieren durch die Stadt.
An der Ostseite der Plaza liegt der einstige Bahnhof – heute die Estación 5 de Mayo des Bus- und Metrosystems – der Pacific Railroad, ein auffallendes, 1912 errichtetes neoklassizistisches Bauwerk mit einer von dorischen Säulen beherrschten Fassade. Hinter dem Gebäude wird der **Mercado de Buhonería y Artesanías** *(Ave. 4 Sur, Ecke Calle 23 Este)*, ein Markt für Kunsthandwerk, bis 2020 renoviert. Einen Block weiter nördlich steht auf einem Platz eine **Statue von Mahatma Gandhi**, die von der großen Hindubevölkerung der Stadt aufgestellt wurde.

Tipp

Der gewundene Pfad entlang der Cinta Costera ist der beste Ort, um die Stadtlandschaft und die Ozeanbrise zu genießen.

TOM O'NEILL
AUTOR, NATIONAL GEOGRAPHIC MAGAZINE

Das **Museo Afroantillano de Panamá** (Westindisches Museum von Panama) erinnert an den Beitrag, den afro-antillanische Arbeiter beim Bau der Eisenbahn und des Kanals leisteten. Das Museum, untergebracht in einem Holzbau, der einmal eine christliche Missionskirche war, zeigt Fotos, Möbelstücke und persönliche Habe.

IN DER NÄHE DES PARQUE LEGISLATIVO

Die Asamblea Legislativa (Gesetzgebende Versammlung) tagt im **Palacio Legislativo** *(Tel. 512 83 00)* nordwestlich der Plaza Cinco de Mayo. Das Gebäude steht im **Parque Legislativo**. Diesen Platz überragt ein schwarzes Granitdenkmal, das **Friso Alegórico a la Justicia** (Allegorischer Fries der Gerechtigkeit) des peruanischen Bildhauers Joaquín Roca Rey (1923–2004). Er erinnert an den ermordeten Präsidenten José Antonio Remón Cantera (1908–55); auf dem Sockel stehen seine Worte: »Weder Almosen noch Millionen, wir wollen Gerechtigkeit.«
An der Nordseite der Avenida de los Mártires steht das **Monumento a los Patriotas** (Denkmal der Patrioten) zum Gedenken an die Nationalisten, die beim »Fahnenstreit« im Januar 1964 umkamen. Knapp 100 Meter

CALIDONIA UND LA EXPOSICIÓN
Karte S. 70 B2 u. C2

MUSEO AFROANTILLANO DE PANAMÁ
Karte S. 70 B2

Ave. Justo Arosemena u. Calle 24
501 41 31
Mo–Sa 9.30–15.30 Uhr
$
www.samaap.org

nördlich befindet sich das **Earl S. Tupper Research & Conference Center** *(Tupper Building, 401, Roosevelt Ave., Tel. 212 80 00)* des angesehenen Smithsonian Tropical Research Institute mit einem hervorragenden Buchladen.

PLAZA VICTOR JULIO GUTIÉRREZ

Das gitterartig angelegte Viertel La Exposición erstreckt sich nordöstlich von Calidonia. In der Nähe liegt das **Museo de Ciencias Naturales** (Naturkundemuseum). Vier Räume sind hier der Entomologie und der Meeresbiologie, der Geologie und der Paläontologie, Wirbeltieren und ausländischer Fauna gewidmet. Obwohl nicht sehr umfangreich, gibt das Museum einen Überblick über heimische Tierarten und Tiere von außerhalb Nord- und Südamerikas. An der Nordseite des Platzes fällt der prächtige, neoklassizistische Bau (ca. 1924) der **Archivos Nacionales** *(Ave. Perú, Ecke Calles 31/32, Tel. 501 61 51)* auf.

PARQUE BELISARIO PORRAS

In diesem Park *(Calles 33 Este/34 Este, Ecke Aves. Peru/Cuba)*, um den herum spanische Kolonialbauten stehen, spielt sich alljährlich das wichtigste Er-

Wissen

LA LOTERÍA

Panamaer sind leidenschaftliche Spieler, und mit zwei Ziehungen in der Woche hält die Nationallotterie das gesamte Land in Atem. Dann ziehen die Massen in den Parque Víctor Julio Gutiérrez – Hauptsitz von La Lotería Nacional de Beneficia *(Tel. 507 68 00, www.lnb.gob.pa)* – zur fiestaähnlichen Ziehung, die live in Radio und Fernsehen übertragen wird. Jede der Ziehungen dauert mehrere Stunden und wird mit Musik und Volkstänzen mit Schönheitsköniginnen in *polleras* gefeiert. Wie seit der Gründung der Lotterie 1919 üblich, wird eine kugelförmige Metalltrommel als Behälter verwendet. Die Lotteriekugeln werden in die Trommel gelegt. Nach endlosen Umdrehungen per Kurbel hält sie an, und eines von vier ausgewählten Kindern zieht eine Kugel. Dann wird die Kugel feierlich geöffnet und die Zahl herausgeholt.

Dieser Vorgang wird dreimal wiederholt, um die Gewinnkombinationen für einen ersten Gewinn von bis zu 9000 US-Dollar $ in der regulären Lotterie zu ermitteln. Zweimal vier Zahlen werden für den zweiten (bis zu 7000 US-Dollar) und dritten (bis zu 4000 US-Dollar) Gewinn gezogen. Lose kosten nur 50 Cents für Lose mit zwei Zahlen, die kleinere Gewinne auszahlen. Am letzten Freitag eines Monats warten Panamaer atemlos auf das Ergebnis einer Sonderziehung, Gordito del Zodiaco (Kleiner Dicker des Tierkreises), vermutlich benannt nach den Sternen, die für den Gewinner des Großen Preises von einer Million US-Dollar gerade günstig stehen.

Umgeben von Wolkenkratzern, beherrscht das Monumento Balboa den Küstengürtel.

eignis der Stadt ab: der Karneval! Durch seine Mitte kommen die *comparsas* (Umzüge), in denen Mädchen in *polleras* und, am letzten Tag, in heißen G-Strings und knalligem Federschmuck marschieren. Den Park ziert das **Monumento Belisario Porras** des spanischen Bildhauers Víctor Macho (1887–1966), das an Belisario Porras (1856–1942), einen Gründervater der Nation, erinnert. Einen Block nordwestlich steht die **Iglesia de Don Bosco** *(Ave. Central, Ecke Calle 34)*, die um 1950 mit einem minarettartigen Turm gebaut wurde.

Einen Block östlich des Parks liegt der **Parque Perú**. In ihm erinnert eine Büste an Francisco Arias Paredes (1886–1946), der 1931 den Coup anführte, durch den der korrupte Präsident Florencio Arosemena gestürzt wurde. Numismatiker und Philatelisten sollten die nahe **Casa Museo Banco Nacional** aufsuchen. Das Museum birgt eine Sammlung mit Münzen und Briefmarken, die bis zu den Konquistadoren zurückreichen.

AVENIDA BALBOA

Der breite Boulevard verbindet den Casco Viejo mit der Punta Paitilla. Auf halber Höhe der Avenida steht in einem Park das marmorne **Monumento Balboa** *(zwischen Calles 35/36)*. Bunt bemalte Fischerboote entladen ihren Fang an den Kaianlagen am Südende von Balboa. Die Fische werden anschließend auf dem **Mercado de Mariscos** *(Ave. Balboa u. Calle Eloy Alfaro)* verkauft. ■

MUSEO DE CIENCIAS NATURALES

Karte S. 70 B2

Ave. Cuba, Ecke Calles 29 Este u. 30 Este

501 41 25

Tägl. 9–16 Uhr

$

CASA MUSEO DEL BANCO NACIONAL

Ave. Cuba, Ecke Calle 34 Este

225 06 40 oder 800 51 51

Mo–Fr 8–12.30, 13.30–16 Uhr

Panama ist ein anerkanntes Zentrum des Spanisch-Sprachunterrichts. In Panama-Stadt, Boquete, Bocas del Toro und überall im Land finden sich Dutzende von Sprachschulen. Ihre Angebote reichen vom einwöchigen Schnellkurs für Anfänger bis hin zu Intensivkursen von einem Monat.

PANAMAISCHES SPANISCH

Jedes lateinamerikanische Land hat seinen eigenen Dialekt mit regionalen Mundarten, angesichts derer selbst Spanischkundigen die Ohren schlackern. Das von Maritza López verfasste ***Spanisch für Panama. Wort für Wort*** ist ein Sprachführer durch landestypisches Vokabular und bietet sogar Slang und Redewendungen wie z. B.: ***¡Vete a la mierda!*** Verpiss dich!

SPANISCH-SPRACHSCHULEN

Viele Schulen verbinden den Sprachunterricht mit Lektionen in traditionellen Tänzen und Kultur; andere bieten Ausflüge an. Die Unterrichtsstunden umfassen dabei selten mehr als 20 Wochenstunden bzw. 4 Stunden täglich (nur an Wochentagen). Wer Privatunterricht vorzieht, sollte sich im Vorfeld nach Möglichkeiten erkundigen. Angesehene Schulen sind u. a.:

Casco Antiguo Spanish School, ideal im Herzen von Panama-Stadt im Casco Viejo gelegen. Angeboten werden Kurse für Anfänger, Mittelstufe, Fortgeschrittene und Profis *(Calle 4A u. Ave. A, Casco Viejo, Panama-Stadt, Tel. 228 32 58, www.cascospanish.com).*

Habla Ya Panama Spanish School in der Hochlandstadt Boquete und in Bocas del Toro bietet Spanischkurse für verschiedene Niveaus. Die Gruppen sind auf vier Schüler pro Klasse begrenzt *(Central Ave., Los Establos Plaza 20–26, Boquete, Tel. 730 83 44, www.hablayapanama.com).*

ILERI Language Institute in Altos del Chase ist 20 Autominuten von Panama-Stadt entfernt und legt den Schwerpunkt auf die Konversation. Das Spanish Immersion Program (Vertiefungsprogramm) und die Kurse für Fortgeschrittene sind auf vier Schüler pro Klasse begrenzt und werden von zweisprachigen Lehrern unterrichtet. Darüber hinaus werden Abendkurse geboten und auch ein Kinderkurs, bei dem die Schülerfamilien mit einer panamaischen Familie zusammenkommen *(Calle 17 C Norte #20H, Altos de Betania, Tel. 392 40 86, www.ileripanamaspanishschool.com).*

Spanish Panama liegt im Geschäftsviertel El Cangrejo im Herzen von Panama-Stadt und erhielt glänzende Kritiken für seine Einzelkurse und einwöchigen Crash-Kurse in panama-spanischer Konversation, die mit Kursen in lateinamerikanischen Tänzen kombiniert werden. Zudem werden Stadtrundfahrten und Privatunterkünfte angeboten *(Vía Argentina u. Ave. 4 B Norte, Panama-Stadt, Tel. 213 31 21 oder 65 90 20 07, http://spanishpanama.com).*

Wolkenkratzer überragen die vornehme Wohngegend im kommerziellen Herzen der Stadt. El Cangrejo ist für seine Casinos, Bella Vista für edle Restaurants und ein brodelndes Nachtleben bekannt. Marbellas Banken funkeln im Abendlicht über Punta Pacifica und der Halbinsel Punta Paitilla.

Sehenswert ist der **Parque Urracá** *(Ave. Balboa, Ecke Calle 45 Este)* in Bella Vista. Hier starten die jährliche Weihnachtsparade und der Fackelumzug, der an jedem 2. November stattfindet. Die Avenida Federico Boyd führt vom Park nach Norden zur Vía España. An der Kreuzung steht die **Iglesia del Carmen** *(Vía España, Ecke Ave. Manuel E. Batista)* mit weißgrüner neugotischer Fassade. Der doppeltürmige Bau von 1947 enthält einen byzantinischen Altar.

Das Santuario Nacional del Corazón de María in Bella Vista

Die **Universidad de Panamá** *(Ave. Manuel E. Batista, Tel. 523 50 07)*, die Landesuniversität, liegt einen Block nördlich in El Cangrejo. Zum Campus gehört das **Instituto Geográfico Nacional Tommy Guardia** *(Calle 57 Oeste, Ecke Ave. 6a Norte, Tel. 507 96 84)*, die stadtweit beste Quelle für Karten von Panama.

Das **Santuario Nacional del Corazón de María**, auch in El Cangrejo, wurde 1949 eingeweiht. Die Fassade – teils romanisch, teils spanisch-kolonial – passt nicht ins moderne Stadtbild. Innen ist schönes Buntglas zu sehen, und ein Seiteneingang führt in einen Hof mit Brunnen und Pfauen.

Das exklusivste Viertel der Stadt ist **Punta Paitilla** am Ostende der Avenida Balboa in Marbella. Die schicken Hochhäuser spiegeln den Wohlstand ihrer Bewohner. In ihrem Schatten liegt die **Botschaft des Vatikans** *(Ave. Balboa, Ecke Ave. de Italia)*, wo Manuel Noriega Asyl suchte. ■

SANTUARIO NACIONAL DEL CORAZÓN DE MARÍA

Karte S. 70 D2

Calle 53 Este u. Ave. Samuel Lewis

263 98 33

http://santuarionacional.net

DER SCHNEIDER VON PANAMA

Ein edler Anzug spricht in Panama Bände, und wenn es um feine Garderobe für die Elite des Landes geht, wählt man generell eine Boutique im Savile-Row-Stil, wie sie in John Le Carrés Thriller *Der Schneider von Panama* beschrieben ist.

»La Fortuna, desde 1925« ist in eleganten Buchstaben auf dem *rótulo* (Ladenschild) am Orión-Handelshaus an der Vía España, 10 Meter östlich der Vía Argentina zu lesen. Die in Le Carrés Spionagethriller vage als Pendel & Braithwaite Limitada beschriebene Firma *(Tel. 263 64 34, So geschl., www.lafortunapanama.com)* ist für Panameños, die etwas auf sich halten, der wahre »Schneider von Panama«.

In Le Carrés Roman gehen alle wichtigen Männer Mittelamerikas durch Harry Pendels Türen. Er kleidet jeden, von Drogenbossen und Spionen bis hin zum panamaischen Präsidenten. Le Carrés Roman über einen Schneider, der von einem britischen Geheimdienstler als Spion eingesetzt wird, ist zwar erfunden, es liegt aber mehr als ein Körnchen Wahrheit darin, dass ein panamaischer Schneider in jedermanns Geheimnisse eingeweiht ist. La Fortuna ist seit Langem der Herrenausstatter für Präsidenten, Botschafter, Generäle und Parlamentsmitglieder. Omar Torrijos, der verstorbene Diktator, scherzte einmal, dass der Besitzer von La Fortuna, José Abadi, der einzige Mann sei, vor dem er je die Hosen runterlassen würde. José fertigte sogar Anzüge für Schauspieler wie Pierce Brosnan und Geoffrey Rush, als sie 2000 nach Panama kamen, um die Filmversion von Carrés Roman zu drehen.

José Abadi (1926–2008) hat das im Jahr 1925 von seinem Vater gegründete Unternehmen zum Erfolg geführt. Heute leitet sein Sohn Ariel Abadi

Schneidermeister arbeiten unter den wachsamen Augen von José Abadis Sohn Ariel.

ein Team von insgesamt 17 Schneidern und unterhält Sie gern mit Geschichten seines Vaters über die Schauspieler Rush, Brosnan und Jamie Lee Curtis.

An den Wänden des Ladens stehen Regale mit akkurat gestapelten Chiffonhemden und tintenblauen Anzügen aus Seidenkaschmir. Ein handgenähtes Hemd kann in nur zwei Tagen gefertigt werden. Für einen Maßanzug werden mindestens zehn Tage und zwei Anproben gebraucht. Ein Fischgrät-Zweireiher oder ein perfekt sitzender einfarbiger Anzug aus Stoffen von Armani, Ferré oder Versace ist für 500 US-Dollar zu haben – mit Etikett, das besagt, dass der Anzug von La Fortuna maßgeschneidert ist.

Stoffe warten auf die Verarbeitung zu Maßanzügen in La Fortuna.

Wissen

SOMBREROS MONTUNOS

Die meisten der berühmten Panamahüte kommen überraschenderweise nicht aus Panama, sondern werden in Ecuador hergestellt. Die Männer in Panama tragen handgeflochtene *sombreros de Paja Toquilla,* Hüte aus einheimischem Toquillastroh. Sie sind als *sombreros montunos* bekannt und werden hauptsächlich in den Gemeinden Ocú und La Pintada gefertigt. Der *ocueño* hat eine leicht gewölbte Krempe mit einem schwarzen oder braunen Stoffband und einer geflochtenen Schnur, der *pintado* hat eine flache, mit schwarzen Mustern verzierte Krempe. Der Hut, dessen Fertigung zwei bis vier Wochen dauert, wird aus den feinen Fasern der *bellota* (Carludovica-Palme) hergestellt. Die Fasern werden von den Blättern gezogen, gekocht und in der Sonne getrocknet, bis sie cremefarben gebleicht sind. Für die Muster werden ebensolche Fasern verwendet, die jedoch je nach Verarbeitung andersfarbig (von Rostrot bis Schwarz) sind.

Ecuadorianische Hüte weisen kein panamatypisches schwarzes Ripsband auf und werden von der Hutkrone bis zur Krempe in einem Zug durchgeflochten. Für Panamahüte dagegen werden halbzollbreite Streifen geflochten, um einen Holzblock gewunden und zusammengenäht. Die qualitativ hochwertigsten *montunos* sind so fein gewoben, dass kein Wasser hindurchdringen kann.

CALZADA DE AMADOR

Der künstliche Damm, die Calzada de Amador, ist mit atemberaubendem Blick auf Panama-Stadt auf der einen und dem Puente de Las Americas und den Kanalverkehr auf der anderen Seite ein beliebtes Erholungsgebiet. Mittlerweile ist er zum Jugendtreffpunkt und zur Touristenattraktion geworden.

Knallbunt und facettenreich: Das Biomuseo wurde zum Wahrzeichen Panamas.

Um die palmengesäumte *calzada* (Damm) verläuft ein Freizeitpfad, der bei Joggern, Radfahrern und Hundebesitzern beliebt ist. Fahrräder und Inlineskates kann man bei **Bicicletas Ralí** *(www.ralistoreonline.com, Ave. Balboa, Edificio Sky)* mieten. Spaziergänge sind vor allem in der Morgen- und Abenddämmerung schön. Der bei Einheimischen beliebte Strand der **Isla Naos** ist wegen der gesundheitlichen Risiken durch unreines Wasser nicht zu empfehlen.
Der 4,5 Kilometer lange Damm, der Balboa mit den Inseln Naos, Culebra, Perico und Flamenco verbindet, blockiert schlammführende Strömungen, die den Eingang zum Kanal verstopfen können. Nach seiner Fertigstellung 1913 wurde der Damm zu einem Militärkomplex – Fort Grant (später Fort Amador) –, der die Zufahrten bewachen sollte.
Im Zweiten Weltkrieg war die **Isla Flamenco** ein strategisches Befehlszentrum. Heute befindet sich hier die **Fuerte Amador Resort & Marina** *(www.fuerteamador.com)* mit einem Kreuzfahrtterminal, einer Shopping-Mall und einer Marina voller schnittiger Jachten. Boote aller Art kann man beim zugehörigen **Flamenco Yacht Club** chartern. Abends sorgt in den rund zwei Dutzend Restaurants, Bars und Clubs auf Fuerte Amador Musik im South-Beach-Stil für Stimmung.

Im nahen **Panamá Canal Village** *(Tel. 314 07 49)* steht das im neukolonialen Baustil errichtete **Figali Convention Center**. Hier finden viele Konzerte, von Klassik bis Rock, statt. In der Nähe erhebt sich im **Parque Torrijos-Carter** das Monumento Histórico Mausoleo del General Omar Torrijos Herrera, unter dem der frühere Diktator ruht.

CENTRO NATURAL PUNTA CULEBRA

Das Smithsonian Tropical Research Institute betreibt eine Meeresforschungsstation in früheren Militärbunkern auf der Punta Culebra. Besucher sind im Ausstellungszentrum willkommen, einem Freiluftmuseum mit sechs der küstennahen Meereswelt gewidmeten Aquarien. Ein Aquarium enthält Arten aus dem Pazifik, ein anderes karibische Arten. Kinder mögen vor allem die Haie und den Teich, wo sie Meerestiere berühren können.
Zwei Pfade schlängeln sich durch den pazifischen Trockenwald der Tropen. Faultiere sind hier zu sehen, Leguane kommen massenhaft vor, und der Wald ist ein Refugium für Gürteltiere und Vögel: Kormorane, Fregattvögel und sogar die seltenen Blaufußtölpel. Ein geschützter Strand ist von Mangrovenwald gerahmt.
Gegen die Spitze der Halbinsel krachende Wellen treiben Krebse vor und zurück. Auf einer Plattform stehen ein Teleskop und Tafeln mit Schiffslängsschnitten, mit deren Hilfe man viele der in der Nachbarschaft ankernden Schiffe identifizieren kann. ■

CALZADA DE AMADOR
Karte S. 70 A1–A2

PUNTA CULEBRA NATURE CENTER
Calzada de Amador
212 87 93
Geschl. Mo
$
https://stri.si.edu/visit/punta-culebraa

Wissen

BIOMUSEO

Das Biomuseo wurde 2014 als Gemeinschaftsprojekt des Smithsonian Tropical Research Institute, der Universität von Panama und der Interoceanic Regional Authority eröffnet. Das Museum, entworfen von Frank Gehry (*1929), dem Architekten des futuristischen Guggenheim-Museums in Bilbao, gilt schon jetzt als das Wahrzeichen Panamas, ähnlich wie das Opera House für Sydney. Das Bauwerk, das am Eingang zum Damm steht, ist wie Quarzkristalle facettiert und wird von einem Dach mit einer sich verbiegenden Silhouette gekrönt, das die Kräfte der Natur symbolisiert. Seine acht Säle zeigen Multimedia-Ausstellungen über Panamas erstaunlich große, von seinen Ozeanen bis zu den Nebelwäldern reichende Biodiversität.

Um den Cerro Ancón, den höchsten Punkt der Stadt, breiten sich drei aneinandergrenzende Gemeinden aus, die ein Jahrhundert zuvor als »Hauptstadt« der ehemaligen Kanalzone und des US-Militärkommandos entstanden. Korinthischen Säulen ähnelnde Königspalmen, Mangobäume und Jacarandas werfen kühle Schatten auf Straßen mit grandiosen bis kuriosen Häusern.

BALBOA

An den Hängen östlich der pazifischen Kanaleinfahrt befindet sich im zwischen Cerro Ancón und dem Ostrand von **Cerro Sosa** gelegenen Balboa noch heute der Verwaltungssitz für den Panamakanal. Das monumentale E-förmige **Gebäude der Panamakanal-Behörde** am Cerro Ancón wurde am 15. Juli 1914 auf einer Anhöhe über Balboa eingeweiht. Besucher haben an Werktagen Gelegenheit, die Rotunde mit ihren Marmorsäulen und Nischen mit Büsten von Ferdinand de Lesseps, Theodore Roosevelt und Kaiser Karl V. zu besichtigen. Der Blick wird auf die Kuppel mit dem Panamakanal-Rundbild gelenkt. Durch die feinen Details und die perspektivische Wirkung hat der New Yorker Künstler William B. Van Ingen (1858–1955) die gewaltige Leistung eindrucksvoll wiedergegeben. Die Treppe führt hinauf zu einer Galerie mit Gemälden des US-Künstlers Al Sprague, die den Kanal zum Thema haben.

Das Bild im Gebäude der Panamakanal-Behörde erzählt von der Leistung des Kanalbaus.

Hinter dem Gebäude führen 110 Stufen hinunter zum **El Prado**, einem palmengesäumten Boulevard. Hier finden in der Trockenzeit jeden Dienstag- und Donnerstagabend Konzerte statt. Am Fuß der Stufen steht das marmorne **Goethals-Denkmal**, errichtet zu Ehren von George W. Goethals, Kanal-Chefingenieur von 1907 bis 1914. 100 Meter westlich steht auf der anderen Seite der Avenida Roosevelt ein 86 Tonnen schwerer **Bucyrus-Dampfbagger**.

Zwischen Denkmal und Bagger steht die frühere Hochschule von Balboa, heute der **Centro de Capacitación Ascanio Arosemena** *(Edificio 704, Tel. 272 11 11, Sa u. So geschl.)*, wo Beschäftigte der Kanalverwaltung ausgebildet werden. In der Eingangshalle befindet sich das **Monumento a los Mártires**, das den 21 Panamaern gewidmet ist, die beim »Fahnenstreit« am 9. Januar 1964, auch »Tag der Märtyrer« genannt, umkamen. Im Gebäude dokumentiert eine Ausstellung den Kanalbau auf zwei Stockwerken.

Tipp

Die Theatre Guild of Ancón *(www.anconguild.com)* zeigt englischsprachige Stücke und hält damit eine Tradition der Zonians aufrecht, die ein halbes Jahrhundert lang Bestand hatte.

KENNY LING
NATIONAL GEOGRAPHIC-MITARBEITER

Am Südende von El Prado stößt man auf den **Stevens-Platz** mit einem Denkmal von John Stevens (Chefingenieur 1905–07). Zur Linken befinden sich das einstöckige **Postamt von Balboa** und das **Teatro Balboa** *(Tel. 228 03 27)*, ein Art-déco-Juwel, das 1946 als Kino »Electric Theater« gebaut wurde und noch heute als Konzertsaal genutzt wird. In **Niko's Café** (siehe S. 273), einer ehemaligen Bowlingbahn an der Nordostseite des Stevens-Platzes, hängen Schwarz-Weiß-Fotos aus dem alten Panama.

Die Avenida Arnulfo Arias Madrid verläuft in Richtung Osten an der **Union Church** *(Tel. 314 10 04, www.balboaunionchurch.org)* vorbei, einer 1917 im gotischen Stil errichteten Kirche. Dahinter kommt man zum **Monumento a la Democracia** des kolumbianischen Künstlers Hector Lombana (1930–2008), das den dreimaligen panamaischen Präsidenten Arnulfo Arias Madrid (1901–1988) ehrt. An der Nordseite des Denkmals steht im Konferenzsaal des **Sitzes der Panama-Kanallotsen** *(Tel. 228 48 68)* ein drei

BALBOA UND ANCÓN
Karte S. 70 A2 u. B2

GEBÄUDE DER PANAMAKANAL-BEHÖRDE
Karte S. 70 A1

101 Heights Rd., Balboa
272 11 11
Geschl. Sa u. So
www.pancanal.com

Meter langes Modell der Viermastbark M/V *John Constantine*. Am Empfang lässt man Sie vielleicht hinein. Im Osten liegt gegenüber vom Denkmal das **Centro Artesanal** mit Kunsthandwerksläden.

QUARRY HEIGHTS

Das nordöstlich von Balboa gelegene Quarry Heights war von 1916 bis 1999 das Hauptquartier des Kommandos Süd der US-amerikanischen Streitkräfte. Die architektonisch interessanten Wohnhäuser wurden auf zwei aus dem Cerro Ancón geschlagenen Terrassen gebaut und meist von Offizieren und Ärzten des Gorgas-Hospitals bewohnt.

Das zweistöckige **Verwalterhaus** *(107 Heights Rd.)* an der Kreuzung Heights Road und Quarry Road war während der Bauzeit der palastartige Wohnsitz des Chefingenieurs. Ursprünglich stand es am Culebra-Bergrücken, damit der Verwalter die Ausgrabungsarbeiten im Blick behalten konnte; 1914 wurde das Haus auf einen Zug geladen und an der jetzigen Stelle aufgebaut. Heute dient es als Gästehaus für ausländische Würdenträger.

Tipp

Boxfans sollten einmal im La Tasca de Durán *(53 Calle Alberto Navarro, Tel. 213 01 00)* speisen. Inhaber Roberto Durán erzählt gerne von seinen Kämpfen gegen »Sugar« Ray Leonard und andere.

JUSTIN KAVANAGH
REDAKTEUR, NATIONAL GEOGRAPHIC TRAVELER

Die Quarry Road führt zum fast 200 Meter hohen **Cerro Ancón**. Hier weht an einem Mast eine riesige panamaische Flagge. Die panamaische Dichterin Amelia Denis de Icaza (1836–1911) sitzt als Bronzebildnis unter der Flagge und schaut auf die Stadt hinab. Der waldige Hügel ist heute ein Naturreservat, in dem Affen, Agutis und Faultiere beheimatet sind. Bis zum Gipfel geht man 20 Minuten auf der Asphaltstraße, die sich vom Hauptsitz der **Asociación Nacional para la Conservación de la Naturaleza** *(ANCON, Bldg. 157, Quarry Heights Rd., Tel. 314 00 60, www.ancon.org)* entlang der Calle Amelia Denis de Icaza) bergauf windet. Da es zu Überfällen gekommen sein soll, wandert man am besten nicht allein dorthin.

Östlich von ANCON blickt man auf dem Weg zum Cerro Ancón auf die **Montague Hall** *(Bldg. 88, Quarry Heights Rd.)* herab, die bis 1997 das Hauptquartier des gesamten US-Südkommandos war. In die Felswand eingelassen ist der Eingang zu einem bombensicheren 40-Zimmer-Kommandoposten, der 1942 in den Cerro Ancón hineingesprengt wurde. Noch heute dient er als Bunker für den amtierenden Präsidenten, weshalb er für Touristen nicht zugänglich ist.

Wissen

MI PUEBLITO

Mi Pueblito (»Mein Dörfchen«; *Ave. de los Martires, Mo geschl. $*), ein Museum für panamaische Kultur, befindet sich am östlichen Fuße des Cerro Ancón und ist in drei Abschnitte unterteilt, die wie Dörfchen gestaltet sind. Der Hauptteil ist im Stil der Kolonialzeit gestaltet; um den gepflasterten Platz herum sind eine Kirche im spanischen Missionsstil, ein Bürgermeisteramt, eine Telegrafenstation und ein Museum gruppiert, das der Nationaltracht gewidmet ist: der *pollera*. Im Antillen-Karibikinseln-Dorf steht La Casa del Café, in dem Dutzende von Kaffeesorten angeboten werden. Am Fuße des Berges schließlich steht das Dorf, das die indigenen Völker des Landes repräsentiert und Kunstgegenstände der Guna-, Emberá- und Wounaan-Kulturen zeigt.

ANCÓN

An der Nordostseite des Hügels lag die ehemalige französische Siedlung mit dem 1881 als L'Hôpital Notre Dame du Canal gegründeten Ancón-Hospital als Mittelpunkt. Bis zum Jahr 1907 war das Hospital auf 96 Gebäude angewachsen. 1928 wurde das Hauptgebäude – mit einem zweistöckigen, neoklassizistischen Portikus und grünen Kupferkuppeln – nach dem Militärarzt, der Malaria und Gelbfieber besiegte, in **Gorgas-Hospital** umbenannt. In einem Teil der Gebäude ist heute der **Corte Suprema de Justicia** *(Gorgas Rd., Tel. 212 73 00)*, Panamas Oberster Gerichtshof, untergebracht. Am Ende der Gorgas Road steht die 1923 erbaute romanische **St.-Lukas-Kathedrale** *(Tel. 262 12 80)* mit einer Front aus korinthischen Säulen. Eine weitere Kirche – **Parroquia Sagrado Corazón de Jesús** *(Ancon Blvd. Ecke Chame St.)* – im spanischen Kolonialstil erhebt sich ungefähr 200 Meter weiter nordwestlich.

Kulturfans zieht es vielleicht ins nahe gelegene **Museo de Arte Contemporáneo**, das in einem Logenhaus aus den 1930er-Jahren untergebracht ist. Zu sehen sind zeitgenössische Keramiken, Gemälde, Fotografien und Skulpturen von Künstlern aus Panama und der ganzen Welt. Versteckt inmitten von Palmen befindet sich etwas weiter nordwestlich die **Theatre Guild of Ancón** in einem malerischen, karibischen Holzgebäude. ■

MUSEO DE ARTE CONTEMPORÁNEO

Karte S. 70 B2

Ave. de los Mártires, Calle San Blas

262 33 80

Geschl. Mo

$

www.macpanama.org

THEATRE GUILD OF ANCÓN

Calle DIJ

212 00 60

www.anconguild.com

Panamá Viejo wurde am 15. August 1519 als erste Stadt an der Pazifikküste gegründet und gehört heute zum UNESCO-Welterbe. Teile der alten Enklave sind restauriert worden, sodass Besucher ermessen können, wie eine der einst reichsten Städte ihrer Zeit einmal ausgesehen hat.

Die über einer präkolumbischen Begräbnisstätte auf einer Landzunge erbaute Stadt blühte anderthalb Jahrhunderte als Stützpunkt und Umschlagplatz für den Schatzweg Camino Real. Die meisten Gebäude fielen jedoch 1671 dem Feuer zum Opfer, das dem Überfall des Piraten Morgan folgte; danach wurde die Stadt aufgegeben. Nachdem sich hier später Slums ausgebreitet hatten, wurde das Gelände 1976 zum Nationaldenkmal ernannt, und ein Restaurierungsprogramm begann.

WESTSEITE

Der Zugang zur Stadt war zur Kolonialzeit die noch vorhandene **Puente de Matadero** (Brücke des Schlachthauses), eine steinerne Bogenbrücke über den Río Algarrobo. Er wurde bewacht vom **Fuerte de la Natividad** (Fort der Geburt Christi). Dahinter liegt das 2017 neu eröffnete **Centro de Visitantes de Panamá Viejo** (Besucherzentrum) mit dem **Museo de Sitio de Panamá Viejo**. Es zeigt Musketenkugeln, Münzen und andere Ausgrabungsobjekte. Ein Fußweg führt vom Besucherzentrum zur **Iglesia** und zum **Convento la Merced**. Die Kirche entging Morgans Überfall und wurde danach in der neuen Stadt wiederaufgebaut. Dahinter standen die **Iglesia** und der **Convento de San Francisco**, die von den Franziskanern 1603 fertiggestellt wurden, sowie das 1521 erbaute **Krankenhaus San Juan Dios**. Von diesen Bauwerken stehen nur noch Reste.

In den grob gemauerten Ruinen von Panama Viejo lässt sich Geschichte nacherleben.

Zu den besterhaltenen Bauten gehören die **Iglesia** und der **Convento de las Monjas de la Concepción**, vom Orden der Dominikanerinnen. Es stehen noch der Glockenturm und

Erlebnis

DIE VERGANGENHEIT AUSGRABEN

Panamá Viejo ist eine fortwährende archäologische Ausgrabungsstätte und bietet die Möglichkeit einer Mitarbeit. Das Patronato Panamá Viejo *(P.O. 0823-05096, Panama, Tel. 50 72 26 89 15, info@patronatopanamaviejo.org)* **sucht für laufende Projekte im Bereich der Forschung und Erhaltung Freiwillige, die beim Säubern von archäologischen Funden, Klassifizieren von Artefakten und Vermessen und Fotografieren im Freiland helfen. Gesucht werden Studenten der Archäologie, Anthropologie oder Geschichte (Nachweise erforderlich). Das Praktikum ist in der Regel auf drei Monate beschränkt.**

ein *aljibe* (Brunnen). Im Osten schließt sich die **Iglesia** und der **Convento de la Compañía de Jesús** an, deren Bau 1582 abgeschlossen war.

OSTSEITE

Der Mittelpunkt der Stadt war die **Plaza Mayor**, heute eine gepflegte Grünfläche. Östlich davon standen der **Cabildo de la Ciudad**, das Rathaus, und die von einem Wassergraben umgebenen **Casas Reales**. Hier waren der Gouverneur und Adlige sowie die königliche Verwaltung untergebracht. Im 27 Meter hohen Kirchturm der **Catedral de Nuestra Señora de la Asunción** führt eine Treppe zu einer Aussichtsplattform. Von der übrigen Kathedrale sieht man nur noch Ruinen. Nördlich davon stehen die Mauerreste der **Casa del Obispo** (Bischofssitz) und der 1640 für einen Adligen erbauten **Casas Terrín**. Die **Iglesia** und der **Convento de Santo Domingo**, 1571 von den Dominikanern weiter nördlich erbaut, standen in Hörweite der Sklaven, die man östlich davon am Kai der **Casa de los Genoveses** an Land brachte. Der berühmte Goldene Altar schmückte einst die Iglesia de San José am Nordende von Panama Viejo. Der Altar wurde später in die neue Stadt verbracht. Das nördliche Tor zur Stadt und zum Camino Real war der Puente del Rey (Königsbrücke) über den Río Abajo, der 1634 fertig war. Zum Schluss bietet sich ein Bummel über den Mercado Nacional de Artesanías mit landestypischem Kunsthandwerk südlich der Plaza Mayor an. ■

PANAMÁ VIEJO
Karte S. 71 G2
Besucherinformation
Vía Cincuentenario
226 89 15
www.patronatopanamaviejo.org

MUSEO DE SITIO DE PANAMÁ VIEJO
Karte S. 559 G2
6,4 km nordöstl. der Altstadt
226 89 15
Geschl. Mo
$
www.patronatopanamaviejo.org

MUSEO ANTROPOLÓGICO REINA TORRES DE ARAÚZ

Das Anthropologische Museum ist dem präkolumbischen Erbe der Nation gewidmet. Nur ein Teil seiner Sammlung ist zu sehen, darunter *metates* (Steintische), Mahlwerkzeug und Steinfigurinen. Die meisten Exponate kommen aus der Barriles-Kultur. Unter Lampen glitzern Goldfiguren, Amulette, halbmondförmige Nasenstücke und andere Schätze aus Gräbern von *caciques* (Anführern). Führungen gibt es nur auf Spanisch.

Karte S. 70, C3 ✉ Ave. Juan Pablo II, Llanos de Curundú. Wegen Restaurierung für unbestimmte Zeit geschl.

Tipp

Von Anfängerkenntnissen im Spanischen lasse man sich nicht entmutigen! Panamaer sind tolerante Menschen und geben sich auch mit fehlerhaftem Spanisch oder Zeichensprache zufrieden.

CORY BROWN VEIZAGA
NATIONAL GEOGRAPHIC-AUTOR

PARQUE RECREATIVO OMAR

Der Omar-Erholungspark im Nordosten der Stadt ist der zweitgrößte Stadtpark in Panama-Stadt. Er liegt im Wohnviertel San Francisco und ist ein beliebtes Ziel für Picknicks. Der Park war ursprünglich Panamas erster Golfplatz und wurde zu Ehren von Ge-

Erlebnis

SPASS MIT DER FAMILIE

Mit den folgenden Veranstaltungsorten sollte man seine Kinder in Panama-Stadt gut unterhalten können:

Panama Marine Adventure *(Tel. 226 89 17, www.pmatours.net)* bietet die Möglichkeit, Panama-Stadt auf lustige und vor allem einzigartige Weise per Segway zu entdecken. Drei Routen werden angeboten, darunter eine durch den Casco Viejo und eine durch Panama Viejo. Kinder müssen für die Benutzung der umweltfreundlichen Segways mindestens 10 Jahre alt sein.

Biomuseo (*Calzada de Amador, www.biomuseopanama.org;* siehe S. 93) Das 2014 eröffnete und von Frank Gehry entworfene Museum zeigt Ausstellungen über die Artenvielfalt und die Natur.

Parque Natural Metropolitano (*Ave. Juan Pablo II, Tel. 232 55 52, www.parquemetropolitano.org;* siehe S. 83) Auf einer Wanderung durch den Regenwaldpark kann man nach Affen, Faultieren oder Agutis Ausschau halten.

Centro Natural Punta Culebra (*Isla Naos, Calzada de Amador, Tel. 212 87 93, www.stri.si.edu/visit/punta-culebra;* siehe S. 93) Im Smithsonian-Institut für Tropenforschung mit Aquarien und Touren durch den Küstenwald kann man viel über Meeresökologie lernen.

Wissen

VORSICHTSMASSNAHMEN IN DER STADT

Wie die meisten Großstädte, so hat auch Panama-Stadt mit Gaunern zu kämpfen, die auf leichte Beute aus sind. Im Folgenden finden Sie ein paar Hinweise zum Schutz vor Taschendieben.

- **Gürteltaschen immer unter T-Shirts oder Hemden tragen und darauf achten, dass der Verschluss nicht zu sehen ist.**
- **Schmuck sollte man zu Hause und Wertsachen im Hotelsafe lassen.**
- **Geld und Dokumente in einem Geldgürtel unter Hemd oder Hose tragen.**
- **Bei sich tragen sollte man nur Kopien der persönlichen Dokumente; die Originale bleiben besser im Hotelsafe.**
- **Kameras nicht lose über der Schulter tragen, sondern um den Hals hängen.**
- **Handtaschen sollten einen Reißverschluss haben, immer verschlossen sein und möglichst um den Hals getragen werden.**

neral Omar Torrijos, der Panama von 1968 bis 1981 regierte, umbenannt; seine Büste steht am Eingangstor. Es gibt eine Joggingbahn, ein Schwimmbecken und Kinderspielplätze sowie Sportplätze. Im Park befindet sich auch die größte Bibliothek des Landes, die **Biblioteca Nacional Ernesto J. Castillero.**

Karte S. 71, E3 Ave. Belisario Porras u. Calle 74 221 83 60 Geschl. So www.binal.ac.pa

BRÜCKE DER AMERIKAS

Der Puente de las Américas wurde 1962 als erste Brücke über den Kanal fertiggestellt. Er ersetzte eine Fähre, die zuvor die einzige Verbindung zwischen den Ufern war. Die Brücke ist 118 Meter hoch und 1654 Meter lang. Fußgänger können sie auf einem Gehweg benutzen, der einen schönen Aussichtspunkt bietet.

Karte S. 70, Nebenkarte Via Interamerican Hwy., 1 km westlich der Calle Amador

Die Strandmauer an der Plaza de Francia

Zentrale Karibikküste und der Kanal

‹ Von Ozean zu Ozean: Die Queen Victoria, Kreuzfahrtschiff der Panamax-Klasse, beim Passieren des Kanals

ZENTRALE KARIBIKKÜSTE UND DER KANAL

Der Panamakanal ist die Route, die die Welt veränderte, und das sichtbarste Symbol des Landes. Der Kanal, der zwei Ozeane verbindet, ist Panamas wichtigste Touristenattraktion. Im üppig grünen Hinterland wimmelt es von Tieren, während Festungsruinen an die Zeiten erinnern, als Sir Francis Drake die Karibik unsicher machte.

Der Kanal ist das beliebteste Ziel aller Besucher. An den Miraflores- und Gatún-Schleusen bieten Aussichtsplattformen einen imposanten Blick auf vorbeifahrende Kreuzfahrtschiffe und Frachter. Im Besucherzentrum der Miraflores-Schleusen gibt es Ausstellungen von Weltklasse. Ausflugsschiffe verkehren wöchentlich und bieten eine aufregende Kanaldurchfahrt.

Der schmale Isthmus, der zwei Ozeane trennt, diente jahrhundertelang als Handelsweg zwischen der Alten und der Neuen Welt. Vier Jahrhunderte vor dem Bau des Kanals wurden Millionen Kilogramm Silber und Gold auf dem Camino Real und später dem Camino de Cruces über den Isthmus transportiert. Die von Sklaven gebauten alten Pfade sind bemerkenswert gut erhalten und heute beliebte Wanderwege.

Die offizielle Kanalzone, die sich zu beiden Seiten des Kanals über 16 Kilometer erstreckt, ist ein biologischer Korridor von unglaublichem Reichtum. Große Waldflächen sind als Nationalparks ausgewiesen. Die Nationalparks Soberanía und Chagres sowie der Naturpark Summit Panama sind durch kleinere Urwald-Enklaven zu La Ruta Ecológica entre dos Océanos – der ökologischen Route zwischen zwei Ozeanen – verbunden. Wasserschweine, Affen, Ozelots, Wickelbären, Faultiere und viele Vögel sind hier zu Hause. Gemeinschaften von Emberá leben ebenfalls tief im gebirgigen Innern,

Das verschlafene San Pedro auf Isla Taboga bietet Kontrast zur Hektik von Panama-Stadt

wo schäumende Flüsse zu Wildwasserabenteuern einladen. Die Emberá-Dörfer sind von Panama-Stadt aus leicht mit dem Boot oder mit einem Reiseveranstalter zu erreichen. Die karibischen Gemeinden von Colón, Portobelo und Nombre de Dios dagegen sind afroantillanisch geprägt. Das Erscheinungsbild der Costa Arriba ist eher ein karibisches Potpourri. Die Ruinen der Befestigungsanlagen von Portobelo hallen wider von den Schritten der spanischen Verteidiger und der marodierenden Piraten, und jeden Oktober beim Fest des Schwarzen Christus kommt Leben in die Stadt. Auf der pazifischen Seite liegt die Isla Taboga. Vor einem Jahrhundert war die Insel im Pazifik beliebt bei Tagesausflüglern, die dem feuchtheißen Festland entfliehen wollten. Noch immer zieht die Insel Städter an, die Strand und Meeresrauschen genießen wollen. Weiter draußen liegt das Archipiélago de las Perlas. Die weißen, feinsandigen Strände der Inseln fallen sanft in glitzerndes Wasser ab. Nur zwei Inseln haben Ferienanlagen. Das übrige Archipel bleibt der Natur und den Perlentauchern überlassen. ■

Die weit vorgelagerte Insel, wegen ihres üppigen Wuchses von Hibiskus, Bougainvillea, Jasmin und Taboga-Rosen zu Recht als »Blumeninsel« bezeichnet, hat fast mediterranes Flair und ist sehr beliebt bei Tagesausflüglern, die der Hitze und dem Trubel in Panama-Stadt entfliehen wollen.

Die rund 230 Hektar große Insel liegt 18 Kilometer südlich von Panama-Stadt. Sie wurde erstmals 1524 von den Spaniern besiedelt und diente später als Basis für Francisco Pizarros Eroberung des Inkareichs und für Piratenüberfälle auf spanische Schiffe.

Das malerische Dorf **San Pedro** liegt versteckt in einer Bucht zwischen bewaldeten Hügeln und einem geschützten Strand. Die weißgetünchte **Iglesia San Pedro** wurde 1524 gegründet und gilt als zweitälteste Kirche der westlichen Halbkugel. Auf der blumengeschmückten Plaza steht eine Statue von Nuestra Señora del Carmen, der Schutzpatronin der Insel. Bunte Fischerboote ankern vor der **Playa La Restinga**, einem kleinen, hellen Strand. Bei Ebbe kann man über eine freigelegte Sandbank zur **Isla El Morro** laufen. Fischer aus der Gegend können Sie zu guten Tauchplätzen bringen.

Die Hauptstraße führt am Wasser entlang und steigt vorbei an verlassenen **Bunkern aus dem Zweiten Weltkrieg** an. Der Pfad endet auf **Cerro de la Cruz**, von wo aus man über die Insel und den Golf blickt.

Den Westteil der Isla Taboga bildet das **Refugio de Vida Silvestre Islas Taboga y Urabá**, ein Reservat, wo rund 100 000 Braune Pelikane von Januar bis Juli nisten. Die Erlaubnis zur Besichtigung holt man sich von MiAmbiente neben dem Fähranleger. Auf der Fahrt zur Insel auf der *Calypso Queen (Tel. 314 17 30)*, die von La Playita de Amador ablegt, kann man Wale sehen. ■

ISLA TABOGA
Karte S. 105 B2
Besucherinformation
www.taboga.panamanow.com

REFUGIO DE VIDA SILVESTRE ISLAS TABOGA Y URABÁ
Karte S. 105 B2
Rangerstation, 1,6 km südl. der Iglesia San Pedro
500 08 55
www.miambiente.gob.pa

Wissen

GAUGUIN UND DIE ISLA TABOGA

Der Maler Paul Gauguin (1848–1903) entfloh Europa erstmals 1887 mit dem Plan, Land auf der Isla Taboga zu kaufen und »von Fisch und Früchten für nichts ... ohne sich um das Heute oder das Morgen zu kümmern« zu leben. Da ihm die Grundstückspreise zu hoch waren, wurde er Hilfsarbeiter beim französischen Kanalprojekt, bevor er nach Martinique und dann Tahiti weiterreiste.

Die Panama-Stadt am nächsten liegende und auch eindrucksvollste Schleusenanlage ist die Doppelschleuse an der Pazifik-Einfahrt, eine technische Meisterleistung und die meistbesuchte Sehenswürdigkeit des Landes.

Mit einer Länge von 1,7 Kilometern sind die Abmessungen der Schleuse gewaltig. Der Hub der Miraflores variiert wegen der extremen Tidenschwankung des Pazifiks zwischen 13 und 19 Metern. Die 1913 fertiggestellten Miraflores haben zwei den Pazifik und den Miraflores-See verbindende Stufen sowie die tiefste Kammer und die höchsten Tore der drei Schleusen. Eine beim Bau des Gatún-Sees zurückgelassene belgische Lokomotive von 1887 wurde an der Treppe zum Besucherzentrum aufgestellt. Draußen ist der **Culebra-Durchstich-Felsen** den »Erbauern des Kanals« gewidmet.

An Stahlseilen wird ein Panamax-Frachtschiff von Lokomotiven *(mulas)* durch die Miraflores-Schleusen geschleppt.

BESUCHERZENTRUM DER MIRAFLORES-SCHLEUSEN

Das Besucherzentrum an der Ostseite der Miraflores-Schleusen mit Blick auf die Schleusen und den Kontrollturm hat Aussichtsplattformen auf drei Ebenen. Zweisprachige Führer geben Auskunft, während bis zu vier Schiffe gleichzeitig die Schleusen durchfahren. Das Zentrum hat ein Theater (182 Sitze) sowie vier Räume mit interaktiven Displays und Videopräsentationen. Auf Schautafeln sind die Geschichte und die Ökologie des Kanals dargestellt; im dritten Stock stehen ein Modell und ein Lotsen-Trainingssimulator. Es gibt ein Restaurant mit Terrasse. Das Zentrum ist in einer 30-minütigen Fahrzeit vom Stadtzentrum aus zu erreichen. Busse nach Miraflores fahren vom Albrook Bus Terminal an der U-Bahn-Station Albrook ab. ■

BESUCHERZENTRUM DER MIRAFLORES-SCHLEUSEN
Karte S. 105 B3
8 km nordwestl. von Balboa über die Ave. Omar Torrijos Herrera (Gaillard Hwy.)
276 83 25
$$$
https://visitcanaldepanama.com

Der Panamakanal, dessen Erweiterung 2016 fertiggestellt wurde, ist einfach im Konzept, monumental in den Ausmaßen und eine der größten Ingenieursleistungen aller Zeiten. Die bis Anfang des 20. Jahrhunderts größte und kostspieligste Unternehmung dieser Art erfüllte einen Traum, der seit Balboas Entdeckung des Pazifiks 1513 bestand.

GESCHICHTE

Der Bau des Kanals verkürzte den Seeweg um die zehn Tage der Passage um Kap Hoorn und verlieh dem Land höchste strategische Bedeutung. Seit einem Jahrhundert werden Schiffe aller Größen reibungslos und ohne Unterbrechung 24 Stunden lang an sieben Tagen in der Woche durch den Kanal geschleust. Der Kanalbau brachte aber auch die ungezügelte Macht der Vereinigten Staaten von Amerika ins Land. Die Baukosten betrugen zwischen 1906 und 1914 beispiellose 375 Millionen US-Dollar. Unglaubliche 28 000 Arbeiter, die meisten von ihnen Schwarze, kamen bei den Bauarbeiten ums Leben.

> **Tipp**
>
> **Das Miraflores-Besucherzentrum und das Panama Agua Clara Visitor Center (siehe S. 119) geben Besuchern einen Einblick in die Geschichte des Kanals und das ungeheure Ausmaß der Ingenieursleistung.**
>
> NEIL SHEA
> AUTOR, NATIONAL GEOGRAPHIC MAGAZINE

Der durch den engsten und niedrigsten Sattel der zentralamerikanischen Landenge gestochene Kanal durchquert Panama von Norden nach Süden und verbindet das Karibische Meer (Norden) mit dem Pazifischen Ozean (Süden). Er ist ungefähr 80 Kilometer lang und hat drei Schleusenanlagen *(esclusas)*, jede mit paarweise angelegten Kammern ausgestattet. Jede Kammer ist 305 Meter lang und 34 Meter breit. Die oberen Kammern sind mit doppelten Schleusenpaaren ausgestattet, um eine Flutkatastrophe zu verhindern, falls das erste Paar brechen sollte. Jeder Kapitän muss während der Durchfahrt die Befehlsgewalt über sein Schiff einem Lotsen übergeben. Zurzeit durchqueren nordwärts fahrende Schiffe zwischen Mitternacht und Mittag und südwärts fahrende Schiffe zwischen Mittag und Mitternacht den Kanal.

VERWALTUNG

Nach seiner Fertigstellung 1914 wurde der Kanal von verschiedenen US-amerikanischen Behörden verwaltet. Im Anschluss an den Torrijos-Carter-Vertrag von 1977 ging die Verwaltung der früheren Kanalzone auf Panama über, und am 31. Dezember 1999 übernahm die Panamakanal-Behörde

(ACP) die Verantwortung für den Kanal und sein 5528 Quadratkilometer großes Einzugsgebiet. Seit der Übernahme 1999 hat die ACP mehr als eine Milliarde US-Dollar in den Ausbau des Schifffahrtsweges investiert und konnte die Kapazitäten damit um über 20 Prozent steigern. Derzeit werden jährlich 450 Millionen Tonnen Fracht von mehr als 14 000 Schiffen durch den Kanal befördert. Dank des Ausbaus sollen es künftig bis zu 600 Millionen Tonnen und über 15 000 Schiffe sein. Auch die Einnahmen in Höhe von jährlich zwei Milliarden Dollar hofft man damit zu verdoppeln. Die zweithöchste Gebühr in Höhe von 600 000 US-Dollar zahlte 2016 eine chinesische Reederei für ihren Frachter *Cosco Shipping Panama*, damit dieser die Jungfernfahrt durch die Kanalerweiterung absolvieren durfte; die höchste – 830 000 US-Dollar – wenig später ein japanischer Frachter, die niedrigste – 36 Cent – zahlte 1928 Richard Halliburton, der den Kanal in zehn Tagen durchschwamm. Die größten, bis 2016 zugelassenen Schiffe – Panamax-Schiffe genannt – durften 32 Meter breit und 294 Meter lang sein. Seit dem Ausbau können nun Riesen, die bis zu 366 Meter lang, 49 Meter breit und mit über 14 000 Containern beladen sind, den Kanal passieren. Seit dem Ausbau ist nun auch der gleichzeitige Verkehr in beiden Richtungen möglich.

Seit seinem Ausbau können noch größere Schiffe als dieses den Kanal passieren.

FUNKTIONSWEISE

Für den Transit von der Karibik zum Pazifik fährt ein Schiff in der Limón-Bucht in den Kanal und 10 Kilometer bis zu den Gatún- oder den neuen

Erlebnis

EINE KANALFAHRT

Wer das unvergleichliche Prozedere des Hebens und Senkens in den Schleusen erleben will, kann eine »partielle Passage« buchen. Zwei Gesellschaften bieten diese Teilpassagen an. Canal & Bay Tours *(Tel. 209 20 09, www.canalandbaytours.com, $$$$$)* bietet ganzjährig jeden Samstag Touren von der Schleuse Muelle de Amador z. B. an Bord der gemütlichen *Isla Morada*. Panamá Marine *(Tel. 226 89 17, www.pmatours.net, $$$$$)* offeriert ähnliche Fahrten an Bord der *Pacific Queen*, die jeden Freitag (mit wenigen Ausnahmen) und Samstag von Flamenco Marina ablegt, von Dezember bis März auch jeden Donnerstag.

Agua-Clara-Schleusen für die Ozeanriesen. Diese dreistufigen Schleusen heben Schiffe 26 Meter bis auf die Höhe des Gatún-Sees. Die 37,8 Kilometer-Passage über den See geht am Nordende in den 13,7 Kilometer langen Gaillard-Durchstich über. Danach gelangen Schiffe in die einstufige Pedro-Miguel-Schleuse und werden zum Miraflores-See abgesenkt. In den Miraflores- (siehe S. 107) und den neuen Cocoli-Schleusen werden die Schiffe über zwei bzw. drei weitere Stufen auf die Höhe des Pazifiks abgesenkt. In den alten Schleusen bewegen sich die Schiffe zwar aus eigener Kraft, sind aber an Elektroloks, *mulas* (Maultiere) genannt, befestigt, die sie auf Kurs

DER NEUE PANAMAKANAL

1 Sparbecken speisen die Schleusenkammern. 60 Prozent des Wassers werden wiederverwendet.

2 Schleusentore gleiten auf Rollen in Vertiefungen. Dies spart Platz und vereinfacht die Instandhaltung.

3 Schlepper bringen die Schiffe in Position. Sie ersetzen die unrentablen Treidelloks.

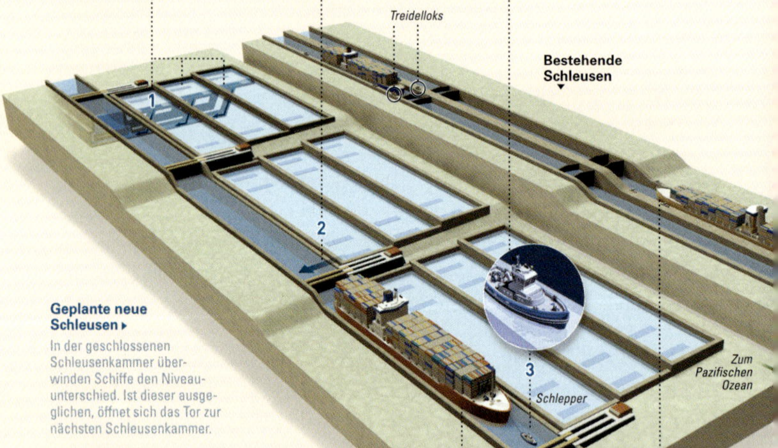

Geplante neue Schleusen ▸

In der geschlossenen Schleusenkammer überwinden Schiffe den Niveauunterschied. Ist dieser ausgeglichen, öffnet sich das Tor zur nächsten Schleusenkammer.

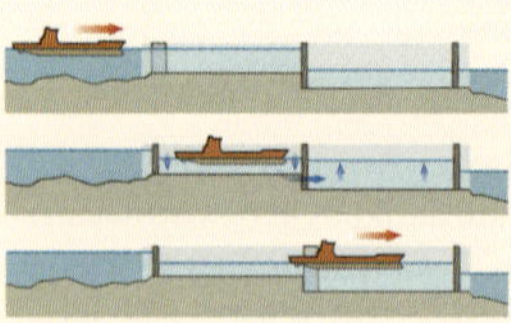

Mit den Schiffen wächst der Kanal

Neueste Containerschiffe und Tanker gehören der Post-Panamax-Klasse an. Sie befördern bis zu 12 000 Container und damit das 2,5-Fache jener Schiffe, die durch die bestehenden Schleusen passen.

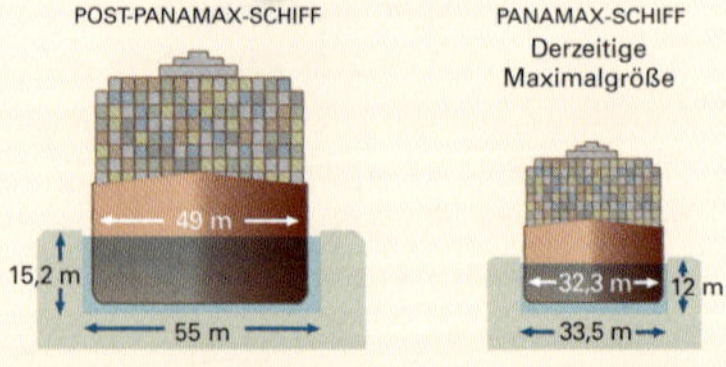

halten. Jede Schleusung verbraucht 197 Millionen Liter Süßwasser: 60 Prozent des Süßwasserverbrauchs des Landes gehen auf das Konto des Kanals. Das ganze System wird nur durch das Fließen des Wassers betrieben. Wasser vom Gatún-See oder vom Miraflores-See füllt die Schleusen und hebt die Schiffe; Wasser, das aus einer Kammer in die nächste oder in Kanäle auf Meereshöhe fließt, senkt sie hingegen. Das Wasser steigt durch drei unterirdische Rohrleitungen, die in der Mauer zwischen den Kammern und jede der äußeren Mauern eingelassen sind. Schieber an diesen Rohren dienen der Steuerug des Zu- und Abflusses des Wassers. Um die Schleuse zu fluten, werden die Schieber im oberen Bereich der Kammer geöffnet und die Schieber am unteren Ende geschlossen. Wasser stürzt daraufhin in die Hauptrohrleitung und durch 20 kleinere Querleitungen, die am Boden jeder Schleuse senkrecht zu den Hauptrohren verlaufen. Das Wasser sprudelt dann in die Kammern aus 70 Rohren, die aus den Querrohren kommen. Die große Anzahl von über den Kammerboden verteilten Rohren mindert die Turbulenzen, die bei der Füllung oder Leerung einer Kammer mit 197 Millionen Litern Wasser in weniger als acht Minuten entstehen. Zum Entleeren einer Kammer werden die Schieber im oberen Bereich geschlossen und die im unteren Bereich geöffnet.

Die riesigen Metalltore werden durch hydraulische Streben geöffnet und geschlossen. Das System wird elektrisch betrieben, wofür ein Wasserüberlauf am Gatún-Damm den Strom für 1500 Elektromotoren erzeugt. Jede Schleusenanlage wird von einem zentralen Kontrollraum, ähnlich dem Kontrollturm eines Flughafens, überwacht. In den letzten Jahren hat ein modernes, computergestütztes Kontrollsystem, das mit Glasfaserkabeln arbeitet, das elektromechanische System ersetzt, und die Schieber werden nun durch computergesteuerte Hydraulik ersetzt.

DIE NEUEN SCHLEUSEN

Die 2016 eingeweihte neue Anlage besteht aus zwei Schleusensystemen. Die Cocoli-Schleusen auf der pazifischen Seite befinden sich südwestlich der Miraflores-Schleusen und die Agua-Clara-Schleusen auf der Atlantikseite östlich der Gatún-Schleusen. Jedes System besteht aus drei je 18,3 Meter tiefen, 427 Meter langen und 55 Meter breiten, hintereinander gestaffelten Kammern. Anders als bei den alten Schleusen gibt es keine Pumpen, das Wasser nutzt die Schwerkraft. Um Wasser zu sparen, gibt es für jede Kammer drei Recycling-Becken, die es ermöglichen, rund 60 Prozent des verbrauchten Wassers wiederzuverwerten. Statt der Elektroloks halten Schlepper die Riesenschiffe in den Kammern auf Kurs. Mit den Neuerungen sind jährlich mehr als 1100 Schleusungen zusätzlich möglich.

Der 423 Quadratkilometer große Süßwassersee liefert Millionen Liter Wasser, die für das Funktionieren der Schleusen des Kanals erforderlich sind. Die Umgebung bietet Gelegenheiten zum Beobachten von Vögeln und wilden Tieren.

Der 1879 geschaffene Gatún-See entstand durch die Stauung des Río Chagres bei Gatún an der Mündung und überbrückt den Isthmus. Die Flutung dauerte vier Jahre (1910–14), bis der See seine volle Tiefe erreichte und seine Oberfläche 26 Meter über dem Meeresspiegel lag. Der Gatún-See war seinerzeit der weltweit größte künstliche See. Das Wasser überflutete die Panama-Eisenbahn und Dutzende Dörfer. Auf der Strecke zwischen den Gatún-Schleusen und dem Gaillard-Durchstich folgen die Schiffe dem Verlauf des heute untergetauchten Flussbetts – des tiefsten Teiles des Sees. Naturausflüge mit überdachten Booten werden von **Aventuras 2000** *(Tel. 209 20 00, www.aventuras2000.com, $$$$$)* angeboten. **Jungle Land** (siehe S. 275) bietet Kajak- und Angeltouren an. Angler schwärmen von den kapitalen *sargentos*, einer Buntbarschart aus dem Amazonas, die vor Jahrzehnten in den Gatún-See eingesetzt wurde und sich stark vermehrt hat, zum Vorteil der Krokodile. Angeltouren werden auch von **Panama Canal Fishing** *(Tel. 399 15 37, www.panamacanalfishing.com)* veranstaltet.

GAMBOA UND UMGEBUNG

Auf halber Strecke liegt am Kanal die Gemeinde Gamboa mit bunten Häusern im US-Kolonialstil. Sie ist eine gute Ausgangsbasis für die Erkundung

Der Gatún-See liefert Wasser und erzeugt Elektrizität für das Panamakanalsystem.

Wissen

AFFENINSELN

Über 7000 Neuweltaffen – Weißgesicht-Kapuzineraffen, Mantelbrüllaffen, Geoffroy-Klammeraffen, Panama-Perückenaffen und Nachtaffen – bewohnen die 42 Inseln, die zusammen Islas Tigre und Islas Las Brujas genannt werden. Die Affen waren einmal alle in Gefangenschaft (entweder als Haustiere oder für den illegalen Affenhandel) und wurden hier freigelassen, um sie auf die Rückkehr in die Wildnis vorzubereiten. Das 1982 gegründete Primate Refuge and Sanctuary of Panama (PRSP) wurde das weltweit zweitgrößte Primatenschutzgebiet. Das Refugium wurde im Rahmen der Bemühungen um die Sicherheit in der Umgebung des Gatún-Sees geschlossen.

der umliegenden Tropenwälder. In der Nachbarschaft befinden sich erstklassige Orte für Tierbeobachtungen.

Gamboa: Gamboa, 32 Kilometer nordwestlich von Panama-Stadt gelegen, entstand in den frühen 1930er-Jahren und schmiegt sich an die bewaldeten Hügel, wo der Río Chagres in den Panamakanal fließt. Kurz danach endet die Madden Road, wo die Pipeline Road beginnt (siehe S. 114), ein absolutes Muss für Vogelbeobachter.
Ebenso interessant für Ornithologen ist der 12-seitige **Canopy Tower** (siehe S. 276), eine in eine Ökolodge umgewandelte frühere Radarstation des US-Militärs. Die auf Semaphore Hill emporragende Plattform über dem Parque Nacional Soberanía ist genau das Richtige für die Beobachtung von Motmots, Weißflügel-Faulvögeln und anderen Arten. Schnurrbarttamarins und Brüllaffen springen umher, und Agutis, Ameisenbären und Nasenbären sind auf der Semaphore-Hill-Straße zu sehen. Es empfiehlt sich, hier wenigstens eine Übernachtung einzuplanen.

Parque Municipal Summit: In dem als Panamas Botanischer Garten und Zoo bezeichneten, stadteigenen Park gibt es über 150 Arten von Bäumen und Büschen aus aller Welt. In Gehegen leben so scheue Tiere wie Langschwanzkatzen, Ozelots, Pekaris und Jaguare. Für Vogelliebhaber ist das große Brutgehege der Harpyie ein Highlight.

LAGO GATÚN
Karte S. 105 A3

GAMBOA
Karte S. 105 A3

PARQUE MUNICIPAL SUMMIT
Karte S. 105 B3
Madden Rd., 10 km nordwestl. von Miraflores
$
www.facebook.com/ParqueMunicipalSummit

Gamboa-Rainforest Resort: Das Luxushotel mit Spa blickt über den Río Chagres. Es ist auf Naturaktivitäten spezialisiert, darunter Boot-Safaris und ornithologische Führungen. Einzelgänger können auf dem **Sendero de la Laguna** wandern, einem 1,5 Kilometer langen Kiesweg.

Über Regenwälder informiert eine Führung im **Interpretative Park**, der aus 100 Hektar Tieflandtropenwald und Sumpf besteht. Zudem gibt es hier eine Orchideenzucht, eine Schmetterling-Ausstellung, das Modell eines Emberá-Dorfes und ein Serpentarium. Ein Highlight ist eine Fahrt mit der sesselliftähnlichen **Aerial Tram**, die 112 Meter zu einem *mirador* mit einmaligem Rundblick hochfährt.

PARQUE NACIONAL SOBERANÍA

Mit einer erstaunlichen Vielfalt an Fauna und Flora in der Nähe der Hauptstadt trägt dieser Regenwald-Park *(Gaillard Hwy., 25 km nordwestl. von Panama-Stadt, Tel. 232 41 92, www.miambiente.gob.pa, $)* zum Schutz des Panamakanal-Einzugsbereichs bei. Im üppigen Grün flattern farbenprächtige Vögel, die dem Park den Ruf eingebracht haben, die artenreichste Vogelwelt Mittelamerikas zu beheimaten.

Der Nationalpark Soberanía wurde 1980 zur Erhaltung von 22 104 Hektar Walddecke geschaffen. Er erstreckt sich vom Ostufer des Gatún-Sees bis ein paar Kilometer südlich des Río Chagres. Das Terrain steigt am **Cerro Calabaza** bis zu 85 Meter an. Kapokbäume, Mahagonibäume und Cuipo-Bäume bilden ein dichtes Kronendach über dem Wald, in dem mehr als 100 Säugetierarten, 79 Reptilien- und 55 Amphibienarten zu Hause sind.

Hier gibt es auch Vögel: Schopfadler, Fischertukane, Rotsteiß-Ameisenvögel oder Veilchentrogone. Bekannt für seine artenreiche Vogelwelt, hallt Soberanía wider von Krächzen, Zwitschern und Schreien. Vogelliebhaber gehen auf dem 16 Kilometer langen Camino del Oleoducto, der auch als **Pipeline Road** bezeichnet wird und berühmt ist für den Reichtum an Vogelarten: Hier wurden an einem einzigen Tag mehr Vogelarten gezählt als sonstwo auf der Erde! Die Straße führt weiter zum **Panama Rainforest Discovery Center** mit einem 40 Meter hohen Aussichtsturm. Nur 25 Besucher dürfen vor 10 Uhr hinauf. Wasserschweine, auch *cabybaras* genannt, die größten Nagetiere der Welt, sind am frühen Morgen im Sumpfgebiet

Tipp

Besuchen Sie die Kolibri-Show im Besucherzentrum des Parque Nacional Sobernaía; der nahe Aussichtsturm bietet fantastische Ausblicke über den Regenwald.

JUSTIN KAVANAGH
AUTOR, NATIONAL GEOGRAPHIC TRAVELER

In der Aerial Tram erhalten Besucher Einblick in die tropische Ökologie.

am Beginn des Wanderpfads zu sehen. Auch gibt es Gelegenheit, Ameisenfresser, Nasenbären, Wickelbären und Brüllaffen zu beobachten. Auch auf der 6,5 Kilometer langen **Plantation Road** kann man Vögel beobachten. Mit etwas Glück sieht man einen Zug Wanderameisen, dem Ameisenvögel hinterherhüpfen. Der kurze **Sendero El Charco** ist ein Waldpfad, der am Straßenrand beginnt und zu einem kleinen Wasserfall führt. Der **Sendero Camino de Cruces** folgt dem im 16. Jahrhundert angelegten Camino de Cruces. Der Pfad führt zum Río Chagres – ein Fünfstundenmarsch –, wo die **Comunidad Wounaan San Antonio** und die **Comunidad Emberá Ella Purú** Besucher begrüßen. **Emberá Village Tours** *(Tel. 848 40 72, www.emberavillagetours.com)* bietet Touren an. Das MiAmbiente-Büro am Parkeingang hat Karten und vergibt Genehmigungen zum Wandern und Camping. Veranstalter bieten Ausflüge von Panama-Stadt an und organisieren ornithologische Führungen. Auf keinen Fall allein wandern!

Monumento Natural Isla Barro Colorado: Die Isla Barro Colorado ragt aus dem Wasser des südlichen Gatún-Sees und ist das Kernstück des namengebenden, rund 5600 Hektar großen Naturparks, zu dem auch die

(Fortsetzung auf S. 118)

GAMBOA RAINFOREST RESORT
✉ Gamboa, 20 km nordwestl. von Panama-Stadt
☎ 340 98 89 oder 314 50 00
🕒 Rainforest Aerial Tram: Di–So 8.15, 9.30, 12.30, 14 Uhr
$ $$$–$$$$$ (je nach Aktivität)
www.gamboaresort.com

PANAMA RAINFOREST DISCOVERY CENTER
✉ Pipeline Rd.
☎ 65 88 06 97
$ $$$$–$$$$$
www.pipelineroad.org

AUF DEM WASSERWEG DURCH DIE KANALSCHLEUSEN

Das Erlebnis, die Schleusen zu durchfahren, statt sie nur von den Ufern aus zu sehen, gehört zu den lohnenswertesten und auch beliebtesten Touren im Land. Das Füllen und Leeren der Schleusen lässt sich von kleinen Ausflugsbooten aus beobachten, die »Teildurchfahrten« durchführen; dabei werden laufend Informationen und Geschichten geliefert.

Der hier beschriebene Ausflug gilt für eine nordwärts gerichtetete Passage vom **Muelle de Amador**. Man ist rund fünf Stunden bis Gamboa unterwegs. Sie sehen den **Puente de las Américas** ❶ (siehe S. 101) über sich, wenn das Schiff unter ihr durchfährt. Minuten später fahren Sie am Handelshafen **Balboa** am östlichen Ufer vorbei. Dahinter beginnt beiderseits des Kanals das Grün des Dschungels.
3 Kilometer hinter der Brücke sehen Sie zur Linken den **Dritten Durchstich,** einen unvollendeten Kanal, der in den 1940er-Jahren begonnen wurde, um US-Kriegsschiffen die Durchfahrt zu ermöglichen. Bei den **Miraflores-Schleusen** ❷ sehen Sie das frühere Fort Clayton, eine US-Militärbasis am Ostufer. Heute ist die Enklave die Ciudad del Saber (siehe S. 128).
Nachdem das Wasser aus der ersten Schleuse abgelaufen ist, öffnen sich die Schleusentore, das Boot gleitet in die Kammer, die Tore schließen sich, und die Schleuse füllt sich mit Wasser. Wenn die Schleuse sich in weniger als acht Minuten gefüllt hat, sehen Sie auf die Kammermauern hinunter. Die Tore vorn öffnen sich, und das Boot fährt in die zweite Kammer, wo sich der Vor-

Die *Pacific Queen* startet zu einem Ausflug von ihrem Liegeplatz an der Calzada de Amador.

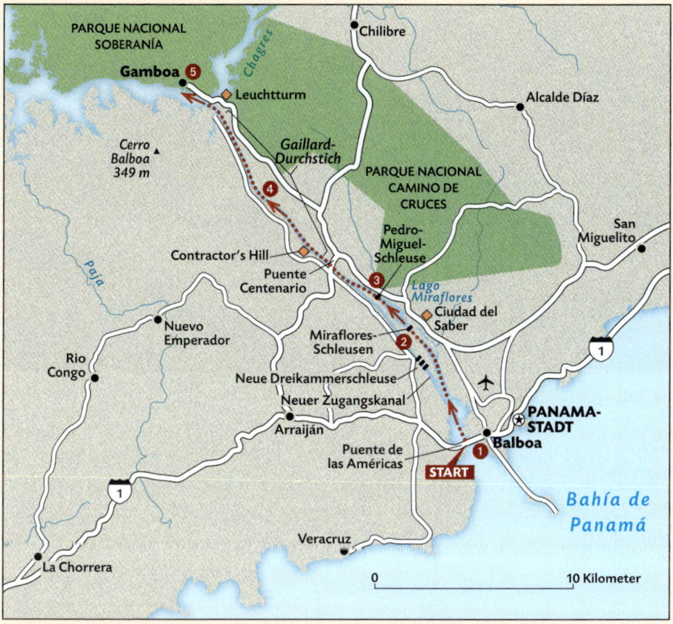

gang wiederholt. Größere Schiffe in benachbarten Kammern werden beim Heben und Senken von *mulas* genannten Lokomotiven auf Spur gehalten. Nach der Einfahrt in den **Lago Miraflores** nähert das Boot sich der **Pedro-Miguel-Schleuse** ❸ für die dritte und letzte Durchfahrt. Danach verengt sich der Kanal zum **Gaillard-Durchstich** ❹, der vom eleganten **Puente Centenario** (Jahrhundertbrücke) überspannt wird, der Panama-Stadt mit Arraiján verbindet. Nach der Brücke sieht man den **Contractor's Hill** zur Linken. Hier kommt die Natur immer näher. Mit etwas Glück sehen Sie Tukane und Papageien am Rand der Wälder, die den 14 Kilometer langen Gaillard-Kanal säumen. Bagger vergrößern den Durchstich, der heute durchschnittlich 192 Meter breit ist, damit noch größere Schiffe durchfahren können. Etwa 12 Kilometer hinter der Brücke ergießt sich der **Río Chagres** in den Kanal unter einer Metallbrücke. Der schwarze, 1914 errichtete **Leuchtturm** am Nordufer ist längst durch moderne Navigationszeichen ersetzt worden. Nach weiteren 400 Metern kommt die Kaianlage in **Gamboa** ❺, wo Ihr Rücktransfer beginnt.

Siehe Karte S. 105
Muelle de Amador
5 Stunden
24 km
Muelle de Amador, Gamboa

Wickelbären gehören zur Familie der Kleinbären.

1500 Hektar große Insel sowie fünf nahe gelegene Halbinseln des Festlands (Bohío, Buena Vista, Frijoles, Gigante und Peña Blanca) gehören. Das Gebiet steht bereits seit dem Jahr 1923 unter Naturschutz.

Die mit tropischem Feuchtwald bewachsene Insel ist die Heimat von 115 Säugetierarten (darunter Ozelots, Pekaris, fünf Affenarten und 74 Fledermausarten) sowie 381 Vogelarten und unzähligen Insektenarten. Über 55 Kilometer Wege durchziehen die Insel, obwohl Besucher nur ein kleineres Wegenetz benutzen dürfen, das sich unter Würgerfeigen, Palmen und Ceibas hindurchwindet. Ein Besuch der Insel kann über STRI gebucht werden. Das STRI-Boot setzt in 45 Minuten von Gamboa aus über. An Land führt eine zweistündige, geführte Wanderung auf einem Lehrpfad durch dichten Wald. Eine frühe Reservierung ist wichtig; Kinder unter zehn Jahren dürfen nicht mit. ■

Tipp

Besucher der Isla Barro Colorado sollten beachten, dass lange Hosen und festes Schuhwerk unabdingbar sind.

TOM O'NEILL
AUTOR, NATIONAL GEOGRAPHIC MAGAZINE

MONUMENTO NATURAL ISLA BARRO COLORADO

Karte S. 105 A3

Südlicher Gatún-See

212 80 26 oder 212 89 51 für Reservierungen

Abfahrt der Boote von Gamboa Mo–Fr 7.15 Uhr, Sa, So 8 Uhr, Rückfahrt Mo–Fr 15.30 Uhr, Sa, So 14.30 Uhr

$$$$$

https://stri.si.edu/es/estacion/barro-colorado

Die drittgrößte Stadt des Landes entstand 1850 mit der Panama-Eisenbahn und ist untrennbar verbunden mit der Suche nach einer Passage über den Isthmus. Colón sollte aus Sicherheitsgründen nur mit einem Führer oder einer gebuchten Tour erkundet werden. Außerhalb der Stadt warten eine alte Festung, Vogelbeobachtungsorte und tolle Blicke auf die Küste.

COLÓN

Die Hafenstadt Colón (98 000 Einwohner) wurde von der Pazifischen Eisenbahngesellschaft auf der Isla Manzanillo an der Ostspitze der Bahía de Limón erbaut. Die Hauptstraße, die **Avenida Central**, allgemein El Paseo genannt, ist gut zum Bummeln. Zu den vielen Statuen und Denkmälern gehört das Denkmal von John Stevens (*Calle 16*), das Standbild von Ferdinand de Lesseps (*zwischen Calles 3 u. 4*), das Kolumbus-Denkmal (*zwischen Calles 2 u. 3*) und die Statue von El Cristo Redentor (Christus der Erlöser; *Calle 1*). Karibische Schindelhäuser in verblichenen Pastellfarben säumen den Boulevard. Im Kontrast dazu ziert das 1913 erbaute **New Washington Hotel** (siehe S. 274) eine maurische Fassade und reichlich Marmor. Westlich davon stehen im Park Battery Morgan verschiedene Kanonen. Kreuzfahrtschiffe legen am **Colón 2000** (*Paseo Gorgas*) in der Nähe der **Zona Libre** (*Ave. Roosevelt, Calle 13, www.colonfreetradezone.com*) an, dem zweitgrößten Freihandelshafen Welt.

UMGEBUNG VON COLÓN

Die Avenida Bolívar führt von Colón nach Westen am alten **Cementerio Monte de Esperanza** vorbei, der seit 1908 besteht. Schilder weisen den Weg zum **Agua Clara Visitor Center**, wo ein Aussichtsdeck mit Amphitheater, Café und Restaurant den Blick auf die neuen *esclusas* (Schleusen) von Gatún ermöglicht. Bei den Gatún-Schleusen gibt es ebenfalls eine Aussichtsplattform, von der aus man die Schiffe bei der Durchfahrt durch die Schleusen beobachten kann. Wenn man darunter die massiven Schleusentore über eine einbahnige Drehbrücke überquert, kommt man zum Gatún-Damm. Er wurde 1913 fertiggestellt und staut den Río Chagres etwa 10 Kilometer von seiner Mündung entfernt. Der Damm ist 2,3 Kilometer lang und an der Sohle 640 Meter breit. 14 Tore schließen seine gebogene Krone ab. Östlich

Panoramablicke sind ein Highlight auf der Bahnreise von Panama-Stadt nach Colón.

Erlebnis

DIE BAUMKRONEN ERKUNDEN

Boquete Tree Trek *(Tel. 720 16 35, http://boquetetreetrek.com)* hat an den Abhängen des Volcán Barú (siehe S. 223ff.) Seilrutschen zwischen die Bäume geschlungen. An einem Gurt geht die Rutschpartie sicher hinab.
Panama Outdoor Adventures *(Tel. 66 05 81 71, www.panamaoutdooradventures.com)* zwischen Colón und Portobelo: An neun Stahlseilen kann man hier zwischen den Baumkronen hindurchsausen, das längste ist 220 Meter lang.
Gamboa Rainforest Aerial Tram *(Tel. 314 50 00, www.gamboaresort.com)*, direkt im Gamboa Rainforest Resort (siehe S. 114). Hier sitzt man in einer offenen Trambahn und wird von einem Naturführer begleitet.

der Stadt sieht man im **Safarick's Zoologico** Wasserschweine, Brüllaffen und viele andere Tiere, die man sonst selten zu Gesicht bekommt.

ÁREA PROTEGIDA DE SAN LORENZO

Das 1997 eingerichtete Naturschutzgebiet San Lorenzo dehnt sich über 12 000 Hektar Küstenfeuchtgebiete und tropischen Regenwald aus; man muss beim Betreten seinen Reisepass vorzeigen. Hier leben 430 Vogel- sowie 81 Säugetierarten, darunter Jaguare und Tapire. Vogelliebhaber kommen auf **El Camino de Achiote** und dem **Sendero El Trogón** auf ihre Kosten. Führer können im Besucherzentrum Centro El Tucán in Achiote angeheuert werden. Das Highlight des Parks ist das **Castillo de San Lorenzo el Real de Chagres**, ein 1597 erbautes Fort über der Mündung des Río Chagres. 1671 wurde es von Henry Morgan und seinen Piraten gestürmt. Heute ist es UNESCO-Weltkulturerbe. Die in der Nähe liegende School of the Americas der US-Armee ist in ein Luxushotel, das Meliá Panamá Canal, umgewandelt worden (siehe S. 275). ■

COLÓN
Karte S. 105 A3
Besucherinformation
ATP Büro, Einkaufszentrum Colón 2000, Paseo Gorgas u. Calle 11
475 23 01

SAFARICK'S ZOOLOGICO
Maria Chiquita, 16 km östl. von Colón
435 69 00
$$$$
www.caribbeanpanamanetwork.com/project/safaricks-zoologico

AGUA CLARA VISITOR CENTER
8 km südl. von Colón
$$$
www.visitcanaldepanama.com

ÁREA PROTEGIDA DE SAN LORENZO
Karte S. 105 A3
Besucherinformation
El Tucán, Achiote
226 66 02
www.ceaspa.org.pa

PARQUE NACIONAL CHAGRES

Der 1985 geschaffene Nationalpark Chagres ist nach einem legendären Häuptling benannt, der hier zur Zeit der Konquistadoren herrschte. Mit einem Umfang von 1312 Quadratkilometern schützt der Park die Wasserscheide des Chagres-Beckens und ist ein Paradies für Tiere aller Art.

Der Chagres und seine Nebenflüsse entwässern 3367 Quadratkilometer und liefern einen Großteil des Trinkwassers für Panama-Stadt sowie Wasser für den Kanal. Im Oberlauf stürzt das Wasser in Kaskaden hinab, ergießt sich über das Tiefland und fließt dann in großen Schlaufen gemächlich dahin. Das Terrain ist zwischen 60 Meter über dem Meeresspiegel und 1007 Meter auf dem **Cerro Jefe** im Südosten hoch. Im Park gibt es mehr als 500 Vogelarten, darunter die seltene Graukopf-Buschtangare. Krokodile und Otter schwimmen in den Flüssen. Fünf Affenarten schwingen sich von Ast zu Ast. Cerro Jefe und der benachbarte 771 Meter hohe **Cerro Azul** sind für ihre Vögel bekannt; sie sind vom KM-40-Stein des Interamerican Highways, 39 Kilometer östlich von Panama-Stadt erreichbar (ein Jeep ist erforderlich).

Der Chagres wurde 1935 gestaut und bildete den **Lago Alajuela**, der ein exzellentes Angelrevier ist. Boote fahren über den Alajuela-See zur **Comunidad de Emberá Parará Puru,** einem Dorf der Emberá. Die **Emberá Drua** *(Tel. 333 28 50 oder 67 09 12 33, www.trail2.com/embera/tourism.htm)* leben weiter landeinwärts. Wanderer können den alten **Camino Real** (siehe S. 129) ausprobieren, einen schmalen Dschungelpfad, der durch die Täler der Flüsse Boquerón und Nombre de Dios verläuft. Ein Führer ist erforderlich. Der felsige Oberlauf des Chagres ist ideal für Raftingtouren.

Zelten kann man an der Rangerstation am Cerro Azul, es gibt mehrere Hotels und Gasthäuser in der Nähe des Cerro Jefe. ■

PARQUE NACIONAL CHAGRES

Karte S. 105 B3

Lago Alajuela: Carretera Transístmica u. Carretera Calzada Larga Cerro Azul: 25 km nördl. von Tocumen über den Interamerican Hwy.

320 75 21 oder 67 11 85 12

$

www.fundacionchagres.org

Wissen

ZWEI MEERE

Mit 1007 Metern Höhe ist der Cerro Jefe im Nationalpark Chagres zwar nicht sehr hoch, doch wer seinen Gipfel besteigt, wird sich fühlen wie auf dem Dach der Welt: Unter einem liegen der alte Camino Real und der Panamakanal, und an klaren Tagen sind sowohl der Atlantik wie auch der Pazifik zu sehen.

FREIBEUTER UND PIRATEN

Piraten prägten Panamas bewegte Vergangenheit. Sie zogen eine brennende Spur durch die Karibik und waren die Terroristen jener Zeit, ohne jedes Mitleid und ohne jeden Skrupel. Fast zwei Jahrhunderte lang plünderten die Seeräuber das Spanish Main, die von Spanien beherrschte Küste zwischen Panama und dem Fluss Orinoko.

Nombre de Díos und Portobelo waren die wichtigsten Tore für die großen, mit Kostbarkeiten beladenen Galeonen auf dem Weg nach Spanien. Unvorstellbare Mengen von Schätzen – Perlen vom Archipiélago de las Perlas, kolumbianische Smaragde und den Inkas in Peru geraubtes Silber und Gold – wurden über die Landenge transportiert, um nach Spanien verschifft zu werden. Ausländische Seefahrer kaperten spanische Galeonen, oft mit der offiziellen Sanktion von Spaniens Feinden: England, Frankreich und Holland erlaubten Kapitänen, als Freibeuter spanische Schiffe und Städte in der Neuen Welt anzugreifen.

SIR FRANCIS DRAKE

Der legendärste Freibeuter war Sir Francis Drake (1540–96), der 1567 zum ersten Mal in die Neue Welt segelte. Die Flotte wurde von den Spaniern angegriffen, was Drake mit antipapistischem Hass erfüllte. Er kehrte 1572

Wissen

AUFSTIEG UND FALL DES PRÄKOLUMBIANISCHEN GOLDES

Schon 2000 Jahre vor Christus beherrschten die Menschen in Amerika die Kunst des Goldschmiedens. Zu jener Zeit schufen die mesoamerikanischen Kulturen einige der feinsten Goldskulpturen, die je gefertigt wurden. In diesen funkelnden und mit Symbolen und religiösen Bedeutungen beladenen Meisterstücken – Kopfschmuck, Anhänger, Masken und Figurinen – spiegelte sich eine Wertschätzung des Goldes, die weit über bloßen Reichtum hinausging.
Die präkolumbianischen Kulturen verehrten Gold als den Schweiß oder die Tränen der Sonne, der höchsten Gottheit. Sie fertigten Gegenstände, die für Zeremonien oder religiöse Zwecke bestimmt waren. Verbreitete Figuren waren Jaguare, Fledermäuse, Frösche und Krokodile. Andere Gegenstände wurden als Statussymbole oder einfach zu ästhetischen Zwecken hergestellt.
Mit der Ankunft der Eroberer, Kolonialisten und Piraten im 16. Jahrhundert erlebten die Goldproduktion und das Kunsthandwerk der Ureinwohner ihren Niedergang. Riesige Mengen von Goldschätzen wurden beschlagnahmt, eingeschmolzen und auf Schatzschiffen nach Spanien verschifft.
Schließlich wurde die Arbeit in den Minen von Darién und Veraguas eingestellt, obgleich noch immer *oreros* (Goldsucher) die Flüsse und Berghänge nach den ewig lockenden Goldklumpen absuchen.

Don Pedro de Valdés, Admiral des spanischen Flaggschiffs *Nuestra Senora del Rosario*, übergibt nach der Niederlage der spanischen Armada Sir Francis Drake 1588 sein Schwert.

zurück und legte Nombre de Dios in Schutt und Asche und kaperte mehrere spanische Schiffe. Als Drake nach England segelte, waren seine Laderäume zum Bersten mit Schätzen gefüllt. Mit der Erlaubnis von Königin Elisabeth I. setzte er 1577 erneut Segel, diesmal mit fünf Schiffen und ausgestattet mit einem Kaperbrief. Nachdem Drake die pazifische Küste Südamerikas heimgesucht hatte, kaperte er das Schatzschiff Nuestra Señora de la Concepción und kehrte 1580 nach einer Weltumseglung nach England zurück. Drake segelte im August 1595 mit einer Flotte von 26 Schiffen erneut nach Panama, wo er am 28. Januar 1596 starb.
Mitte des 17. Jahrhunderts erschien eine neue Art von Seeräubern. Die »Bukaniere« waren Abenteurer und Gescheiterte aller Nationen, die sich auf Hispaniola, dem heutigen Haiti, niederließen. Sie verkauften das Fleisch verwilderter Schweine und Rinder an vorbeifahrende Schiffe. Die Spanier trieben sie aufs Meer zurück. Dort nannten sie sich »Brüder der Küste« und wurden Piraten. Ihre Macht nahm derart zu, dass man sie schließlich in Port Royal auf Jamaika offiziell willkommen hieß, wo sie ihren wichtigsten Stützpunkt einrichteten.

HENRY MORGAN

Ihr Anführer war Henry Morgan (1635–88). Morgans dreiste Überfälle auf das Spanish Main wurden 1671 durch die Brandschatzung von Panama-Stadt gekrönt. Dann aber unterzeichneten Spanien und England einen Friedensvertrag. Morgan wurde nach England zurückgerufen und vor Gericht gestellt, dann aber freigesprochen, geadelt und sogar zum Gouverneur von Jamaika ernannt. 1697 schlossen Spanien und England Frieden und begannen einen Kreuzzug gegen die Piraterie.

PARQUE NACIONAL PORTOBELO

Der knapp 360 Quadratkilometer große Nationalpark schützt bewaldetes Küstengebirge, 70 Kilometer Küstenlinie und karibische Gewässer mit wertvollen Mangroven und Korallenriffen. Hier finden sich 500 Jahre alte spanische Ruinen, die aus der Zeit stammen, als Portobelo wichtigster Festlandhafen in der Neuen Welt war.

Portobelo und die wilde karibische Umgebung, die sich Costa Arriba de Colón nennt, hat sich seit seiner Blütezeit im 16. Jahrhundert bis in die Gegenwart nur wenig entwickelt.

PORTOBELO

Der 45 Kilometer östlich von Colón gelegene, verschlafene Ort wird seinem Namen – »schöner Hafen« – gerecht, den ihm der Entdecker Christoph Kolumbus verlieh. Portobelo wurde nach der Zerstörung von Nombre de Dios durch Francis Drake der Ausgangshafen für die Flotten, die mit den geraubten Reichtümern Südamerikas nach Spanien zurücksegelten. Die Stadt hatte weniger als 1000 Einwohner, doch jedes Jahr kamen mehr als 10 000 Händler zur Handelsmesse hierher, die mit der Ankunft der spanischen Flotte einherging. Portobelo wurde mit Forts gesichert und war neben Havanna und Veracruz eine der am stärksten befestigten Städte auf dem Kontinent.

Zeugen einer bewegten Vergangenheit: Kanonen des Fuerte Santiago über Portobelo

Wissen

DAS FEST DES SCHWARZEN CHRISTUS

Alljährlich am 21. Oktober pilgern 40 000 Gläubige nach Portobelo zum Festival del Nazareno, das zu Ehren der Holzfigur eines Schwarzen Christus gefeiert wird. Er soll Portobelos Gebete um Rettung vor einer Cholera-Epidemie erhört haben. Jeder *peregrino* (Pilger) trägt einen knöchellangen, weinroten Samtumhang, besetzt mit Spitze und falschen Juwelen, Goldlitze und Pailetten. Die Statue wird über und über mit Gaben geschmückt. Nachts wird sie auf einer Sänfte von 40 purpurrot gekleideten Männern aus der Kirche getragen. Barfuß und mit rasierten Köpfen ziehen sie zum Klang lebhafter Musik durch Portobelo – drei Schritte vorwärts, zwei Schritte zurück. Ihnen folgen Büßer, einige von ihnen auf Knien rutschend. Um Mitternacht wird die Sänfte in die Kirche zurückgetragen, die Pilger werfen ihre Umhänge ab, und Portobelo explodiert in einem höchst unreligiösen Bacchanal. Ganzjährig kann man die Vorführungen von Agropaciones de Congo *(Casa Artesanal, Calle Principal, Tel. 666 93 56 90)* besuchen. Unter der Regie von »Mama Ari« – Aristela Blandón – werden hier die musikalischen und tänzerischen Traditionen der Sklavenzeit am Leben erhalten.

Die ersten beiden Festungen – Todo Fierro (Eisenfort) und Fortaleza Santiago de la Gloria – wurden 1620 erbaut, 1738 jedoch zerstört.

Die heute sichtbaren Festungsruinen aus dem 18. Jahrhundert sind kleiner als ihre Vorgänger, da sie einen Hafen schützten, der mit dem schwindenden Handel an Bedeutung verlor. Sie stehen auf den Hügeln zu jeder Seite der Bucht. Ihre *baluartes* (Wachttürme) ragen zwischen Palmen empor und sind seit 2012 Teil des UNESCO-Welterbes, das die Forts zwischen Portobelo und San Lorenzo (siehe S. 120) umfasst.

Am Eingang zur Stadt kommt man an der mit Kanonen bestückten **Batería de Santiago** vorbei; ein Stufenweg auf der rechten Straßenseite führt bergan zu einer Festungsanlage, von der man eine herrliche Aussicht hat. Das 150 Meter entfernte Castillo de Santiago de la Gloria ist heute verfallen, aber rechts führen Stufen zum Aussichtsturm **Mirador El Perú**. Das den Hafen überblickende **Fort Fuerte de San Fernando** sollte Eindringlinge mit einem Kreuzfeuer unter Beschuss nehmen.

Das **Castillo de San Jerónimo** liegt direkt im Ort. An seiner Südseite beherbergt das kürzlich restaurierte Kontorhaus **Real Aduana** *(Tel. 448 20 24,*

PARQUE NACIONAL PORTOBELO
Karte S. 105 B4

Besucherinformation
Calle Principal Frente, Ecke la Alcaldía
442 83 48 oder 448 21 65
$

$) ein kleines Museum, in dem ein Videofilm über die Geschichte Portobelos, eine illuminierte Karte mit den Routen der Schatzflotte sowie Kanonenkugeln und 3-D-Modelle der Forts gezeigt werden.

Einen Steinwurf östlich davon erhebt sich die **Iglesia de San Felipe**, deren zweistöckiger Glockenturm die Stadt überragt. Vögel flattern um den schlichten Altar aus vergoldetem Mahagoni und eine Statue des Schwarzen Christus. Legen Sie Ihren Besuch auf den letzten Sonntag des Monats, an dem eine spezielle 11-Uhr-Messe afrikanische Traditionen, die auf der Kongo-Kultur basieren, miteinbezieht. Hinter der Kirche liegt das frühere Hospital **San Juan de Dios**, in dem sich das **Museo del Cristo Negro de Portobelo** mit Festroben befindet.

Zwei Inseln liegen am Eingang zur Bucht. Sir Francis Drake soll vor der **Isla Drake** 16 Kilometer westlich von Portobelo sein Seegrab gefunden haben.

AUSFLÜGE IN DIE NATUR

Die in die Bucht von Portobelo mündenden Flüsse sind für Bootsfahrten in die Mangroven- und Tiefland-Regenwälder ideal. Ein Führer kann vor Ort für eine Safari auf dem **Río Cascajal** und dem **Río Claro** gebucht werden. Faultiere, Brüllaffen, Flussotter sowie Krokodile und Kaimane sind hier Attraktionen. Die Wracks spanischer Galeonen locken Taucher zum Arrecife Salmedina, einem Riff, das auch die Reste eines Beech-C-45-Flugzeugs in 23 Metern Tiefe bietet. **Panama Divers** (siehe S. 306) organisiert Touren.

5 Kilometer nordöstlich von Portobelo liegt die Isla Grande. Ein 1893 erbauter Leuchtturm überragt die Insel. Die nahe Isla Mamey ist ideal zum Schnorcheln. Wassertaxis zur Isla Grande und zur Isla Mamey legen vom 21 Kilometer östlich von Portobelo gelegenen Dorf La Guayra ab.

Serpentinen führen entlang der Küste durch eine malerische Landschaft, die von den Bergen des Parque Nacional Chagres (siehe S. 121) eingerahmt ist. Rund 25 Kilometer östlich von Portobelo erreicht man **Nombre de Dios**, ein unscheinbares, 1509 gegründetes Fischerdorf. 77 Jahre lang war dies der wichtigste Hafen des Isthmus, bis Portobelo ihn aus klimatischen Gründen ablöste.

Große Aufregung herrschte, als im Jahr 1998 vor der Playa Damas ein Schiffswrack entdeckt wurde. Es soll sich um die 1502 gesunkene *Vizcaína* von Christoph Kolumbus handeln und wurde zum Nationaldenkmal erklärt. ■

Tipp

In Portobelo wird das Festival (*Congos y Diablos*) veranstaltet (*Feb. oder März*), bei dem Tänzer in fantastischen Kostümen »Teufelstänze« aufführen.

CHRISTIAN ZIEGLER
NATIONAL GEOGRAPHIC-FOTOGRAF

ARCHIPIÉLAGO DE LAS PERLAS

Die Schönheit des aus mehr als 200 Inseln und Riffen bestehenden Archipels, nur zwei Bootstunden von Panama-Stadt entfernt, wird von der exquisiten Lage in smaragdgrünem Wasser abgerundet. Buckelwale suchen im Winter die Gewässer auf und sind sogar von der Küste aus zu sehen.

Die weißen Sandstrände der Isla Contadora, schön wie Perlen, sind noch heute die Startrampe für Perlentaucher.

Die 65 Kilometer bis 110 Kilometer südöstlich von Panama-Stadt gelegene Inselgruppe ist nach ihrem Perlenreichtum benannt. Die Gemeinden auf der **Isla Casaya** und der Nachbarinsel **Isla Casayeta** leben noch heute vom Perlentauchen. Die unbewohnten Eilande **Isla Mogo Mogo** und **Isla Chapera** haben Sandstrände, Korallenriffe voller Fische und üppige Wälder, in denen Ameisenbären, Leguane, Faultiere und Pekaris leben. Die **Isla Contadora** ist die am besten erschlossene Insel und hat eine Landebahn. Millionenschwere Ferienhäuser stehen an den elf Traumstränden. Der größte ist die **Playa Larga**. Die nahe **Playa de las Suecas** ist ein beliebtes Schnorchelziel. Golfer können auf einer Neun-Loch-Bahn in Schwung kommen, **Las Perlas Sailing** *(Tel. 314 18 00, www.lasperlassailing.com)* bietet Tauchkurse, Angeltouren und Walbeobachtungsfahrten.

Die größte Insel, die 240 Quadratkilometer große **Isla del Rey**, hat nur eine Ortschaft, San Miguel. Das klare Wasser ist ideal zum Sportangeln, Tauchen und Walebeobachten. Im Westen liegt auf der **Isla San José** eines der nobelsten Hotels der Inseln, die **Hacienda del Mar** (siehe S. 273), das Geländetouren, Mountainbiking und vieles mehr anbietet. ■

ARCHIPIÉLAGO DE LAS PERLAS
Karte S. 105 C1 u. C2

http://pearl-islands.com/contadora-island

Wissen

LA PEREGRINA

Die taubeneigroße »Peregrina-Perle« wurde im 16. Jahrhundert auf dem Archipel entdeckt. Vasco Núñez de Balboa schenkte sie König Ferdinand V. von Spanien. Dieser machte sie seiner zweiten Frau Mary Tudor zum Geschenk. 1969 kaufte sie der Schauspieler Richard Burton für 37 000 US-Dollar für Elizabeth Taylor.

CIUDAD DEL SABER

Auf einer Fläche von ungefähr 120 Hektar ist auf der ehemaligen US-Militärbasis Fort Clayton die »Stadt des Wissens« entstanden. Sie umfasst Institutionen, die der wissenschaftlichen Forschung gewidmet sind, beispielsweise das Smithsonian Tropical Research Institute, das Meteorological Center of Panama und die Organization of American States. Die ehemalige Residenz des Kommandeurs der Basis dient heute als Informationszentrum *(Bldg. 173, Gonzalo Crance St.)* zur Geschichte der amerikanischen Präsenz in Panama.

Karte S. 105 B3 ✉ Clayton, 8 km nordwestlich von Balboa ☎ 306 37 00

CEMENTERIO COROZAL – FRIEDHOF UND GEDENKSTÄTTE

Dieser gut sechs Hektar große Militärfriedhof liegt in der Nachbarschaft der Avenida Omar Torrijos Herrera in Clayton. Ein Pflasterweg führt vom Besucherzentrum hinauf zu einem Denkmal, einem rechteckigen Granit-Obelisken. Unter langen Reihen gleichförmiger Grabsteine sind 5364 US-Veteranen und Zivilisten beigesetzt, die beim Bau des Kanals ums Leben kamen. Das älteste Grab stammt aus dem Jahr 1790.

Ein männlicher Schieferschwanztrogon in seinem farbenprächtigen Kleid

Karte S. 105 B3 ✉ Calle Rufina Alfaro 6566, Clayton, 5 km nordwestlich von Balboa ☎ 317 60 34 www.abmc.gov/cemeteries-memorials

GALETA POINT MARINE LABORATORY

Die Smithsonian-Institution betreibt das **Galeta-Meereslaboratorium**, ein 1997 geschaffenes Zentrum für Meereswissenschaften. Die Anlage verfügt über ein Besucherzentrum, wo u. a. das Skelett eines Wals ausgestellt ist. In verschiedenen Aquarien und Meeresbecken sind Muränen, Seesterne, Stachel-

Wissen

SCHATZPFADE

Die dem Inka-Reich geraubten Schätze wurden auf dem Weg nach Spanien auf zwei von Sklaven erbauten Pfaden über den Isthmus transportiert. Der 1516 begonnene Camino Real (Königlicher Weg) verband Panama-Stadt mit Nombre de Dios (und später mit Portobelo) an der Karibkküste. Die Überquerung der Kontinentalscheide waren »18 Meilen Elend und Qual«. Obwohl die Route vor allem während der Trockenzeit von Dezember bis April eingeschlagen wurde, versanken die mit Silberbarren beladenen Maultiere dennoch oft im Morast oder stürzten ab. Der Camino de Cruces – eine viel leichtere Route – wurde im Jahr 1527 begonnen und verband Panama-Stadt mit Ventas de Cruces am Río Chagres. Seine Pflastersteine waren in Form des christlichen Kreuzes verlegt: daher »Weg der Kreuze«. Wer ihn gehen will, parkt am besten bei Kilometer 6,3 an der Madden Road.

rochen und Schildkröten zu sehen. Ein Holzsteg führt in die Mangroven, wo Schlammtreter nach Nahrung picken.

Karte S. 105 A3 Isla Galeta, 5 km nordöstlich von Colón 212 81 91 oder 212 81 92, Geschl. Mo $$ www.stri.org

PARQUE NACIONAL CAMINO DE CRUCES

Der 46 Quadratkilometer große Nationalpark verbindet den Parque Nacional Soberanía (siehe S. 114f.) im Norden mit dem Parque Natural Metropolitano (siehe S. 83) im Süden. Er ist überwiegend mit tropischem Regenwald bedeckt und enthält nicht freigelegte Teile des namengebenden Landwegs. Im Park leben weitgehend die gleichen Arten wie in den benachbarten Parks, darunter auch die farbenprächtige Vogelart der Schieferschwanztrogone.

Karte S. 105 B3 Pedro Miguel, 14 km nördlich von Balboa 500 08 39 www.miambiente.gob.pa

SIERRA LLORONA

In dem ungefähr 200 Hektar großen Tropenwaldreservat, das sich rund um eine moderne Ökolodge mit gemütlichen Zimmern ausbreitet, sind mehr als 210 Vogelarten gezählt worden. Auch Pfeilgiftfrösche, Wickelbären und verschiedene Affenarten sind häufig zu sehen. Beobachtungstouren sind im Angebot des Reservats. Von Plattformen aus blicken Besucher auf das dichte Kronendach. Auf der holprigen, schlammigen Straße ist ein Geländewagen zwingend erforderlich.

Karte S. 105 A3 4,5 km nördl. von La Sabanita, 14,5 km südöstlich von Colón 442 81 04 $$$

Guna Yala

‹ Stolz präsentiert diese Guna-Frau auf der Insel San Blas ihre traditionelle Tracht.

GUNA YALA

Der traumhaft schöne Archipiélago de San Blas ist eine vom Meer umschlungene Wildnis mit sandigen Koralleninseln. Er erstreckt sich rund 230 Kilometer entlang der panamaischen Karibikküste. Zusammen bilden die Inselkette und ein schmaler Festlandstreifen die Comarca Guna Yala, einen Distrikt, der nur vom Guna-Volk bewohnt wird.

Guna-Kinder vergnügen sich mit einfachen Spielen auf der Isla Corbisky.

Die *comarca* ist 5570 Quadratkilometer groß und reicht vom Bergrücken der kontinentalen Wasserscheide bis zum Kontinentalschelf vor der Küste. Der Distrikt erstreckt sich fast von der Punta Cocoye im Westen bis nach Cabo Tiburón und der kolumbianischen Grenze. Beinahe die Hälfte ist Meeresgebiet, gesprenkelt mit Korallenriffen und Inseln. Der schmale kontinentale Küstenstreifen ist mit Kokospalmen bepflanzt und ein Terrain für die Jagd und den Ackerbau der Guna, die bewusst die urwüchsige Vegetation erhalten wollen, mit der die Berghänge der Serranía de San Blas und der Serranía del Darién im Binnenland überzogen sind. Eine holprige Piste, die nur für robuste Fahrzeuge geeignet ist, führt durchs Gebirge

und verbindet die *comarca* mit dem übrigen Panama. Die Guna haben die ganze westliche Festland-*comarca* zum Naturreservat ernannt.
Das autonome Volk schützt seine kulturelle Identität mit Vehemenz. Fremde unterliegen dem lokalen Recht der Guna, und es gibt strenge Regeln für Besuche von Touristen. Die Guna bestimmen auch, wer in ihren Gewässern fischen und was gefangen werden darf. Gerätetauchen ist verboten, Schnorcheln allerdings ein Erlebnis.
Von Besuchern wird erwartet, dass sie die Guna-Kultur respektieren. Kleiden Sie sich abseits der Strände unauffällig. Die meist aus gedrängt stehenden Bambushütten bestehenden Dörfer bieten Einblick in das Leben der Ureinwohner. Die bewohnten Inseln sind ziemlich mit Unrat verschmutzt, und Über-Wasser-Toiletten machen das Schwimmen riskant. Sie können aber in Einbaumkanus zu unbewohnten Privatinseln paddeln. Immer werden Sie von einem oder mehreren lokalen Guna begleitet, die Ihnen gern frisch gefangenen Fisch zubereiten.
Erreichbar sind die Inseln mit dem Flugzeug oder per Boot. Air Panama (siehe S. 260) fliegt mit leichten Propellermaschinen Landebahnen überall im Archipel an. Mit Booten geht es dann zu den vorgelagerten Inseln weiter. Die wenigen Hotels, die es gibt, sind einfach und werden ausschließlich von den Guna betrieben, die einfache Mahlzeiten servieren. Es gibt wenige Restaurants. Jeder Besucher wird registriert und muss eine Gebühr zahlen. Wenn Sie individuell anreisen, brauchen Sie Ihren Pass, der sofort der Guna-Polizei vorzulegen ist. Einfacher ist es, Reise und Unterkunft über einen Reiseveranstalter in Panama-Stadt zu buchen. Tagesausflüge sind gut machbar. Guna Yala ist eine Bargeld-Gesellschaft.
Achtung Segler: Diese Gewässer sind tückisch, und Drogenhandel ist verbreitet. Ein Exemplar von *The Panama Cruising Guide (5th Edition)* von Eric Bauhaus ist ein Muss. ■

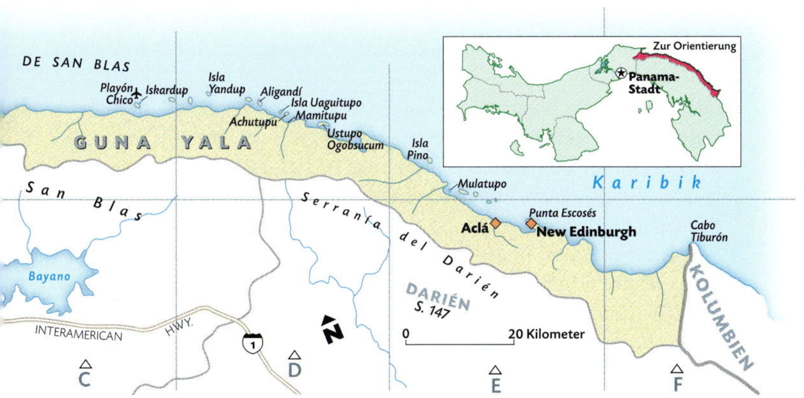

EL PORVENIR UND WESTLICHE INSELN

Obwohl es hier viele attraktive Inseln gibt, landen Besucher meist auf der westlichen Gruppe im Golf von San Blas. Kreuzfahrtschiffe ankern bei den Besuchermagneten El Porvenir und Cartí. Jede Inselgruppe bietet fantastisches Schnorcheln und die Cayos Holandeses sogar ein paar Wracks.

Kristallklares Wasser umgibt die Bilderbuch-Inseln von San Blas, wie die Isla Pelicana.

IN EL PORVENIRS NÄHE

Die etwa 1,5 Kilometer östlich der Punta de San Blas gelegene Insel **El Porvenir** ist das Tor zu den westlichen Inseln sowie trotz seiner wenigen Einwohner und Einrichtungen der Hauptort der gesamten *comarca*. Es gibt eine Landebahn (zur Zeit der Recherche außer Betrieb), einige Bambushütten, eine Polizeistation, einen Guna-Verwaltungsposten und das **Museo de la Nación Guna**, das Keramiken, Küchenutensilien, Musikinstrumente, Körbe und ein Guna-Grab zeigt. Mehrere Inseln der Umgebung sind in wenigen Minuten Bootsfahrt zu erreichen.

Die nahe **Wichub-Huala** ist eine der beliebtesten Inseln. Kreuzfahrtschiffe ankern oft davor und entlassen ihre Passagiere in die engen Dorfstraßen, die von einem Ende der winzigen Insel zum anderen verlaufen. Jeder Quadratmeter scheint dann von Guna-Frauen besetzt, die ihre kunstvollen *molas* verkaufen. Unmittelbar nördlich liegt das Felseneiland **Ukuptupu** mit hölzernen Stegen zwischen einfachen Häusern und einem Hotel. Ebenfalls zur kleinen Inselgruppe gehört die strandlose, südwestlich von El Porvenir gelegene **Nalunega**. Sie ist dank der Bemühungen des Guna-Hotelbesitzers einladender und sauberer als die benachbarte und Wichub-Huala. Etwa 400 Guna leben hier vom Fischfang in schnittigen *ulus* (Einbaumkanus).

Von einem lokalen Bootsführer können Sie sich zur **Isla de los Perros** bringen lassen. Das auch Achutupu genannte, exquisite Riff ist genau das, was man sich unter einer idyllischen Tropeninsel vorstellt. Die Isla de los Perros ist mit Korallenriffs, die bis an den weißen Strand reichen, ideal

Wissen

GUNA-VOKABULAR

Die Sprache der Guna, *Dulegaia*, ist erst in jüngster Zeit verschriftlicht worden; eine normierte Schreibweise gibt es aber nicht. Ebenso flexibel ist die Grammatik. *Duleigaiya* ist eine höchst symbolbeladene Sprache; jeder Wendung wohnt eine profunde Bedeutung inne, die durch angehängte Vor- und Nachsilben signalisiert wird. Die Konsonanten dieser Sprache weichen von vergleichbaren spanischen Entsprechungen ab; Vokale sind annähernd gleich. Einige grundlegende Wendungen:

Anugaden ... – **Ich heiße ...**
Beikeni ginika? – **Wie heißen Sie/heißt du?**
Eiyei – **Ja**
Nuwedi – **Sammelbegriff für »gut« (Guten Morgen, Danke)**
Nuweigambi – **Freut mich, Sie/dich kennenzulernen**
Paneimalo – **Gute Nacht, Tschüss**
Suli – **Nein**
Takeimalo – **Auf Wiedersehen**

zum Schnorcheln, ein kleines Wrack liegt vor der Südküste. Außer dem sanften Rauschen der Wellen ist die Stille absolut. Eine einzige Familie besitzt die Kokospalmen und kocht für Sie, wenn Sie darum bitten. Gegessen wird unter Palmen.

CARTÍ UND UMGEBUNG

Der Inselort **Cartí Sugdupu**, eine der größten Siedlungen in der Guna-*comarca*, liegt nur einen Steinwurf von der Festland-Landebahn entfernt. Ein Postamt, eine öffentliche Bibliothek und sonstige Dienstleistungen für die westlichen Inseln konzentrieren sich hier. Die einzige Unterkunft ist allerdings ein einfacher Schlafsaal, und weder die Straßen noch die Strände sind besonders sauber. Cartí ist beliebt bei Kreuzfahrtschiffen und oftmals voll von Touristen. Ein Highlight ist das kleine **Guna-Kulturmuseum**, das der lokalen Kultur und Mythologie gewidmet ist. Zweisprachige Führer stehen hier zur Verfügung. Wassertaxis verkehren zum

EL PORVENIR
Karte S. 132 A2
Cartí Sugtupu

MUSEO DE LA NACIÓN GUNA
El Porvenir
316 12 32
$
www.onmaked.nativeweb.org

CARTÍ SUGDUPU
116 B2

GUNA-KULTURMUSEUM
Cartí Sugdupu
299 90 02 oder 60 85 95 92
$

Wissen

SCHLAMMPISTE

Cartí ist ein großartiges Ausflugsziel. Doch die Sandstraße, die Cartí mit dem Interamerican Highway verbindet *(bei El Llano, 18 km östlich von Chepo)*, ist nichts für Zartbesaitete. Die Fahrt ist hart, vor allem in der Regenzeit, wenn die Straße aufgeweicht ist. Selbst in der trockenen Jahreszeit ist sie meist nur für Allradjeeps mit hohem Radstand passierbar. Bringen Sie unbedingt Ketten mit; schließlich wollen Sie nicht im Regenwald festsitzen.

Festlandanleger, den man von der Panamericana aus erreicht. Nur einen Katzensprung entfernt liegt die unberührte **Isla Aguja**, perfekt, um am Strand unter Palmen zu faulenzen.

CAYOS LOS GRULLOS UND HOLANDESES

Die dicht besiedelten, 15 Kilometer östlich von Cartí gelegenen Nachbargemeinden von **Río Sidra** und **Nusatupo** werden vom Festland angeflogen und sind das Tor zu den **Cayos Los Grullos**, einem Dutzend kleiner, rund 10 Kilometer nordöstlich von Nusatupo gelegenen Inseln. Ohne touristische Einrichtungen und mit den ruhigen Buchten sind sie ideal zum Schnorcheln. Mit Diamantenstaubstränden und transparentem, blauen Meer ist das 3,5 Kilometer nordwestlich von Nusatupo gelegene **Narasgandup Pipi** (auch Naranjo Chico genannt) ebenfalls ideal zum Träumen unter Palmen.

Tipp

Eingehende Informationen über die Guna und den Tourismus finden sich im Werk des Guna-Anthropologen Cebaldo de León.

PROF. XERARDO PEREIRO
NATIONAL GEOGRAPHIC-FELDFORSCHER

Die Postkartenschönheit **Kuanidup** ist eine winzige, exquisite und von Palmen beschattete Insel, die auf halbem Weg zwischen El Porvenir und Río Sidra liegt.

Rund 3 Kilometer von Río Sidra entfernt ist die **Isla Maquina**, bekannt für ihre traditionelle *mola*-Fertigung. Auf Río Sidra hat der Guna-Transvestit und *mola*-Hersteller Lisa Harris *(Tel. 61 58 85 90)* ein kleines Museum mit schönen *molas*.

Die am Rand des Kontinentalschelfs hingestreuten **Cayos Holandeses** sind eine etwa 30 Kilometer von der Küste entfernte Inselgruppe. Hier donnert die Brandung an das Riff. **Wreck Reef** ist nach den spanischen Galeonen und anderen Schiffen benannt, die hier über die Jahrhunderte gestrandet sind. Der Guna-Führer Elías Pérez *(Tel. 67 08 52 54)* bietet begleitete Kajak- und Schnorcheltrips zu den Cayos Holandeses. ■

NARGANÁ UND MITTLERE INSELN

Dicht vor der Küste der zentralen *comarca*, hinter der sich die Serranía de San Blas wie erstarrte, sich auftürmende Wellen erhebt, liegen weit verstreut diese Inseln, die weniger traditionell als die westlichen und östlichen Inseln sind. Dennoch verlässt man sie mit den schönsten Erinnerungen.

Narganá ist ein Verwaltungssitz und über eine Fußgängerbrücke mit **Corazón de Jesús**, einer kleinen Halbinsel mit Landebahn, verbunden. Eine **Statue von Carlos Inaediguine Robinson** (einem Anführer des Guna-Aufstands von 1925) steht auf dem Dorfplatz; der Geburtstag wird jährlich am 20. August mit Musik und Tanz gefeiert. **Río Azúcar**, 5 Kilometer westlich von Narganá, ist eine weitere Insel mit einem Arztzentrum und Dienstleistungen, die für Segler interessant sind. Obwohl hier Missionsarbeit betrieben wird, findet zu Ostern ein höchst ausgelassener Karneval statt.

Die kulturell wohl lebendigste San-Blas-Insel ist die 7 Kilometer östlich von Narganá gelegene **Isla Tigre**. Einzigartig ist, dass die lokalen Guna ihren traditionellen Lebensstil pflegen, ohne sich viel um Besucher zu kümmern. Touristen können sich frei bewegen, müssen sich aber nach der Ankunft beim lokalen Touristenamt melden. An jedem 25. Februar wird der Guna-Aufstand von 1925 nachgespielt, und jeweils Mitte Oktober findet auf der Insel ein einwöchiges Musik- und Tanzfest statt.

Kleine Flugzeuge verkehren nach **Playón Chico**, eine dicht bevölkerte Ortschaft, die als Basis für Ausflüge zu Nachbarinseln wie die **Isla Yandup** (*www.yandupisland.com*), ein Korallenatoll wie geschaffen fürs Schnorcheln, dient; es gibt ein kleines Hotel. Die winzige Insel **Iskardup** bietet die schöne **Sapibenega Kuna Lodge**. Der Besitzer führt Dschungelwanderungen in die Festlandberge durch, u. a. zum Wasserfall **Ibe Igar** und zu einer Guna-Begräbnisstätte. ■

NARGANÁ
Karte S. 132 B2

Guna-Kinder auf der Isla Playon Chico

Die Guna verteidigen ihre Stammestraditionen und halten an einer indigenen Kultur fest, die eine der farbigsten und intaktesten in der Neuen Welt ist. Ob in Panama-Stadt, Penonomé oder auf den Inseln ihrer *comarca* (autonomer Bezirk), überall sind Guna-Frauen sofort an ihren farbenfrohen, mit *molas* in Primärfarben verzierten Röcken und Blusen zu erkennen.

Ihrer mündlichen Überlieferung zufolge lebten die Guna (oder Tule) ursprünglich in den Wäldern von Darién. Ungefähr in der Zeit, als die Spanier kamen, flohen die Guna vor den vordringenden Emberá-Wounaan nach Norden in die Serranía de Panamá und in die karibischen Ebenen und später auf die vorgelagerten Inseln. Heute gibt es noch rund 50 000 Guna, von denen etwa 30 000 die Inseln bewohnen und immerhin 20 000 in panamaischer Diaspora leben.
Die Guna werden nur rund 1,50 Meter groß und haben schlanke, sehnige Gliedmaßen sowie unverhältnismäßig große Köpfe mit Adlernasen, die als Zeichen von Schönheit gelten. Sie sprechen *Dulegaia*, die Guna-Sprache, und achten auf ihre Abstammung: Wer außerhalb des Stammes heiratet, wird

Erlebnis

INDIGENES LEBEN WERTSCHÄTZEN

Mit der spanischen Besatzung erlebte ganz Mittelamerika einen Niedergang der indigenen Kulturen, dennoch gibt es in Panama Kulturen, die nach wie vor gedeihen. Die Guna, Emberá-Wounaan und Ngöbe-Buglé leben innerhalb ihrer eigenen halbautonomen *comarcas* (Verwaltungseinheiten) in weit verstreuten Dörfern. Viele dieser Dörfer leben heute fast ausschließlich vom Tourismus; einige davon sind inzwischen verwestlicht, andere halten an ihren traditionellen Sitten und Bräuchen fest. Heute wird der Tourismus in den Gemeinden der Emberá-Wounaan und Ngöbe-Buglé auch als förderlich für den neu erwachenden Stolz auf traditionelle Glaubensinhalte, Kunsthandwerke und Bräuche propagiert. Für die Reservate ist keine Genehmigung erforderlich.
Ein Besuch der indigenen Gemeinden vermittelt einen soliden Einblick in die traditionellen Lebensformen:
Die rustikale **Bungalows Eco-Lodge La Chunga** *(Tel. 66 55 09 84, www.traveldarienpanama.com)* in La Chunga befindet sich im Herzen einer Emberá-Siedlung und ist nach traditioneller Wounaan-Manier entworfen worden. Gäste können mit den Dorfbewohnern zu Abend essen.
Guna Yala bietet Dutzende von Inseln, auf denen man in das farbenfrohe Leben der Guna eintauchen kann. Unterschlupf findet man in der **Sapibenega Kuna Lodge** auf Iskardup.
Soposo Rainforest Adventures *(Tel. 66 31 22 22, www.soposo.com)* ist eine Naso-Gemeinde mit Lodges und befindet sich von Changuinola flussaufwärts im Parque Internacional La Amistad.

Ein Guna bläst Rauch in die Nase eines Dorfältesten

verstoßen. Die Insularität fördert die Inzucht; vielleicht ist deshalb der Anteil von Albinismus hier der weltweit höchste. Die alte Tradition, Albinos bei der Geburt zu töten, ist der Verehrung gewichen. Heute gelten Albinos als Auserwählte und begnadete »Mondkinder«, die nach dem Volksglauben geboren werden, wenn eine Schwangere dem Vollmond ausgesetzt ist. Albino-Knaben werden wie Mädchen erzogen; man sieht sie oft beim Sticken oder Verkaufen von *molas*.

Bei den Guna herrscht das Matriarchat. Frauen sind für das meist schlichte Haus aus Bambus, Schilf und Palmblättern zuständig. Der Grund und Boden gehört jedoch der Gemeinschaft. Der Mann zieht bei der Heirat in das Haus seiner Frau und zieht einfach wieder aus, wenn er die Scheidung will. Während die Männer nach Hummern tauchen, die sie an Touristen verkaufen, füllen die Frauen die Familienkasse, indem sie ihre farbenfreudigen *molas* herstellen und auf dem internationalen Markt verkaufen.

Wenn ein Mädchen zur Frau wird, feiert die ganze Gemeinschaft und trinkt dabei reichlich *chicha*. In der Pubertät schneiden Frauen ihr Haar kurz und bedecken ihren Kopf mit einem blutroten *muswe* (Tuch). Ihre Alltagskleidung besteht aus einem *saburet* (Rock), der über einem mit einem *mudub* (Gürtel) gehaltenen *bicha* (Unterrock) getragen wird.

Viele Frauen bemalen ihre Wangen mit Achiote, einem aus dem Achiotesamen gewonnenen Farbstoff, und ziehen mit *tagua*-Farbe eine schwarze Linie auf den Nasenrücken. Dazu tragen sie große goldene Ohr- und Nasenringe sowie Ketten aus bunten Perlen, mit denen sie auch ihre Arm- und Fußgelenke umwickeln. Die Männer sind hingegen westlich gekleidet. Frauen wie Männer sind geübt im Umgang mit *cayucos* oder *ulus* (Kanus).

Bei Tagesanbruch widmen sich einige Männer dem Hummer- und Fischfang, während andere zum Festland hinüberfahren und Süßwasser holen oder ihre Felder bestellen und Kokosnüsse ernten.

Die *comarca* Guna Yala ist in vier Distrikte eingeteilt, denen jeweils ein gewählter, in Guna-Traditionen versierter Häuptling oder *sahila* vorsteht, unter einem obersten *sahila*, der einen halbjährlichen *congreso* oder *onmaket nega* der Dorfführer leitet. Alle Männer, die über 18 Jahre alt sind, müssen bei den sonntäglichen Versammlungen zugegen sein. Wächter heiliger Riten, der *absoguedi* (Sänger) und der *nele* (Schamane), benutzen Holzfiguren in menschlicher Gestalt, *nuchus* genannt, um Krankheiten zu heilen. Sekretäre verfassen Berichte und schreiben Genehmigungen für Personen, die ein anderes Dorf besuchen oder außerhalb der *comarca* reisen wollen.

Tipp

Die Yandup Island Lodge *(Tel. 203 77 62)* bietet die beste interkulturelle Erfahrung der Gegend. Hier können Sie die Guna-Kultur intensiv genießen.

PROF. XERARDO PEREIRO
NATIONAL GEOGRAPHIC-FELDFORSCHER

Die Guna sind von einem tiefen Glauben an eine Geisterwelt beseelt, in der alles in der Natur von einem guten Wächtergeist besessen ist. Auch *poni*, böse Geister, durchstreifen das Land; Guna schützen sich vor ihnen mit *nuchus* aus Balsaholz. Die Guna behandeln Wald und Land wie Verwandte. Gefischt wird jedoch ohne Einschränkungen. Die Hummer-Population hat ziemlich gelitten, und Seeschildkröten sieht man nur noch selten.

In einem traditionellen Guna-Segelschiff segelt ein Fischer bei Achutupu im San-Blas-Archipel zur Arbeit, während die Sonne über dem Karibischen Meer aufgeht.

Die dunkelgrünen Inseln, die sich in einer langen Linie aus dem Wasser erheben, sind schwer zu erreichen. Landebahnen bedienen die Hauptinseln. Dieser Teil der Welt, in dem einige der schönsten San-Blas-Inseln liegen, bietet Besuchern die Chance, Panama mit den Augen eines Entdeckers zu sehen.

Die Passage über den Ozean ist nicht ohne. Kolumbianische Drogenschmugglerboote befahren diese Gewässer, und gelegentlich dringen Guerilla in den Küstenstreifen an der Grenze zu Kolumbien vor.
Der wichtigste Flugplatz für die Inseln ist **Achutupo**. Nur knapp 200 Meter westlich von Achutupu wird die intimere **Isla Uaguitupo** fast ganz von der **Dolphin Lodge Uaguinega** (siehe S. 276), einem der besten Hotels der Inseln, eingenommen.
Die 5 Kilometer westlich von Achutupu gelegene Insel **Ailigandi** ist übersät mit Statuen und politischen Wandmalereien zur Guna-Revolte von 1925; am **Instituto Nacional de Cultura** werden *mola*-Techniken gelehrt. Auf der nahen Insel **Mamitupo** stellt eine Kooperative Kokosnussölprodukte wie Seife her. Der welterfahrene Guna Pablo Núñez Perez fungiert als informeller Fremdenführer und kommt Ihnen mit seinem Einbaumkanu entgegen, wenn Sie per Jacht in Mamitupu eintreffen.
Weiter östlich liegt **Mulatupo**, eine der am dichtesten besiedelten San-Blas-Inseln unweit der Küste. Von hier aus sind **Aclá**, die 1515 gegründete erste spanische Festlandsiedlung, und **Punta Escocés**, das 1698 gegründete New Edinburgh (siehe S. 40), erreichbar. ■

ÖSTLICHE INSELN
Karte S. 133 D2

Ein zahmer Papagei betrachtet das Dorfleben von seinem Fensterplatz in Ailigandi aus.

ÁREA SILVESTRE CORREGIMIENTO DE NARGANÁ

Das gebirgige Naturschutzgebiet im Distrikt Narganá – eine 600 Quadratkilometer große, unberührte Regenwaldfläche – dient als Barriere, die die *comarca* vom Rest des Landes trennen soll. Es ist auch eine Pufferzone gegen eindringende Fremde und Holzfäller. Der Park geht in den Parque Nacional Chagres im Westen über und zieht sich von der kontinentalen Wasserscheide bis zur Karibikküste. Die Vogelwelt ist so reich wie überall in Panama. Über 400 Arten sind hier gesehen worden: z. B. Fischertukane, Schwarzscheitel-Ameisenpittas, Schwarztangare, Schwarzohrpapageien. Vögel sind von Dezember bis Juni zu beobachten. **Burbayar Lodge** (siehe S. 277) ist eine von Gunas betriebene Ökolodge am Rand des Reservats auf einer 375 Meter hohen Anhöhe. Von dort aus führen sechs Wanderwege in das lodgeeigene, 50 Hektar große Regenwaldreservat, wo sich Pfeilgiftfrösche, Fledermäuse, Affen, Pumas, Jaguare und Tapire beobachten lassen. Sie können in sechs bis zehn Stunden bis nach Cartí wandern. Burbayar ist leicht mit Allradantrieb zu erreichen.

Karte S. 132 B1 ✉ Nusagandi, 20 km nördl. von El Llano am Interamerican Highway ☎ 236 60 61 oder 69 49 57 00

BAHÍA DE ESCRIBANO

Diese etwas außerhalb der *comarca* Guna Yala und 16 Kilometer westlich von El Porvenir gelegene schöne Bucht ist durch ein rund 5 Kilometer vorgelagertes Barriereriff, das Baja Escribano, geschützt. Die unberührten Korallenriffe sind ein atemberaubendes Tauchrevier. Fast 70 Korallen und über 60 Schwammarten sind von Barrakudas, Riesenbarschen, Mantelrochen, Ammenhaien und Muränen bewohnt, dazu unzählige regenbogenfarbene Fische. Der spanische Entdecker Rodrigo de Bastidas ging hier 1501 als ers-

Wissen

MOLAS

Mit ihrem bunten Linienspiel sind *molas* als Symbole der Guna-Kultur in aller Welt bekannt. Die ursprünglich für die Verzierung von Blusen genähten Stoffbilder sind etwa 45 Zentimeter breit und aus übereinanderliegenden, farblich kontrastierenden Stofflagen hergestellt. Die Muster werden aus den einzelnen Lagen ausgeschnitten und dann von Hand gesäumt – eine Technik, die umgekehrte Applikation genannt wird. Die häufigsten Vorlagen sind Papageien, Schmetterlinge und andere Motive aus der Natur, aber auch abstrakte Muster kommen vor. Das Resultat wirkt dank der Mehrschichtentechnik plastisch. Der Preis ist verhandelbar, doch erwarten Sie nie mehr als einen Preisnachlass von 10 Prozent, die bei etwa 15 US-Dollar beginnen. Größere, hochwertigere *molas* können 500 US-Dollar oder mehr kosten.

Wissen

FOTOTARIF

Beim Anblick von lächelnden Guna-Kindern mit einem Papagei auf der Schulter werden Sie schnell zur Kamera greifen. Halten Sie aber ausreichend Dollarnoten bereit. Der »Fototarif« liegt gegenwärtig bei 1 US-Dollar pro Foto. Er gilt nicht für Landschaften oder Gruppenaufnahmen, wie Zeremonialtänze, allerdings verhüllen die meisten Guna-Frauen, auf die man eine Kamera richtet, ihr Gesicht. Fotografieren Sie nie, ohne vorher um Erlaubnis zu fragen. Guna-Dorfälteste bestehen auf der Einhaltung der Regeln, und selbst für das Tragen eines Camcorders werden 10 US-Dollar bis 50 US-Dollar verlangt.

ter Europäer in Panama an Land. Später benutzten die Piraten Henry Morgan und Sir Francis Drake die Bucht, um von hier aus spanischen Galeonen aufzulauern. Seit Jahren schon lockt die Bucht Segler an ihre weißen Sandstrände. Das **Coral Lodge Resort** (siehe S. 277), erreichbar mit dem Flugzeug oder Boot, bietet Tauchgänge und Kajakfahrten an.

Karte S. 132 A2 ⊠ Mit dem Segelboot oder Bootstransfer von Porvenir

Eine *mola*, die traditionelle Stickerei der Guna

Darién

‹ Viele abgelegene Orte der Provinz Darién sind nur mit einem *cayuco* erreichbar

Das östliche Drittel des Landes, benannt nach einem Häuptling, ist berühmt für seine undurchdringlichen Regenwälder. Die dünn besiedelte Provinz Darién bietet exzellente Gelegenheiten zur Wild- und Vogelbeobachtung. Allerdings sind nur wenige Orte erreichbar.

Der Interamerican Highway, der nach Osten bis nach Yaviza verläuft, ist der einzige Transportweg in diese Region. Die westliche Hälfte verteilt sich mit neuen, kleinen Ortschaften entlang der Fernstraße, der östliche Darién liegt verborgen unter dampfendem Urwald im fast 5800 Quadratkilometer großen Parque Nacional Darién. Diese nahezu unbewohnte amazonische Welt ist über Landebahnen und mit langen *cayucos* (Kanus) erreichbar. An den oberen Flussläufen liegen Dörfer der Emberá und Wounaan in zwei semiautonomen Distrikten, der *comarca* Emberá Cemaco und der *comarca* Emberá Sambú. Trotz schleichender Verwestlichung sind viele alte Traditionen der Emberá-Wounaan erhalten geblieben.
Begrenzt wird die Region im Nordosten vom Gebirgszug Serranía del Darién, der den Darién von der *comarca* Guna Yala trennt. Die Westküste wird von der Serranía del Sapo und der Serranía de Jungurudó gesäumt, die sich nach Süden in die kolumbianischen Anden fortsetzen. Die Berge sind bis zu 1800 Meter hoch und von Regenwäldern bedeckt. Diverse Flüsse münden in den Golfo de San Miguel, wo Vasco Núñez de Balboa am 25. September 1513 erstmals den Pazifik erblickte.

Der Río Sambú schlängelt sich durch den Urwald und die Felder des Darién.

Die ersten spanischen Kolonialsiedlungen in Panama entstanden im Darién, als die Cana-Goldminen entdeckt wurden. Das Edelmetall wurde in Kanus flussabwärts gebracht und auf größere Schiffe verladen, die es nach Norden zum Camino Real transportierten; spanische Forts, die den Hafen an der Mündung des Río Tuira bewachten, ragen aus dem Urwald hervor. Heute ist Cana eine Goldmine für Wanderer und Vogelliebhaber. Das Reservat Punta Patiño ist nur eine kurze Bootsfahrt von der Provinzhauptstadt La Palma am Golfo de San Miguel entfernt. Teile des Nationalparks und die *comarca* Emberá Cemaco sind eine Zuflucht für Gesetzlose, die über die kolumbianische Grenze kommen. Man sollte die Gegend nur mit akkreditiertem Führer oder einem Reiseveranstalter (siehe S. 306) erkunden. ■

ENTDECKUNGEN ENTLANG DES INTERAMERICAN HIGHWAY

Als Teil der Panamericana, die sich von Alaska bis nach Feuerland erstreckt, verbindet der Interamerican Highway die Länder Mittelamerikas von Nuevo Laredo in Mexiko bis zum 276 Kilometer östlich von Panama-Stadt gelegenen Yaviza. Guna- und Emberá-Siedlungen laden zum Verweilen ein.

CHEPO BIS IPETÍ EMBERÁ

Das Tor in die Provinz Darién ist **Chepo**, das östlich von Panama-Stadt liegt. Östlich von Chepo liegt im Tal der Stausee **Lago Bayano**. In **Bayano** können Sie ein Boot mieten und in 45 Minuten zu den **Cuevas Bayano** fahren, den von Fledermäusen bevölkerten Höhlen am Río Tigre. Beim Erkunden der Kammern, oft bis zur Brust in kaltem Wasser, fühlt man sich wie Indiana Jones. **Panama Outdoors** *(Tel. 261 50 43, https://panamaoutdoor.com)* hat geführte Touren im Programm.

Der See liegt zum größten Teil in der *comarca* **Guna de Madugandi**, einer 2073 Quadratkilometer großen, semiautonomen Region, die 1996 geschaffen wurde und an die *comarca* Guna Yala grenzt. Annähernd 5000 Guna-Einwohner in zwölf Gemeinschaften kämpfen seit der Eröffnung des Interamerican Highway um die Erhaltung ihrer kulturellen Identität. Das nördlich des Highways gelegene Dorf **Ipetí Guna** begrüßt ankommende Besucher mit Zeremonialtänzen. Der lokale Führer Igua Jiménez *(Tel. 67 91 64 99, iguat28@yahoo.com)* führt Touren durch. Die Bewohner des benachbarten, südlich des Highway gelegenen **Ipetí Emberá** veranstalten ebenfalls traditionelle Tänze, verkaufen Kunsthandwerk und bieten Ausflüge in *piraguas* auf dem Río Ipetí an. Unterkunft findet man in einem typischen Stelzenhaus.

SANTA FÉ BIS YAVIZA

Santa Fé, das östlich von Ipetí und 3 Kilometer westlich des Highway liegt, ist ein Flussort am Ostufer des Río Sabanà. Hier werden im Rahmen des Entwicklungsprojekts **ECODIC** *(Tel. 69 48 46 33)* Seifen und bunte Wandmalereien zum Verkauf angeboten; Sie können auf Waldpfaden wandern und etwas über die organische Landwirtschaft in der landwirtschaftlichen Station **Finca Sonia** erfahren. Bei Hochflut fahren die *piraguas* flussabwärts

Wissen

DAS UNGEHEUER VON LAGO BAYANO

Dieser See ist nach dem Rebellenführer der *cimarrones* (entflohene afrikanische Sklaven) benannt, einem erbitterten Widerstandskämpfer gegen die spanische Herrschaft. Lokalem Glauben zufolge bewohnt den See ein ähnliches Ungeheuer wie das des Loch Ness.

Dörfer am Interamerican Highway, wie Santa Fé, erlauben einen Blick in das Alltagsleben

nach **Boca de Lara**, einem Wounaan-Dorf, das auch vom Interamerican Highway aus mit dem Geländewagen zu erreichen ist. Hier können Sie in einer offenen Lodge übernachten.

Canopy Camp Darién *(Metetí, Tel. 264 57 20, www.canopytower.com)* bietet Fahrten nach Boca de Lara an. Gigantische Cuipo-Bäume überragen das Canopy Camp Darién, ein Wasserschutzgebiet östlich von Metetí. Umgeben von Tieflandregenwald ist diese Ökolodge ein Traum für Vogelfreunde. Aber auch Affen, Wickel- und Ameisenbären oder gar Schlangen kann man vom Aussichtsdeck seines Zeltes erspähen.

In **Metetí**, der größten Siedlung zwischen Chepo und Yaviza, findet man spartanische Hotels vor. Eine gepflasterte Straße führt 20 Kilometer nach Westen bis zum schmutzigen **Puerto Quimba**, wo Boote zu Zielen im Golfo de San Miguel ablegen (siehe S. 156f.).

In **Yaviza** endet die Straße 266 Kilometer hinter Panama-Stadt. Von Reisen über Yaviza hinaus wird abgeraten. Nach Ihrer Registrierung bei der Polizeistation können Sie das **Fuerte San Jerónimo de Yaviza** besichtigen, eine über dem Río Chucunaque thronende Festung aus dem 18. Jahrhundert. ■

INTERAMERICAN HIGHWAY
Karte S. 147 A3, A4, B3 und C2

Besucherinformation
☎ 500 08 55 (MiAmbiente) oder 299 65 30 (Metetí)

Die abenteuerliche Fahrt auf dem vielleicht berühmtesten Highway der Welt führt Sie buchstäblich ans Ende der Fernstraße. Dahinter bildet das 106 Kilometer breite, unwegsame Regenwaldgebiet, das von Küste zu Küste reicht, den berüchtigten »Darién Gap« – die einzige Lücke in der 25 800 Kilometer langen Panamericana zwischen Alaska und Argentinien.

Einfache Kantinen am Straßenrand, wie diese in Canita, sind Treffpunkte für Einheimische.

Auf den ersten drei Vierteln der Reise ist die Straße befestigt, dann aber wird sie merklich schlechter, und Sie brauchen für die Weiterfahrt ein Allradfahrzeug. Selbst dann ist es in der Regenzeit oft unmöglich, bis Yaviza, wo die Straße ausläuft, vorzudringen.

Die Fahrt geht meist durch flaches Land und entwaldetes Gebiet. Die wenigen interessanten Orte sind durch Weideland getrennt. Unterkünfte sind selten und meist kläglich, und militarisierte Polizeiposten erinnern daran, dass es riskant ist, von Yaviza aus weiterzureisen. Planen Sie eine eintägige Rundreise ein, die morgens beginnt. Sie brauchen Ihren Pass.

Starten Sie in **Chepo** ❶, einem Ort, 33 Kilometer östlich von Panama-Stadt gelegen. Eine Polizei-Kontrollstation und eine Statue des hl. Christophorus markieren die Abzweigung, von der aus der Highway entlang der Südhänge der Serranía de San Blás Richtung Osten führt. Nach 39 Kilometern kommt der **Lago Bayano** ❷ (siehe S. 148) in Sicht. Hier müssen Sie bei der Kontrollstation in **Bayano** Ihren Reisepass vorlegen. Sie überqueren den See über eine Eisenbrücke und kommen in die *comarca* Guna de Madugandí. Auf den nächsten 30 Kilometern ist die Straße von Wald gesäumt und eine ideale Flugschneise für Schmetterlinge und Papageien.

Der Wald verschwindet hinter **Quebrada Calí** und gibt den Blick nach Süden auf die gezackten Gipfel der Serranía de Majé frei. Weiter östlich verkauft die kleine Gemeinde **Ipetí Guna** ❸ (siehe S. 148) *molas.* Nach diesem und dem benachbarten Dorf **Ipetí Emberá** ist die Straße von Weideland gesäumt. Es folgt **Tortí**, das für seine Rodeos und Stierkämpfe Ende März und für handgefertigte Sättel bekannt ist; die *talabarterías* (Lederwerkstätten) liegen an der Straße. Vorbei an Teakplantagen kommen Sie nach **Aguas Frías** ❹ mit einem Schild »Willkommen im Darién«. Rund 20 Kilometer weiter erreichen Sie **Emberá Arimae**, das für sein Kunsthandwerk bekannt ist. Die Asphaltstraße endet in der Gemeinde **Zapallal** ❺. Von hier ab werden Sie nur noch Staub aufwirbeln oder Schlamm hochschleudern, wenn Sie sich nach Süden Richtung **Metetí** vorkämpfen, wo die Polizei am befestigten Kontrollpunkt Ihnen vielleicht die Lust am Weiterfahren nimmt. Östlich von Metetí ist der Highway eine Schande für den Straßenbau; in der Regenzeit sollten Sie hier Halt machen. Sie kommen nur halb so schnell und immer langsamer voran, bis nur noch ein Feldweg nach **Yaviza** ❻ führt, eine verwahrloste, latent bedrohlich wirkende Grenzstadt, hinter der dichter Dschungel beginnt.

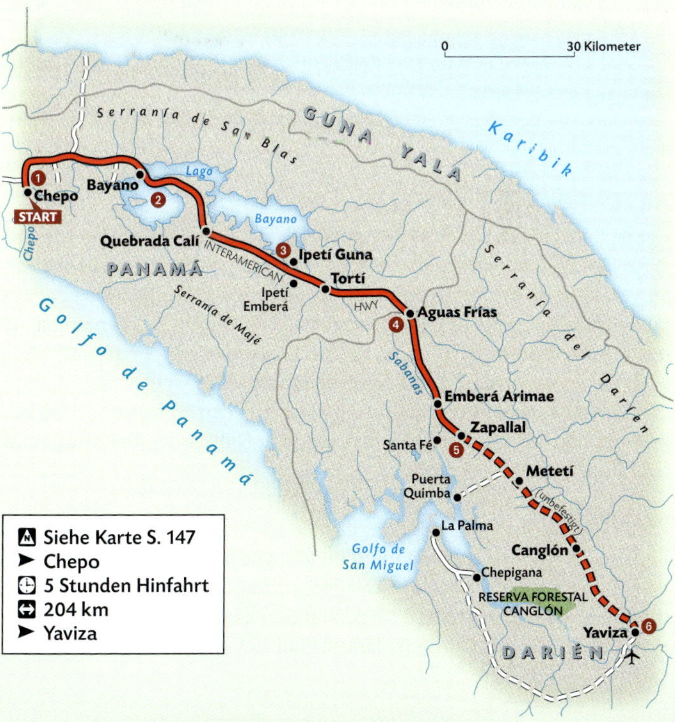

Darién ist der größte Nationalpark in Zentralamerika und das faszinierendste Naturschutzgebiet Panamas. Von winzigen Pfeilgiftfröschen bis zum größten Adler der Welt bietet dieser Mini-Amazonas alles, was im Regenwald gedeiht – ein echtes Juwel, das das Herz jedes Naturliebhabers höher schlagen lässt.

Der 1980 gegründete Nationalpark schützt 5791 Quadratmeter Tiefland-Regenwald sowie mehrere andere Lebenszonen, die von Mangrovensümpfen bis zu Bergwäldern auf dem **Cerro Tacarcuna** (1875 m) reichen. Ganze Abschnitte des Parks sind in der Hand von Guerillas und Drogenhändlern, sodass es gefährlich ist, sich außerhalb der gesicherten Zonen zu bewegen. Reisen Sie nur mit einem informierten Guide und/oder einem angesehenen Reiseveranstalter. Die einzigen Unterkünfte gibt es in Pirre und in Cana. Der Hauptsitz der Nationalen Umweltbehörde (Ministerio de Ambiente, MiAmbiente) befindet sich in der Uferstadt **El Real de Santa María** (siehe S. 160). Von hier aus können Sie zur **Pirre-Station** von MiAmbiente am Río Peresenico im Tiefland-Regenwald wandern (vier Stunden; nur in der Trockenzeit) oder mit dem Kanu fahren. In Pirre gibt es einen Schlafsaal. Bringen Sie Verpflegung und eine Taschenlampe mit; es gibt keinen Strom.

Tief im Herzen des Parks und nur zu Fuß erreichbar liegt **Cana** in 500 Metern Höhe an den Osthängen des **Cerro Pirre**. Die biologische Forschungsstation dient als Ökolodge, die von Ancón Expeditions (siehe S. 261, 304ff.) betrieben wird.

ARTENREICHE TIERWELT

Dieser Garten Eden wurde 1981 von der UNESCO zum Weltnaturerbe und 1982 zum Biosphären-Reservat erklärt. Im Darién gibt es Populationen von 56 gefährdeten Arten. Harpyien lassen sich ebenso wie Tapire häufig blicken. Die Chance, die fünf Raubkatzenarten zu Gesicht zu bekommen, ist hier größer als sonstwo im Land. Ebenso Weißlippenpekkaris, Faultiere sowie viele Affen. Exotisch gefärbte Pfeilgiftfrösche hüpfen über den feuchten Waldboden, Krokodile und Kaimane planschen in den Flüssen. Über 450 Vogelarten sind hier registriert worden, darunter Dunkelrote, Gelbbrust- und Grünflügel-Aras.

WANDERN

Bringen Sie wasserdichte Wanderschuhe sowie Insektenschutzmittel und Wasser mit. Achten Sie auf Giftschlagen, insbesondere Terciopelo-Lanzenottern, deren Biss in Minuten tötet. Wandern Sie niemals ohne Führer.
Von Pirre führt ein 2 Kilometer langer Pfad zu Wasserfällen. Der Aufstieg

Eine Hütte mit Blick auf Cana, tief im Herzen des Parque Nacional Darién

zum Cerro Pirre auf dem **Sendero Cerro Pirre** ist zwar anstrengend, lohnt sich aber wegen der Aussicht über das Flusstal.
Fünf Pfade beginnen in Cana. Eine leichte Wanderung auf dem **Sendero Maquina** führt zu verrosteten Dampflokomotiven aus dem 19. Jahrhundert. Der **Sendero Cerro Pirre** steigt zu einem Zeltcamp auf dem Cerro Pirre auf; von hier bietet der **Sendero Bosque Nuboso** die Chance, den seltenen Goldkopftrogon zu sichten. Wege beginnen auch an der MiAmbiente-Rangerstation im drei Stunden entfernten **Rancho Frío**; einer führt zum Gipfel des Pirre. ■

PARQUE NACIONAL DARIÉN
Karte S. 147 C1 u. C2
El Real de Santa María
299 69 65 oder 299 65 30
$$ (Genehmigung erforderlich)
www.miambiente.gob.pa

PFEILGIFTFRÖSCHE

Die wunderschön gefärbten Pfeilgiftfrösche bewohnen die warmen, feuchten Wälder der Neotropen Zentral- und Südamerikas. Die meisten sind nicht größer als ein Daumennagel, nur wenige werden länger als fünf Zentimeter. Dennoch erzeugen diese winzigen Geschöpfe ein tödliches Gift.

Die lebhaft gefärbten Frösche gehören zur Familie der Baumsteigerfrösche *(Dendrobatidae)*. Von den rund 170 bekannten Arten ist nur ein Drittel giftig. Pfeilgiftfrösche produzieren basische Alkaloide, die in mikroskopisch kleinen Schleimdrüsen unter der Froschhaut gespeichert werden. Das wirksamste Gift von allen ist Batrachotoxin, das ausschließlich von den drei extrem giftigen Froscharten aus der Gattung *Phyllobates* stammt. Sie kommen nur in Darién und im Anden-Tiefland Kolumbiens vor. Ihnen hat die gesamte Familie ihren Namen zu verdanken. Die Emberá-Wounaan benetzen ihre Blasrohrpfeile mit dem Gift von *Phyllobates*, um Jagd auf Waldtiere zu machen. Die Frösche sondern das Gift ab, wenn sie sich bedroht oder gestresst fühlen. Der silbriggelbe, fünf Zentimeter lange *Phyllobates terribilis* ist auch ohne Erregung tödlich – die Emberá-Wounaan brauchen nur mit ihren Pfeilen über seinen Rücken zu streichen. Das Nervengift dieses Frosches ist so wirksam, dass ein Giftpfeil länger als ein Jahr seine tödliche Wirkung nicht verliert.

Tipp

Halten Sie auf dem Waldboden nach Blattschneiderameisen Ausschau, die in langen Reihen vorbeimarschieren, jede mit einem kleinen grünen Stück Blatt auf dem Rücken.

JENNIFER HOLLAND
REDAKTEURIN, NATIONAL GEOGRAPHIC MAGAZINE

Pfeilgiftfrösche sind zwar winzig, können aber für ihre Feinde tödliche Gegner sein.

Wissen

VÖGEL UND KÄFER

Batrachotoxin, das Gift dieser Frösche, kommt auch in Haut und Federn der auf Neuguinea lebenden, insektenfressenden Blaukappenflöter und der Zweifarbenpitohuis vor. Sowohl die Pfeilgiftfrösche als auch die Vögel fressen Käfer der Gattung *Choresine*, deren eigenes Batrachotoxin als Verteidigungsmittel gegen Räuber dient. Frösche und Vögel sind dem Käfergift gegenüber resistent und laben sich an der exklusiven Nahrungsquelle.

GIFTIGKEIT

Die Frösche nehmen ihr Gift durch ihre Nahrung auf. Das Batrachotoxin von *Phyllobates* beispielsweise stammt von einer winzigen Art von Käfern der Gattung *Choresine*, die das Gift in hohen Konzentrationen enthalten. Ohne ihre natürliche Nahrung verlieren die Amphibien allmählich ihre Giftigkeit. Die neonfarbenen Frösche zeigen mit ihren schreiend bunten Farben ihren Fressfeinden, dass sie ungenießbar sind. Während einige einfarbig sind, haben die meisten eine dominante Farbe oben und eine zweite Farbe darunter, die oft in Flecken zutage tritt. Die Arten sind von Insel zu Insel verschieden. So sind beispielsweise die Frösche vom Archipel Bocas del Toro und auf der Isla Popa grün, schwarz auf der Isla Taboga, dunkelblau auf Cerro Brujo, gelb mit schwarzen Flecken auf Isla Bocas und erdbeerrot auf Isla Bastimentos.

Die meisten Pfeilgiftfrösche sind Bodenbewohner. Die Männchen verteidigen ihr Revier angriffslustig und können recht häufig bei ihrem Ringkampf Brust an Brust beobachtet werden. *Leimadophis epinephelus*, eine Schlange, ist als einziges Tier immun gegen das Froschgift und somit die einzige natürliche Feindin dieser Amphibien. Pfeilgiftfrösche legen ihren Laich auf Blättern ab. Nach dem Schlüpfen lädt ein Elternteil die Kaulquappen auf seinen Rücken und trägt sie in die Bäume, wo er sie in wassergefüllte Blattachseln von Bromelien ablegt. Während die meisten anderen Frösche ihre Kaulquappen sich selbst überlassen, füttern die Weibchen der Pfeilgiftfrösche ihre Jungen alle paar Tage, indem sie unbefruchtete Eier im Wasser ablegen.

Dendrobates azureus kommt in mehreren Blautönen, von Puder bis Kobalt, vor.

LA PALMA UND GOLFO DE SAN MIGUEL

Der Golfo de San Miguel bildet den wasserseitigen Zugang zum Darién. Im warmen Wasser, in das Vasco Núñez de Balboa 1513 watete, um den Stillen Ozean für das Königreich Spanien in Besitz zu nehmen, sieht man springende Buckelwale.

La Palma, die unansehnliche Provinzhauptstadt der Region, liegt am Mündungsufer des Río Tuira; von hier dehnt sich der Golfo de San Miguel wie ein Fächer nach Westen aus. La Palma ist mit dem Interamerican Highway per Boot über Puerto Quimba verbunden (Wassertaxis legen alle halbe Stunde zu einer 20-minütigen Fahrt ab). Es ist vor allem eine Basis für Fahrten ins Binnenland auf dem **Río Tuira** (siehe S. 158) und nach Westen entlang der Küste und den Río Sambú hinauf in die *comarca* **Emberá Sambú** (siehe S. 158f.). Der kleine Hafen diente während der frühen spanischen Kolonialzeit als Umschlagplatz für Gold, das stromaufwärts in den Cana-Goldminen geschürft wurde. Die Ruinen des **Fuerte San Carlos** ragen auf der **Isla Boca Chica**, etwa fünf Bootsminuten von der Küste entfernt, aus einem Würgerfeigen-Sarkophag empor.
Die ortsansässige Bevölkerung ist überwiegend afro-antillanisch. Diese *afrodarienitas* – Nachfahren afrikanischer Sklaven, die in den Minen von Es-

Ibisse gehören zu den vielen Vogelarten, die die Küsten des Golfo de San Miguel bewohnen.

Wissen

HARPYIEN

Die gefährdete *Harpia harpyja* – Panamas Nationalvogel und der größte Adler der Welt – hat über zwei Meter Flügelspannweite. Mit ihren Klauen, so lang wie die eines Grizzlybären, beherrscht das kräftige Raubtier den Regenwald und jagt baumlebende Beute wie Affen und Faultiere. Die Vorkommen beschränken sich heute auf Tiefebenen in Mittel- und Südamerika. Gezüchtete Harpyien werden hier ausgewildert.

píritu Santo schufteten – sind berühmt für ihre musikalischen Traditionen, die vor allem im Fischerdorf **Punta Alegre**, 22 Kilometer südwestlich von La Palma, gepflegt werden.

Hinter **Punta Patiño** schwingt der große Bogen der **Ensenada de Garachiné** sich bis Punta Garachiné und zum Pazifik. Boote nach **Playa de Muerto** (siehe S. 159) können in der Gemeinde Garachiné gemietet werden: Von hier aus führt eine Straße bis ins Tal des **Río Sambú** (siehe S. 158f.).

RESERVA NATURAL PUNTA PATIÑO

Wasserschweine kauen das Gras des Sumpflandes in der Nachbarschaft der Lodge in Punta Patiño, einem 303 Quadratkilometer großen Naturreservat im Besitz von ANCON. Diese stumpfnasigen Nagetiere, so groß wie kleine Schweine, sind häufig zu sehen, wenn man auf den Pfaden wandert, die durch Mangroven, Küstenfeuchtland und tropische Wälder führen, mit denen eine in den Golfo de San Miguel ragende Halbinsel bedeckt ist. Erstaunlich für ein so kleines Gebiet, leben hier zehn Prozent der Fauna Panamas, darunter Vögel wie Harpyien und Tuberkelhokkos sowie Jaguare, Ozelots und Pumas. Der leicht begehbare **Sendero Piedra de Candela** schlängelt sich durch Küstenwald.

Das Reservat hat eine private Landepiste und liegt eine Stunde Bootsfahrt von La Palma entfernt; ein Traktor zieht ankommende Boote durch das Sumpfgebiet an Land, während Moskitos um Ihre Ohren summen. Übernachtungen müssen bei **Ancón Expeditions** (siehe S. 261, 304ff.) angemeldet werden; der Reiseveranstalter bietet auch Touren im Paket an. ■

LA PALMA
Karte S. 147 B2
Besucherinformation
✉ ATP, La Palma c/o Leysa Aguero, Oficinas del MICI
☎ 299 63 37
darien@atp.gob.pa

RESERVA NATURAL PUNTA PATIÑO
Karte S. 147 B2
✉ 14,5 km südwestlich von La Palma mit dem Boot

DÖRFER DER EMBERÁ UND WOUNAAN

Flussfahrten durch das Binnenland des Darién bieten einen faszinierenden Einblick in die reiche Kultur der Region, ergänzt um unvergessliche Dschungelerlebnisse.

Die Emberá-Wounaan-Völker stammen aus Kolumbien und leben seit mindestens zwei Jahrhunderten in den Wäldern des Darién. Erst in den letzten Jahrzehnten haben sie sich in Dörfern niedergelassen.
Die 2880 Quadratkilometer große *comarca* **Emberá Cémaco** mit 28 indigenen Gemeinschaften liegt im Flussbecken des Chucunaque-Tuira im Nordosten. Der breite **Río Tuira** verbindet die isolierten Gemeinschaften von Emberá, Wounaan und *afrodarienitas*. Reisende müssen sich bei jeder Polizeistation melden. Die Weiterreise über **Boca de Cupé** hinaus ist wegen der Guerilla-Aktivitäten tabu. Die 1300 Quadratkilometer große *comarca* **Emberá Sambú** im Südwesten ist sicherer und leicht auf dem Fluss zu erreichen. Die meisten Dörfer bieten einfache Unterkünfte und Mahlzeiten und werden von schwerbewaffneten Polizeibrigaden bewacht. **Mogue**, den trüben Río Mogue aufwärts zwischen La Palma und Punta Patiño, ist am leichtesten erreichbar. Man geht 20 Minuten zum Dorf. Pfade führen in den unberührten Regenwald.

RÍO SAMBÚ

Auf dem Río Sambú, 90 Minuten Bootsfahrt von La Palma entfernt, fahren *cayucos* und *piraguas* bis nach **Pavarandó**, dem östlichsten Emberá-Dorf. Krokodile liegen am schlammigen Ufer; Baden empfiehlt sich nicht.
La Chunga am Nebenfluss Río Chunga ist relativ touristisch. Die rustikale **Bungalows Eco-Lodge La Chunga** (siehe S. 138), die von drei Emberá-Brüdern betrieben wird, ist die perfekte Basis für kulturelle und Naturaus-

Wissen

BOTSCHAFTER DES DARIÉN

Die Emberá-Wounaan könnten aus einem einzigen Baum im Regenwald mehr Einkünfte erzielen als aus 16 Hektar Weideland, sagt Jim Brunton, der Gründer der Pajaro Jai Foundation *(www.sites.google.com/site/pajarojaifoundation)*, die sich dafür einsetzt, die Eigenständigkeit der indigenen Kultur im Darién zu sichern. Im Dorf Mogue fördert die PJF umweltfreundliche Projekte wie Kunsthandwerk, Dschungellodges für den Ökotourismus und kleine Möbelfabriken, die Holzdübel, Rahmen und Möbel aus dem blutroten Purpurholzbaum, der gelben Zeder und dem korallenfarbenen Mandelbaum herstellen. PJFs wichtigstes Instrument ist die *Pajaro Jai* (Zaubervogel). Die schlanke, 28 Meter lange, seetüchtige Ketsch ist das Ergebnis von 15 Jahren Arbeit der Emberá, von Hand gebaut und mit Emberá-Wounaan in Stammestracht als Besatzung.

Emberá-Kinder amüsieren sich bei der Hitze mit einem Bad im Río Mogue.

flüge. Weiter flussaufwärts kann man in **Sambú** – teils Emberá, teils afroantillanisch – erleben, wie verschiedene ethnische Gruppen in Harmonie miteinander und mit der Umwelt leben. Führer leiten Waldwanderungen, von denen eine zu einem Felsen mit **präkolumbischen Steinritzungen** führt. Die Weiterreise flussaufwärts dauert den ganzen Tag. Sie kann von **Ancón Expeditions** (siehe S. 304) arrangiert werden. Bringen Sie reichlich Insektenschutzmittel mit.

PLAYA DE MUERTO

Diese schwer erreichbare Küstengemeinschaft ist ein lohnendes Ziel. Am besten startet man frühmorgens zur zweistündigen Bootsfahrt von Garachiné (vor der Abfahrt bei der Polizei melden), die einen zum kilometerlangen schwarzen Sandstrand bei dem Emberá-Dorf bringt. Seine Lage vor dunklen Bergen ist fantastisch. Die 225 Einwohner führen ihre Tänze vor, verkaufen Handarbeiten und zeigen Heilpflanzen. Führer leiten Wanderungen zur **Playa Cocal**, wo ein Regenwaldpfad zu einem Wasserfall führt. In Playa de Muerto gibt es einfache Unterkünfte und dazu das Geschrei von Brüllaffen als Wecker (siehe S. 183). ■

COMARCA EMBERÁ-WOUNAAN
Karte S. 147 B2, C2–C3

COMARCA EMBERÁ-CÉMACO
Karte S. 147 B2, C2–C3

COMARCA EMBERÁ-SAMBÚ
Karte S. 147 B2, C2–C3

BAHÍA PIÑA

Auf halben Weg zwischen Punta Garachiné und der kolumbianischen Grenze liegt diese von Vorgebirgen gerahmte, schöne Bucht, die von Buckelwalen und Großen Tümmlern besucht wird. Eine Landepiste bedient den Weiler **Puerto Piña**, wo Emberá Touristen mit Tänzen willkommen heißen. Eingebettet in die Bucht ist die **Tropic Star Lodge** (siehe S. 278), in der Weltrekorde im Hochseeangeln aufgestellt werden; die Fische werden am **Zane Grey Reef**, einem 25 Kilometer von der Küste entfernten Unterwasserberg gefangen. Ein Bergpfad führt zur puderweißen **Playa Blanca**, die von einem zum Schnorcheln einladenden Korallenriff geschützt wird.

Karte S. 147 B1

JAQUÉ

Die südlichste Siedlung in Panama, 8 Kilometer südlich von Bahía Piña gelegen, wird zweimal wöchentlich ab Panama-Stadt angeflogen. Viele Bewohner sind kolumbianische Flüchtlinge. **Bridges across Borders** *(www.bridgesacrossborders.org)* sponsort eine Frauen-Kooperative, die Pappe aus recyceltem Papier und Naturfasern herstellt. Die Dorfbewohner sammeln und hegen die Eier von Lederschildkröten, die auf den Sandstränden nisten. Einfache Unterkünfte sind vorhanden. Sie können auf dem Río Jaqué nach **Biroquera**, ein Wounaan-Dorf, und in die Emberá-Dörfer **Lucas**, **El Coco** und **El Mamey** fahren. Wer sich über Biroquera hinauswagt, riskiert hingegen sein Leben.

Karte S. 147 B1

Der üppig grüne Regenwald von Darién ist ein Schatzhaus grandioser Flora.

EL REAL DE SANTA MARÍA

Die verfallene Grenzstadt ist das Tor zum Parque Nacional Darién (siehe S. 152f.). Wer einen Parkbesuch plant, muss sich bei MiAmbiente *(Tel. 299 69 65)* registrieren lassen. Das Dorf liegt am Río Tuira, 6,5 Kilometer flussabwärts von Yaviza (siehe S. 149). Es stammt aus dem 17. Jahrhundert, als es ein Zwischenlager für Gold aus den Cana-Minen war. Die Ruinen eines spanischen Forts sind überwuchert. Es gibt Übernachtungsmöglichkeiten.

Karte S. 147 C2

Mangrovenbäume sind ideal an das Leben im Gezeitenbereich tropischer Küsten angepasst.

RESERVA FORESTAL DE CANGLÓN

Am Nordufer des Río Tuira, auf halber Strecke zwischen La Palma und El Real de Santa María, schützt dieses 316 Quadratkilometer große Feuchtgebiet ein Netz von Mangroven, Flussmarschen und tropischem Feuchtwald. Reiher und Ibisse picken im Schlamm, und Blatthühnchen tippeln über Seerosenblätter. Mit etwas Glück trifft man auch auf Krokodile, die im Fluss lauern oder sich am Ufer sonnen.

Karte S. 147 B2–C2 ☎ 299 65 30 **www.miambiente.gob.pa**

Wissen

ALLRADANTRIEB

Wer Panama erkunden möchte, für den ist ein Allradfahrzeug ein Muss (siehe S. 260f.). Ein Großteil des Hochlands (und des Dariéns) ist nur über schlechte, mit Schlaglöchern und Felsbrocken übersäte und unebene Straßen zugänglich. Diese Straßen sind in der Trockenzeit staubig, verwandeln sich in der Regenzeit aber in eine wahre Fischsuppe, deren Strömungen eine zusätzliche Herausforderung darstellen. Selbst befestigte Straßen können in der Regenzeit unversehens aufweichen. In einigen Gebieten – vor allem auf dem Highway 4 über die Cordillera de Tabasará in Chiriquí – sind Erdrutsche keine Seltenheit. Eine Erkundungstour mit einem Allradfahrzeug kann Spaß machen und abenteuerlich sein, doch selbst damit sollte man die Grenzen kennen.

Zentral-panama

‹ Strand und Palmen auf Isla Coiba. Die gesamte Insel ist heute Teil eines Meeresschutzgebiets

Diese Region bietet wunderbare Strände, überwältigende Gebirgslandschaften, artenreiche Wälder, aber auch präkolumbische Stätten und bedeutende Kolonialarchitektur – nur wenige Autostunden von Panama-Stadt entfernt. So verwundert es nicht, dass die Provinzen Coclé und Veraguas sich zum beliebtesten Urlaubsziel der Städter gemausert haben.

In den Bergen leben Ngöbe-Buglé-Gemeinden, und die Küste ist dünn von afro-antillanischen Gemeinden besiedelt. In die karibische Region, die mit dem Darién Gap das letzte Grenzland darstellt, dringen keinerlei Straßen vor. An der Pazifikseite sammeln sich die Gebirgsflüsse im Flachland und fließen durch Feuchtgebiete in die Bahía de Parita. Östlich der Bucht erstrecken sich auf einer Länge von 64 Kilometern Strände mit graubraunem Sand entlang des Pazifiks von Farallón bis nach Punta Chame und der Bahía de Panamá (Bucht von Panama). Die meisten Strandorte sind locker organisierte Grüppchen von Zweitwohnsitzen und Ferienmietwohnungen. Auch große All-inclusive-Hotels sind hier mittlerweile aus dem Boden gestampft worden.
Das gebirgige Landesinnere verspricht kühlere Freuden. Das Bergdorf El Valle de Antón, in einem alten Vulkankrater gelegen, genießt das ganze Jahr über ein frühlingshaft gemäßigtes Klima. Wandertouren oder Erkundungsritte bieten sich an, und heimische Tiere lassen sich in einem der beiden Zoos des Landes bestaunen. Die Fauna kann man auch im Parque Nacional Altos de Campana und im Parque Nacional Omar Torrijos erkunden. In den beiden Parks gibt es einige spektakuläre Bergwanderrouten durch üppige Wälder. Für Vogelbeobachter und Orchideenliebhaber ist auch das Bergdörfchen Santa Fé ein beliebtes Ziel.

Nebel umhüllt die Berggipfel im Parque Nacional Omar Torrijos

Über die Panamericana, die die Region durchschneidet, ist jede Sehenswürdigkeit leicht zu erreichen. Zwei Spuren in jeder Richtung sorgen für schnelles, wenn auch unspektakuläres Vorankommen. Entlang der Strecke liegen vereinzelt lebhafte, moderne Orte, die sich jedoch einen Ortskern wie in einem spanischen Dorf aus vergangenen Zeiten bewahrt haben. Penonomé ist ein solcher Ort, in dessen Zentrum man sich in ein anderes Jahrhundert zurückversetzt fühlt. In Natá befindet sich die älteste katholische Kirche der westlichen Hemisphäre. In der Nähe liegt El Caño, die bedeutendste präkolumbische Stätte Panamas. Und Santiago lockt mit einem Museum voller staubiger archäologischer Relikte.

Westlich von Santiago verengt sich die Panamericana zu einer Spur in jede Richtung und überwindet nach etwa 40 Kilometern den Bergkamm, der die Provinzen Veraguas und Chiriquí trennt. Nur wenige Siedlungen säumen diesen langen Straßenabschnitt, und es gibt weder Tankstellen noch Hotels und nur eine Handvoll einfacher Restaurants. Surfer und Angler zieht es südlich zum Golfo de Montijo (Golf von Montijo), wo es einige der besten Wellen und Angelgründe des Landes gibt. Der Nationalpark Isla Coiba schließlich bietet hervorragende Tauchgründe. ■

ALTOS DE CAMPANA

Die Höhen von Altos de Campana erinnern an die Felsen des schottischen Hochlands. Die tiefer gelegenen Hänge der knapp 5000 Hektar großen Bergwildnis sind entwaldet, doch in den Höhen findet man üppige Vegetation, und die höchsten Gipfel beherbergen viele endemische Arten.

Altos de Campana wurde 1966 der erste Nationalpark des Landes. Lavafelder und vulkanische Felsspitzen überziehen die Hänge zum 1007 Meter hohen Gipfel des **Cerro Chame**.

Die Hauptzugangsstraße zum südlichen Teil des Cerro Chame beginnt 3 Kilometer westlich von Capira und windet sich 5 Kilometer hinauf zum Parkeingang auf der Westseite des Gebirges. Von der Straße aus hat man einen herrlichen Blick über die Küstenebenen; der beste Aussichtspunkt befindet sich etwas hinter der Rangerstation. Obwohl große Teile der West- und Südhänge abgeholzt wurden, stößt man weiter oben auf dichte Wälder. Etwa 5 Kilometer oberhalb der Rangerstation beginnt rechter Hand der 5 Kilometer lange Wanderweg **Sendero La Cruz** zum Gipfel des **Cerro Campana** mit seinem Gipfelkreuz. Eine etwas anspruchsvollere Alternative ist der **Sendero Cerro Campana**.

Die üppiger bewaldeten Atlantikhänge beheimaten 267 Vogelarten, unter ihnen der Straukolibri. Das Gebiet ist bekannt für eine Vielzahl von Reptilien und Amphibien wie der bedrohte Panama-Stummelfußfrosch, der nur in der nordwestlichen Ecke nahe dem Valle de Antón anzutreffen ist. Der schroffe, 968 Meter hohe **Cerro Trinidad** bietet sich für eine steile dreistündige Wanderung zum Gipfel an, nach der man mit einer einzigartigen Aussicht belohnt wird. Von Capira aus führt ein nur mit Allradantrieb befahrbarer Weg entlang der Osthänge bis zum Ausgangspunkt der Wanderung. Zur Übernachtung stehen einfache Hütten *(refugios)* zur Verfügung. ■

NATIONALPARK UND NATURSCHUTZGEBIET ALTOS DE CAMPANA

Karte S. 165 D3

Besucherinformation

4,5 km westl. der Panamericana ab Capira

254 28 48

www.miambiente.gob.pa

Wissen

DER STUMMELFUSSFROSCH

Der Stummelfußfrosch *(Atelopus zeteki)*, ein Nationalsymbol Panamas, lebt nur in einem Gebiet dieser Berge. Vor der Entdeckung durch Kolumbus verehrten ihn die Guaymí, die Stummelfußfrosch-Talismane *(huacas)* als Fruchtbarkeitssymbole herstellten. Der Legende nach verwandeln sich die Frösche nach ihrem Tod in *huacas*, und es bringt Glück, einen zu sehen oder zu besitzen.

EL VALLE DE ANTÓN

Versteckt in einem 602 Meter hohen Tal und umringt von Bergen, liegen das schöne Dorf und die Gegend El Valle. Das fantastische Klima, die Stummelfußfrösche und quadratischen Bäume, der Markt, die Wanderrouten und die spannende Seilfahrt durch die Baumwipfel lohnen einen Besuch.

Der wöchentliche Bauernmarkt in El Valle

Der grüne Talboden, dem El Valle seinen Namen verdankt, war einst der Grund eines Vulkankratersees und liegt 25 Kilometer nördlich des Interamerican Highway ab Las Uvas. Über Bergpfade gelangt man zum **Cerro La India Dormida**. **Adventures Panama** (siehe S. 307) bietet geführte Wanderungen an.

Sonntags strömen Mitglieder des Ngöbe-Buglé-Stammes zum traditionellen **Markt** *(Ave. Central an der Calle del Mercado)*, um Handwerkskunst wie Figurinen der gelbschwarzen Pfeilgiftfrösche zu verkaufen. Die Originale kann man im botanischen Garten und Zoo **El Níspero** nebst Affen, Agutis, Wickelbären und Ozelots bewundern. Das hiesige **Amphibienschutzzentrum von El Valle** *(www.fightforthefrogs.com)* züchtet Pfeilgiftfrösche. Das **Serpentario** *(Ave. Principal, Tel. 983 66 80)* stellt Schlangen zur Schau. Nahe des Hotels Campestre (siehe S. 284) führt ein Pfad auf den 1185 Meter hohen **Monumento Natural Cerro Gaital**. Ein weiterer Pfad führt vom Hotel zu *árboles cuadrados* (quadratischen Bäumen), deren Form nur mit Fantasie zu erkennen ist.

Bei **Canopy Adventure** (*$$*, siehe S. 307) kann man an einer Seilbrücke durch die Baumwipfel sausen. Highlight ist die Fahrt über den **Chorro Machoa**, einen Wasserfall, der auch über Pfade zu erreichen ist. In der Nähe liegt die **Piedra Pintada**, ein Fels mit präkolumbischen Symbolen. Neben der **Iglesia de San José** *(Ave. Central an der Calle la Compaía)* werden im **Museo El Valle** Felszeichnungen, Keramiken und Folklore-Kostüme gezeigt. ■

EL VALLE DE ANTÓN
Karte S. 165 C3
Besucherinformation
Mercado Artesanal, Ave. Central
65 92 85 44
www.el-valle-panama.com

EL NÍSPERO
Calle Carlos Arosemena, 1,2 km nördl. der Polizeiwache, Ave. Central
983 61 42
$

MUSEO EL VALLE
Ave. Central
65 92 55 77
Geschl. Mo
$

Die kurvenreiche Küste der westlichen Provinzen Panamá und Coclé ist auf einer Länge von 64 Kilometern mit silbernen Stränden gesäumt. Da sie sehr beliebt sind, können sie am Wochenende und während der Fiestas überfüllt sein. Vereinzelte einfache Fischerhütten zieren das Ufer, und Meeresschildkröten schleppen sich hier an Land, um über der Flutlinie ihre Eier abzulegen.

Die meisten Strände sind am Interamerican Highway ausgeschildert. Sie sind mit Bussen vom Gran Terminal in Panama-Stadt aus leicht erreichbar.

PUNTA CHAME UND UMGEBUNG

Entlang der Ostflanke der **Bahía de Chame** windet sich die Nehrung **Punta Chame** in Richtung Norden. Folgt man der Straße bis zu ihrer Spitze, bietet sich eine überwältigende Aussicht. Das von Shrimp-Farmen und Mangroven gesäumte Buchtufer ist eine Kinderstube für Kaimane und Schildkröten. Delfine tummeln sich im Wasser, und Kite-Surfer flitzen durch die Bucht. Wer den Sport ausprobieren möchte, hat bei Machete Kites (siehe S. 307) oder Gisela Pulido Kitesurf Panama in der Nitro City (siehe S. 307) Gelegenheit dazu.

Die Insel **Isla Taborcillo** in der Bucht ist gemeinhin als Isla de John Wayne bekannt, der sie 1959 nach Abschluss der Dreharbeiten zu *Rio Bravo* gekauft hatte. Jetzt steht dort ein Familienhotel mit Vergnügungspark im Westernstil. Die Insel ist ein Brutgebiet für Dreifarben- und Krabbenreiher. Im Wasser herrscht ein starker Sog, und in den sandigen Untiefen leben Stechrochen, die sich einbuddeln, sodass das Waten nicht ohne Risiko ist. Bei Vollmond kommen hier Meeresschildkröten an Land. Etwa 15 Kilometer vor der Küste liegen die Felseninseln **Islas Otoque**, **Bona** und **Estivá**, wich-

Wissen

MEERESSCHILDKRÖTEN

Fünf der weltweit sieben Arten von Meeresschildkröten – von der zwergenhaften Oliven Bastardschildkröte bis zu den riesigen Lederrücken – legen ihre Eier an den Stränden Panamas ab. Ihr Bestand ist bedroht, obgleich sämtliche Hauptnistplätze Panamas heute unter Schutz stehen. Die Männchen verbringen ihr ganzes Leben im Meer; nur die Weibchen kehren zum Land zurück, meist an den Strand. Dann graben sie eine Grube in den Sand und legen darin etwa 100 kugelrunde, golfballgroße Eier ab. Nachdem sie diese mit Sand bedeckt haben, geht es zurück ins Meer. Nach sieben Wochen im warmen Sand schlüpfen die Jungtiere, die in der Regel alle desselben Geschlechts sind; bei warmen Temperaturen entwickeln sich Weibchen, bei kälteren Männchen.

Einheimische Jugendliche zeigen ihre Fußballkünste am Strand von Santa Clara.

tige Brutplätze für Pelikane, Fregattvögel, Brauntölpel und Blaufußtölpel. Westlich von Punta Chame ist die **Playa Coronado**, ein Strand, der ein gehobeneres Publikum anlockt. Golfer zieht es ins Coronado Golf & Beach Resort (siehe S. 307) mit einem 18-Loch-Golfplatz.

VON DER PLAYA EL PALMAR NACH FARALLÓN

An der **Playa El Palmar**, gut über die Hauptstraße via San Carlos zu erreichen, weht frischer Wind von der offenen See. Die drei Meter hohen Wellen sind ein Paradies für Surfer; das **Palmar Point Surf Hotel** *(Tel. 240 80 04)* verfügt über eine eigene Surfschule. Wer Fischerdörfchen erleben möchte, ist an den Stränden **Playa San Carlos** oder **Playa Río Mar** richtig. Weiter südlich liegt einer der hübschesten Strände, **Playa Santa Clara**. Hier gibt es eine große Auswahl einfacher Unterkünfte und Restaurants unter Palmen. Der graue Sandstrand von **Playa Farallón** gewann mit der Eröffnung des Royal Decameron Beach Resort & Casino an Popularität. Es sind Tageskarten erhältlich. Dahinter windet sich die Küstenstraße zwischen urigen Fischerhütten hindurch. Weiter westlich stehen am weißen Strand der **Playa Blanca** Fischerhütten im Schatten schicker Resorts wie dem Hotel Riu Playa Blanca (siehe S. 280). ■

DIE STRÄNDE
Karte S. 165 C3–D3
Besucherinformation
APT, Río Hato, Hauptstraße von Farallón
993 32 41
Geschl. Sa u. So

PLAYA EL PALMAR
Karte S. 165 D3

PLAYA FARALLÓN
Karte S. 165 C3

Besonders sehenswert in Penonomé ist der Platz im Kolonialstil mit dem weißen Bahnhof am Fuß der Cordillera Central. Der lebhafte Ort ist ein guter Ausgangspunkt für Ausflüge in die Gebirgsparks im Norden und Osten der Stadt.

Die Provinzhauptstadt Penonomé (22 000 Einwohner) wurde 1581 als *Reducción de Indios* gegründet, ein Gebiet zur Zwangsumsiedelung der Einheimischen. Nach der Zerstörung von Panama-Stadt 1671 diente Penonomé als Hauptstadt der Landenge, bis der heutige Casco Viejo (siehe S. 72) erbaut wurde. Der Ort ist berühmt für seine *sombreros pintados* (Strohhüte), die man in Coclé *(31 km nordöstlich von Penonomé über Vía Sonadora)* auf dem **Mercado de Artesanías** kaufen kann. Der Ort hat sich einen Platz aus der Kolonialzeit bewahrt: den **Parque 8 de Diciembre** mit einem Musikpavillon im Zentrum. An der Nordseite des Platzes steht die **Iglesia San Juan Bautista**. An der Westseite befinden sich die Gobernación (Gemeindeverwaltung) sowie eine Polizeiwache in mittelalterlichem Stil. Eine Statue von Simón Bolívar überblickt den Park, der im Süden in einen Platz mit Denkmälern und Büsten früherer Präsidenten übergeht. Das **Museo de Penono-**

Die anmutige Kirche San Juan Bautista beherrscht den zentralen Platz von Penonomé.

mé zeigt in vier Häuschen aus dem 18. Jahrhundert präkolumbische Keramiken, religiöse Ikonen aus der Kolonialzeit und andere Exponate.

LA PINTADA

Nordwestlich von Penonomé liegt das Bauerndorf La Pintada. Berauschende Düfte strömen aus der **Cigarros Joyas de Panamá** *(Tel. 66 22 11 51, www.facebook.com/joyasde.panama)*, einer Zigarrenmanufaktur, in der Tabak zu zwölf Zigarrenarten verarbeitet wird. Für eine Führung sollte man vorher anrufen. Die Fabrik liegt ca. 370 Meter südwestlich des Hauptplatzes.
Im Ortszentrum kann man auf dem **Mercado de Artesamas de La Pintada** Strohhüte und in Folklore-Trachten gekleidete *muñequitas* (Puppen) kaufen. Viele der Hüte stammen aus dem nahen **Pedregosa**.
Von La Pintada aus führt eine Straße nordwestlich nach **El Copé**, dem Eingangstor zu dem entlegenen **Parque Nacional Omar Torrijos** (siehe S. 174f.). In nördlicher Richtung gelangt man über die kontinentale Wasserscheide in Ngöbe-Buglé-Gebiet nach **Molejón**. Hier werden Goldadern angezapft, die bereits von den Konquistadoren entdeckt wurden.

RESERVA PRIVADA TÁVIDA

Als Teil einer Macadamia-Nussfarm und eines Wiederaufforstungsprojekts lockt dieses Reservat mit der Villa Távida Lodge Besucher an, die Vögel beobachten oder wandern möchten. Mit ihrer unvergleichlichen Lage in der **Serranía del Escaliche** (Escaliche-Gebirge) ist sie eine der besten Stellen für die Beobachtung von Pirolen, Tukanen, Habichten und Goldflügeltangaren.
Der 750 Meter lange Wanderweg **Sendero Pozo-Azul** schlängelt sich bis zu einem fischreichen See und dem *pozo azul* (blaue Quelle) mit mineralhaltigem Wasser, in dem man baden kann. Eine Wanderung führt zum **Tavida-Wasserfall**, der 28 Meter tief in ein natürliches Becken stürzt. Auf dem Weg kommt man an einem Felsen mit präkolumbischen Bildzeichen vorbei. Man kann zu Fuß oder per Maulesel bis zum Valle de Antón (siehe S. 167) wandern. Wer über Nacht bleibt, erlebt die Ruhe am besten, die nur von Vogelgezwitscher durchbrochen wird. Beim Aufwachen erblickt man den **Cerro La Vieja**, der aus den Nebelschwaden hervorlugt. ■

PENONOMÉ
Karte S. 165 C3
Besucherinformation
☎ 997 75 38 (MiAmbiente)

MUSEO DE PENONOMÉ
✉ Calle San Antonio
☎ 997 84 90
$ $

RESERVA PRIVADA TÁVIDA
Karte S. 165 C3
✉ 27 km nordöstl. von Penonomé über die Carretera a Chiguirí Arriba
☎ 838 61 14
$ $$$–$$$$$ (je nach Aktivität)
http://villatavida.com

AUTOTOUR VON PENONOMÉ ZUR RESERVA PRIVADA TÁVIDA

Holen Sie die Kamera heraus für diese 52 Kilometer lange Fahrt durch die Ausläufer der Cordillera Central. Auf dieser großartigen Reise entfaltet sich eine Szenerie wie in einem Hollywoodfilm.

Die weißgetünchte Kirche in La Pintada ist ein typisches Exemplar der vielen *iglesias.*

Ein Großteil der Fahrt führt über eine abgenutzte Straße mit Schlaglöchern, die stellenweise sogar weggespült ist. Ein normaler Pkw reicht aus, bequemer ist aber ein Allradwagen. Los geht es an der nordwestlichen Ecke des Hauptplatzes von **Penonomé** ❶ (siehe S. 170f.). Auf der Straße durch das Tal des Río Coclé erreicht man **La Pintada** ❷ (siehe S. 171), einen Bauernort mit einer weißen Kirche, der **Iglesia de Candelaria**. Neben der Kirche zweigt eine Seitenstraße in östlicher Richtung zum nahen **Charco Las Lavanderas** ab, einem natürlichen Wasserbecken, dem Heilkräfte nachgesagt werden. Man kann am Kirchplatz auch links abbiegen und den Schildern in südwestlicher Richtung zur nahen Zigarrenfabrik **Cigarros Joyas de Panamá** (siehe S. 171) folgen. Anschließend geht es zurück zum Zentrum von La Pintada. Im Ortskern fährt man rechts ab Richtung **Las Minas** ❸ und dann entlang einer Straße durch stetig schroffer werdendes Terrain. Während die Straße nach Osten hin ansteigt, bietet sich ein Zwischenstopp an, um den Blick auf den **Cerro Orari** im Westen zu genießen, eine Mesa mit flacher Spitze und abfallenden Wänden.

In **Toabré** angekommen, geht es an der Kreuzung links in Richtung **Tambo** ❹, einem Dörfchen, das im Westen von Zitrusplantagen begrenzt wird. Biegt man an der Kirche von Tambo rechts ab, kommt man nach knapp 3,2 Kilometern an einem hübschen **Friedhof** (linker Hand) vor einer Kulisse aus gezackten Gebirgskämmen vorbei. Geprägt wird dieser Ausblick vom **Cerro Chichibali**, einem freistehenden Berg aus Vulkangestein, der sich majestätisch im Nordosten erhebt. In seinem Schatten liegt das Dorf **Miraflores** ❺ mit seiner bezaubernden, von Kiefern umringten Kirche, der **Iglesia de San José**. Die streckenweise nicht asphaltierte Straße führt nun abwärts nach **Churuquita Grande** ❻. Unterwegs bieten sich zwischen den Bäumen immer wieder herrliche Ausblicke auf üppige Täler mit spektakulären Kalksteinformationen. An der Kreuzung in Churuquita Grande geht es links ab auf die Teerstraße. Nun fährt man über einen Gebirgsausläufergrat hinauf nach **Caimito** mit seiner bezaubernden kleinen **Capilla Católica de la Medalla Milagrosa**. Die nächsten Kilometer entlang des Bergkamms bieten atemberaubende Ausblicke. Nach 52 Kilometern erreicht man die **Reserva Privada Távida** ❼ (siehe S. 171) mit Pfaden zu Wasserfällen.

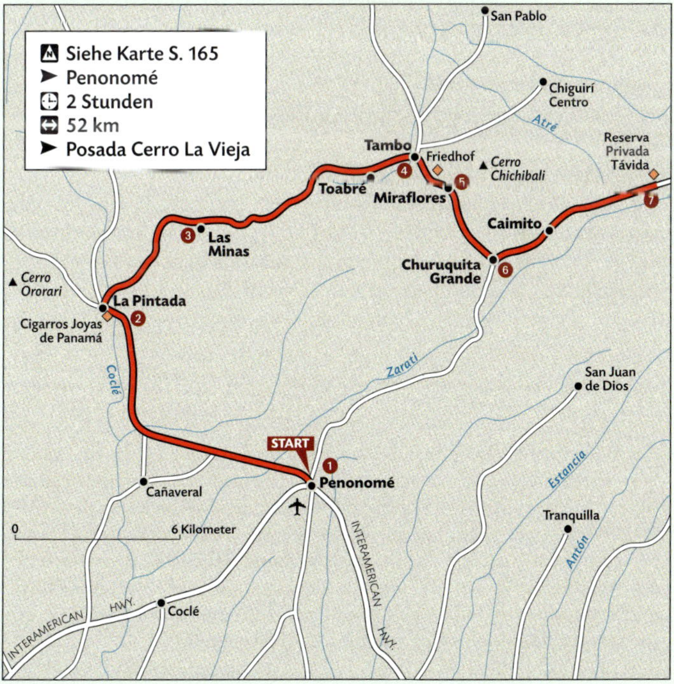

PARQUE NACIONAL OMAR TORRIJOS

Die höher gelegenen Hänge dieses felsigen Parks bestehen aus einem Gebirgsnebelwald mit reichhaltiger Fauna. Wanderer und Vogelbeobachter können sich auf zahlreichen Wegen am Anblick seltener Spezies erfreuen.

Der als El Copé und offiziell als Parque Nacional General de División Omar Torrijos Herrera bekannte, 25 275 Hektar große Nationalpark liegt über der kontinentalen Wasserscheide. Er verdankt seinen Namen dem Militärführer Generalmajor Omar Torrijos, der in der Gegend viele lokale Gemeindeprogramme unterstützte und am 31. Juli des Jahres 1981 hier bei einem Flugzeugabsturz ums Leben kam.

Der Park ist ein Schutzgebiet für die Wasserscheiden der Flüsse Bermejo und Marta an der Pazifikseite und des Blanco, des Guabal und des Lajas an der karibischen Seite. Der Wald der Hochlandhänge ist Lebensraum für den gefährdeten Ameisenvogel, den Olivmantelspecht, den Costa-Rica-Papagei und den Nacktkehl-Schirmvogel. Am Boden haust der bedrohte Panama-Stummelfußfrosch. El Copé ist eines der letzten Zufluchtsgebiete Zentralpanamas für Jaguar, Puma und Tapir.

Der Nationalpark ist mit Allradfahrzeugen über die Panamericana zu erreichen, etwa 16 Kilometer westlich von Penonomé. Über eine Straße geht es 26 Kilometer nordwärts zum Dorf El Copé, von wo aus man den Berg hinauf zur **MiAmbiente-Rangerstation** gelangt. Läuft man 700 Meter weiter, erreicht man das Besucherzentrum **Altos del Calvario**.

WANDERN UND UNTERKUNFT

Dort beginnt ein einfacher **Rundwanderweg** von ungefähr einer Stunde. Ein anderer Weg führt zu einem Aussichtspunkt auf einem Berggipfel. Über holprigere Pfade gelangt man zum Weiler **La Rica**, den **Chorros-de-Tife-Kaskaden** und den Gipfeln des **Cerro Marta** und des **Cerro Peña Blanca**. Erfahrene Wanderer können bis zum Karibischen Meer wandern

Wissen

TAPIRE

Der mittelamerikanische Tapir sieht aus wie die Mischung aus einem Elefanten und einem Schwein, mit Stummelbeinen und einer Nase wie ein Miniaturrüssel. Dieser vegetarische Waldbewohner – das größte Landsäugetier Zentralamerikas – lebt vorzugsweise in der Nähe von stehenden Gewässern und suhlt sich gern im Sumpf. Sein Geruchssinn und Gehör sind hervorragend. Ausgewachsene Tiere haben eine zähe, borstige graubraune Haut, die Kälber sind kastanienbraun mit weißen Tarnflecken und -streifen. Ihr Fleisch gilt als Delikatesse, daher ist der Tapir vom Aussterben bedroht.

Sturzflutartige Regenfälle speisen die herrlichen Kaskaden im Parque Nacional Omar Torrijos.

(Führer engagieren!). Beim Besucherzentrum gibt es eine Küche, einen Aufenthaltsraum und Schlafkojen, und auch Zelten ist erlaubt. Wegen der kühlen Nächte sollte man warme Kleidung mitbringen. Bei der dortigen Asociación de Guías (Fremdenführervereinigung) kann man Fremdenführer anheuern (5–10 US-Dollar). Wer den Park mit vogelkundigen Wanderführern besuchen möchte, kann diese über MiAmbiente *(Tel. 983 90 89 oder bereits in Panama-Stadt unter Tel. 315 08 55)* buchen. ■

PARQUE NACIONAL OMAR TORRIJOS

Karte S. 165 B3 u. C3

50 km nordwestl. von Penonomé; 8 km nordwestl. von El Copé

983 90 89 (Penonomé)

$

www.miambiente.gob.pa

Im Flachland der Provinz Coclé liegt Aguadulce, ein Zentrum der Salz- und Zuckerproduktion sowie der Shrimps-Zucht. Vogelfreunde können in den Küstenfeuchtgebieten Watvögel beobachten, während man sich in Natá oder El Caño in die Kolonial- und präkolumbische Zeit zurückversetzt fühlt.

Aguadulce liegt 185 Kilometer westlich von Panama-Stadt. Um die Industriestadt in einer halbtrockenen Ebene wird Zuckerrohr angebaut, das von Dezember bis April geerntet wird. Dann ist die **Ingenio de Azúcar Santa Rosa,** die Zuckerraffinerie von Santa Rosa, rund um die Uhr in Betrieb und überall verbreitet sich der Geruch der Melasse. Es wird eine Besichtigungstour angeboten, zu der das Haus des ursprünglichen Mühlenbesitzers mitsamt der Einrichtung der damaligen Epoche gehört.

PLAZA 19 DE OCTUBRE

Im Ort ist die **Plaza 19 de Octubre** Zentrum des Geschehens. An deren Nordseite liegt die **Iglesia de San Juan Bautista**. Im **Museo de la Sal y el Azúcar – Stella Sierra** in einem Herrenhaus von 1925 werden Möbel aus jener Zeit, Steinäxte und sonstige präkolumbische Artefakte, eine Zuckerpresse und Exponate aus der Salz- und Zuckerindustrie gezeigt. Am Nordende der Hauptstraße steht ein **Denkmal von Rodolfo Chiari** (1869–1937), der hier geboren wurde und von 1924 bis 1928 Präsident von Panama war. Östlich der Stadt erinnern Salztonebenen *(salinas)*, die vor über einem Jahrzehnt aufgegeben wurden, an den bedeutenden Salzhersteller Aguadulce. Die Shrimps-Teiche daneben beliefern Restaurants im ganzen Land mit Jumbo-Shrimps. Die Salztonebenen und Teiche vereinen sich in einem Sumpf- und Mangrovengürtel, der die Küste der **Bahía de Parita** säumt. Die **Feuchtgebiete von Aguadulce** sind u. a. ein Brutplatz für Reiher, Wald-

Diese Passantin verschmilzt mit dem Wandbild, das Aguadulces bunte Vergangenheit darstellt.

Wissen

ZUCKERROHR

Zuckerrohr, das der Karibik Wohlstand und auch Knochenarbeit beschert, ist ein winterhartes Gras. Die riesige Pflanze wird in den ertragreichsten Gebieten das ganze Jahr über geerntet. In den meisten Teilen der Welt wird die Ernte noch immer von Arbeitern mit langen Macheten von Hand verrichtet.

störche und Rosalöffler. Bei Flut suchen die Einheimischen gern **Las Piscinas** auf – vier in den Fels gehauene Becken mitten im Watt.

NATÁ DE LOS CABALLEROS UND UMGEBUNG

Natá wurde 1517 gegründet. Das Besondere an diesem Ort ist der baumbestandene Platz im Kolonialstil mit seiner Kirche, der 1522 begonnenen, weiß getünchten **Basílica Menor de Santiago Apóstol**, der zweitältesten Kirche des amerikanischen Doppelkontinents. Der Hauptaltar ist mit Früchten und Blumen verziert, durch die sich gefiederte Schlangen winden. Interessant sind auch das Deckengebälk, das Gemälde der Heiligen Dreifaltigkeit und die Statue des Schutzpatrons der Kirche.

Einen Abstecher wert sind der **Parque y Museo Arqueológico El Caño**, 9 Kilometer nordöstlich von Natá. Diese 5000 Jahre alte Zeremonien- und Grabstätte wurde 1924 entdeckt. Auf dem Gelände fand man die dichteste Konzentration an präkolumbischen Fundstücken des Landes. Aus dem Gras erheben sich Steinstelen, ähnlich derer in Stonehenge, die an die Vergangenheit erinnern. In einer Grabstätte sind fünf Skelette an Ort und Stelle verblieben, die teils in Fötusposition zusammengekauert, teils in Krüge gestopft sind. Weitere Sehenswürdigkeiten sind mit menschengestaltigen Bildern verzierte Steinblöcke, die nachgebaute Hütte eines *cacique* sowie ein Museum im Stil der Kolonialzeit. ■

AGUADULCE

Karte S. 165 C2

INGENIO DE AZÚCAR SANTA ROSA

1,6 km nördl. von El Roble, 24 km westl. von Aguadulce

987 85 44

Geschl. So; um Anmeldungen wird 24 Std. im Voraus gebeten

www.azunal.com

MUSEO DE LA SAL Y EL AZÚCAR – STELLA SIERRA

Ave. Rodolfo Chiari

997 42 80

Geschl. So u. Mo

$

PARQUE UND MUSEO ARQUEOLÓGICO EL CAÑO

3,2 km nördl. der Panamericana, 27 km westl. von Penonomé

228 62 31

Geschl. Mo

$

SANTIAGO DE VERAGUAS

Die Handelsstadt Santiago zwischen Panama-Stadt und Costa Rica am Interamerican Highway wartet mit interessanten Sehenswürdigkeiten auf.

Zur Fastenzeit erbitten Pilger in der Atalaya-Kirche vor einer Christusfigur Wunder.

Das 1632 gegründete Santiago liegt 249 Kilometer westlich von Panama-Stadt. Die Hauptstraße führt am Markt für Handwerkskunst, dem **Mercado Artesanal de la Peña**, vorbei bis zum **Parque Juan Demóstenes-Arosemena**. Auf dem Platz steht ein Denkmal dieses in Santiago geborenen Schriftstellers und Politikers (1879–1936). In einem Nachbau des ehemaligen Stadtgefängnisses befindet sich das **Museo Regional de Veraguas**, das neben anderen Artefakten die Nachbildung einer präkolumbischen Ausgrabungsstätte zeigt. Santiagos Kronjuwel ist die **Escuela Normal Superior Juan Demóstenes Arosemena** *(Calle 6ta, Tel. 998 48 62)*, eine in den 1920er-Jahren gegründete Ausbildungsstätte für Lehrer, mit Wandbildern des Künstlers Roberto Lewis.

AUSSERHALB DER STADT

Das 1671 gegründete Dorf **San Francisco de la Montaña** lockt mit seiner Kirche **Iglesia San Francisco de la Montaña** Pilger aus dem ganzen Land an. Die restaurierte Steinkirche aus dem Jahr 1727 besitzt exquisite Fresken und Statuen. Der barocke Altar ist mit Darstellungen aus der Heiligen Schrift und Folklore verziert. In Atalaya, 8 Kilometer südöstlich von Santiago, besticht die **Iglesia Atalaya** durch bunte Kirchenfenster. ■

SANTIAGO DE VERAGUAS
Karte S. 165 B2
Besucherinformation
APT, Plaza Catedral
998 39 29
www.visitpanama.com/a-donde-ir/veraguas/

MUSEO REGIONAL DE VERAGUAS
Calle 2da an der Ave. Juan Demóstenes Arosemena
998 45 43
Geschl. Sa u. So

SANTA FÉ UND UMGEBUNG

Eine Straße wie eine Achterbahn führt von Santiago in eine Bergwelt mit Flüssen, die ideal zum Wildwasser-Rafting sind. Vogelbeobachtungs- und Wanderoptionen bieten sich hinter Santa Fé am Ende der Straße, das für Orchideen, Kaffee und Bewohner vom Ngöbe-Buglé-Stamm bekannt ist.

Santa Fé liegt auf 470 Metern Höhe im Schatten des **Cerro Tute**, nur wenige Kilometer unterhalb der kontinentalen Wasserscheide. Zwischen den Häusern verläuft ein Gewirr aus Sträßchen, die sich durch die kiefernbewachsenen Hänge schlängeln. Die Siedlung wurde 1557 von dem Konquistador Francisco Vásquez gegründet, um den Goldminen näher zu sein. Dabei stießen die Spanier auf erbitterten Widerstand vonseiten der Indianer, angeführt vom Kriegshäuptling Urracá, dem heute mit der panamaischen Ein-Centavo-Münze gedacht wird. Die Präsenz der Ureinwohner ist immer noch spürbar. Oft sieht man Ngöbe, die auf dem kiefernumringten Platz sitzen oder auf dem **Mercado Agrícola y Artesanal Santa Fé** ihre *chácaras*, handbestickte Kleidungsstücke, und sonstige Handarbeiten verkaufen.
Der Ort ist bekannt für seine Orchideen, die von den hiesigen Hobbygärtnern mit Enthusiasmus gezüchtet werden, etwa von Berta Castrellón, die auf dem Berggrat im Nordosten wohnt. Ihr Garten, der **Orquideario y Cultivos Las Fragrancias de Santa Fé**, steht Besuchern offen. Beste Zeit für einen

SANTA FÉ Karte S. 165 B3

Erlebnis

ETWAS ÜBER DIE KAFFEEKULTUR LERNEN

Weniger berühmt als Costa Rica, erzeugt Panama dennoch Kaffeebohnen, die es mit den besten der Welt aufnehmen können. Die Arabica-Kaffeepflanze gedeiht am besten auf gut drainierten Böden in Höhen von 750 bis 1000 Metern bei nahezu gleichbleibenden Temperaturen zwischen 15° und 28° C und ausgeprägten Regen- und Trockenzeiten. Klima, Gefälle und der nährstoffreiche Vulkanboden der Hochgebirge von Chiriquí eignen sich optimal für den Anbau und ergeben einen schmackhaften Kaffee, mild und aromatisch.
An den folgenden Orten kommt man der Kaffeeerzeugung auf die Spur:
Café El Tute *(Santa Fé, Tel. 954 08 01, So geschl.)* Hier werden riesige Mengen an Bohnen von Erzeugern der Region um Santa Fé geröstet. Führungen finden nur zur Erntezeit statt.
Coffee Estate Inn (siehe S. 286, *Boquete, Tel. 720 22 11, www.coffeeestateinn.com)* ist ein Gästehaus auf eigener Kaffeeplantage. Gäste werden herumgeführt und sind live dabei.
Finca Lérida *(Boquete, Tel. 720 11 11, http://fincalerida.com)* bietet eine profunde interaktive Tour, die auch auf die Plantagen und an die traditionelle Erzeugung heranführt; zum Schluss wird verkostet.

Erlebnis

DIE KONTINENTALE WASSERSCHEIDE

Die kontinentale Wasserscheide (die die ostwärts von den westwärts fließenden Gewässern trennt) kann auf dem Pass zwischen dem 1412 Meter hohen Cerro Cabeza de Toro und dem 1518 Meter hohen Cerro Negro überquert werden. Von hier aus geht es hinab durch das Tal des Río Calovébora zum Karibikdörfchen Calovébora. Diese Zweitagestour ist kein Spaziergang; ein erfahrener Bergführer ist unabdingbar. Man kann den Pfaden auch auf dem Pferderücken folgen; Auskunft und Tourbuchung im Hotel Santa Fé (*Carretera Santiago-Santa Fé, 550 m südlich von Santa Fé, Tel. 954 09 41*, siehe S. 282).

Besuch ist der August, wenn die Blumen in voller Blüte stehen und Santa Fé sein dreitägiges Orchideenfestival feiert. Die Straße vor dem Orquideario führt zum **Río Mulabá**, wo man Luftschläuche für Flussfahrten mieten kann. Kaffeearomen locken ins **Café El Tute** (*300 m nördlich des Platzes;* siehe S. 179), ein *beneficio* (Röstanlage), das zeigt, wie man biologisch angebauten Kaffee schält und röstet. Es wird als *campesino*-(Bauern)-Kooperative, die Esperanza de los Campesinos, betrieben und beschäftigt Familien auf dem Land, das einst spanischen Landbesitzern gehörte.

Auf der **Plaza de Martires** steht ein Kreuz zu Ehren der Anhänger Fidel Castros, die versucht hatten, auch in Panama eine Revolution anzuzetteln.

PARQUE NACIONAL SANTA FÉ DE VERAGUAS

Der große Nationalpark wurde gegründet, um den Lebensraum vieler wilder Tiere zu schützen: Agutis, Ameisenbären, Rehe, Jaguare und Tapire. Zu den über 400 Vogelarten zählen der Olivmantelspecht, der Brillenameisenpitta und der Schieferkopf-Fliegenstecher. Die **Panama Audubon Society** *(Tel. 232 59 77, www.facebook.com/audubonpanama)* bietet Touren mit der Vogelkennerin Berta Castrellón als Fremdenführerin. Die ausgeschilderte Strecke nach **Alto de Piedra** ist nur mit Allradantrieb befahrbar, doch die Mühe lohnt sich, wenn man, vorbei an *cafetales* (Kaffeeplantagen), im Wald ankommt. Ein anderer Pfad führt zum Gipfel des **Cerro Tute**, wo der Wald von Nebelschwaden durchzogen ist. Hier versteckten sich einst Guerilleros, die 1959 versuchten, die panamaische Regierung zu stürzen. ■

ORQUIDEARIO Y CULTIVOS LAS FRAGRANCIAS DE SANTA FÉ

knapp 100 m nördl. und 370 m östl. des Platzes
954 09 10
gegen Spende

NATIONALPARK SANTA FÉ DE VERAGUAS

Karte S. 165 B3
Besucherinformation
998 06 15 oder 998 43 87
www.miambiente.gob.pa

GOLFO DE MONTIJO

Ein Vogelparadies ist die Mündung der Flüsse San Pablo und San Pedro, und im Golf von Montijo leben Wasservögel, Krokodile und Säugetiere. Die Wellen im Süden locken Surfer. Die Menschen in dieser armen Region bestreiten ihr bescheidenes Einkommen durch Fischerei.

Der Golf ist umringt von Mangrovenwäldern und Sumpfgebieten. Er umfasst das **Humedal Golfo de Montijo** (Golf-von-Montijo-Feuchtgebiet), ein knapp 1500 Quadratkilometer großes Küsten-Ökosystem. Das bedeutende Schutzgebiet ist ein Überwinterungsgebiet für Zugvögel. Viele gefährdete einheimische Spezies wie der Nacktkehlreiher und die Moschusente leben hier. Auch Krokodile und Kaimane sonnen sich im Schlamm.

Die Feuchtgebiete am Ostufer sind über eine Straße zu erreichen, die über **Mariato** in südlicher Richtung zum Fischerdorf **El Varadero** führt, dem Tor zum Cerro Hoya (siehe S. 205). An der **Playa Morrillo** herrscht eine der stärksten Brandungen des Landes. Die Straße bietet überwältigende Ausblicke westwärts über den Pazifik und die **Isla Cébaco**. Im Golf wimmelt ea vor Bonitos und Billfischen. Der schwimmende **Cebaco Bay Sportfishing Club** *(Tel. 317 68 90, http://panamafishingtour.com/cebaco)* vor der Isla Cébaco wirbt um Sportangler. Am Westufer führt eine Hügelstraße bis zur **Playa Santa Catalina**, dem besten Surfstrand Panamas. Fluid Adventures Panama (siehe S. 307) und Santa Catalina Surf Shop *(Tel. 67 80 21 04, www.santacatalinasurfshop.com)* bieten Surf- und Schnorchelausflüge an. Panama Dive Center *(Tel. 66 65 78 79, www.panamadivecenter.com)* und Scuba Coiba (siehe S. 307) unternehmen Tauchfahrten zur Isla Coiba. Zweimal täglich verkehren Busse ab Soná an der Panamericana. Östlich liegt die **Playa El Estero**, die sich bis zur Spitze der Halbinsel bei **Punta Brava** zieht. ■

GOLFO DE MONTIJO **Karte S. 165 A1–B1**

Der Morgen graut über Puerto Mutis, dem Ausgangshafen für Schiffe zur Insel Coiba

PARQUE NACIONAL ISLA COIBA

Das größte Meeresschutzgebiet Zentralamerikas verläuft rund um die von Regenwald bedeckte Insel Coiba. Dort erwarten den Besucher spektakuläre Tauch- und Sportangelmöglichkeiten, doch das Hauptaugenmerk gilt dem Ökotourismus.

Zum Coiba-Nationalpark gehören 39 Inseln, darunter die größte Insel Panamas, die Isla Coiba, die nur per Boot aus Puerto Mutis oder per Charterflugzeug zu erreichen ist. Regenwald bedeckt 85 Prozent der Insel, wo sich Krokodile in Flussmündungen suhlen und Brüll- und Kapuzineraffen durch Baumwipfel springen. Der dort heimische Brüllaffe ist eine Unterart, die nur hier vorkommt, wie auch 21 der 147 Vogelarten, darunter der braunweiße Coiba-Baumschlüpfer. Der seltene Würgadler jagt hier, und bei **Barco Quebrado** haben Hellrote Aras ihre größte Brutkolonie in Panama.

Das warme Wasser um die Insel Granito de Oro ist ein Paradies für Schnorchler

Ab 1918 diente Coiba als Strafkolonie. Das zaunlose Gefängnis ist stillgelegt und einige ehemalige Insassen arbeiten hier nun als Ranger. Die Wandermöglichkeiten beschränken sich auf die Gegend um die **MiAmbiente-Rangerstation** und die **biologische Forschungsstation**, die in einer Bucht im Nordosten der Insel liegen. Die Station besitzt eine Naturkundeausstellung Man kann Zwei-Personen-Hütten mieten (Reservierung erbeten). Der **Sendero del Observatorio** (Observatioriumsweg) führt nach einem 20-Minuten-Spaziergang zu einem Aussichtspunkt mit Blick auf die Insel Coibita.

Der **Sendero de los Monos** (Affenpfad), den man nach einer 20-minütigen Bootsfahrt von der Rangerstation aus erreicht, eignet sich zum Beobachten von Affen. Auf dem halbstündigen Rundweg kann man Brüll- und Kapuzineraffen in den Ästen sehen. Zwischen den Land-

Wissen

BRÜLLAFFEN

Man kann sie nicht immer sehen, ganz sicher aber hören: die in den Baumkronen Mittel- und Südamerikas lebenden Brüllaffen, die zur Familie der Klammerschwanzaffen gehören. Diese großen Primaten, angeblich die lautesten Tiere der Welt, sind mit einem zur Kehle hin verlängerten Zungenbein ausgestattet, das den Schall der Rufe verstärkt, die bis zu 3 Kilometer entfernt zu hören sind. Brüllaffen bewegen sich in langsam dahinziehenden Trupps, wobei die Männchen ihre Territorien mit diesen schroffen Rufen markieren und verteidigen. Häufige Rufe zeigen an, dass sich verschiedene Gruppen in einem Gebiet befinden. Mantelbrüllaffen sind an ihrem langen Deckhaar an den Flanken erkennbar und in Panama weit verbreitet. Der Coiba-Brüllaffe *(Alouatta coibensis)* ist dagegen bedroht. Wer diesen Primaten in die Quere kommt, sollte sich in Acht nehmen: Dinge wie Stöcke und Früchte könnten einem an den Kopf geworfen werden.

zungen der **Isla Granito de Oro** lädt ein Strand zum Schnorcheln in Gesellschaft von Grünen Meeres- und Karettschildkröten und harmlosen Ammenhaien ein. Veranstalter am Golf von Montijo (siehe S. 181) bieten Touren an.

An der Ostseite der Hauptinsel erstreckt sich das größte Riffsystem von ganz Zentralamerika, die **Bahía Damas**, über eine Fläche von insgesamt 135 Hektar. Ein Kaleidoskop aus bunten Fischen tummelt sich in den Korallenriffs. Buckelwale, Cuvier-Schnabelwale, Grindwale, Pottwale und Orcas, Mantarochen und Haie leben hier, wie auch Marline, Fächerfische und Thunfische. Die **Hannibal Bank** zwischen der Insel Coiba und der Insel Montuosa suchen besonders Sportfischer gerne auf.

Die unbewohnten **Islas Contreras**, nordwestlich der Insel Coiba, sind beliebt bei Seglern auf der Suche nach ursprünglicher Natur. Einen Fels im Wasser, den **Sombrero de Pelo**, nutzen Felsenspringer. ■

Tipp

Für die Fahrt zum Parque Nacional Isla Coiba benötigen Sie ein Mietboot. Lebensmittel und Bettzeug müssen Sie zum Übernachten mitbringen.

CORY BROWN VEIZAGA
NATIONAL GEOGRAPHIC-AUTORIN

PARQUE NACIONAL ISLA COIBA
Karte S. 165 A1
Per Privat-Charterflug oder per Boot ab Puerto Mutis (3 Std.)
998 42 71 oder 998 06 15
$$
www.coibanationalpark.com

EIN SPIELPLATZ FÜR WALE

Vor den Küsten Panamas kann man mehr Wale beobachten als in Seaworld. Der tropische Ozean und das seichte Wasser locken Dutzende Arten von Delfinen und Walen an. Einige kommen nur zu bestimmten Jahreszeiten, andere sind Dauergäste.

Buckelwale und andere Walarten tummeln sich bevorzugt in den Gewässern um Coiba und dem Archipel Las Perlas. Die pazifischen Äquatorialströmungen fördern hier Plankton und Schwarmfische aus der Tiefe nach oben. Die warmen, klaren Gewässer vor Panama, Kolumbien und Costa Rica eignen sich außerdem als Paarungs- und Geburtsrevier.

Buckelwale aus dem Südostpazifik verbringen den Sommer im Ozean vor der Südküste Chiles, wo sie sich an antarktischem Krill sattfressen. Wenn der Winter kommt, ziehen sie nach Norden zu ihren Paarungs- und Geburtsgründen in den Golfen von Panama und Chiriquí. Die ersten Ankömmlinge kündigen sich im Juni durch ihre explosionsartigen Atemstöße an. Im Oktober treten sie die Rückreise in den Südpazifik an. Buckelwale – erkennbar an ihrem langen Maul, dem weißen Unterbauch und den langen Brustflossen – sind zärtliche Liebhaber, obwohl sie nicht gerade monogam sind. Die Männchen schubsen einander aus dem Weg, um sich mit einem brünstigen Weibchen zu paaren, diese erhören meist mehrere Männchen hintereinander. Trotzdem ist der Paarungsakt voller zärtlicher

Erlebnis

AUGE IN AUGE

In den Gewässern vor der Küste Panamas finden sich einige der besten Walbeobachtungsplätze der Welt. Im Herbst und im Winter sind die warmen Golfströme des Chiriquí und des Golfs von Panama voller Wale. Die Ausflüge sind nicht immer sehr professionell organisiert, dennoch finden sie großen Anklang. Hauptsächlich in Boca Chica, Santa Catalina und von der Insel Contadora starten die Touren. Die Vorschriften umfassen auch ein Schwimmverbot. Buchen kann man diese Touren bei folgenden Unternehmen:

Gone Fishing Panamá *(Tel. 69 30 42 15, www.gonefishingpanama.com)* startet von August bis Ende Oktober von Boca Chica.

National Geographic Expeditions *(Tel. 188 89 66 86 87, www.nationalgeographicexpeditions.com)* bietet Walbeobachtungen während der einwöchigen Trips »Costa Rica und der Panamakanal« an.

Panama Travel Unlimited *(Tel. 66 76 55 83, www.panamatravelunlimited.com)* organisiert private Walbeobachtungstouren auf einem 9 Meter langen Schnellboot ab Panama-Stadt.

Whale Watching Panama *(Tel. 67 58 76 00, www.whalewatchingpanama.com)* hat Zwei- bis Fünftagestouren vom Archipel Las Perlas im Angebot, dazu Tagesausflüge um die Isla Taboga ab Panama-Stadt.

Nach seiner Geburt in den warmen Gewässern begleitet dieser junge Buckelwal seine Mutter

Berührungen. Im folgenden Jahr kehren die trächtigen Weibchen zurück, um ihre 1150 Kilogramm schweren Jungen zu gebären, und sind schon einen Monat später wieder paarungsbereit.

Auch Brydewale, Finnwale, Grindwale, vier Arten von Schnabelwalen und Blauwale – mit einem Gewicht von bis zu 130 Tonnen die größten Lebewesen der Erde – leben in den Gewässern um Panama. Selbst nordatlantische Blauwale, die den tieferen Ozean bevorzugen, sind vor San Cristóbal, beim östlichen Ende des Panamakanals, gesichtet worden. Zu bestimmten Zeiten im Jahr tummeln sich ganze Orca-Schulen um Coiba und im Golf von Panama. Wie die Buckelwale ziehen auch die Orcas im Zuge ihrer Nahrungs- und Paarungswanderung hierher. Diese »Wölfe der See« reisen fast immer in Familiengruppen und durchforsten die Gewässer auf der Suche nach Beutetieren wie Delfinen. Sie sind gut zu erkennen: eine spitz zulaufende Rückenflosse und ein stromlinienförmiger schwarzer Körper mit weißem Sattel und Augenfleck. Begegnungen der ersteren Art sind bei Whale-Watching-Ausflügen fast sicher, besonders während der Sommermonate. Panama hat den Archipel Las Perlas zum Meereskorridor erklärt und versucht, in Zusammenarbeit mit dem Smithsonian Tropical Research Institute (STRI) ein Schutzprogramm für die Wale sowie Richtlinien für das Whale-Watching aufzustellen.

Tipp

Wale, Rochen, Schaufelnasenrochen, Delfine, Meeresschildkröten und weitere Tiere sind in der Nähe der weitgehend untouristischen Insel Coiba (siehe S. 182f.) zu sehen.

BEN HIRSCH
NATIONAL GEOGRAPHIC-FELDFORSCHER

GOLFO DE LOS MOSQUITOS (MOSKITO-GOLF)

Eines der letzten kaum berührten Gebiete Panamas ist die karibische Küste von Veraguas, die an den Golfo des los Mosquitos grenzt. Durch Dschungel von der Außenwelt abgeschnitten, ist die Region nur per Boot oder auf Dschungelpfaden zu erreichen. Hier leben afro-antillanische *playeros* (Strandvolk), Nachfahren von Afrikanern, die im 16. Jahrhundert für die Arbeit in den Goldminen hierherkamen. Man kann von **Coclé del Norte** entlang der Küste nach **Belén** wandern und von dort nach **Calovébora**. Es gibt Pfade ab Santa Fé (siehe S. 179), dem Nationalpark Omar Torrijos (siehe S. 174f.) und ab Molejón, die zu den isolierten Küstensiedlungen führen, von wo aus man mit den Versorgungsbooten nach Colón fahren kann. Es gibt nur wenige Einrichtungen für Touristen. Las Bahías, in Coclé del Norte, bietet Unterkünfte und einen guten Ausgangspunkt für Touren. Coclé del Norte ist per Boot mit Gobea in der Povinz Colón verbunden. Alternativ fährt ein Bus von Penonomé (siehe S. 170f.) nach Coclesito, wo man ein *cayuco* für die fünfstündige Fahrt mieten kann. Die beste Reisezeit ist von Januar bis März.

Tipp

Die *montuño*-Hüte unterscheiden sich von den »Panama«-Hüten aus Ecuador durch ihre flachen Krempen und farbenfrohe Muster.

JUSTIN KAVANAGH
AUTOR, NATIONAL GEOGRAPHIC TRAVELER

Karte S. 165 A4–B4

Blüte einer Ingwerpflanze

Wissen

NACHHALTIG EINKAUFEN

Viele der in Panama erhältlichen Souvenirartikel sind aus Materialien der bedrohten Flora und Fauna gefertigt. Wer diese Artikel kauft, trägt zu deren Vernichtung bei. Ihr Handel ist illegal, und Artikel dieser Art können vom Zoll konfisziert werden. Gemieden werden sollte Schmuck aus Schildkrötenpanzer oder Koralle, Felle von Ozeloten oder anderen Tieren sowie Produkte, die aus Ara- oder Quetzalfedern gefertigt wurden.

LAS PALMAS

Das Dörfchen in den Hügeln des südwestlichen Teils der Provinz Veraguas liegt an der alten Panamericana, die sich auf ihrem Weg ins südliche **Soná** durch herrliche Landschaften schlängelt (ein Wagen mit Allradantrieb wird empfohlen). Eine Lehmstraße führt vom Friedhof in Las Palmas zu einer Schlucht, in der die Gischt des Wasserfalls **El Salto** aufstäubt. Die Stelle ist Knotenpunkt einer knapp 2500 Hektar großen **Área Natural Recreativa**, in der es jedoch keine Einrichtungen gibt.

Karte S. 165 A2 ✉ 56 km nach Westen von Santiago über den Interamerican Highway, dann 11 km gen Süden

RESERVA FORESTAL LA LAGUNA DE LA YEGUADA

Dieses dicht mit Pinien bestandene Hochwaldreservat um den künstlich in einem erloschenen Vulkankrater angelegten See umfasst 70 Quadratkilometer und wird an den Wochenenden stark von Einheimischen frequentiert. Wanderwege führen zu einem 30 Meter hohen Wasserfall. Das über eine Pflasterstraße erreichbare Reservat ist ein beliebter Campingplatz.

Karte S. 165 B3 ✉ 65 km nördlich von Santiago, über Pedrogoso ☎ 998 06 15 www.miambiente.gob.pa

Wissen

GOLDFIEBER

Als Kolumbus 1502 Veraguas bereiste, begegnete er Indianern mit Brustpanzern aus Gold – das Goldfieber begann. An den Hängen der Provinz Coclé gibt es viele Goldadern und goldhaltigen Flusskies, und die von den Konquistadoren entdeckten Minen sind je nach Kurs des Goldpreises immer wieder in Betrieb genommen und geschlossen worden. Noch heute durchsieben Freizeit-*oreros* (Goldsucher) den Kies in den *lavaderos* (Waschplätzen) der Flüsse. In einem Mammutschürfprojekt in Molejón soll eine jüngst entdeckte Goldader mit einem geschätzten Vorkommen von 893 000 Unzen angezapft werden.

Die Halbinsel Azuero

‹ Die Iglesia San Atanasio am Hauptplatz von Los Santos versprüht kolonialen Charme.

Azuero besteht aus den Provinzen Los Santos und Herrera und besitzt einen geheimnisvollen Reiz wie kein anderer Teil des Landes. Dieses Gebiet, das sich weit in den Pazifik hineinzieht, gilt als Seele der Nation. Kein anderer Ort Panamas hat eine so traditionelle Atmosphäre wie Azuero mit seinen Museen, Kirchen und Kolonialhäusern in Pastelltönen.

Christliche Traditionen sind in ganz Panama noch sehr lebendig.

Dies ist die Trockenzone Panamas, wo im Sommer die Sonne gnadenlos vom Himmel brennt. Azuero wurde im Lauf von zwei Jahrhunderten gerodet, um Platz für Viehweiden zu schaffen. Das Ödland des Sarigua-Nationalparks im Nordosten macht die Langzeitfolgen deutlich. Der gebirgige Westen Azueros ist grüner, doch Abholzung und Brandrodung zerstören noch immer große Teile der Wälder.

Die Halbinsel ist Cowboyland par excellence. Männer auf *paso-fino*-Pferden mit Lassos am Sattel reiten durch die Savannenlandschaft. Azuero ist stolz auf sein Kulturerbe. Fast jeder männliche Bewohner trägt einen *sombrero montuno*, den traditionellen Strohhut, der zur Nationaltracht gehört. Das Hutflechten hat Tradition auf Azuero, und Produktionszentrum ist Ocú. In Orten wie La Arena werden noch Tonwaren in Lehmziegelöfen gebrannt. Dörfer wie Guararé und San José halten die Tradition des Spitzenklöppelns für die Nationaltrachtenkleider, die *polleras*, lebendig.

Die Region ist berühmt für ihre Feierlaune: Auf Azuero finden jährlich mehr als 500 Festivals statt, bei denen in erlesene *polleras* gekleidete junge Frauen durch die Straßen ziehen. Jede Gemeinde gedenkt ihres Schutzheiligen mit einem eigenen Feiertag.

Die ältesten archäologischen Stätten des Landes befinden sich an der Ostküste der Halbinsel, wo in Mangrovenwäldern mit Wattgebieten zahlreiche Vögel leben. Weiter östlich liegt das Refugio de Vida Isla Cañas, eine der wichtigsten Niststätten der westlichen Hemisphäre für Meeresschildkröten. Schnorchler und Taucher schwärmen von den Korallenriffs des Refugio de Vida Isla Iguana.

Zwei Straßen führen vom Interamerican Highway aus durch die Halbinsel. Die östlichere Carretera Nacional (Nationalstraße) beginnt bei Divisa und verläuft durch eine Küstenebene. Die westliche Straße durchquert Azuero und verbindet Ocú mit Tonosí. Außerhalb größerer Orte gibt es nur wenige Hotels und noch weniger Restaurants. Während der Festivals sollte man weit im Voraus buchen. An den Stränden werden Hotelkomplexe gebaut und nahe Pedasí gibt es einen Flughafen. ■

Die Orte im Nordosten Azueros strahlen das Flair der Kolonialzeit aus. Hier gibt es weißgetünchte Kirchen und einige bescheidene Attraktionen. In den Küstenfeuchtgebieten wimmelt es von Zug- und heimischen Vögeln.

CHITRÉ

Die 1848 gegründete Stadt ist die größte der Halbinsel. Mit Schindeln bedeckte Häuser, eisenbeschlagene Türen und Fenstergitter aus Holz zieren den kolonialen Kern. Im **Parque Unión** stehen eine *glorieta* (Musikpavillon) und Büsten lokaler Helden. Die **Catedral de San Juan Bautista** (zwischen 1896 und 1910 erbaut), die den Platz überragt, besitzt einen Altar aus Gold und Mahagoni und bunte Glasfenster. Nur wenig weist darauf hin, dass es sich eigentlich um ein postkoloniales Bauwerk handelt.

In einem ehemaligen Kaufmannshaus und späteren Postamt ist das **Museo de Herrera** untergebracht, in dem Interessierte die Geschichte Azueros seit der Urzeit verfolgen können. Es werden präkolumbische Tonwaren und *huacas* (Goldornamente), das Skelett eines mit Goldbeigaben bestatteten *cacique* und im oberen Raum *polleras* und Teufelskostüme präsentiert. Der Herrera-Saal ist der Geschichte von Chitré gewidmet.

Tipp

Am 10. November jeden Jahres gibt es in Villa de los Santos eine Parade und weitere Festakte zu sehen: die Panamaer feiern ihre Unabhängigkeit.

PATRICIA DANIELS
LEKTORIN, NATIONAL GEOGRAPHIC BOOKS

Die **Playa El Agallito**, nördlich von Chitré, gehört zu den besten Vogelbeobachtungsstellen Panamas. Bei Ebbe liegen Wattgebiete, die mehr als 1,5 Kilometer ins Meer reichen, frei. Dann finden sich Tausende von Löfflern, Seeschwalben, Reihern, Wassertretern, Stelzvögeln und andere Watvogelarten hier ein. Der Río La Villa bildet die Grenze zwischen den Provinzen Chitré und Los Santos und ihren Zwillingsstädten gleichen Namens.

VILLA DE LOS SANTOS

In der 1557 gegründeten »Stadt der Heiligen«, Los Santos, ertönte am 10. November 1821 der *grito de la Villa* (»Schrei von Los Santos«) und brachte die Revolution ins Rollen, die 18 Tage später in der Unabhängigkeit von den spanischen Eroberern gipfelte. Zur Feier des Ereignisses findet jedes Jahr ein großes Fest statt. Auf dem Hauptplatz der alten Stadt, der **Plaza Simón Bolívar**, stehen Büsten des namensgebenden südamerikanischen Helden, ebenso wie von José Vallarino (1792–1865), einem Jungen, der es zum General der königlichen Schatzkammer brachte. Den Platz dominiert

In Chitré hat man immer Zeit für Neuigkeiten aus der Ferne.

die **Iglesia San Atanasio** aus dem Jahr 1782. In ihrem weißen, hölzernen Interieur beherbergt sie einen vergoldeten Barockaltar, eine Wandgedenktafel mit den Namen der Priester, die hier begraben liegen, sowie Rokokoaltarrückwände und ein Retabel, die noch älter als die Kirche selbst sind. Ein Kronjuwel ist das **Museo de la Nacionalidad** (Nationalmuseum) in einem Gebäude aus dem 18. Jahrhundert, in dem im Jahre 1821 die Unabhängigkeitserklärung Panamas unterzeichnet wurde. Das in Gelb, Weiß und Türkis gehaltene Haus ist ein Original aus Schilfrohr, Lehmsteinen und Terrakotta-Böden. Trotz seiner geringen Größe ist dieses Museum, das dem Streben nach Unabhängigkeit von den Spaniern und der Gründung einer eigenen Nation gewidmet ist, das interessanteste Museum der Region. Zu den Exponaten gehört eine Sammlung aus Pistolen, Säbeln und Musketen. Das **Centro de Estudios Superiores de Folklore Dora Pérez de Zárate** *(Avenida Los Santos, Tel. 68 19 73 65)* kann nach vorheriger Anmeldung besichtigt werden.

CHITRÉ

Karte S. 191 B3

Besucherinformation

CEFATI, Parque Industrial La Arena, Chitré

974 45 32

MUSEO DE HERRERA

Calle Manuel Maria Correa u. Ave. Julio Arjona, Chitré

996 00 77

Geschl. So u. Mo

$

MUSEO DE LA NACIONALIDAD

Calle Jose Vallarino

966 81 92

Geschl. Mo

$

Berühmt ist die Stadt für ihr Fronleichnamsfest (*Mai/Juni*, siehe S. 195), das zwei Wochen dauert und bei dem mehr als 100 Darsteller in verschiedenen Kostümen auftreten. Im Studio des Maskenschnitzers **Carlos Ivan de León** *(Calle Tomas Herrera, Tel. 966 91 94)* kann man dessen furchteinflößende Teufelsmasken bewundern.

Der **Sitio Arqueológico Cerru Juan Díaz**, auf einem Hügel 5 Kilometer von Los Santos entfernt, ist Schauplatz archäologischer Funde. Er stellt die bedeutendste präkolumbische Begräbnisstätte Panamas dar und wird auf ein Alter von mehr als 2000 Jahren datiert.

PARITA

Zehn Kilometer nordwestlich von Chitré entführt dieser Ort mit seiner schönen Kolonialarchitektur aus dem 18. Jahrhundert in die Vergangenheit. Die Straßen sind mit einstöckigen Lehmsteinhäusern gesäumt, von denen jedes in zweifarbigen Pastelltönen gestrichen ist.

Im zentralen Park findet Anfang August ein Festival für den Schutzheiligen des Ortes mit inszenierten Stierkämpfen statt. An der Ostseite steht die **Iglesia Santo Domingo de Guzmán** aus dem Jahre 1656 mit perlmuttbesetztem Kirchturm. In ihr finden sich eine kunstvoll geschnitzte Kanzel und drei Barockaltäre sowie das **Museo de Arte Religioso Colonial** (Museum für religiöse Kunst aus der Kolonialzeit, *Sa u. So geschl.*).

Teilnehmer des Fronleichnamsfests bei der Mittagspause

Wissen

TEUFELSTÄNZER

Die *danza de los diablos* (Tanz der Teufel) wird während des Fronleichnamsfestes in Los Santos aufgeführt. Höhepunkt ist der Kampf zwischen den *diablos sucios* (schmutzigen Teufeln), die das Böse verkörpern, und dem *diablo blanco* (weißen Teufel/Erzengel Michael), der für das Gute steht. Die *diablos sucios* tragen rot-schwarz-gestreifte Overalls, rote Umhänge und Pappmaché-Masken, die mit Arafedern verziert sind und Dämonen oder Tiere darstellen. Der ursprünglich aus Spanien kommende Tanz erinnert an heidnische Feste.

PARQUE NACIONAL SARIGUA

Die Mondlandschaft dieses Parks erinnert an die Sahara und kontrastiert mit dem Hintergrund aus grünen Bergen. Reste eines seltenen Trockenwalds liegen hier verstreut. Hier leben wenige Landtiere, aber die Salzlagunen und Mangrovenwälder an der Küste ziehen über 160 Vogelarten an. Über 11 000 Jahre alte präkolumbische Siedlungen wurden hier entdeckt. Vom Aussichtspunkt an der **MiAmbiente-Rangerstation** aus hat man eine schöne Sicht. Kommen Sie besser morgens, da es nachmittags sehr heiß werden kann. 50 Prozent des 8000 Hektar großen Nationalparks liegen im Meer. Es gibt kommerzielle Shrimps-Farmen, die man besichtigen kann.

VOGELPARADIES

In der Bahía de Parita gibt es Vogelschutzgebiete. Mit einer Größe von 2000 Hektar ist das Schutzgebiet **Refugio de Uso Múltiple Ciénaga de la Macana** das größte Süßwasserfeuchtgebiet von Azuero und Brutstätte der gelben Pfeifgans und des Keilschwanzregenpfeifers. Die Sumpfgebiete in den Auen des Río Santa Maria umringen einen See, der von Wasserhyazinthen bedeckt ist. Rallenkraniche stolzieren umher, während in den Baumwipfeln Schneckenmilane Ausschau halten. Der Braunsichler ist eher in **Ciénaga del Rey** zu finden, einem Sumpf westlich von Las Macanas.
Das Wildschutzgebiet **Refugio de Vida Silvestre Cenegón del Mangle** besteht aus 835 Hektar Mangrovenwäldern, Brackwasserfeuchtgebieten und

PARITA
Karte S. 191 B3

PARQUE NACIONAL SARIGUA
Karte S. 191 B3
10 km nordöstl. von Parita
996 82 16
$
www.miambiente.gob.pa

REFUGIO DE USO MÚLTIPLE CIÉNAGA DE LA MACANA
2 km von El Rincón entfernt, 20 km nördl. von Parita
www.miambiente.gob.pa

Im Parque Nacional Sarigua zeigen sich die verheerenden Auswirkungen der Brandrodung.

trockenem Gestrüpp an der Mündung des Río Santa María. Von Holzstegen aus lässt sich die Vogelwelt beobachten, wie den amerikanischen Schlangenhalsvogel, den Nachtreiher und den Kahnschnabel. Schlangen, Kaimane und Leguane sind häufig zu sehen, manchmal auch Krokodile. Im Watt gibt es sprudelnde Becken – *los pozos* – mit Wasser, dem die Einheimischen Heilkräfte zuschreiben.

Der Muschelhügel **Cerro Mangote** ist mindestens 7000 Jahre alt. Ein kenntnisreicher Ranger bietet geführte Wanderungen an (Trinkgeld). Die Abzweigung ist an der Kreuzung nach Paris, 16 Kilometer südlich des Interamerican Highway, ausgeschildert.

Weiter südlich liegt das 150 Quadratkilometer große Wildschutzgebiet **Reserva de Vida Silvestre Peñón de la Honda**. Seinen Mittelpunkt bildet die Felseninsel Peñón de la Honda (4 Kilometer vor der Küste), eine Brutstätte für Blaufußtölpel, Nachtreiher, Fregattvögel und Schneesichler. In dem Streifen aus Strand, Watt, Feuchtgebieten und Mangrovenwäldern an der Mündung der Flüsse Las Monjas und Bayano tummeln sich Schnepfenvögel, Schlammläufer und Regenbrachvögel. In den Küstengewässern paaren sich Meeresschildkröten und legen bei Vollmond ihre Eier an Land ab. ■

REFUGIO DE VIDA SILVESTRE CENEGÓN DEL MANGLE
Karte S. 191 B3
6 km östlich von Paris, 10 km nördlich von Parita
500 08 55
www.miambiente.gob.pa

REFUGIO DE REFUGIO DE VIDA SILVESTRE PEÑÓN DE LA HONDA
Karte S. 191 C3
2,5 km östl. des Strands von Rompio
500 08 55
www.miambiente.gob.pa

Das Landesinnere Azueros wird von Touristen verschmäht, obwohl es reizvoll ist. Es ist von einer Gebirgskette durchzogen. Die schmale Hauptstraße windet sich durch den Mittelteil Azueros, über Bergkämme und durch Täler, in deren urtümlichen Dörfern das Geklapper von Pferdehufen erschallt.

Ocú ist für *sombreros ocueños* bekannt: schwarzbesetzte Strohhüte, die von Frauen wie Elena Montilla *(Tel. 974 13 65)* geflochten werden. Auch *polleras* werden hier genäht. **San José**, 7 Kilometer westlich von Ocú, ist ein weiteres Zentrum des *ocueño*-Brauchtums.

24 Kilometer östlich von Ocú liegt **Pesé** zwischen Zuckerrohrfeldern in einer fruchtbaren Ebene. Gegenüber der Dorfkirche befindet sich die **Destilería Don José** *(Tel. 974 94 91, So geschl.)*. Die 1936 gegründete Brennerei stellt das Nationalgetränk, Seco-Herrerano-Rum, her. Während der Erntezeit von Januar bis März steht die Anlage Besuchern offen, und nach Anmeldung werden auch Führungen angeboten.

BERGSTRASSEN

Südlich von Ocú führt die Straße hinauf ins Bergdorf **Las Minas**, bevor es nach **Macaracas** hinabgeht, an dessen Hauptstraße eine *talabartería* (Sattlerei) liegt. In **Llano de Piedra**, 9 Kilometer südlich von Macaracas, erinnern die Kolonialhäuser an vergangene Zeiten.

In südlicher Richtung führt die Straße über den Sattel zwischen dem **Cerro Cacarañado** und dem **Cerro Quema** – eine Fahrt mit herrlichen Ausblicken. Auf der Westseite liegt die **Reserva Forestal El Montuoso** in einem Tropen- und Tieflandregenwaldgebiet. Von hier aus führt ein Pfad zum Gipfel des **Cerro Alto Higo**. Von Las Minas fahren Busse nach **Chepo**, dem Eingangstor zum Schutzgebiet. **Tanager Ecotours** *(Tel. 66 76 02 20, www.tanagertourism.com)* bietet Touren in diese Berge an und heißt Freiwillige für seine Wiederaufforstungsprojekte willkommen. ■

Tipp

***Polleras* kauft man am besten in Guararé oder Ocú. Doch billig sind sie keineswegs. Ein *pollera*-Trachtenkleid kostet 1000 US-Dollar und mehr.**

PATRICIA DANIELS
LEKTORIN, NATIONAL GEOGRAPHIC BOOKS

ZENTRAL-AZUERO
Karte S. 191 A2–B3

RESERVA FORESTAL EL MONTUOSO
Karte S. 191 A2
12 km westl. von Las Minas
500 08 55
www.miambiente.gob.pa

Nie sind die Panamaerinnen anmutiger, als wenn sie bei festlichen Anlässen in ihre *polleras* gekleidet sind. Ursprünglich ein eher bescheidenes Gewand, wird die wunderschöne Nationaltracht Panamas heutzutage von Bauern- wie von Adelstöchtern gleichermaßen mit großem Stolz getragen.

Die *pollera de gala* (Festtagskleid) besteht aus einer kurzärmeligen Rüschenbluse und einem zweilagigen bodenlangen Rock mit Unterrock und ist einem spanischen Zigeunerkleid aus der Zeit der Konquistadoren nachempfunden. Der einfache, bestickte weiße Rock war perfekt für das tropische Klima. In Panama wurden die Haarnadeln aus dem spanischen Valencia und Salamanca mit perlenverzierten *tembleques* (»Zitterelementen«) aus Gold und Schildpatt verschönert und das Kleid mit Ketten aus Goldmünzen und Edelsteinen geschmückt. Bereits zur Zeit der Unabhängigkeit von Spanien galt die *pollera* als Nationaltracht und entwickelte sich – mit regionalen Unterschieden – immer weiter.
Herrera und Los Santos wachten über ihr Brauchtum. Dennoch wurden die *polleras de gala* überall übernommen. Sie können Zehntausende US-Dollar kosten. Ihre Herstellung kann ein ganzes Jahr in Anspruch nehmen.

BESTANDTEILE

Eine *pollera* wird aus Batist oder feinem Leinen genäht, der Ausgangsstoff ist weiß, und man benötigt etwa zwölf Meter davon. Die schulterfreie Bluse besteht aus zwei Lagen spitzenbesetzter Rüschen, auch der Halsausschnitt ist mit Spitze gesäumt. Der Rock hat einen mit Goldknöpfen verzierten Bund und setzt sich aus zwei bis drei Rüschenlagen zusammen, die an den Seiten angehoben werden. Die Rüschen von Bluse und Rock sind mit Vogel-, Blumen- oder landestypischen Motiven verziert, die als *talco en sombra* (handgenähte Applikationen) aufgebracht sind. In den Halsausschnitt sind bunte Wollfäden eingewebt, er ist vorn und hinten mit einer großen *mota* (Pompon) besetzt. Von der Taille hängen vier *gallardetes* (Bänder) herab. Um den Hals trägt die Frau fünf *cabestrillos* – Ketten aus Goldmünzen –, die bis zur Taille reichen, und ein

Polleras junger Mädchen zieren Bänder, Ketten und *tembleques*.

Frauen tragen auf dem *pollera*-Nationalfest in Las Tablas ihre *polleras* zur Schau.

goldenes Kreuz oder Medaillon an einem schwarzen Samtband als Halsband sowie ein mit Goldbroschen befestigtes *monedero* (Seidentäschchen) an der Taille. Satinpantoffel runden das Trachtenkleid ab.

Das Haar wird am Hinterkopf zu einem Dutt zusammengefasst und mit drei großen, verzierten Goldkämmen festgesteckt, die wie Kronen getragen werden. Noch fantasiereicher sind die *tembleques*, »zitternde Haarnadeln«, die Blumen oder Schmetterlingen nachempfunden sind. Sie sind mit Perlen oder Fischschuppen verziert. Dazu gesellen sich *zarcillos* (Ohrringe) aus verziertem Gold oder Koralle, und manchmal auch *dolores* – kleine Goldscheiben, die an den Schläfen ins Haar der Frauen gebunden werden.

Tipp

Die *tembleques* (Zitterschmuck), die Haar und Ohren der Frauen zieren, werden in der Regel aus echtem Gold gefertigt. Ornamentik und Anordnung sind traditionell und stilisiert.

CORY BROWN VEIZAGA
AUTORIN, NATIONAL GEOGRAPHIC SOCIETY

LOKALE VARIANTEN

Die *pollera montuna* gilt als Alltagskleid und besteht meist aus einer Bluse mit nur einer Rüschenlage, einem farbigen Rock ohne Stickereien sowie einer Goldkette und Ohrhängern, dazu vielleicht noch etwas Blumenschmuck im Haar. Zur *pollera montuna ocueña* aus Ocú wird ein typischer Strohhut getragen. Zur *pollera basquiña* gehört statt der schulterfreien Bluse eine eng anliegende, wie eine Jacke geschnittene weiße Bluse mit geknöpftem Kragen, Schulterkrause und ausgestelltem Saum.

DER SÜDOSTEN VON AZUERO

Dieser karge Teil der Halbinsel ist das Herzstück der Folklore-Tradition und berühmt für seine Festivals. In Kolonialstädtchen voller Bougainvilleen werden hier die besten bestickten Spitzenröcke hergestellt, während die bisher einsamen Strände langsam von Hoteliers entdeckt und erschlossen werden.

LAS TABLAS UND DIE POLLERA-GEMEINDEN

Die Provinzhauptstadt Las Tablas ist eine bedeutende Fertigungsstätte für *polleras* und am 22. Juli Schauplatz des *pollera*-Festivals. Die interessantesten Sehenswürdigkeiten liegen in der Nähe des **Parque Porras**, der von der **Iglesia Santa Librada** überragt wird. Die Kirche wurde 1789 fertiggestellt und nach einem Feuer im Jahr 1950 rekonstruiert. Die mit Engelsköpfen verzierten, rot-goldenen Retabel sind Originale, ebenso wie die kreuzförmige Jungfrau Maria. Das zu Ehren des dreimaligen Präsidenten von Panama eingerichtete **Museo Belisario Porras** befindet sich in dem Haus, in dem Porras (1856–1942) geboren wurde. Es zeigt eine Ausstellung zu seinem Leben.

Nordwestlich von Las Tablas liegt **Guararé**, auch ein Hauptproduktionsort für *polleras* und für die typischen fünfsaitigen Gitarren, die *mejoranas*. Die **Casa Museo Manuel F. Zárate** *(Calle 21 Enero, Tel. 94 56 44, Mo geschl., $)* zeigt *polleras* aus verschiedenen Regionen sowie Musikinstrumente und Teufelsmasken. Der im ganzen Land berühmten *pollera*-Herstellerin **Dilsa Vergara de Saavedra** *(Via El Puerto Eloy Espino, Tel. 994 52 21 oder 65 29 04 45)* kann man bei der Arbeit zuschauen. Jeden September erwacht Guararé mit dem *mejorana*-Nationalfestival zum Leben, dem wichtigsten Folklore-Festival des Landes. Dann ächzen uralte Ochsenwagen mit Mädchen in *polleras* durch die Straßen.

Am Strand von Venado sucht ein Surfer die perfekte Stelle.

Wissen

KARNEVAL!

Las Tablas erstrahlt während des Karnevals in festlicher Farbenpracht. In den vier Tagen vor Aschermittwoch teilt sich der Ort in die Calle Arriba und die Calle Abajo (obere und untere Straße) auf, die je eine Königin wählen und um das beste Kostüm und die beste Musik wetteifern. Passanten werden mit gefärbtem Wasser bespritzt, und nach Sonnenuntergang finden Paraden im brasilianischen Stil statt, angeführt von Festwagen mit jungen Frauen in reich verzierten Bikinis. Überall gibt es Feuerwerk, und auf dem Platz sammeln sich Feiernde (oftmals betrunken), um den Spaß mitzuerleben. Jeder Abend trägt ein Motto, und der Höhepunkt der Feierlichkeiten ist der Dienstag, wenn die Frauen ihre *polleras* zur Schau tragen.

REFUGIO DE VIDA SILVESTRE ISLA IGUANA

Das 1981 gegründete Schutzgebiet der Iguana-Insel umfasst 53 Hektar Land und Wasser. Die Insel liegt 4,3 Kilometer vor der **Playa El Bajadero**. Hier lebt Panamas größte Brutkolonie der Fregattvögel. Während der Paarungszeit, im Winter, hocken die Männchen mit ihren aufblasbaren roten Kehlsäcken mit ausgebreiteten Flügeln auf ihren Nestern und heulen lauthals. Zwischen April und September legen fünf Arten von Meeresschildkröten hier ihre Eier ab. Die Insel ist von einem 16 Hektar großen Korallenriff umgeben. Zwölf Arten von Korallen und über 200 Fischarten locken zum Schnorcheln. Zwischen Juni und November kommen Buckelwale hierher, um sich zu paaren und in den warmen Gewässern ihre Jungen zur Welt zu bringen.

Iguana ist ab **Playa El Arenal** und **Playa El Bajadero** mit unregelmäßig fahrenden Booten erreichbar. Buzos de Azuero (*Tel. 995 24 05*) arrangiert ebenfalls Überfahrten. Nach der 20-minütigen Bootsfahrt wird man an

(Fortsetzung auf S. 204)

DER SÜDOSTEN VON AZUERO

Karte S. 191 B1–C2

Besucherinformation

APT, Via Playa El Arenal, Pedasí

995 23 39

www.visitpanama.com

MUSEO BELISARIO PORRAS

Ave. Belisario Porras, Parque Central, Las Tablas

994 63 26

Geschl. Mo; Di–Sa Führungen möglich

$

REFUGIO DE VIDA SILVESTRE ISLA IGUANA

Karte S. 191 C2

Besucherinformation

4,3 km vor der Küste der Playa El Bajadero; Boote ab Playa El Arenal und Playa El Bajadero

500 09 21 oder 994 66 76 (MiAmbiente)

$$

AUTOTOUR DURCH DEN SÜDOSTEN AZUEROS

Die Carretera Nacional (Nationalstraße) verläuft von der Ostküste landeinwärts durch Kolonialstädte und -dörfer. Mit jedem zurückgelegten Kilometer scheint man ein Jahr weiter in die Vergangenheit zurückzureisen.

Die Villa Camilla in der Nähe von Pedasí ist eines der schönsten Hotels Panamas.

Die Strecke beginnt an der Ausfahrt **Divisa** 1 in südlicher Richtung. Man folgt der Carretera Nacional 23 Kilometer und zweigt anschließend nach Norden zum **Parque Nacional Sarigua** 2 ab (siehe S. 195). In südlicher Richtung geht es nach **Parita** 3 (siehe S. 194), wo eine bedeutende Kirche steht. Am Ortseingang liegt das Maskenstudio von **Dario López** (*Carretera Nacional, 100 m nördlich der Tankstelle*, siehe S. 298), einem bekannten Hersteller von Teufelsmasken.

La Arena, ein Kolonialdorf, ist für seine Keramikwerkstätten berühmt. In der Keramikmanufaktur **Cerámica Calderón** (siehe S. 298) zeigt Angel Calderón Besuchern seine traditionelle Drehscheibe und die alten Brennöfen. 6,5 Kilometer weiter erreicht die Carretera **Chitré** 4 (siehe S. 192f.), wo man das **Museo de Herrera** und die **Catedral de San Juan Bautista** am Parque Unión besuchen sollte. Anschließend fährt man von der südöstlichen Ecke des Parks aus über die Calle Aminta Burgos de Amado nach Osten, zweigt rechts ab auf die Calle Carmelo Spadafora Abate (Carretera Nacional), und fährt nach **Villa de los Santos** (siehe S. 192f.). Einen Besuch lohnt der Teufelsmaskenhersteller **Carlos Ivan de León** (siehe S. 298). Neun Kilometer südlich von Los Santos kommt man an der **Casa de la Pipa** vorbei, wo man sich an frischem Kokoswasser erfrischen kann. 22 Kilometer weiter erreicht man **Guararé** 5 (siehe S. 200). Hier empfiehlt sich ein

Besuch in der **Casa Museo Manuel F. Zárate**, bevor es ins nördlich gelegene La Enea geht. Auf halbem Weg steht die **Casa de Dilsa Vergara de Saavedra** (siehe S. 200), einer berühmten *pollera*-Schneiderin, die auch maßgeschneiderte *polleras* anfertigt. In **Las Tablas** ❻ (siehe S. 200) kann man die Kirche und das Museum besuchen. Die letzten 42 Kilometer nach **Pedasí** ❼ führen durch sichtlich ärmere Gegenden.
Als Abschluss der Tour bieten sich die **Villa Marina** (siehe S. 285) oder die **Hacienda Doña Carmen** *(Tel. 66 72 71 08, www.haciendadonacarmen.com)* für eine Übernachtung an, von wo aus man am zweiten Tag die Inseln **Iguana** und **Cañas** besuchen kann (siehe S. 201 und 206f.).
Für eine Rundreise folgt man von Pedasí aus der Südküste bis nach **El Cacao** und biegt nach Norden ab, um wieder nach Las Tablas zu kommen. Dieser Abschnitt über **Flores** und **El Muñoz** schlängelt sich durch Gebirgslandschaften mit herrlichem Blick über die Küstenebenen und den Pazifik.

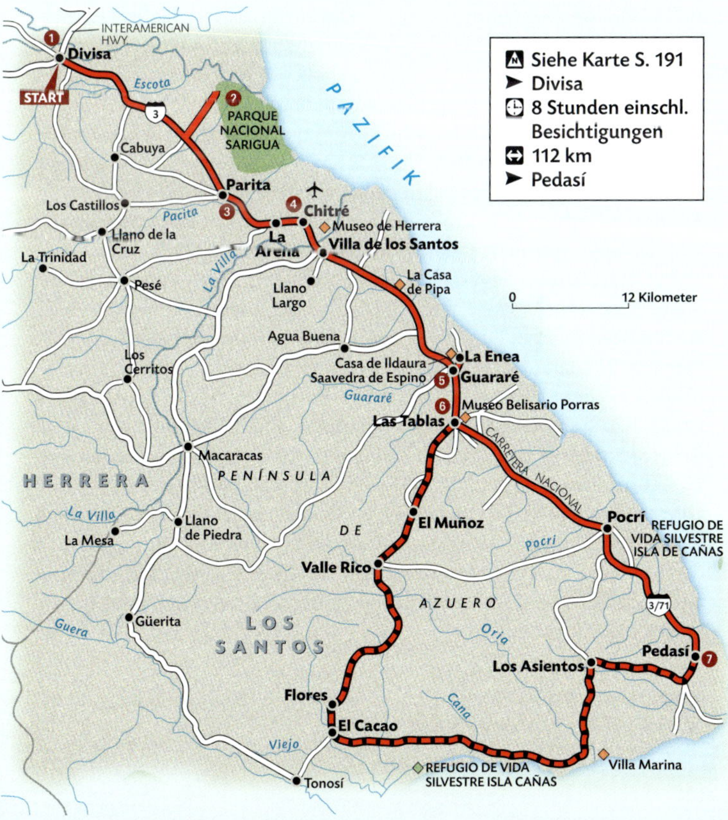

Mejorana-Gitarren, die in Guararé hergestellt werden

der **Playa El Cirial** von Scharen winziger Einsiedlerkrebse begrüßt. Dort empfängt eine Rangerstation und ein **Besucherzentrum die Gäste**. Ein Naturpfad verbindet El Cirial mit der **Playa El Faro**. Er wird von schwarzen Felsen gesäumt.
Unter dem Schutzdach an der Rangerstation ist Campen erlaubt. Es gibt einen Schlafsaal, aber keinen Strom. Nie die Wanderpfade verlassen, denn vereinzelt liegen noch Blindgänger aus dem Krieg herum!

PEDASÍ UND UMGEBUNG

Das einstmals verschlafene Fischerdörfchen ist ein boomender Touristenort am südöstlichen Zipfel der Halbinsel Azuero und ein guter Ausgangspunkt für die entlegeneren Strände. Der **Pedasi Sports Club** (siehe S. 307) bietet Tauch- und Ökotouren an, während sich **Marco Diáz** *(Tel. 678 72 72, http://proecoazuero.org)* auf Touren zur Isla Iguana spezialisiert hat. An der **Playa Punta Mala** legen Thunfisch-Fischer ab. In der Nähe liegt die **Playa Los Destiladeres**, ein schöner langer, palmengesäumter Strand aus braunem Sand.
Hinter Destiladores liegt die bei Surfern beliebte **Playa Venado**. Dieser breite, 3,5 Kilometer lange, graue Sandstrand ist Schauplatz internationaler Surfmeisterschaften. Das Smithsonian Tropical Research Institute führt hier ein Wiederaufforstungsprojekt durch. Daneben liegen der weiße Sandstrand der **Playa Achotines** und die Bucht gleichen Namens. Auf der Landspitze steht das Laboratorio Achotines, eine Brutstation mit Labor. Am Horizont erkennt man die Zwillingsinseln **Islas Frailes del Sur**, die einzigen Brutplätze Panamas für Ruß- und Zügelseeschwalben.
Olivscharben und Nachtreiher leben im Wildschutzgebiet **Refugio de Vida Silvestre Pablo Arturo Barrios**, das sich auf 20 Kilometer Länge zwischen den Flüssen Purio und Caldera erstreckt. Es schützt ein 96 Quadratkilometer großes Gebiet aus Küstenfeuchtgebieten und Gewässern, das bis zur Iguana-Insel reicht. ■

REFUGIO DE VIDA SILVESTRE PABLO ARTURO BARRIOS
✉ MiAmbiente, Los Santos, 2 km östl. von Pedasí
☎ 966 93 52
www.miambiente.gob.pa

PARQUE NACIONAL CERRO HOYA

Versteckt im äußersten Südwesten der Azuero-Halbinsel liegt Cerro Hoya, ein Eiland aus dichter Primärvegetation inmitten eines abgeholzten Gebiets. Der Park bietet Korallenriffs, kühle Berge und eine große Artenvielfalt.

Auf einer Fläche von 207 Hektar reicht der Park bis auf dem Gipfel des **Cerro Hoya** hinauf. Riesenzedern, Mahagoni- und Ceiba-Bäume sind die Heimat von Hellroten Aras und Rotschwanzsittichen – nur zwei der hier vertretenen 95 Vogelarten – sowie von Ameisenbären, Faultieren, Agutis und Brüllaffen. Im Süden erstreckt sich der Nationalpark weit in den Pazifischen Ozean hinein und dient dem Schutz von unberührten Korallenriffs, Mangrovensümpfen und kleiner Inselchen vor der Küste.
Es gibt zwei Rangerstationen im Park sowie Verwaltungsbüros in **Restingue** und außerhalb des Parks in **Tonosí**. Am besten erreicht man den Park von Westen her über die Straße von Santiago nach El Varadero. Von dort aus gelangt man mit Allradantrieb bis nach Restingue am Park. Von Osten her erreicht man den Park per Pferd oder zu Fuß von **Jobero** aus, 22 Kilometer westlich von Tonosí am Eingang zum angrenzenden Waldschutzgebiet **Reserva Forestral La Tronosa**. Man kann an der **Playa Cambutal** auch ein Boot mieten und zum Rand des Parks bei **Tembladera** fahren. Bei Ebbe kann man sogar laufen – eine Wanderung mit Übernachtung und Flussüberquerungen (Gezeitentabelle erforderlich). Auf halber Strecke gibt es Unterkünfte und einen *merendero* (Snack-Kiosk). Ansonsten muss man selbst Zelt und Vorräte mitbringen. ■

PARQUE NACIONAL CERRO HOYA
Karte S. 191 A1–B1

RESERVA FORESTAL LA TRONOSA
Karte S. 191 B1

MiAmbiente, Los Santos, 2 km westl. von Jobero
500 08 39
www.miambiente.gob.pa

Wissen

ARRIBADAS

Die Olive Bastardschildkröte sichert ihr Überleben in einem Ereignis, das die Einheimischen *arribada*, Ankunft, nennen. Bei Vollmond sammeln sich Tausende von Schildkröten vor der Küste und schwimmen zum Strand, um ihre Eier abzulegen. Eine *arribada* kann eine Woche dauern. Es werden so viele Eier abgelegt (und zerstört, wenn Schildkröten ihr Nest an einer belegten Stelle buddeln), dass die Einheimischen in einer Sammelzone eine begrenzte Anzahl von Eiern sammeln dürfen.

DAS LABORATORIUM VON ACHOTINES

Die Brutstation mit Laboratorium, in dem die Ökologie des Thunfischs erforscht wird, grenzt an die Bahía de Achotines (Achotines-Bucht). Die Station wird von der Interamerikanischen Kommission für tropischen Thunfisch *(IATTC, Tel. 858/546 71 00, www.iattc.org)* betrieben. Zum Gelände gehören 70 Hektar tropischer Trockenwald, in dem Brüllaffen, Leguane und Tukane leben. Montags bis donnerstags können geführte Touren vereinbart werden.

Karte S. 191 C2 ☒ Bahía de Achotines, 31 km südwestlich von Pedasí ☎ 995 81 66 $ (Führungen) www.iattc.org

DIE STRÄNDE VON CAMBUTAL UND GUÁNICO

Der Strand von Cambutal besteht aus drei Teilen und wird von Bergen begrenzt. Die Punta Morro de Puercos trennt ihn vom Guánico-Strand weiter östlich. Er ist mit dem Fischerboot zu erreichen und ein Ausgangspunkt für den Nationalpark Cerro Hoya (siehe S. 205), zu dem man auch wandern kann. Im Dorf, einen Kilometer landeinwärts, gibt es ein MiAmbiente-Büro.

Karte S. 191 B1 ☒ 25 km südwestlich von Tonosí ☎ 995 81 80 (MiAmbiente)

REFUGIO DE VIDA SILVESTRE ISLA DE CAÑAS

Das Wildtierschutzgebiet Isla de Cañas schützt Panamas bedeutendsten Nistplatz für Meeresschildkröten. Echte und unechte Karettschildkröten,

Ein Fregattvogelmännchen präsentiert sich mit geblähter Brust als potenter Paarungspartner

Eine gerade geschlüpfte junge Meeresschildkröte auf ihrem gefährlichen Weg ins Wasser

Lederrücken, Olive Bastardschildkröten und Grüne Meeresschildkröten kämpfen sich hier von Augsut bis November an Land, um ihre Eier abzulegen. Das Reservat schließt auch Mangrovenbäume ein, die Kuhreihern, Fregattvögeln und weißen Ibissen als Schlafbäume dienen. Nachts leuchten die Lagunengewässer buchstäblich dank des biolumineszenten Lichts der mikroskopisch kleinen Dinoflagellaten (Panzergeißler).

Zum Schutzgebiet fährt man von der Pedasí-Tonosí-Straße zum Dörfchen **Agua Buena** ab. Die Abfahrt ist schlecht ausgeschildert, und in der Regenzeit ist für die 5 Kilometer lange, unbefestigte Straße ein Allradantrieb erforderlich. Durch den Kanal wird man von Schiffern gelotst, die man mittels metallenem Scheppern herbeiruft. Die Gemeinde bietet außerdem Führungen, schlichte Unterkünfte und einen Schnellimbiss. **Isla Cañas Marina** *(Tel. 507/69 80 01 10, www.islacañasmarina.com)* im Inselinneren bietet Touren mit dem Paddelboot, Kajak und Schildkrötenbeobachtungen bei Nacht an.

Tipp

Wer ein Faultier erspähen will, braucht wirklich gute Augen. Man erwischt sie höchstens, wenn sie sich gerade (sehr langsam) fortbewegen.

JENNIFER HOLLAND
AUTORIN, NATIONAL GEOGRAPHIC MAGAZINE

Karte S. 191 B1–C1 $ MiAmbiente, Los Santos 994 73 13
www.miambiente.gob.pa

Chiriquí und die Kordillere

❮ Fruchtbares Hochland umgibt den Volcán Barú, den mit 3477 Metern höchsten Berg Panamas.

Für die abwechslungsreichste von Panamas Provinzen sollten Sie mindestens eine Woche einplanen. Steil abfallende Schluchten, scharfe Berggrate, Feuchtgebiete am Meer und fischreiche Inseln vor der Küste sowie kühle Täler in den Gebirgsregionen mit Blumengärten und Kaffeeplantagen bieten eine riesige Auswahl an lohnenswerten Reisezielen.

David, ein Handelsknotenpunkt und Panamas drittgrößte Stadt, ist das Tor zu der Region, die sich in eine lange, nach Osten hin schmaler werdende Ebene an der Küste und eine zerklüftete, parallel dazu liegende Gebirgskette unterteilt. Bananenplantagen und Zuckerrohrfelder nehmen fast die gesamte *llanura* (Ebene) westlich der Stadt ein. Weiter an der Küste ziehen sich Flüsse mäanderförmig durch eines der größten Sumpfsysteme Zentralamerikas – wichtige Nistplätze für Wat- und Ufervögel. An der Küste liegen Sandstrände, die bei Meeresschildkröten und Surfern beliebt sind. Auch eine Inselkette ist durch den Meeresnationalpark

Eine Ngöbe-Buglé-Familie posiert in ihrer *comarca* (autonomer Bezirk) für ein Familienfoto.

Golfo de Chiriquí geschützt. Das Flachland um David kann stickig-heiß sein, am Wasser auch drückend schwül. In den kühleren Gebirgsregionen herrschen ein Dutzend milder Mikroklimata. Die Flüsse fallen kaskadenartig herab, perfekt für anspruchsvolle Wildwasserfahrten.

Der höchste Gipfel des Landes bietet Wanderungen durch die Nebelwälder des Parque Nacional Volcán Barú und des Parque Internacional La Amistad, einem 400 000 Hektar großen Naturschutzgebiet. Die Parks liegen nur wenige Schritte von den Ferienorten in den Bergen, Boquete und Cerro Punta, entfernt. Touristen strömen zu den Hotels, Gourmet-Restaurants und Cafés, die frisch gerösteten Kaffee servieren. Sitio Barriles zeugt von einer präkolumbischen Kultur, die durch einen Vulkanausbruch ausgelöscht wurde.

Direktflüge verbinden David und Panama-Stadt. Die Fahrt über den Interamerican Highway dauert rund fünf Stunden. Der östliche Abschnitt, der Chiriquí mit Veraguas verbindet, ist in einem schlechten Zustand. Nachts sollte man daher nicht fahren. Der Interamerican Highway führt zum Grenzübergang bei Paso Canoa, rund 470 Kilometer westlich von Panama-Stadt, und durch Costa Rica. ■

Panamas drittgrößte Stadt David (145 000 Ew.) liegt in einer Ebene an der Küste in zentraler Lage für Ausflüge in die Provinz Chiriquí. Entlang der humiden Küste finden Sie Mangroven, von Brandung ausgewaschene Strände, Tauch- und Fischgründe und Hunderte smaragdgrüner Inseln.

David ist vor allem wegen seiner einwöchigen Fiesta Mitte März zu Ehren des Schutzheiligen der Stadt bekannt und hat einige historische Stätten zu bieten. Das Agrarzentrum David ist von Weideland umgeben. Obwohl bereits 1602 gegründet, sind wenige Zeugen der Vergangenheit erhalten. Um den **Parque Cervantes**, im Schatten der Kirche **Iglesia de la Sagrada Familia** aus dem 19. Jahrhundert, dominiert der Handelsgeist.

Das **Barrio Bolívar**, der historische Stadtkern im Süden des Platzes, birgt die wenigen Sehenswürdigkeiten von David. Das **Museo de História y Arte José de Obaldía** (Museum für Geschichte und Kunst) ist in dem im Jahr 1880 erbauten Haus des gleichnamigen Gründers (1806–89) von Chiriquí untergebracht und wurde aufwendig restauriert. Es ist voller Möbel aus der damaligen Zeit; beeindruckend ist das Ensemble eines Schlafzimmers aus dem 19. Jahrhundert. Die Zimmer beherbergen Ausstellungsstücke zur präkolumbischen Kultur, Kolonialzeitstücke und Sakralgegenstände.

Nebenan befindet sich in einem Kolonialhaus die **Fundación Gallegos y Culturama**, eine Forschungsbibliothek mit faszinierenden Exponaten, u. a. einer

Bananen werden in Puerto Armuelles sortiert.

Druckerpresse aus dem 19. Jahrhundert und präkolumbischer Keramik. In der Nähe steht **La Hermita San José de David** *(Ave. 10 Este bei der Calle A Norte)*, mit einem Steinglockenturm, der durch eine Kirche ergänzt wurde. Für Ausflüge in die **Manglares de David** (siehe S. 213) und in den **Parque Nacional Marino Golfo de Chiriquí** (siehe S. 218) können im Hafen von **Pedregal**, 5 Kilometer südlich von David, Boote angemietet werden. Es gibt außerdem Flugverbindungen nach Panama-Stadt, Bocas del Toro und San José im Nachbarland Costa Rica.

KÜSTE DES GOLFO DE CHIRIQUÍ

Südlich von David erstrecken sich die **Manglares de David**, das größte Mangrovensystem Panamas, über 45 Kilometer der Trichtermündung der Flüsse Chiriquí, Chico und David River, die in die Boca de San Pedro

DAVID
Karte S. 210 C2
Besucherinformation
ATP, Edificio Don José, Ave. Domingo Díaz, zwischen Calle 5ta u. Calle 6ta
775 28 39
Geschl. Sa u. So
www.atp.gob.pa

MUSEO DE HISTÓRIA Y ARTE JOSÉ DE OBALDÍA
Ave. 8a Este, zwischen Calle A Norte u. Calle Central
775 78 39
Geschl. So
$

KÜSTE DES GOLFO DE CHIRIQUÍ
Karte S. 210–211 B2–D2, F1–E2
Besucherinformation
ATP, Edificio Don José, Ave. Domingo Díaz, zwischen Calle 5ta u. Calle 6ta
775 28 39
Geschl. Sa u. So
www.atp.gob.pa

Wissen

WISSENSWERTES ÜBER DEN BRANDUNGSRÜCKSTROM

Die bei Weitem größte Gefahr, die Panamas Besuchern abseits der Straße droht, ist, vom Brandungsrückstrom erfasst zu werden. Ein Brandungsrückstrom tritt an Stränden mit starken Brandungswellen auf. Bildet sich durch die Wellen ein dem Ufer vorgelagerter Damm wie etwa eine Sandbank, kann das Wasser nicht gleichmäßig zurückfließen, sondern sucht sich die schwächste Stelle, durch die es dann wie durch einen Kanal zurückschnellt. Schwimmer, die von diesem sogähnlichen Rückstrom erfasst werden, werden aufs Meer hinausgezogen. Unmittelbar ans Ufer zurückzuschwimmen, ist ein großer Fehler. Selbst der kräftigste Schwimmer kann schnell ermüden und ertrinken. Dem in der Regel schmalen Rückstromkanal entkommt man, wenn man erst ein Stück parallel zum Ufer schwimmt. Brandungsrückströme wandern und treten plötzlich auf. Man erkennt sie oft an einer reglosen, glatten Wasseroberfläche zwischen den Wogen.

übergeht. Die Wasserstraßen bilden ein verschlungenes Netzwerk in den dichten Mangroven und im Watt voller Uferzugvögel. Ein Teil dieses Systems gehört zum **Refugio de Vida Silvestre Playa de la Barqueta Agrícola**, das sich von der Boca San Pedro nach Westen erstreckt. Drei Viertel davon schützen die Gewässer vor der Küste, in denen sich die Meeresschildkröten paaren, bevor die Weibchen ihre Eier an der **Playa Barqueta** ablegen. Der einsame Strand schlängelt sich 16 Kilometer lang dahin, aber Vorsicht vor dem heftigen Brandungsrückstrom. Abgesehen von der günstigen All-inclusive-Anlage Las Olas Beach Resort (siehe S. 290) gibt es hier als einzige Lokale zwei einfache Restaurants. Das Ostufer von Chiriquí ist ein Paradies für Surfer, die einen ruhigeren Surf-Spot suchen. Eine gute Wahl ist **Playa Las Lajas**, ein 11 Kilometer langer Sandstrand, der gerade erst vom Tourismus entdeckt wurde. Die **Isla Silva de Afuera** ist eine kleine Insel mit Surf-Spots im Big-Kahuna-Stil.

Puderzuckersand geht über in azurblaues Wasser auf der Isla San José.

BOCA CHICA UND ISLA BOCA BRAVA

Das Fischerdorf **Boca Chica** auf dem Festland liegt 25 Kilometer südlich des Interamerican Highway; auf dem Weg dorthin kommt man an dem Dorf **Horconcitos** vorbei. An den Stränden **Playa Hermosa** und **Playa Gallinaza** sind Hotelanlagen entstanden. Das Cala Mia Resort (siehe S. 286) ist eine gute Basis und bietet eine Reihe von Aktivitäten wie Reitausflüge, Mangroventouren und Gerätetauchen an.

Die **Isla Boca Brava** liegt in der Bahía de Muertos, rund 0,8 Kilometer von Boca Chica entfernt; Wassertaxis verbinden die beiden miteinander. Brüllaffen schreien, wenn man durch den Wald voller wilder Tiere wandert. Zu bestimmten Jahreszeiten kann man Wale beobachten. Gone Fishing Panama (siehe S. 307) und der Panama Big Game Fishing Club (siehe S. 308) bieten Gelegenheit zum Sportfischen in der Hannibal Bank. Panama Surf Tours (siehe S. 308) bietet Surfausflüge an.

PUNTA BURICA

Eine dünne Halbinsel ist die westlichste Spitze Panamas. Das Tor zu diesem einsamen Vorsprung ist **Puerto Armuelles**, eine wohlhabende Stadt, die von Bananenhainen umgeben ist. Einst im Besitz der United Fruit Co. (heute Chiquita Brands), bestellt inzwischen eine Arbeiterkooperative die Felder. Der Nachlass der Firma steht südlich der Stadt in einem *barrio* (Bezirk) aus bunten, baufälligen Häusern. Dahinter schlängelt sich ein palmenbewachsender Sandstrand gen Petroterminal de Panamá (Ölhafen).

Die Straße endet am Ölhafen, hinter dem man bei Ebbe den Strand als Straße benutzt. Panama Surf Tours (siehe S. 308) bietet achttägige

(Fortsetzung auf S. 218)

REFUGIO DE VIDA SILVESTRE PLAYA DE LA BARQUETA AGRÍCOLA

☎ 774 66 71

Geschl. Sa u. So

In Panama leben 18 der weltweit über 330 Papageienarten, darunter sechs der 16 Ara-Arten. Diese Vögel sind gesellige Artgenossen: Schwärme von mehreren Hundert sind keine Seltenheit. Typisch für diese Vögel der Neotropen sind ihre Intelligenz und Sprachbegabung.

Tipp

Papageien, besonders Amazonen, sind fast überall zu sehen. Die wesentlich selteneren Aras jedoch muss man in den entlegensten Winkeln aufspüren.

PATRICIA DANIELS
LEKTORIN, NATIONAL GEOGRAPHIC BOOKS

Einzigartigerweise besitzen Papageien vier Zehen an jedem Fuß, von denen zwei nach vorne und zwei nach hinten gerichtet sind. So können sie Früchte und Nüsse geschickt greifen. Ihre hakenförmigen, kräftigen Schnäbel zerkleinern Nüsse und Samenkörner, während der mit sogenannten Feilkerben versehene Gaumen selbst die härtesten Kerne zu Staub zermahlen kann.

Die größte Gattung umfasst die über 50 Arten der Amazonenpapageien – mittelgroße, stämmige Vögel mit schweren Schnäbeln und abgerundeten, breiten Schwänzen. Die Panama- oder Gelbstirnamazone *(Amazona ochrocepala panamenis)* ist der kleinste Vertreter der Amazonen, seine Merkmale sind die grauen Augenringe, orangefarbene Schulterstücke und ein gelber Fleck auf der Stirn. Die nur an der Pazifikküste lebende Panama-Amazone bevorzugt Savannen und Wälder. Die meisten Vögel pflegen und fetten ihr Federkleid mit den Absonderungen einer Bürzeldrüse, die antibakteriell und fungizid wirken. Mit dem Schnabel nehmen sie das Fett auf und lassen die Federn dann durch ihren Schnabel gleiten. Die Amazonen haben diese Drüse nicht, sondern Puderdunen. Der Staub aus ihren eigenen Daunenfedern macht das Gefieder wasserabweisend.

Der Hellrote Ara gehört zu den Papageienarten mit dem schönsten Gefieder.

ARAS

Die farbenfrohen Aras, die Giganten im Papageienreich, tragen ein kunstvolles Gefieder wie Könige, auch ihre Stimmen flößen Respekt ein. Fünf der sechs Ara-Arten Panamas sind durch Waldrodung und Wilderei bedroht. Der Grünflügel-

Gelbbrustaras im Flug

oder Dunkelrote Ara *(Ara chloroptera)* ist aus einem Teil seines früheren Lebensraums verschwunden. Der Hellrote Ara *(Ara macao)*, auch *Guacamayo* genannt, ist nur noch in den Nationalparks Cerro Hoya und Isla Coiba anzutreffen. Der nach seinem roten Gefieder benannte Ara hat königsblaue und gelbe Flügel. Der in der Karibik lebende grüne Blechsteinara oder Große Soldatenara ist wie die meisten Ara-Arten nur noch in der Provinz Darién anzutreffen. Diese grünen Vögel erröten, wenn sie erregt sind, ihre federlosen weißen Wangen färben sich dann rosa. Der freundliche Gelbbrustara *(Ara ararauna)* ist an seinem türkisblauen Mantel und der goldgelben Brust zu erkennen. Er lebt im Flachland von Ostpanama, misst über einen Meter bis zur Spitze seiner Schwanzfedern und ist damit der größte der sechs Aras.

Papageien und Aras bauen ihre Nester in Baumstämmen. Die Männchen füttern ihre Partnerinnen mit hochgewürgtem Futter, während die Weibchen die Eier ausbrüten und die Jungen füttern. Die lebenslang monogamen Vögel sind oft paarweise zu sehen. Sie kreischen sich im Fliegen Liebesbotschaften zu, wobei sich ihre Flügel fast berühren.

Wissen

DIE SCHULD DER TEUFELSTÄNZER

Die Teufelstänzer von Azuero haben eine Teilschuld an der illegalen Jagd auf die Aras. Viele Tänzer krönen ihre Kostüme mit einem Kopfschmuck aus flammend roten Arafedern, um den Anschein von loderndem Haar zu erwecken, das das teuflische Fegefeuer symbolisiert. Inzwischen soll ein Bildungsprogramm den *diablos sucios* bewusst machen, welche Auswirkungen ihre Leidenschaft auf die Ara-Populationen hat. Arafedern werden unterdessen z. B. von Zoos gespendet, um den Bedarf der Tänzer zu decken. Andere wiederum sind dazu übergegangen, rot und orange eingefärbte Gänse- und Pfauenfedern zu benutzen. Das von Francisco Delgado, einem Professor der Universität von Panama, in Santiago de Veraguas initiierte Schutzprogramm hatte großen Erfolg, nicht zuletzt, weil die Tänzer nun auch künstliche Arafedern zu einem Bruchteil des Echtfedern-Preises erwerben können. In der Folge sank der Preis für echte Arafedern; der illegale Handel ging zurück. So wurden die Aras vor ihrem traurigen Schicksal bewahrt, und die kulturelle Tradition bleibt dennoch erhalten.

Wissen

ROHÖL

Charco Azul (Blauer Graben), westlich von Puerto Armuelles, ist der Endpunkt einer Erdölpipeline am Pazifik, die die kontinentale Wasserscheide überquert und Charco Azul mit Chiriquí Grande in der Provinz Bocas del Toro verbindet. Die 131 Kilometer lange Pipeline von Petroterminal de Panamá, wurde 1982 fertiggestellt. Supertanker, die Öl aus Alaska und Ecuador geladen haben, sind zu groß für den Kanal. Daher löschen die Tanker hier ihre Ladung zum Weitertransport zu den Raffinerien in Houston und den Golfstaaten.

Surftouren. Lastwagenbusse verkehren vom Strand bis **Bella Vista**, von wo aus es ein einstündiger Fußmarsch bis zur Spitze der Punta Burica ist.

PARQUE NACIONAL MARINO GOLFO DE CHIRIQUÍ

Mitten im Golfo de Chiriquí gelegen, ist dieser Meerespark für seine prächtigen Strände und unberührten Korallenriffe bekannt. Der schwer zugängliche Park bietet umwerfende Möglichkeiten zur Vogelbeobachtung. Der Meerespark Golf von Chiriquí entstand 1994, um 148 Quadratkilometer der Meeres-Ökosysteme und die rund zwei Dutzend Inseln des **Archipiélago de las Islas Paridas** zu schützen.

Der wahre Goliath unter den Inseln ist die **Isla Parida**. Ihre Hügel sind in feuchten Tropenwald eingehüllt und gesäumt von Mangroven, die Freisitze für Fregattvögel bilden. Durch die Wälder hallt das Krächzen der Sittiche und das Röhren der Brüllaffen. MiAmbiente unterhält hier eine Rangerstation. Das warme Wasser um die **Isla San José** ist der Traum jedes Schnorchlers. Ebenso das Wasser um **Isla Bolaños**, wo nachts Karett- und Lederschildkröten an Land kommen, um ihre Eier abzulegen. Tagsüber sind Meeresschildkröten und bunte Papageienfische an den Korallenriffen zu beobachten. Angler schwärmen von den Schlägen des Cubera-Schnappers, des Hahnfisches und anderer Fische. Bootsführer lockt die **Isla Gámez**, einen Kilometer nördlich von Parida. Leider sind ihre Strände nicht sehr sauber. Der Zugang zum Park per Boot erfolgt über Boca Chica (siehe S. 215). Die **Fundación Mar Viva** *(www.marviva.net)* hat die Gründung der Aventura Rurales del Golfo (ARUG) gefördert, eine Kooperative örtlicher Fischer, die umweltfreundliche Touren im Golf durchführen. ■

PARQUE NACIONAL MARINO GOLFO DE CHIRIQUÍ
Karte S. 210 C1
Besucherinformation
MiAmbiente, Ave. Red Grey, David
774 31 63
Geschl. Sa u. So
www.miambiente.gob.pa

Boquete, die Stadt des ewigen Frühlings, liegt traumhaft in den Bergen an der Ostseite des Volcán Barú. Straßen, gesäumt von Engelstrompeten, verheißen eine Welt voller Schönheit. Kaffeeplantagen, Wildwasserfahrten und Wege mit Wander- und Vogelbeobachtungsmöglichkeiten gehören zu den Attraktionen.

Ein Ngöbe-Buglé pflückt die Kaffeekirschen während der Ernte von November bis März.

BOQUETE

Die Straße von David steigt linear an – eine 40 Kilometer lange, gerade Strecke, die Sie zum **Centro de Información Turística** (CEFATI) auf einem Felsvorsprung führt, der als **Mirador de la Virgen de la Gruta** in Alto Boquete (Oberes Boquete) bezeichnet wird. Vom CEFATI aus hat man einen tollen Ausblick über das Stadtzentrum, das als Bajo Boquete (Unteres Boquete) bezeichnet wird und sich in einem schmalen Tal des Río Caldera auf einer Höhe von 1300 Metern befindet. Boquete liegt eng an den bewaldeten Berghängen mit dem brütenden Massiv des Volcán Barú im Westen und Cerro Azul und Cerro La Estrella im Osten.

BOQUETE
Karte S. 210 B3–B4

Besucherinformation
CEFATI, Av. Central
7204060

Das im Jahr 1911 gegründete Boquete wurde Anfang des letzten Jahrhunderts von Immigranten aus Mitteleuropa besiedelt. Schweizer, Deutsche und Slawen hinterließen architektonische Spuren. Die Gegend ist zudem eines der größten Siedlungsgebiete der Ngöbe-Buglé.

Das abschüssige Bajo Boquete ist ideal für einen Spaziergang. Im zentralen **Parque Domingo Médica** treffen sich die Einheimischen. An den Wochenenden stellen die Ngöbe-Buglé ihre Verkaufsstände auf, um ihre farbenprächtigen Kunsthandwerksgegenstände anzupreisen.

Ein **antiker Eisenbahnwaggon** auf einem Gleisstück an der Ostseite des Platzes erinnert an die 1912 erbaute Eisenbahn, die Boquete einst mit der Küste verband. Schräg gegenüber befindet sich im **Parque de las Madres** die Statue einer Mutter mit ihrem Kind. Ein fünfminütiger Aufstieg zum **Hotel Panamonte** (siehe S. 286) aus dem Jahr 1914 lohnt sich wegen des reizenden Gartens und des Flairs des vergangenen Jahrhunderts.

Orientierungsfahrten mit dem Jeep und Raftingtouren werden von Boquete Mountain Safari *(Tel. 66 27 88 29, www.boquetemountainsafari.com)* angeboten.

Blühendes Paradies: Pflanzen und Sträucher lieben Boquetes Klima. Gärtnereien *(viveros)* züchten Lilien, Nelken und Rosen. **Mi Jardín es Su Jardín** *(Ave. Central, 800 Meter nordwestlich von Boquete)* ist eine Symphonie der Farben und Düfte. Auf einer Fläche von fünf Hektar lockt der Garten der

Erlebnis

WILDWASSER-FLOSSFAHRTEN

Beim Floßfahren auf den Flüssen Chiriquí und Chiriquí Viejo, die von den Hängen des Volcán Barú kaskadenartig ins pazifische Tiefland hinabfallen, verbindet sich die Schönheit der Natur mit Nervenkitzel. Die Flüsse sind von Mai bis Dezember am interessantesten, können aber das ganze Jahr über befahren werden.

Der **Río Chagres** fließt unweit von Panama-Stadt, ist von Regenwald umgeben und bietet Strecken der WW II bis III und Möglichkeiten, an Emberá-Dörfern an Land zu gehen. Die Flüsse **Chiriquí**, **Chiriquí Viejo** und **Majagua** im Westen fließen die Hänge des Volcán Barú hinab, um dann in die pazifischen Ebenen herabzustürzen.

Aventuras Panama *(Tel. 66 79 44 04, www.aventuraspanama.com)* organisiert Eintagestouren auf dem Chagres, der im November das meiste Wasser führt.

Boquete Outdoor Adventures *(Tel. 720 22 84, www.boqueteoutdooradventures.com)* führt Fahrten auf dem Chiriquí und dem Majagua durch.

Chiriquí River Rafting *(Tel. 68 79 43 82, www.panama-rafting.com)* bietet selbst geführte Raftings auf dem Chiriquí und dem Chiriquí Viejo.

Ein Kletterer sucht einen Weg an einer Felswand aus hexagonalem Basalt nahe Boquete.

Familie González mit Farnen, Azaleen, Fleißigen Lieschen, Hibiskus und Rosen. Alljährlich im Januar werden auf der Fería Internacional de las Flores y el Café *(Ave. Buenos Aires, Tel. 730 94 66, www.feriadeboquete.com)*, der Messe für Blumen und Kaffee, die schönsten Beispiele für die Kunstfertigkeit einheimischer Gärtner ausgestellt. Das Gelände am Ostufer des Río Caldera ist mit 10 000 Blumensorten bestückt. Es ist ganzjährig geöffnet, die beste Zeit ist während der Feria de las Orquídeas (Orchideenmesse) im April.
Jungla de Panama Wildlife Refuge ist die einzige amtlich zugelassene Tierschutzstation Panamas und bietet die Gelegheit, Ozelots, Langschwanzkatzen, Nasenbären und Affen zu sehen, die als Waisen gerettet wurden. Die Übernachtungsmöglichkeiten hier reichen von der einfachen Herberge bis zu einer luxuriösen *casita*.

Kaffeetouren: Der beste Kaffee wird in Boquete angebaut. Einige Produzenten und Röster bieten Besichtigungen ihrer *beneficios* (Kaffeeverarbeitungsanlagen) an. Der schönste *cafetal* (Kaffeeplantage), die **Finca Lérida**, besitzt 44,5 Hektar Kaffeefelder, 259 Hektar Primärwald und 57 Hektar für den Anbau von Blattsalat und Karotten. Besucher können einen frisch ge-

JUNGLA DE PANAMA WILDLIFE REFUGE
✉ Palmira Centro, 1,6 km westl. von Boquete
☎ 69 68 60 10
$ $$
www.jungladepanama.org

FINCA LÉRIDA
✉ Alto Quiel, 9,6 km nordwestl. von Boquete
☎ 720 22 85
$ $
www.fincalerida.com

Ein vetrautes Bild rund um Boquete: Kaffeebohnen liegen zum Trocknen aus.

rösteten Kaffee mit Blick auf den alten *beneficio* genießen, der heute ein Museum mit Exponaten zur Kaffeeproduktion beherbergt. Acht Kilometer gepflegter Wanderwege führen in das Nebelwald-Schutzgebiet, in dem die Pfiffe der Quetzals zu hören sind. Es werden Führungen und Rundgänge angeboten. Die Finca Lérida betreibt eine Pension (siehe S. 287).
Beneficio Cafetalero Café Ruíz bietet Touren, die die Kaffeefelder in Palmira und die *beneficios* in Boquete umfassen. Im *Café Ruiz* beim CEFATI in Boquete kann man sich anmelden.

Wissen

BOQUETE-KAFFEE

Der Arabica-Kaffeestrauch wächst am besten auf Böden mit guter Drainage in einer Höhe von 760 bis 1070 Metern, bei nahezu konstanten Temperaturen von 15 bis 28° C und einer ausgeprägten Trocken- und Regenzeit. Das Klima, die Hanglage und die nährstoffreichen Böden des Hochlands von Chiriquí sind bestens für den Kaffeeanbau geeignet und ergeben einen Kaffee mit ganz eigenem Aroma – mild und aromatisch.
Die grün glänzenden Sträucher tragen ab dem vierten Jahr Früchte, die sich zu Beginn der Regenzeit durch winzige weiße Blüten ankündigen. Die Bohnen sind umgeben von saftigen grünen Beeren, die sich im Oktober zur Erntezeit blutrot färben. Die von Hand gepflückten Kaffeekirschen werden zur Verarbeitung an die *beneficios* geschickt, wo die Bohnen von Schale und Fruchtfleisch befreit und dann entweder mit Warmluft getrocknet oder zum Trocknen in der Sonne ausgebreitet werden. Danach wird die Pergamenthaut entfernt, die Bohnen werden geröstet und ... mmmh!

Estate Palo Alto, nordöstlich von Boquete, bietet täglich Führungen, u. a. die **Kotowa-Kaffeetour**, bei der man die älteste Verarbeitungsanlage Panamas, die zugleich eine Probierstube ist, besichtigen kann. Der Weg zum Estate Palo Alto ist nicht ausgeschildert (Anmeldung erwünscht). In Kotowa liegt der **Boquete Tree Trek** (siehe S. 307), ein dreistündiger Abenteuerweg an Drahtseilbahnen von Baum zu Baum.

Berghöhen: Boquete bietet Wanderwege aller Schwierigkeitsgrade. Die Hotels vor Ort empfehlen Führer. Drei kurze Rundwege führen von Bajo Boquete bergauf. Der südlichste Weg startet in der Stadtmitte und steigt durch Kaffeefelder nach **Volcancito** auf, von wo aus bergtüchtige Wanderer den **Volcán Barú** erklimmen können. Ein zweiter Rundkurs führt nordöstlich nach **Alto Lino**, von wo aus ein leichterer Weg auf den 2232 Meter hohen **Cerro Horqueta** führt. Ein Wanderweg von Alto Lino überquert die kontinentale Wasserscheide und steigt durch den **Park La Amistad** zum Flachland hinab – ein mühsames, viertägiges Abenteuer!
Eindrucksvoll ist der 20 Kilometer lange Rundkurs um **Bajo Mono**, der sich in steilen Serpentinen durch eine Schlucht zieht, die von einer Wand aus Basaltsäulen eingerahmt wird. Sie können zum Ende der Straße bei **Alto Chiquero** fahren, parken und auf dem Wanderweg **Sendero Los Quetzales** (siehe S. 225) wandern, der sich um die Nordhänge des Volcán Barú zieht. Wer einen Quetzal sehen will, hat hier die besten Chancen.
Boquete Mountain Safari *(Tel. 66 27 88 29, www.boquetemountainsafari.com)* führt Fahrten in umgebauten Jeeps zum Gipfel durch. Die Reise beginnt vor Tagesanbruch, man durchfährt fünf Klimazonen und ist zum Sonnenuntergang auf dem Gipfel, wo man über den Pazifik und die Karibik blickt.

PARQUE NACIONAL VOLCÁN BARÚ

Der 142 Quadratkilometer große Park liegt schützend um die bewaldeten Flanken von Panamas einzigem Vulkan und ist leicht zugänglich. Er bietet fantastische Wanderungen und Gelegenheiten, Quetzals zu beobachten.

BENEFICIO CAFETALERO CAFÉ RUÍZ
Hwy. 43, Alto Boquete
730 95 75 oder 66 72 37 86
1- bis 3-stündige Führungen nach Voranmeldung
$$$
www.caferuiz-boquete.com

KOTOWA KAFFEETOUR
Estate Palo Alto, 5 km nordöstl. von Boquete
720 38 52
Führungen Mo–Sa 14 Uhr; So und private Führungen nach Voranmeldung bei Coffee Adventures, Tel. 720 38 52, www.coffeeadventures.net
$$$$
http://kotowa.com

Der Sendero Los Quetzales bietet einen schönen Ausblick auf Cerro Punta.

Der 3475 Meter hohe Barú ist der höchste Berg des Landes. In den vergangenen 500 Jahren hat er geruht. An klaren Tagen sieht man von seiner Spitze die Karibik und den Pazifik. Sieben Krater umgeben den Gipfel. Sie sind vom Osten aus über einen 13,5 Kilometer langen Wanderweg erreichbar, der bei der MiAmbiente-Rangerstation oberhalb von **Volcancito**, 8 Kilometer westlich von Boquete, beginnt. Ab dem Ende der geteerten Straße in Volcancito dauert die Wanderung 45 Minuten. Die anspruchsvolle Wanderung von der Rangerstation auf dem Pfad zum Gipfel dauert fünf Stunden. Von der Westseite her führt eine Piste, die ungefähr 4 Kilometer nördlich von **Volcán** neben der Straße beginnt, 7 Kilometer in östlicher Richtung

Wissen

QUETZAL

Der Quetzal *(Pharomachrus mocinno)* aus der Familie der Trogone ist eine exotische und scheue Art. Sein smaragdgrünes Gefieder ist so luxuriös, dass die Mayas ihn als heiligen Vogel verehrten. Der bedrohte Vogel in der Größe einer Taube ist am ehesten auf einer Höhe von rund tausend Metern über dem Meer anzutreffen, wo sich die Nebelwälder befinden. Das Männchen hat eine scharlachrote Brust und lange Schwanzfedern, die es bei seinen Balzflügen zur Schau stellt. Der Quetzal bevorzugt die Aguacatillo, die Frucht wild wachsender Avocadobäume, die er im Flug von den Bäumen unter sich pflückt.

zum Ende des Wanderweges am Gipfel. Dieser Weg ist steiler als der von Boquete aus. Rechnen Sie für den Weg zum Gipfel und zurück mit gut zehn Stunden. Man sollte vor Sonnenaufgang starten, um nicht in die Wolken zu geraten, die vormittags oft die höheren Lagen verhüllen, und warme Kleidung und Regenausrüstung mitbringen. Der Wanderweg **Sendero Los Quetzales** führt über den nördlichen Hang zur MiAmbiente-Rangerstation bei **Alto Chiquero**, die einen Schlafsaal mit kalten Duschen bietet, und weiter zu **El Respingo** bei bei Cerro Punta. Sechs Stunden reichen für die 19 Kilometer. Über 300 Brutpaare von Quetzals leben hier. Infos gibt es bei der Fundación para el Desarrollo Integral de Cerro Punta (FUNDICCEP, *Tel. 771 21 71, www.fundiccep.org)*, die lokale Umweltprojekte fördert.

Zu den Säugetieren des Parks gehören alle fünf Arten von Wildkatzen. Wer Tiere beobachten möchte, nimmt am besten an einer geführten Wanderung teil, die von Boquete aus von Coffee Adventures *(Tel. 720 38 52, www.coffeeadventures.net)* und Los Quetzales *(Tel. 771 22 91, www.losquetzales.com)* angeboten wird.

RUND UM VOLCÁN

Die Stadt Hato de Volcán (besser bekannt als Volcán) liegt im Südwesten von Volcán Barú. Sie lockt abenteuerlustige Besucher mit Kajak-, Wander- oder Vogel-Touren. Auf dem Berggrat säumen Kaffeeplantagen eine spektakuläre Fahrtstrecke, die im Westen bis zur Grenze zu Costa Rica verläuft. Lohnend ist ein Besuch bei **Janson's Coffee House** *(Tel. 65 69 74 94, www.jansoncoffee.com, So geschl.)*, einem Kaffeeröster auf dem Berg mit einem Café oberhalb des firmeneigenen *beneficio* im Süden der Stadt. Auf Anfra-

PARQUE NACIONAL VOLCÁN BARÚ
Karte S. 210 B4
Besucherinformation
MiAmbiente, Vía Aeropuerto
774 66 71 oder 775 31 63
www.miambiente.gob.pa

VOLCÁN
Karte S. 210 B3

Präkolumbisches Tongefäß von Sitio Barriles

ge kann man an kostenlosen Touren rund um die Kaffeefarm **La Torcaza** und durch den *beneficio* teilnehmen. Anschließend sollten sich Vogelliebhaber zu den nahen **Lagunas de Volcán** begeben. Die drei Lagunen in Feuchtgebieten mit einer Fläche von 143 Hektar sind Rastplatz für Zwergsultanshühner, Maskenenten und andere Wasserzugvögel. Die Zufahrtsstraße beginnt im Norden der Landepiste und ist für Geländewagen geeignet. Wegen der Schlingpflanzen sollte man nicht schwimmen.

Der Río Macho de Monte stürzt von der Westseite von Volcán Barú durch den **Cañón Macho de Monte** herab in erfrischende Seen. Der Zugang erfolgt über eine Piste zum Wasserkraftwerk, die 12 Kilometer südlich von Volcán beginnt. Wildwasserfahrten werden von Chiriqui River Rafting (siehe S. 308) durchgeführt, und in der Casa Grande Bambito Resort (siehe S. 288) kann man Lkw-Schläuche für ruhigere Fahrten auf dem Fluss mieten.

WESTLICH VON VOLCÁN

Die kurvige Straße nach Río Sereno, westlich von Volcán, führt durch nebelwaldbestandene Berge und Kaffeefelder. Die kleine Kaffeefarm von José Luis und Edna Landau ist zugleich eine archäologische Stätte – **Sitio Barriles** –, wo Relikte einer Kultur aus der Zeit von 300 bis 600 v. Chr. zu sehen sind: ein Grab, ein Fels mit der Gravur einer alten Karte und mögliche Überreste eines Tempels. 1947 wurden 18 lebensgroße Menschengestalten aus Basalt gefunden. Edna bietet Führungen auf Spanisch und Englisch. Die Kaffeefarm **Finca Hartmann** hat ihr eigenes Naturschutzgebiet. Sie besteht aus zwei Einheiten. **Ojo de Agua** hat ein Museum mit Exponaten zur Kaffeeproduktion, einer Insektenausstellung und präkolumbischen Artefakten und bietet eine Unterkunft in einer Holz-Lodge. In **Palo Verde** (der Hauptkaffeefarm) führen Wanderwege mit Hinweistafeln in einen Primärwald. Tukane, Tinamous (Steißhühner) und Motmots (auch Sägeracken) sind nur einige der fast 300 Vogelarten, die hier zu sehen sind, außerdem gibt es Rotwild, Ozelots, Gürteltiere und Affen.

In der Nähe liegen im Wald **Los Pozos Termales Tisingal**, heiße Quellen, die mit dem Geländewagen erreichbar sind. Die Straße beginnt an einer Abzweigung 10 Kilometer westlich von Volcán.

Río Sereno, 35 Kilometer westlich von Volcán, ist ein Grenzstädtchen rund um einen grasbewachsenen Hauptplatz mit Marmorobelisken. Eine unbefestigte Piste führt im Nordwesten der Stadt durch Kaffeefelder nach **La Unión**, wo die Grenze von einem Obelisken markiert wird.

RUND UM CERRO PUNTA

Im alpinen Cerro Punta bezaubern Orchideen- und Erdbeerplantagen, Pferdezüchter und eine große Ngöbe-Buglé-Bevölkerung die Besucher des Hochsgebirgstals am Tor zum Parque Internacional La Amistad. Nördlich

SITIO BARRILES
6,4 km westl. von Volcán
65 75 18 28
Einlass gegen Spende

FINCA HARTMANN
Hwy. 27 km westl. von Volcán
64 50 18 53
24 Stunden vorher anmelden
$$$

Wissen

IN PANAMA LEBEN

Für Ruheständler ist Panama ideal. Hier gibt es eine stabile demokratische Regierung, eine preiswerte und dennoch hochwertige medizinische Betreuung und einen relativ hohen Lebensstandard. Panama ist günstig und bietet ausländischen Investoren Fördergelder. Das Land erhebt keine Steuern auf ausländisches Einkommen, und Neuankömmlinge zahlen auf gekaufte oder gebaute neue Häuser 20 Jahre lang keine Eigentumssteuer.

Ausländer haben fünf Aufenthaltsoptionen. Die ersten vier erlauben das Betreiben eines Unternehmens.

Turista Pensionado (Ruheständler) erfordert den Nachweis von mindestens 1000 US-Dollar Rente pro Monat.

Rentista (Privatier) erfordert eine Einlage, die für eine monatliche Auszahlung von mindestens 750 US-Dollar ausreicht. Man hat das Recht auf einen panamaischen Reisepass.

Solvencia Económica Propia gewährt ein Einbürgerungsrecht nach fünf Jahren. Erforderlich ist ein Einlagenzertifikat über 200 000 US-Dollar.

Inversionista de Pequeña Empresa gewährt einen einjährigen Aufenthalt für Investoren in kleine Unternehmen, die mindestens 40 000 US-Dollar investieren und drei panamaische Angestellte einstellen.

Paises Amistosos de Residencia Permanente erfordert eine Einlage von 5000 US-Dollar und ein Stellenangebot.

Wissen

ORCHIDEEN

Orchideen werden für empfindliche Gewächshauspflanzen gehalten, doch in Wirklichkeit sind sie ganz passable Überlebenskünstler. Ihre Samen werden leicht an jeden beliebigen Ort der Welt getragen. Mehr als 20 000 Arten sind bekannt, deren Blüten stecknadelkopfkleine 2 Millimeter bis hin zu ausladenden 38 Zentimeter messen können. Ihr bevorzugter Standort sind die nebligen Berge Panamas. Die mehr als 1000 natürlichen Arten, die hier gedeihen, machen Panama zu einem der artenreichsten Orchideengebiete der Welt. Tausende mehr werden in Orchideenfarmen gezüchtet und können ganzjährig bewundert werden, die Hauptsaison ist jedoch im März und April.

von Volcán steigt die Straße durch **El Llano** – die Hochebene – weiter auf. Diese Landschaft entstand in Urzeiten aus einem Lavastrom. Inmitten von Pinien zwischen Volcán und Cerro Punta gelegen, traut man beim Anblick der Zwillingsgemeinden **Bambito** und **Nueva Suiza** (Neu-Schweiz) kaum seinen Augen: Man steht vor Häusern und Lodges im Tiroler Stil, verziert mit Zuckerbäckerornamenten und Hängekörben voller bunter Fleißiger Lieschen. **Truchas de Bambito** *(an der Hauptstraße in Bambito, Tel. 771 42 65)* züchtet Forellen und vermietet an Interessierte Angelruten.

Cerro Punta liegt auf einer Höhe von 1970 Metern, rund 670 Meter höher als Boquete, im Krater eines erloschenen Vulkans. Es ist das Zentrum der Vollblutzucht. Das Gestüt **Haras Cerro Punta** *(gelegen an der Hauptstraße, 500 Meter nördlich von Cerro Punta, Tel. 771 20 57, www.harascerro punta.com)* ermöglicht Besichtigungen seiner Einrichtungen.

Die spektakulären Blütenblätter der Orchidee *Dracula vampira* in der Orchideenzucht Finca Dracula

Oberhalb von Cerro Punta liegt **Guadalupe**, das höchstgelegene Dorf Panamas. Hier befindet sich die mit Blumen geschmückte **Ecolodge & Spa Los Quetzales** (siehe S. 288), ein Basislager für Wellness am Fluss, Wanderungen und Vogelbeobachtungen in dem 350 Hektar großen privaten Naturschutzgebiet des Hotels. In der Nähe zeigt der **Jardín Botánico Finca Dracula** über 2200 Orchideenarten, darunter einige der Gattung *Dracula vampira,* nach der das *orquideario* benannt wurde. Orchideenliebhabern wird bei Führungen durch die Gewächshäuser und Labore ausreichend Stoff geboten. In Guadalupe macht die Straße eine Kehrtwende und führt nach Cerro Punta zurück: eine schöne, 6,5 Kilometer lange Rundfahrt führt vorbei an Blumen- und Erdbeerplantagen (*Panaflores, Tel. 771 21 05*).

WANDERUNGEN DURCH DEN NEBELWALD

Wenngleich nur ein kleiner Teil des großen **Parque Internacional La Amistad** (siehe S. 250) in der Provinz Chiriquí liegt, befinden sich hier die am besten zugänglichen Wanderwege durch die Nebelwälder von La Amistad. Grund genug für einen Besuch der Region. Der Haupteingang und die MiAmbiente-Rangerstation liegen 7 Kilometer nordwestlich von Cerro Punta bei Las Nubes. Drei Wanderwege starten bei der Rangerstation. Der **Sendero La Cascada** bietet Aussichtspunkte auf dem Weg zu einem spektakulären Wasserfall; der längere **Sendero El Retoño** steigt in den Nebelwald auf, ebenso der **Sendero La Montaña**. Die **Asociación Agroecoturística La Amistad** (ASAELA; *Tel. 771 26 20*), eine lokale Kooperative, führt ein Restaurant am Eingang. Die Rangerstation, fünf Minuten zu Fuß, hat ein Ausstellungszentrum, einen Schlafsaal und eine Küche.

Tipp

Der Finca Dracula sollte man einen Besuch abstatten und sich durch die Gewächshäuser und die mit Orchideen bewachsenen Anlagen führen lassen.

CHRISTIAN ZIEGLER
FOTOGRAF, SMITHSONIAN TROPICAL RESEARCH INSTITUTE

Der **Sendero Los Quetzales** (siehe S. 225) beginnt bei Bajo Grande *(5 Kilometer östlich der Straße von Cerro Punta nach Guadalupe)* und überquert die nördliche Schulter des **Parque Nacional Volcán Barú** (siehe S. 223), bevor er nach Boquete führt. Der einfachere **Sendero Las Tres Rocas** führt zu einer Felsformation und einem Aussichtspunkt. Das private Naturschutzgebiet der Ecolodge & Spa Los Quetzales (siehe S. 288) liegt im Park und hat Wanderwege, die in den Parque Internacional La Amistad hineinreichen. ■

CERRO PUNTA
Karte S. 210 B4

FINCA DRACULA JARDÍN BOTÁNICO
1,2 km nordöstl. von Guadalupe
771 20 70
$$
www.fincadracula.com

AUTOTOUR ÜBER DIE KONTINENTALE WASSERSCHEIDE

Diese Tour führt quer durch die Berge. Sie beginnt fast auf Meeresniveau und erreicht wolkenverhangene Höhen, bevor sie sich hinab in die karibische Küstenebene windet. Die landschaftlich reizvolle Route bietet viele interessante Zwischenstopps. Die Strecke ist für die meisten Autos passierbar, auch wenn Erdrutsche, Nebel und Kurven Vorsicht erfordern.

Sturmwolken über dem Lago Fortuna auf der Karibikseite der kontinentalen Wasserscheide

Highway 4 beginnt bei **Chiriquí** (1), an der Kreuzung mit der Panamericana. Von hier aus führt die gut ausgebaute Straße nach Norden durch Weideland. Es locken die abgerundeten Spitzen der Cordillera de Tabasará am Horizont. Halten Sie sich an der Gabelung an der Einfahrt nach **Gualaca** (2) links, dann bei der Tankstelle wieder links.

Nach 29 Kilometern verlaufen die Wände einer Schlucht parallel zur scheinbar abschüssigen Straße. Sie werden überrascht sein, dass das Wasser in die entgegengesetzte Richtung fließt – der Abhang ist eine **optische Täuschung**. Kurz danach überqueren Sie die **Presa Chiriquí**, einen Staudamm am Río Chiriquí. Nach weiteren 6,4 Kilometern an der T-Kreuzung rechts abbiegen. Hinter **Caldera** (3) führt Sie eine Wanderung zur **Piedra Pintada**, einem Felsbrocken am Fluss mit präkolumbischen Petroglyphen. Ein 2,5 Kilometer langer Wanderweg führt zu den Thermalquellen von **Pozos de Aguas Termales** (39–42° C), in denen man ein Bad zwischen Natursteinmauern und Obstbäumen nehmen kann. Nach kurzer Fahrt beginnt ein steiler Aufstieg in die Berge. Rund 58 Kilometer nach dem Start biegen Sie an der Kreuzung mit dem Schild Casa de Control rechts in eine unbefestigte Piste ein.

Nach 10,5 Kilometern kommen Sie zum Highway 4; hier links abbiegen zur **Reserva Forestal Fortuna** (4), wo Wanderwege durch 194 Quadratkilometer Schutzwald führen. Hinter dem **Centro para la Investigación y Conservación de la Biodiversidad Tropical**, in dem das Smithsonian Tropical Research Institute eine Forschungseinrichtung unterhält *(Tel. 212 80 16, www.stri.org)*, windet sich die Straße in das Valle de Las Sierpes und zur **Presa Edwin Fabrega**, dem 30 Meter hohen Damm, der das Wasser des **Lago Fortuna** (5) zurückhält. Das **Centro de Visitantes** (Besucherzentrum) zeigt naturkundliche Ausstellungen (nur auf Spanisch).

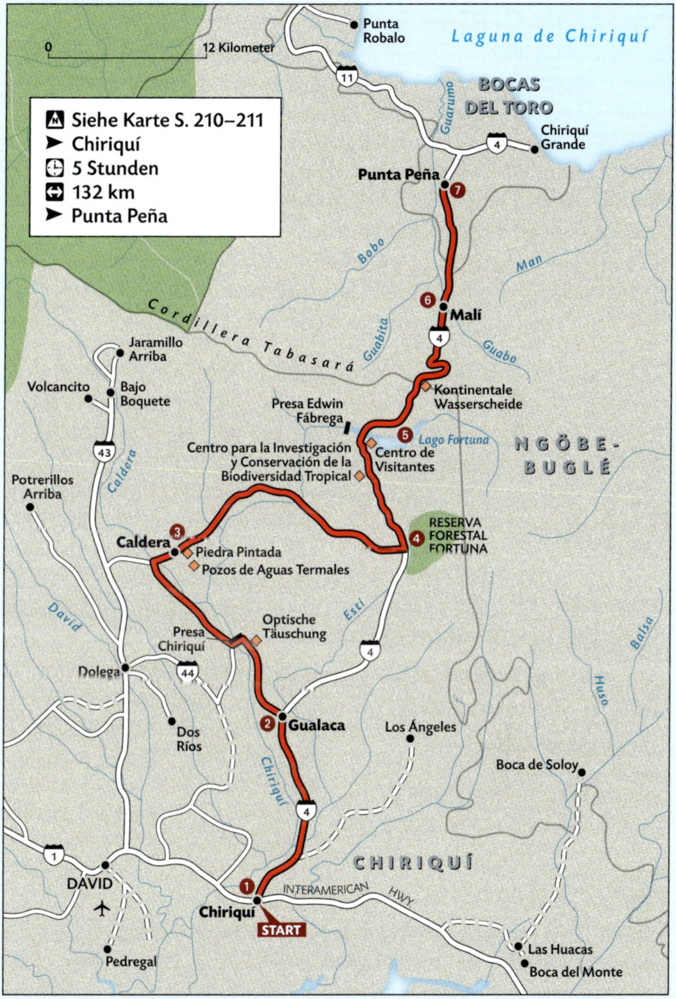

Auf dem weiteren Weg überqueren Sie die kontinentale Wasserscheide. Fahren Sie vorsichtig, wenn Sie an den bewaldeten östlichen Hügeln auf der Strecke ins Tal zum Dorf **Malí** ❻ der Ngöbe-Buglé fahren – ein Abstieg von rund 1524 Metern. Die Straße folgt danach dem Río Guarumo durch ein Tal, das von Gebirgslandschaften eingerahmt ist. Die Fahrt endet in **Punta Peña** ❼.

RUMFABRIK CARTA VIEJA

Die Ebenen westlich von David sind bedeckt mit Zuckerrohrfeldern. Der Geruch von Melasse lockt in eine der ältesten *centrales* (Zuckerrohr-Verarbeitungsanlagen) in Panama. Die Rumfabrik Central Industrial Chiricana im Dorf El Tejar, rund 20 Kilometer westlich von David gelegen, ist berühmt für ihre Carta Vieja – einen dunklen, vollaromatischen Rum, der über vier Jahre in Eichenfässern reift. Die Brennerei organisiert für Besucher regelmäßige Besichtigungstouren.

Karte S. 210 B2 ✉ El Tejar, 3,2 km nordwestlich von Alanje (16 km westlich von David) ☎ 772 70 73 ⌚ geschl. Sa u. So $ gratis www.cartaviejapanama.com

CENTRAL HIDROELÉCTRICA FORTUNA

Das Wasserkraftwerk Fortuna erzeugt 39 Prozent des Strombedarfs von Panama. Seine drei 100-MW-Turbinen werden vom Wasser des 32 Kilometer entfernten Lago Fortuna gespeist (siehe S. 230). Die *casa de máquinas* – die Turbinenstation – befindet sich in einer riesigen Höhle in einer Tiefe von 430 Metern und ist über einen fast 2 Kilometer langen Tunnel erreichbar. Um an einer Führung teilzunehmen, muss man sich eine Woche vorher anmelden. Es sind lange Hosen und geschlossene Schuhe zu tragen.

Karte S. 210 C3 ✉ 5 km nordwestlich von Gualacá (31 km nordöstlich von David) ☎ 831 60 00 (in Panama-Stadt) ⌚ Sa u. So geschlossen

Tipp

In den Höhenlagen des Hochlands ist es entweder kühl und feucht oder kühl und windig. Nachts und morgens braucht man meist eine Jacke.

NEIL SHEA
AUTOR, NATIONAL GEOGRAPHIC MAGAZINE

FINCA LA SUIZA

In einem 200 Hektar großen Vorgebirgswald an den Südosthängen von Volcán Barú bietet die Lodge Wanderungen auf vier Waldwegen, die in den vogelreichen Nebelwald aufsteigen. Wer nicht Gast der Lodge ist, kann gegen eine Gebühr an Tagestouren teilnehmen.

Karte S. 210 C3 ✉ 4 km nördlich von Los Planes und 18 km nördlich von Gualacá ☎ 67 94 44 62 ⌚ Okt. geschl. $ $$

ISLAS SECAS

Der Archipel Islas Secas, südöstlich des Meeresnationalparks Golfo de Chiriquí gelegen, besteht aus 14 Inseln mit einem Hotel und wird vom

Charterflugzeug angeflogen. Jede der von Stränden umgebenen Inseln ist einzigartig. Auf einigen gibt es Wege für Vogelwanderungen. Nicht selten sind Weißspitzenhaie entlang der Riffe zu sehen, die ein fantastisches Schnorchel- und Taucherlebnis garantieren. Karettschildkröten, Lederschildkröten und olivfarbene Ridley-Schildkröten paddeln vorbei und legen nachts am Strand ihre Eier ab.

Karte S. 210 D1 ✉ 35 km südöstlich von Boca Chica mit dem Charterboot oder privaten Charterflug ☏ 001-800-377 88 77 http://islassecas.com

TOLÉ

Tolé ist das am besten zu erreichende Dorf der Ngöbe-Buglé, liegt nur etwa 2 Kilometer abseits des Interamerican Highway und erstreckt sich über die Gebirgsausläufer, die die Provinzen Veraguas und Chiriquí trennen. Man kann zusehen, wie *chácaras* (gewebte Handtaschen), geflochtene Körbe und Kleider gefertigt werden. Auf einem Wanderweg, der bei El Nancito, 8 Kilometer westlich von Tolé beginnt, erreicht man Felsen mit präkolumbischen Petroglyphen.

Karte S. 211 E2 ✉ 82 km östlich von David auf dem Interamerican Highway, dann 2 km nach Norden

Der Nationalpark rund um den Volcán Barú wartet mit wunderschönen Wanderwegen auf

Bocas del Toro

‹ Tropenidylle wie aus dem Bilderbuch auf dem Archipel von Bocas del Toro

BOCAS DEL TORO

Das zweitbeliebteste Reiseziel nach Panama-Stadt, die Provinz Bocas del Toro, ist berühmt für ihren entspannten Insel-Lifestyle. Eigentlich gibt es mehrere Bocas – darunter ein Archipel und eine Stadt. Ein Großteil der Provinz liegt im Parque Internacional La Amistad und in der Pufferzone Bosque Protector Palo Seco. Diese wilde Region ist praktisch unerforscht.

Die dem Festland vorgelagerten Inseln Bocas del Toro – von den Einheimischen kurz »Bocas« genannt – sind eine andere Welt. Dieser Archipel aus sechs Inseln, Atollen und Sandbänken ist eine Wasserwelt, in der Wassertaxis das einzige Transportmittel sind. In einer Hängematte liegen, in eine Welle hechten oder ein kaltes Bier in einer der unkonventionellen Bars – so genießt man auf den relaxten Bocas. In der letzten Zeit haben Investoren die Bocas für sich entdeckt, und Resorts und Wohnanlagen beginnen das entspannte Ambiente zu verändern.
Die meisten Besucher beschränken sich auf diese Inseln, die sich aus dem warmen Wasser erheben, in dessen Korallenriffen 74 der 79 karibischen Korallenarten beheimatet sind. Schnorcheln und Tauchen sind hier ein Traum, obwohl die Sicht oft schlecht ist. Einige Flecken Regenwald ragen noch über dem Wasser auf. Mehrere Arten der giftigen Pfeilgiftfrösche sind ende-

Die sonnige Küste in Bocas-Stadt, einem immer beliebteren Reiseziel

mische Arten der Inseln, so wie auch ein kleines Faultier, das zwischen den Mangrovenblättern lebt. Unbedingt Insektenspray gegen die Moskitos und *chitras*, winzige, lästige Sandfliegen, mitbringen!

Eine Attraktion sind die Ngöbe-Buglé-Dorfgemeinschaften, von denen viele an ihrer *Ngabere*-Sprache und Kultur festhalten. Sie sind über den ganzen Archipel und das Festland verstreut und gut erreichbar. Viele Nachfahren der Ureinwohner wenden sich dem sanften Tourismus zu. Die Einrichtungen – z. B. Ökolodges wie die in Wekso – sind einfach, bieten aber Gelegenheit, die Vielfalt Panamas zu erleben und zum Wohlergehen und zum Umweltbewusstsein der indigenen Völker beizutragen.

Während auf dem Festland hauptsächlich Mestizen und Ngöbe leben, sind die Inselbewohner vorwiegend schwarz – Nachfahren von Sklaven und jamaikanischen Arbeitern, die im 19. Jahrhundert kamen. Die meisten sprechen Spanisch und Englisch, obwohl die Verkehrssprache der Region ein englischer Dialekt ist, der mit indigenen und spanischen Begriffen gespickt ist und sich *Guari-Guari* nennt. Besucher sollten auf Regen eingestellt sein. Im Februar, März und Juni scheint die Sonne am beständigsten. ■

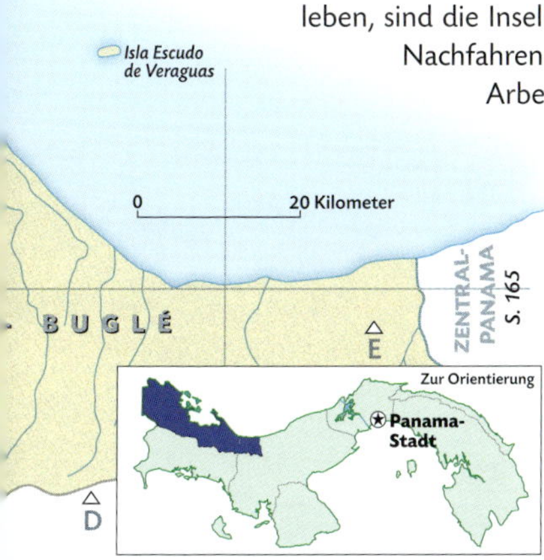

Die 61 Quadratkilometer große Insel ist die größte und am stärksten besiedelte der Bocas; hier befinden sich die meisten Hotels, Restaurants und Dienstleister. Neben dem Charme des Lifestyles von Bocas-Stadt gibt es auf der Insel auch Urwaldabschnitte und spektakuläre Strände zu entdecken.

Bocas-Stadt ist das 1826 gegründete wirtschaftliche Zentrum des Archipels. 1889 richtete die United Fruit Co. hier ihren panamaischen Hauptsitz ein. In dem 1905 erbauten Gebäude befindet sich heute das **Gran Hotel Bahía** *(Tel. 757 96 26, www.ghbahia.com)*. Nach dem Wegzug des Obstriesen geriet die Insel in Vergessenheit, bis vor rund einem Jahrzehnt die ersten Einzelreisenden kamen. Die Gegend spricht noch heute in erster Linie Individualreisende an, die in ihrem Urlaub in der Hängematte dösen und ein kühles Bier in einer entspannten Bar genießen. Die meisten Hotels sind ins Wasser gebaut, viele davon haben ihre eigenen Kais und Restaurants auf Stelzen mit Blick auf den Sonnenuntergang.

UMGEBUNG DER STADT

Die Stadt ist gitterförmig angelegt, wobei alles Wichtige entlang einer der beiden Hauptstraßen am Wasser liegt: Calle 1 und Calle 3. Dazwischen

Die Hafenfront von Bocas-Stadt säumen zahlreiche Hotels, Restaurants und Bars.

liegt der **Parque Simón Bolívar** mit einer **Bronzebüste von Simón Bolívar**. Die **Biblioteca Pública de Bocas** *(Calle 3, Sa u. So geschl.)* bietet eine Ausstellung zur Ökologie der Meeresschildkröten und das **APT-Büro** zeigt Exponate zu Geschichte und Ökologie.

Cayo Carenero ragt nur drei Minuten mit dem Boot in Richtung Norden entfernt aus dem Wasser. Ein Pfad führt zu einer Bucht mit einem Killer Reef Break, einem Riff mit perfekten Surfbedingungen.

Der Strand von Bocas-Stadt, **Playa El Istmito**, etwa zehn Gehminuten nördlich vom Park entlang der Avenida G, ist Veranstaltungsort der alljährlichen, viertägigen Fería del Mar im September, wenn die Einwohner zu Reggae tanzen. Am Strand gibt es einen Volleyballplatz und Partystimmung.

Das Smithsonian Tropical Research Institute betreibt am westlichen Ende der Playa el Istmito eine **wissenschaftliche Forschungsstation** *(Tel. 212 85 74, www.stri.org, Do u. Fr 15–17 Uhr)* mit Ausstellungen zum Meeresleben. Auf einer nahe gelegenen Anhöhe haben die englischen Auswanderer David und Lin Gillingham einen tropischen Garten angelegt, die **Finca Los Monos Botanical Garden**, die neun Hektar umfasst und eine Vielzahl von Vögeln anzieht; an zwei Tagen in der Woche werden geführte Vogelbeobachtungen angeboten. Inmitten der Mangroven, zwei Minuten Überfahrt mit dem Boot über die Bahía del Almirante, tummeln sich auf der **Bocas Butterfly Farm** *(Tel. 757 90 98, $$)* die Schmetterlinge.

Tipp

Am besten sind die Bedingungen zum Schnorcheln und Sporttauchen in Bocas del Toro während der Monate Februar bis April.

NEIL SHEA
AUTOR, NATIONAL GEOGRAPHIC MAGAZINE

ISLA COLÓN
Karte S. 236 B3
Besucherinformation
APT, Calle 1, Bocas-Stadt
757 96 42
Geschl. Sa u. So
www.boterosunidos.bocas.com

FINCA LOS MONOS BOTANICAL GARDEN
757 94 61 oder 67 29 99 43
Führungen Mo 13 Uhr u. Fr 8.30 Uhr, sonst nach Vereinbarung
www.bocasdeltorobotanicalgarden.com

Anreise nach Bocas-Stadt
Mit dem Flugzeug: Flüge nach Bocas-Stadt von Panama-Stadt, David und Costa Rica aus.
Mit dem Wassertaxi: Boteros Bocatorenos Unidos, Tel. 757 97 60, www.apt.gob.pa
Expreso Taxi 25: (von und nach Almirante und Nachbarinseln), Tel. 757 90 28
Mit der Autofähre: Eine Autofähre verkehrt zwischen Chiriquí Grande, Almirante und Bocas-Stadt.

Wissen

ROTSCHNABEL-TROPIKVOGEL

Der Rotschnabel-Tropikvogel *(Phaethon aethereus)* ist ein Highlight für Vogelbeobachter. Die schlanken, weißen Vögel sind etwa so groß wie Tauben, haben aber eine Flügelspannweite von mehr als einem Meter. Über dem Auge verläuft ein rußschwarzes Band; der Schnabel ist leuchtend rot. Die Flügelspitzen scheinen in schwarze Farbe getaucht, der Rücken zeigt graue Sprenkel. Das Außergewöhnliche sind ihre extrem langen Schwanzfedern. Dieser Seevogel ist in den tropischen Meeren zu Hause, gelegentlich aber auch in gemäßigteren Klimazonen anzutreffen. Dank ihrer extrem guten Flugfähigkeiten zählen diese Vögel zu den weitreisendsten. Sie ernähren sich in der Regel von Fischen und anderen Meerestieren, die sie durch Sturztauchen erbeuten oder im Flug von der Meeresoberfläche absammeln. Die Weibchen nisten auf dem Boden oder am Rand von Felsklippen und legen jeweils nur ein Ei.

LUVSEITIGES UFER

Zwei Straßen führen von Bocas-Stadt aus in den Norden. Eine verläuft am östlichen Ufer entlang von **Big Creek** nach **Playa Paunch**, wo Surfer durch ein Reef Break herausgefordert werden, und **Playa Bluff**, wo Nicht-Surfer Surf-Cracks beim Üben auf »Killer Tubes« zuschauen können. Der Brandungsrückstrom und die Wellen machen das Schwimmen unmöglich. Der Strand ist von Juni bis September Brutplatz für Meeresschildkröten. Die **Asociación Natural Bocas Carey** *(Tel. 68 43 72 44 oder 65 53 65 66, www.anaboca.bocasdeltoro.org)* bietet nächtliche Führungen. Ein Pfad hinter Playa Bluff führt nach **La Piscina**, einer Lagune, in der Schwimmen sicher ist. Landeinwärts sind die Wälder voller Sittiche, Affen und Faultiere.

Auf **Cayo del Cisne** (Schwaneninsel) leben seltene Vögel. Mit einer Höhe von 40 Metern ist das Inselchen 1,6 Kilometer vor der Nordküste der Isla Colón der einzige Nistplatz des Rotschnabel-Tropikvogels in der südwestlichen Karibik und einer der drei Nistplätze für Brauntölpel entlang der Karibikküste von Panama.

Tipp

Die Straße von Bocas-Stadt führt zu einem wunderbaren Ort in Bocas del Drago. Das Essen im Restaurant Yarisnori (siehe S. 292) ist göttlich.

MAUREEN DONNELLY
NATIONAL GEOGRAPHIC-FELDFORSCHERIN

LEESEITIGES UFER

Eine zweite Straße führt in nördlicher Richtung nach **La Colonia Santeña**. Rund einen Kilometer östlich beherbergt das **Santuario Natural Nuestra Señora de la Gruta**, gewöhnlich La Gruta (die Grotte) genannt, eine Statue der Jungfrau

Maria. Hinter Schlingpflanzen wartet eine bizarre Welt voller Tropfsteinformationen. An der Decke hängen Flughunde, auch durch den Geruch deutlich wahrzunehmen. Der Ort zieht Pilger an, vor allem am 16. Juli zum Festival de la Virgen del Carmen.

Die Piste, außerhalb der Regenzeit eine ansprechende Radstrecke, endet bei **Bocas del Drago**, einer geschützten Bucht mit Sandstrand im Nordwesten der Insel. Das Restaurant am Wasser vermietet Tretboote und Schnorchelausrüstungen. Man gelangt auch mit dem Wassertaxi hierher, aber man sollte die Rückfahrt auf jeden Fall schon im Voraus vereinbaren. ■

BOCAS DEL DRAGO
⊠ 18 km nordöstl. von Bocas-Stadt

Die Terrassen der Küstenhotels von Bocas del Toro laden zum Verweilen ein

DIE INSELN BASTIMENTOS UND SOLARTE

Die Zwillingsinseln liegen östlich der Isla Colón und bieten Regenwald mit Wandermöglichkeiten, Schnorchelrevieren und Ngöbe-Buglé-Dörfern.

ISLA BASTIMENTOS

Diese interessante, 52 Quadratkilometer große Insel pulsiert im Takt der afro-antillanischen Kultur, die sich in der Siedlung von **Old Bank** konzentriert. Eine zehnminütige Bootsfahrt von Bocas-Stadt entfernt gelegen, schmiegt sich dieses farbenprächtige Dorf in eine geschützte Bucht im Südwesten der Insel. Die Einwohner, vorwiegend afro-antillanischer Abstammung, leben vom Fischfang, als Fremdenführer oder von Imbissständen.

Eine Piste beginnt beim Fußballfeld und führt quer über die Insel (nicht allein wandern!). Zuerst kommt die **Playa Primera** (oder Wizard's Beach) mit einer starken Brandung. Weiter östlich an der **Playa Rana Roja** (Red Frog Beach) steht das einzige Luxusresort der Region. Mit **Bastimentos Sky Zipline Canopy Tour** kann man hier an Seilrutschen durch den Regenwald sausen. Dahinter kracht die Brandung an der **Playa Larga** ans Ufer, deren endloser Sandstrand Meeresschildkröten zur Eiablage anzieht. Der Strand liegt im **Meeresnationalpark Isla Bastimentos** (siehe S. 246), durch dessen Wälder Wanderwege führen. Unweit liegt **The Silverback** – wie die Gorillas –, der so heißt, weil die bis zu sieben Meter hohen Wellen sich das Surfbrett wie ein Hölzchen schnappen können; dies ist der »Big Kahuna« des Surfens an den Bocas.

Vor der Isla Solarte kann man schnorcheln.

Als Verbindung zwischen Playa Rana Roja mit dem südlichen, landeinwärts liegenden Ufer liegt der vom Dschungel beschattete **Sendero de la Rana Roja** – benannt nach den Erdbeerfröschchen, die im Laub herumhüpfen. Er führt an Teichen voller Kaimane vorbei zu dem Ngöbe-Buglé-Dorf **Bahía Honda**, das sich an den Scheitelpunkt der gleichnamigen Bucht schmiegt. Hier bieten Führer Touren in *cayucos* zu Krokodilen, Kaimanen und den endemischen Arten der Mangroven fressenden Faultiere an.

Die **Cueva Nivida**, an einem Bach gelegen, ist per Kajak erreichbar. Eine Erkundung beinhaltet das

Erlebnis

YOGA LERNEN IN PANAMA

Wollen Sie Geist, Körper und Seele in einer natürlich schönen und ruhigen Umgebung in Einklang bringen? Panama avanciert zu einem der führenden Yoga-Urlaubsorte der Tropen. Zur Wahl stehen eine Handvoll engagierter Yoga-Zentren oder Wildnishütten und Deluxe-Hotels am Meer, die über Yoga-Dojos verfügen. Die wichtigsten sind hier genannt.

Bocas Yoga & Massage Center *(Isla Colón, Bocas del Toro, Tel. 66 58 13 55, www.bocasyoga.com)*, betrieben von Anabel del Carmen und der aus Arizona eingewanderten Laura Kay. Geboten werden Kurse an sechs Tagen der Woche, außerdem auch Privatstunden.

Panama Yoga Retreat *(El Valle de Ancón, www.retreatspanama.com)* organisiert siebentägige Yoga-Retreats im hübschen Los Mandarinos Spa Hotel, zu denen auch Ausflüge nach Panama-Stadt gehören. Angeboten werden Yoga, Hypnose, Reiki und Massage. Gourmet-Mahlzeiten werden im anerkannten La Casas de Lourdes eingenommen.

Prashanta Yoga at Bluff Beach Retreat *(Bluff Beach, Isla Colón, Bocas del Toro, Tel. 677 88 67, www.bluffbeachretreat.com)* nutzt den Strand von Bluff Beach und die anmutige Hotelkulisse, um einen eigenen naturverbundenen Yoga-Rückzugsort zu schaffen.

Durchwaten der Gewässer in der Grotte; Oscar Powell vom Roots Restaurant im Zentrum von Old Bank bietet Touren an.

ISLA SOLARTE

Die fünf Kilometer lange und einen Kilometer breite, von den Einwohnern Cayo Nancy genannte Insel liegt vor dem spitzen Nordende von Isla Bastimentos und 2 Kilometer östlich von Bocas-Stadt. Sie beherbergt das reizvolle Hotel Garden of Eden (siehe. S. 292). Bisher gibt es auf der Insel nur wenige Häuser und keine Straßen. Ein Pfad schlängelt sich durch den Wald von **Solarte** bergauf, wo Nachfahren der Ngöbe-Buglé leben. Die Bucht vor der Westspitze von **Punta Hospital** ist toll zum Tauchen und Schnorcheln. Starfleet Scuba (siehe S. 308) bietet Tauchgänge an. ■

DIE INSELN BASTIMENTOS UND SOLARTE
Karte S. 236 C3 u. 245
Besucherinformation
MiAmbiente, Calle 1, Bocas-Stadt
758 68 22
Geschl. Sa u. So
www.miambiente.gob.pa

BASTIMENTOS SKY ZIPLINE CANOPY TOUR
69 87 86 61
Touren um 10, 13 und 15.30 Uhr
$$$$
www.redfrogbeach.com

BOOTSTOUR UM DEN ARCHIPEL

Der sich über fast 100 Kilometer aquamarinfarbenes Wasser erstreckende Archipel Bocas del Toro bietet Inseln innerhalb von Inseln. Alle Inseln haben Gemeinsamkeiten, aber jede hat ihren eigenen Charakter und verfügt über eine eigene Kultur und Naturschönheiten. Diese ganztägige Bootstour verbindet kulturelle Höhepunkte, Naturerlebnisse und die Möglichkeit zum Schnorcheln im warmen Wasser in der Farbe geschmolzener Peridot-Edelsteine.

Ngöbe-Buglé paddeln in einem handgefertigten Einbaumkanu an Cayo Agua vorbei.

Bootseigner in **Bocas-Stadt** ❶ bieten Touren und Führer für eine Privattour an. Sie sind bei den Docks am Hafen bei Calle 1 zu finden; Gallardo Livingstone *(Tel. 757 93 88)* ist zu empfehlen. Eine Schnorchelausrüstung kann in Bocas-Stadt geliehen werden.

Zuerst sollte man in Richtung Süden, entlang der von Mangroven gesäumten Küste, zur **Isla San Cristóbal** ❷ fahren – beachten Sie den Leuchtturm an der Nordwestspitze, der den Kanal markiert, den die Frachtschiffe auf dem Weg zum Verladen von Bananen in Almirante passieren. Das nächste Ziel ist **Laguna Bocatorito**, eine Lagune voller Fische. In dem Ngöbe-Buglé-Dorf **Bocatorito**, oberhalb der Lagune, kann man etwas über das Comité Local de Conservación y Pesca erfahren, einer lokalen Gruppe zur Erhaltung der Fischbestände, die Bassins für Tilapia angelegt hat, um dem verarmten Dorf den Lebensunterhalt zu sichern.

Weiter geht es zur **Isla Popa** ❸, vorbei an **Popa II**, einem Ngöbe-Buglé-Dorf, das vom Fischfang lebt. Auf dem **Sendero de Sandubidi** kann man den Regenwald erkunden (Vorsicht: gefährliche Lanzenottern). Wer hungrig ist, kann in dem Restaurant vor Ort essen oder weiter nach Osten entlang der Küste von Isla Popa nach **Punta Cayo Tigre** und zu der Insel fahren, die sich hier über dem Kanal an dessen Ostseite erhebt; hier serviert das **Restaurante El Morro** ein Mittagessen mit Aussicht, und man kann in Ufernähe schnorcheln.

Bis zur nächsten Insel sind es fünf Bootsminuten: **Cayo Agua** ❹ ist faszinierend wegen seiner farbenfrohen Häuser, die über dem Wasser stehen. Beim Passieren der **Playa Punta Limón** ganz im Nordwesten der Insel auf die in Klippen eingebetteten Korallen achten. Sie sind über drei Millionen Jahre alt. Weiter geht es in nördlicher Richtung zum bezaubernden **Cayo Zapatilla Oeste** ❺, der zum Schnorcheln im glasklaren Wasser einlädt. Wegen der Strömung dicht am Ufer bleiben.

Dann geht es in Richtung Isla Bastimentos und nach **Quebrada Sal** ❻, wo, umgeben von Mangroven, Ngöbe-Buglé und *afrocaribeños* leben; halten Sie bei der Fahrt entlang des Kanals nach Faultieren Ausschau. Der Führer führt Sie auf einem Pfad zu einem Mirador mit toller Aussicht auf Cayo Zapatilla. Dann geht es um die Spitze von Isla Bastimentos, vorbei an **Cayo Crawl** ❼, einem Riff vor der Südostspitze von Bastimentos. Ein Stopp zum Schnorcheln in den Riffen lohnt sich. Bocas-Stadt erreicht man über die Fahrrinne, die zwischen Isla Bastimentos und Isla Solarte verläuft.

PARQUE NACIONAL MARINO ISLA BASTIMENTOS

Dieser Meeresnationalpark wurde 1988 zum Schutz der größten Korallenriffe und Mangrovensümpfe des Landes eingerichtet und umfasst einen Teil der Isla Bastimentos und der tropischen Gewässer und Riffe. Ein Besuch lohnt sich wegen der Schnorchelreviere und Begegnungen mit Tieren.

Karettschildkröte im Nationalpark Marino Isla Bastimentos

Der Nationalpark erstreckt sich über rund ein Drittel der Insel. In den Tropenwäldern im Inneren leben Kapuziner- und Nachtaffen, Agutis (eine Nagetiergattung) und 28 andere Säugetierarten, wie Hasenmaulfledermäuse, die sich am Abend auf die **Lagunas de Bastimentos** stürzen, um springende Fische zu erbeuten, sowie Zwei- und Dreifinger-Faultiere. In der Süßwasserlagune leben Schildkröten, Kaimane und Krokodile: Schwimmen ist nicht ratsam! Die Wanderwege sind kaum ausgebaut, besser einen Führer anheuern. Ein Weg führt von Old Bank zum Parkeingang bei **Playa Larga**. Vier Arten von Meeresschildkröten legen ihre Eier an diesem 13 Kilometer langen Strand ab. Zwei Drittel des Parks erstrecken sich auf die Gewässer westlich und östlich der Insel. Sehenswert sind die **Cayos Zapatilla**, benannt nach der *zapatilla*-Frucht, die hier wächst. Über einem Korallenplateau gelegen, sind diese unbewohnten Zwillingsinseln von Stränden mit feinem Sand umgeben. Ammenhaie leben an den Korallenfelsen. An Land beginnt der Waldlehrpfad **Bosque Detrás del Arrecife** bei der MiAmbiente-Rangerstation auf Cayo Zapatilla Este, wo das Zelten gegen die Entrichtung einer Gebühr gestattet ist. ■

Tipp

Ein paar Nächte sollte man in der La Loma Jungle Lodge (siehe S. 291) verbringen, einem umweltfreundlichen Ort mit wunderbaren Gastgebern.

CHRISTIAN ZIEGLER
FOTOGRAF, SMITHSONIAN TROPICAL RESEARCH INSTITUTE

PARQUE NACIONAL MARINO ISLA BASTIMENTOS
Karte S. 236 C2–C3
Besucherinformation
MiAmbiente, Calle 1, Bocas-Stadt
758 68 22
Geschl. Sa u. So
$$ (Genehmigungen in Bocas-Stadt)
www.miambiente.gob.pa

BOSQUE PROTECTOR PALO SECO

Als Pufferzone zwischen dem Parque Internacional La Amistad und der Küste dient dieses 167 400 Hektar große Naturschutzgebiet als biologischer Korridor, der den Park mit der Reserva Forestal Fortuna verbindet.

Die Ökoregion umfasst sechs Waldtypen, die zwischen 182 Meter und fast 2000 Meter liegen. Das Terrain ist gebirgig und von Dschungel bedeckt, mit dramatischen Ausblicken vom Flachland aus in die Berge, aber das an die Zone grenzende Flachland ist gefährdet. Brandrodung und illegale Abholzung waren Folgen der neuen Autobahn zwischen Punta Peña und Almirante. Zwei Projekte arbeiten mit Dutzenden kleiner Ngöbe-Buglé-Dörfer im Flachland zusammen, um nachhaltige ökologische Modelle einzuführen. Mehrere davon konzentrieren sich auf den sanften Tourismus, darunter das Dorf **Bajo Cedro**, in dem es eine handwerkliche Frauenkooperative gibt, die nur Naturfasern und Naturfarben verwendet. Das Dorf liegt 5 Kilometer westlich der Autobahn und rund 35 Kilometer südlich von Almirante. **Nance de Riscó**, rund 5 Kilometer landeinwärts von Almirante, liegt innerhalb des Schutzwaldes und ist bekannt für die Produktion indigener Kunsthandwerksgegenstände. Im nahen **Miraflores**, 6,5 Kilometer nördlich von Almirante, gibt es einen *zoocriadero* (eine Aufzuchtanstalt) für Leguane. All diese Dörfer beteiligen sich an der Wiederaufforstung und bieten Führungen an. MiAmbiente unterhält eine Rangerstation bei Kilometer 68,5 am Fortuna-Highway, nahe Altos de Valle, 29 Kilometer südlich von Chiriquí Grande. Hier führt der **Sendero Los Tucanes** durch Bergwald. ■

BOSQUE PROTECTOR PALO SECO
Karte S. 236 B2

Besucherinformation
MiAmbiente, Changuinola, Bocas-Stadt
7586603
www.miambiente.gob.pa

Wissen

LEGUANE

Der Leguan ist im bewaldeten Tiefland von Mexiko bis Brasilien anzutreffen. Er lebt von Pflanzen und verbringt die Zeit in den Baumwipfeln oder auf Lichtungen beim Sonnenbaden. Er wird bis zu 1,8 Meter lang, wobei allein der stachelige Schwanz, mit dem er schnelle Schläge führen kann, die Hälfte ausmacht. Dieser Einzelgänger kann einen Sturz von einem 15 Meter hohen Baum überstehen, ist ein guter Schwimmer und seine schuppige Haut ist wasserabweisend. Dennoch ist der Leguan durch die Jagd und den Verlust von Lebensraum bedroht. Bei *campesinos* gelten sein Fleisch und seine Eier als Delikatessen, in indigenen Dörfern erlegt man ihn zu medizinischen Zwecken. Das Smithsonian Tropical Research Institute *(www.stri.si.edu)* leitet ein Zuchtprogramm in Panama.

Von den zehn Arten der neotropischen Wildkatzen leben sechs in Panama, von der Küste bis zu den Bergen. Mit ihrer Tarnung und ihren scharfen Augen streifen diese unsichtbaren Jäger durch ihre Habitate.

Vier Arten – Jaguar, Margay, Ozelot und Oncilla – haben geflecktes Fell. Das Fell von Puma und Jaguarundi (Wieselkatze) ist einfarbig. Allen ist gemeinsam, dass sie bedroht sind. Der von den präkolumbischen Indianern verehrte Jaguar *(Panthera onca)* kann 150 Kilogramm schwer und 2,7 Meter lang werden. Er hat stämmige Beine und einen großen Kopf mit kräftigen Kiefern, die den Schädel seiner Beute mit nur einem Biss zerschmettern können. Als guter Schwimmer lebt der Waldbewohner am Wasser und ist geübt im Fischfang. Trotz seiner Größe kann er Bäume erklimmen. Melanistische oder schwarz gefärbte Jaguare werden häufig in einem Wurf mit normalfarbigen Geschwistern geboren; ihre Rosettenzeichnung ist kaum zu sehen.
Der Ozelot *(Leopardus pardalis)* ist ungefähr zweimal so lang wie eine Hauskatze. Ozelots jagen ihre Beute oft zu zweit. Sein Pelz kann eine gelbcremefarbene Färbung in trockenen Gebieten bis hin zu Rostbraun in dunklen Wäldern annehmen. Seine Ohren sind rundlich und mit einem weißen Fleck an der Rückseite versehen; weiße Linien umgeben Augen und Mund, und zwei schwarze verlaufen vom Kopf über seine Schultern. Reihen beigefarbener Flecken in einem schwarzen Kranz bedecken seinen Körper. Sein kurzer Schwanz ist schwarz geringelt.
Der kleine Vetter des Ozelots, der Margay *(Leopardus wiedii)*, von den Panamaern als *tigrillo* bezeichnet, lebt in den Bäumen und hat geschickte Klauen und ein Knöchelgelenk, das er um 180 Grad drehen kann. Er kann sogar kopfüber an Bäumen herunterlaufen. Der Margay hat einen längeren Schwanz und längere Beine als der Ozelot, und seine Rosetten sind weniger auffällig. Der Bestand ist extrem geschrumpft, und er ist nur noch in isolier-

Wie die meisten Großkatzen ist der Ozelot wegen seines exquisiten Fells stark bedroht.

Wissen

PASEO PANTHERA

Jaguare sind von Mexiko bis nach Paraguay anzutreffen und benötigen riesige Jagdgebiete. Viele Gemeinden gehen nach wie vor nach ihnen auf die Jagd. Die Jagd und der Verlust von Lebensraum haben zu einem Rückgang der Population auf 60 Prozent des vormaligen Bestands geführt. Heute sind sie von der Weltnaturschutzunion in der Roten Liste der gefährdeten Arten aufgeführt. Vor 20 Jahren kamen Regierungen in ganz Mittel- und Südamerika darin überein, ein System miteinander verbundener Parks und Reservate anzulegen, um den Paseo Pantera (Pfad des Jaguars) zu schaffen. Dieses Schutzprojekt ist heute als Biologischer Korridor Mittelamerikas bekannt. Die Initiative »Der Pfad des Jaguars« wurde von der Tierschutzorganisation Panthera *(www.panthera.org)* initiiert und hat sich zum Ziel gesetzt, Lebensräume miteinander zu verbinden, eine genetische Isolation der Art zu verhindern und einheimische Gemeinschaften aufzuklären. Gemeinsam mit der Regierung Panamas erarbeitet Panthera eine nationale Strategie für den Erhalt der Jaguare.

ten Gebieten zu finden. Die ähnlich gefärbte Oncilla *(Leopardus tigrinus)*, so groß wie eine Hauskatze, lebt in den höher gelegenen Wäldern der Kordilleren, wo sie auf dem Boden Nagetiere, Reptilien und Insekten jagt. Sie hat einen kürzeren Schwanz als der Margay und einen schmaleren Körper. Der Berglöwe oder Puma *(Puma concolor)* ist auf dem Isthmus sowie in ganz Südamerika anzutreffen. Die Färbung reicht von Gelbbraun bis zu Braungrau. Die 1,8 Meter lange Raubkatze hat einen breiten Kopf, runde Ohren, einen schlanken Körper und einen langen Schwanz mit schwarzer Spitze. Der Jaguarundi *(Herpailurus yagouarundi)* mit seinem langen Schwanz hat einen gestreckten, schlanken Körper, kurze Vorderläufe, etwas längere Hinterläufe und einen kleinen Kopf mit winzigen Ohren und schmalen, gelblichen Augen. Dieser Bewohner des Flachlands ist ein Meister im Fischfang. Ein ausgewachsenes Männchen misst knapp 80 Zentimeter. Bei ihrer Geburt sind die Tiere zwar gefleckt, später jedoch einfarbig. Die Farbpalette reicht von Kaffee bis hin zu Schokolade. Von den Panamaern als *león breñero* (Buschlöwe) bezeichnet, kann diese Art der neotropischen Raubkatze sich am ehesten auf die negativen Veränderungen ihrer natürlichen Umwelt einstellen.

Tipp

Um Jaguare und andere Wildkatzen zu beobachten, sollte man an einer Exkursion mit einem Experten teilnehmen. Selbst dann trifft man nicht immer auf diese scheuen Tiere.

PETER GWIN
AUTOR, NATIONAL GEOGRAPHIC MAGAZINE

PARQUE INTERNACIONAL LA AMISTAD

Panamas wildeste Gebirgsregion, das Talamanca-Massiv, liegt in einem gigantischen Park, der sich auch über die Grenze hinaus in das Territorium des nördlichen Nachbarlandes Costa Rica erstreckt. Panamas Anteil liegt nahezu vollständig in der Provinz Boca del Toro. Der winzige Teil jedoch, der sich im Westen nach Chiriquí hinein erstreckt, bietet den einfachsten Zugang.

Mit einer Fläche von 4000 Quadratkilometern in Panama und Costa Rica umspannt der Internationale Freundschaftspark die Berge der Cordillera Talamanca, ein tektonisches Massiv, das über mehrere Millionen Jahre aufgetürmt wurde. Mit einer Höhe von 46 Metern im Flachland bis hin zu 3336 Metern auf den Höhen von **Cerro Fábrega** erstrecken sich die Berge auf einer Breite von 80 Kilometern.

Panamas Anteil beinhaltet sieben der zwölf Lebensräume des Landes: vom tropischen Regenwald im Flachland bis hin zu einem riesigen Nebelwald – Heimat der größten Population der Quetzal-Vögel in Mittelamerika. Das 1990 von der UNESCO zum Weltnaturerbe erklärte Gebiet bietet vielen bedrohten Arten Zuflucht. Zu sehen ist alles vom Tapir bis hin zur Tayra. Die Tayra oder Hyrare *(Eira barbara)* ist eine in Mittel- und Südamerika lebende Raubtierart aus der Familie der Marder *(Mustelidae)*. Es wimmelt von giftigen Baumsteigerfröschen auf dem Boden, und getarnte Lanzenottern lauern zusammengerollt in tödlicher Erwartung der Beute. Mehr als 225 Vogelarten wurden in dem Park verzeichnet. Harpyien gleiten über die Talamancas dahin. Der Park beherbergt mindestens 60 Prozent der panamaischen Flora und Fauna. Drei indigene Stämme – die Bribrí, die Ngöbe-Buglé und die Naso-Teribe – halten an den Resten ihrer Traditionen in den Tälern des Flachlandes fest. Der größte Teil dieses Geländes ist unbewohnt und ungeheuer schwierig zu erforschen.

> **Tipp**
>
> **La Amistad bietet einige der weltweit besten Orte zur Vogelbeobachtung. Ausgangspunkte für Wanderwege befinden sich auf der Kraterseite des Volcán Barú.**
>
> CORY BROWN VEIZAGA
> NATIONAL GEOGRAPHIC-AUTORIN

Wanderungen sollten gut vorbereitet und nie alleine unternommen werden. Für den Zugang von der karibischen Seite fährt man 40 Minuten mit dem Boot von **El Silencio** aus, zehn Kilometer südlich von Changuinola, den Río Teribe hinauf. Die MiAmbiente-Rangerstation steht in dem Weiler **Wekso**, wo ein Pfad in den Park führt. Andere Pfade dringen in das Herzstück von La Amistad entlang abgelegener Wege ein. Führer, Nahrung und

Behangen mit Epiphyten und Moosen, sind die Regenwälder des Parque La Amistad ein Mekka für Vogelkundler.

eine Campingausrüstung für die Nacht sind nötig. Am besten wandert man in der Trockenzeit (Dezember bis April).

Noch ansprechender sind die subalpinen Gebirgsregionen. Ausgangspunkt zum Erkunden dieser Gebiete ist **Cerro Punta** im Chiriquí-Hochland, wo die Wege recht gut begehbar sind. ■

PARQUE INTERNACIONAL LA AMISTAD
Karte S. 236 A2–B2
Besucherinformation
MiAmbiente, Chiriquí
775 31 63 (Chiriquí), 758 89 67 (Teribe), 720 30 57 (Boquete)
www.miambiente.gob.pa

Diese Zone ganz im Nordosten des Landes ist umgeben von Bananenstauden. Changuinola selbst bietet wenig Sehenswertes, es ist ein Ort, den man auf dem Weg zu den wertvollen Feuchtgebieten und zu Dörfern der Einheimischen passiert, die allmählich einen Sinn für den sanften Tourismus entwickeln.

Die schwarzen Gewässer von San San Pond Sak ergießen sich ins Meer.

Bananen werden im Tiefland von Bocas del Toro seit 1890 angebaut. 1899 siedelte sich die United Fruit Co. dort an. Die Firma gründete Changuinola und erbaute den Großteil der Infrastruktur, einschließlich eines Kanals (siehe S. 254), der sich bis zur Bahía de Almirante erstreckt. Bocas Marine Tours *(Tel. 757 90 31)* bietet Wassertaxis von Changuinola nach Bocas-Stadt.

FEUCHTGEBIETE VON SAN SAN POND SAK

Die Feuchtgebiete umfassen 16 125 Hektar und erstrecken sich vom Río Sixaola bis zur Bahía de Almirante. San San Pond Sak wurde von der UNESCO mit der Ramsar-Konvention von 1994 in die Liste der Feuchtgebiete von internationaler Bedeutung als Lebensraum für Wasser- und Watvögel aufgenommen und bietet u. a. Lebensraum für Seekühe, Flussotter und Tucuxi-Delfine. Das Ökosystem ist durch Chemikalien von den Bananenplantagen und durch die Jagd der Bewohner von **San San Pond Sak** bedroht.

Die **Asociación de Amigos Vecinos de la Costa y la Naturaleza** (AAMVECONA) verwaltet das Feuchtgebiet und fördert den Ökotourismus. Ein Holzsteg führt vom Besucherzentrum am Naturparkeingang zu einem Strand, an dem Schildkröten ihre Eier ablegen. Führer bieten Touren an und bringen Besucher per Boot zu einer Beobachtungsplattform für Seekühe.

COMARCA NASO

Das indigene Volk der Naso-Teribe lebt im Tal des Río Teribe – an der Grenze zum Parque Internacional La Amistad (siehe S. 250f.) – in 27 Kommunen, von denen **Sieykin** und **Sieyik** die größten sind. Das **Proyecto ODESEN – Organization for the Sustainable Development of Naso Ecotourism** wurde 1995 gegründet, um diesen Menschen eine nachhaltige Lebensweise nahezubringen, die auch die Wiederaufforstung des Waldes und das Handwerk einschließt.

Soposo Rainforest Adventures liegt ungefähr 30 Bootsminuten von El Silencio entfernt am Ufer des Flusses Teribe und ist eine von den Naso betriebene Ökolodge. Die Mitglieder der Gemeinde leiten Touren nach Sieyik und in den angrenzenden Parque Internacional La Amistad. Ein- bis siebentägige Reisen stehen in Bocas del Toro auf dem Programm.

Wekso Centro Ecoturístico Naso liegt weiter flussaufwärts. Zu den Wanderwegen gehört der relativ einfache 3,5 Kilometer lange, gewundene **Sendero Los Heliconias**; Faultiere, Affen und Rotaugenlaubfrösche sind hier zu finden. Angeboten werden geführte Touren nach Sieyik mit aufregender Rafting-Rücktour.

VALLE DE TALAMANCA

Das Tal erstreckt sich im Westen von **Guabito** und folgt dem Verlauf des Río Sixaola. Eine Bahnstrecke führt nach **Las Tablas**, 18 Kilometer westlich. Jeep-Taxis in Las Tablas befahren die Piste zur Gemeinschaft der Bribrí von **Las Delicias**. Zwei Wanderwege, die bei der Ökolodge beginnen, haben einen Aussichtspunkt zum Ziel. Man erreicht den Wasserfall **Catarata Colorado** zu Fuß oder auf dem Rücken eines Pferdes und kann auf dem Río Yorkín zur Bribrí-Gemeinschaft von Yorkín fahren. Las Delicias verfügt über einfache Unterkünfte. ■

CHANGUINOLA
Karte S. 236 B3

FEUCHTGEBIETE VON SAN SAN POND SAK
Karte S. 236 B3
AAMVECONA, 5 km nördl. von Changuinola
$
http://aamvecona.com

SOPOSO RAINFOREST ADVENTURES
8 km westl. von Changuinola
66 31 22 22 oder 68 75 81 25
www.soposo.com

WEKSO CENTRO ECOTURÍSTICO NASO
rund 16 km südwestl. von Changuinola über Holperpiste nach El Silencio, dann 1 Std. bzw. 8 km per Boot weiter
65 74 98 74 oder 65 69 28 44
www.odesen.bocasdeltoro.org

LAS DELICIAS
32 km westl. von Guabito
66 00 40 42

ALMIRANTE

Faszinierend wegen seiner typischen Holzhäuser, die über Meeresbuchten gebaut sind, ist dieser ärmliche Bananenumschlaghafen das Tor zu Bocas del Toro. Von hier geht es weiter mit Wassertaxis, die von nicht markierten Kais *(muelle)* abfahren. Einheimische führen Touristen zu den Kais, die ansonsten kaum zu finden sind. Die Ngöbe-Gemeinschaft von Río Oeste bietet Ökotouren zur **Orebä Chocolate Nativo** *(Tel. 66 49 14 57, www.facebook.com/orebachocolate)* an, wo man bei der Schokoladenherstellung zuschauen kann. Der Zugang zur Kakaoplantage erfolgt über einen steilen, oftmals matschigen Weg.

Karte S. 236 B3 ✉ 29 km südöstlich von Changuinola

CANAL SOROPTA

Häufiger als Changuinola-Kanal bezeichnet, verläuft diese künstliche, 1903 angelegte Wasserstraße parallel zur Karibikküste vom Río Changuinola bis zum westlichen Ende der Bahía de Almirante. Er ist immer noch eine Wasserhandelsstraße, die von Wassertaxis benutzt wird. Der 30 Meter breite Kanal führt durch Regenwald und Feuchtgebiete, sein Ufer wurde aber in den letzten Jahren stark abgeholzt. Dennoch ist es eine aufregende Fahrt. Süßwasserschildkröten und Kaimane sonnen sich auf Baumstämmen. Jacanas (Blatthühnchen) stolzieren über Wasserhyazinthen, an denen sich die Seekühe gütlich tun.

Karte S. 236 B3 ✉ 11 km östlich von Changuinola Wassertaxis von Finca 63 oder Bocas-Stadt

LAGUNA DE CHIRIQUÍ UND VALIENTE-HALBINSEL

Der Archipel Bocas del Toro schützt die Chiriquí-Lagune, die von der Valiente-Halbinsel umklammert wird und von Mangroven- und Süßwasser-

Wissen

SEEKÜHE

Die Westindische Seekuh lebt in den tropischen und subtropischen Küstengewässern von Florida über Panama bis hin zu Nordbrasilien. Das Meeressäugetier ähnelt einem Walross ohne Hauer und bewegt sich mithilfe seines spatelförmigen Schwanzes voran. Seine nächsten Verwandten unter den heute noch lebenden Tieren sind allerdings die Elefanten. Die Männchen können bis zu 3 Meter lang werden und bis zu 540 Kilogramm wiegen. Seekühe leben in seichten Flussmündungen und Salzwasserbuchten und fressen Wasserpflanzen. Sie können 60 Jahre alt werden. Weibchen kalben durchschnittlich alle zwei Jahre. Wenngleich sie geschützt sind, sind sie durch Pestizide und Zusammenstöße mit Booten gefährdet.

Erlebnis

FREIWILLIGENTOURISMUS

Nichts ist befriedigender für die Seele als einen aktiven Beitrag zu Ökologie und kulturellem Wohlstand zu leisten. Das kann man zum Beispiel tun, indem man seine Zeit, Fertigkeiten und Energien in eines der einschlägigen Projekte steckt, die international nach Freiwilligen suchen. Einige der wichtigsten Organisationen in Panama sind:

Build a Bridge Foundation *(Tel. 60 70 13 42, www.buildabridgefoundation.org)* hilft indigenen Gemeinden beim Schutz ihrer Traditionen und der Schaffung nachhaltigen Wohlergehens durch internationale Aktivitäten. Freiwillige sind an gemeinsamen Projekten ausführend und leitend beteiligt, erleben andererseits aber auch Abenteuer und Ausflüge als Touristen.

Das **Bundesministerium für wirtschaftliche Zusammenarbeit und Entwicklung** *(www.weltwaerts.de)* bündelt die Angebote für Einsätze im Rahmen des Freiwilligen Sozialen Jahrs (FSJ). Mitarbeiten kann man in Bildungs-, Gesundheits- und vielen weiteren Projekten.

Tanager Tourism *(Palmilla [aka Malena], Golfo de Montijo, Tel. 66 76 02 20 oder 66 67 64 47, www.tanagertourism.com)* ist ein Projekt, das sich mit der Wiederaufforstung und dem Schutz der Nistplätze von Meeresschildkröten beschäftigt.

sümpfen gesäumt ist. Der größte Teil liegt in der *comarca* Ngöbe-Buglé. Das indigene Dorf **Boca Guariviara** an der Mündung des Río Guariviara ist mit dem Geländewagen von Chiriquí Grande aus zu erreichen. Es gibt dort eine Handwerkskooperative der Frauen.

Die Dorfgemeinschaft **Punta Siraín**, an der Spitze der Valiente-Halbinsel, ist nur per Boot erreichbar. Sportfischer kommen in den Gewässern vor der **Punta Valiente** auf ihre Kosten. Im Meer ist der **Cayo Tigre** (Tiger-Riff) einer der beiden bekannten Nistplätze von Audubonsturmtauchern in der südwestlichen Karibik. Brauntölpel nisten auf **Isla Escudo de Veraguas**, 18 Kilometer vor der Küste.

Karte S. 236 C2–D2

Küstenflair in Bocas-Stadt

Reise-informationen

‹ Viel Liebe zum Detail: bunt bemalter Reisebus in der Downtown von Panama-Stadt

REISEPLANUNG

REISEZEIT

Der Reisezeitpunkt sollte Ihrem Reiseziel entsprechend gewählt werden, da das Klima regional unterschiedlich ist. Die Monate von Dezember bis April gelten als Trockenzeit. Die Regenzeit geht von Mai bis November. Im *arco seco*, einem Trockengürtel, der über die Azuero-Halbinsel verläuft, brennt die Luft während der Trockenheit. Anderenorts herrscht im Flachland so hohe Luftfeuchtigkeit, dass man kaum Luft bekommt. Die Karibikküste kann im Sommer kühler sein. In der Provinz Darién kann es ganzjährig zu sintflutartigen Regenfällen kommen. Die Temperaturen unterscheiden sich nach Höhe und kaum nach dem Breitengrad. In den Gebirgsregionen von Zentralpanama und Chiriquí herrscht frühlingshaftes Klima. Viele Touristen kommen in der Trockenzeit, wenn die Panamaer auch in die Urlaubszentren strömen – meist sind diese Badeorte dann ausgebucht. Im November ist dort ebenfalls viel los. Dann richten die Städte, vor allem in Azuero, die Feste zu Ehren ihrer Schutzheiligen aus. In der Karwoche finden die wichtigsten Festivitäten statt, und ein Großteil des Landes ist geschlossen. Die Hotels in den Städten, in denen Karneval gefeiert wird, sind meist ausgebucht. Das Ende der Regenzeit ist die beste Reisezeit.

WAS KOMMT IN DEN KOFFER

Die Kleidung sollte dem tropischen Klima entsprechen. Geeignet ist leichte Kleidung aus Synthetik und Baumwolle. Ein Pulli und/oder eine leichte Jacke sind in klimatisierten Räumen hilfreich und für Abstecher in die Bergregionen nötig. Ein Regenponcho sollte auch mit. Wanderschuhe sind nützlich in den Bergen oder unberührter Natur, wo es oft matschig ist. Leuchtende Farben vermeiden, falls Sie Vögel beobachten oder in Naturschutzgebieten wandern möchten. Ein Insektenschutzmittel ist nötig, vor allem für die Küstengebiete und während der Regenzeit auch in den Städten. Eine Sonnenbrille und ein Hut sind unbedingt nötig.
Medikamente sind gut erhältlich, doch sollte man einen Erste-Hilfe-Kasten mitführen, in dem sich Aspirin, Lomotil/Kohletabletten, ein Antiseptikum, Pflaster und alle benötigten Medikamente befinden.

VERSICHERUNG

Eine Reiseversicherung – vor allem die Auslandskrankenversicherung – ist sinnvoll. Einen umfassenden Überblick über die meisten Anbieter gibt es auf der Website www.reiseversicherung. com.
Auch einige Kreditkarten beinhalten eine Reise-(Kranken-)Versicherung, u. a. **American Express**, Tel. +49 97 97 24 24, www.americanexpress.com.

EINREISEFORMALITÄTEN

Bürger Deutschlands, Österreichs, der Schweiz und der meisten europäischen Länder brauchen einen noch sechs Monate gültigen Reisepass und ein Rückflugticket, kein Visum. Deutsche Touristen dürfen sich 180 Tage ohne Visum in Panama aufhalten. Bei der Dirección Nacional de Migración, Ave. Ricardo J. Alfaro, Edif. Migración, Panama-Stadt, Tel. 507 18 00, kann man eine Verlängerung des Aufenthalts beantragen.

LITERATURTIPPS

Emperors in the Jungle: The Hidden History of the US in Panama (2003) von John Lindsay-Poland. Mitreißende Darstellung über die Rolle der USA bei der Entwicklung Panamas.
Mein Freund, der General (1984) von Graham Greene. Der Autor beschreibt seine Freundschaft mit dem Präsidenten Omar Torrijos.
The Birds of Panama: A Field Guide (2010) von George R. Angehr und Robert Dean. Wunderbar illustrierter Naturführer über einheimische Vögel und die wichtigsten Orte für Vogelkundler.
The Panama Affair (2015) von Jeffrey Miller. Spannender Roman über den CIA-Agenten Buck Smith, der während des Aufstiegs von

General Noriega in einen Sumpf aus Drogen, Betrug und Mord gerät.
Der Schneider von Panama (1996) von John Le Carré. Ein Roman rund um Spionage und Erpressung.

ANREISE

Mit dem Flugzeug

Die meisten Flüge landen auf dem Tocumen International Airport, 25 Kilometer östlich von Panama-Stadt, und auf dem Flughafen Marco A. Gelabert (Aeropuerto Albrook), unweit des Zentums von Panama-Stadt, wo die meisten Inlandsflüge landen und starten. Wenige Auslandsverbindungen gibt es zum Aeropuerto Enrique Malek in David. Bocas-Stadt in Bocas del Toro wird täglich auf Inlandsflügen von Air Panama angeflogen. Direktflüge aus Europa bieten die spanische Fluggesellschaft **Iberia** ab Madrid (www.iberia.com) und KLM Royal Dutch Airlines (www.klm.com) ab Amsterdam. Lufthansa, Air France und zahlreiche andere Gesellschaften haben Verbindungen nach Panama mit Zwischenstopps in den USA.

Mit dem Schiff

Über ein Dutzend Kreuzfahrtveranstalter steuern Panama an. Weitere Informationen sind erhältlich über die Website www.kreuzfahrten-pool.de. Einige Veranstalter bieten mehrtägige/-wöchige Rundfahrten, die auch andere Ziele in Südamerika und den USA ansteuern. Außergewöhnlich ist die Anreise mit einem Frachtschiff, die von Deutschland aus etwa drei Wochen dauert; unter www. zylmann.de gibt es hierzu Informationen.

Gruppenreisen

Die meisten Pauschalangebote richten sich an Angler, Taucher und Surfer. Andere haben sich auf Natur (vor allem Vögel) und kulturelle Begegnungen spezialisiert, wie z. B. **Tourismus Schiegg**, Tel. 08 36 29 30 10, www.lateinamerika.de und **Miller-Reisen**, Tel. 07 52 99 71 30, www.miller-reisen.de. Eine Liste empfehlenswerter Reiseveranstalter vor Ort gibt es beim panamaischen Tourismus-Institut (ATP; siehe S. 264).

UNTERWEGS VOR ORT

IN PANAMA-STADT

Mit Bus und U-Bahn

Im Jahr 2012 ist das neue Metro-Bus-System *(www.mibus.com.pa)* eingeführt worden. Es verfügt über moderne Busse und zwei U-Bahn-Linien. Drei weitere sind in Planung. Bezahlt wird mit Prepaid-Karten, die an den meisten U-Bahn-Stationen erhältlich sind und mit bis zu 50 $ aufgeladen werden können. Die Station Albroook Terminal ist der Hauptterminal. Fünf Metro-Bus-Linien verbinden den Flughafen mit der Innenstadt.

Mit dem Taxi

Taxis sind in der Stadt das gängigste Verkehrsmittel. Sie sind sicher und billig. Die Fahrpreise richten sich in Panama-Stadt nach einem Zonensystem. Für Rundfahrten und Fahrten mit Zwischenstopps ist der Preis Verhandlungssache. Touristen zahlen meist mehr als Einheimische. Die Fahrpreise zu Zielen innerhalb der Stadt liegen in der Regel zwischen 5 und 10 $. Der offizielle Preis für ein Touristentaxi vom Tocumen International Airport in die Innenstadt beträgt 30 $ für bis zu zwei Personen zum selben Ziel oder je 20 $ pro Person bei unterschiedlichen Zielen. Die Fahrt nach Albrook kostet 35 $ für bis zu zwei Personen. Die städtischen Taxis dürfen diese Strecke nicht bedienen, aber Sparfüchse können außerhalb des Flughafengeländes ein städtisches Taxi ergattern.

UNTERWEGS IN PANAMA

Mit dem Flugzeug

Flüge vom Aeropuerto Marcos A. Gelabert, Tel. 501 92 92, in Albrook, verbinden Pana-

ma-Stadt mit Reisezielen im ganzen Land. Es gibt kleinere Charterflüge zu den rund 150 Landepisten des Landes. Bei manchen Verbindungen benötigt man allerdings recht gute Nerven.
Air Panama, Tel. 316 90 00, www.airpanama.com. Fliegt 27 Destinationen in ganz Panama und je zwei nach Costa Rica und Kolumbien an. Die Flotte besteht aus kleinen Cessnas für vier Passagiere bis hin zu zwei Boeing-737-Maschinen.

Mit dem Boot

Zwischen den Inseln des San-Blas-Archipels oder in Bocas del Toro sowie entlang der Küste und Flüsse von Darién reist man vorwiegend mit motorisierten Wassertaxis *(lanchas)* und Einbäumen *(piraguas)* oder Einbäumen mit Paddeln *(cayucos)*. Außer in Bocas del Toro, wo Boote fahrplanmäßig verkehren, sind die Preise oftmals Verhandlungssache. Am besten fragt man nach, ob der Treibstoff im Preis enthalten ist. In der Regel werden nur in den *lanchas* Schwimmwesten bereit gehalten.
Calypso Queen Ferries, Tel. 314 17 30, fährt täglich vom Amador-Damm zur Isla Taboga. Hin- und Rückfahrt kosten 14 $ für Erwachsene sowie 9,50 $ für Kinder und Rentner
Sea las Perlas, Tel. 67 80 80 00, https://ferrypearlislands.com/en, fährt täglich von Panama-Stadt zum Archipiélago de las Perlas.

Mit dem Bus

Busse zu Reisezielen in ganz Panama fahren am **Gran Terminal Nacional de Transporte,** Tel. 303 30 30, www.grantnt.com, im Albrook-Bezirk von Panama-Stadt ab. Es gibt kein nationales Busnetz. Einige private Gesellschaften konkurrieren miteinander und bieten schnelle *(directo)* und langsamere *(regular)* Verbindungen an. Lange Strecken bedienen meist große, moderne, klimatisierte Busse. Unter einem regionalen Bus ist alles von einem alten Schulbus bis hin zu Minivans *(chivas)* zu verstehen. Die Busse sind meistens überfüllt. Reisen am Wochenende sollte man vermeiden und sich vor Taschendieben und Gepäckdiebstahl schützen. Die meisten Gesellschaften verkaufen die Fahrkarten im Voraus, bei anderen bezahlt man beim Einsteigen.

Mit dem Auto

Um einen Wagen zu mieten, sollte man über 25 Jahre alt sein (einige Agenturen akzeptieren auch jüngere Fahrer, sofern sie über eine Kreditkarte verfügen), einen Führerschein des Herkunftslandes und einen internationalen Führerschein besitzen. Man braucht eine Kreditkarte und muss eine Kaution von rund 500 $ hinterlegen. Achten Sie auf Zusatzgebühren, die bei der Fahrzeugrückgabe auf der Rechnung oder im Kreditkarten-Kontoauszug stehen können.
Der obligatorische Vollkaskoschutz (Loss Damage Waiver/*renuncia a daños o pérdida*) ist in einigen Ländern eine Option, die den Kunden von einer Haftung, die über die vereinbarte (Rest-)Selbstbeteiligung hinausgeht, für Verlust oder Schäden am Mietfahrzeug befreit, wenn das Fahrzeug entsprechend den Bedingungen des Mietvertrags genutzt wird. Bestimmte Schadensarten (beispielsweise am Unterboden und Überbau) sind je nach Land von dieser Option in der Regel ebenso ausgeschlossen wie Schäden an Reifen und Windschutzscheibe. Die Mitarbeiter am Schalter und im Reservierungscenter geben Ihnen Auskunft zum Vollkaskoschutz, der durch diese Option in dem betreffenden Land gewährt wird. Eine Haftpflichtversicherung ist ebenso Pflicht. Einige Autovermietungsfirmen weigern sich, eine ausländische Versicherungspolice zu akzeptieren. Wer abseits der Hauptstraßen unterwegs sein möchte, sollte sich ein robustes Fahrzeug mit Allradantrieb *(carro con doble)* besorgen. Mietwagen dürfen nicht nach Costa Rica ausgeführt werden.
Die meisten internationalen Autovermieter sind in Panama vertreten:
Alamo, Tel. 236 57 77, www.alamopanama.com

Avis, Tel. 278 94 55, www.avis.com
Budget, Tel. 263 87 77, www.budgetpanama.com
Dollar, Tel. 270 03 55, www.dollarpanama.com
Hertz, Tel. 321 83 01, www.panamahertz.com
National, Tel. 265 22 22, www.nationalpanama.com

Die Hauptstraßen sind in aller Regel in einem sehr guten Zustand. Teilabschnitte des Interamerican Highway (vor allem in der Provinz Chiriquí) sind jedoch schlecht erhalten und sollten in der Nacht gemieden werden. Allradantrieb ist für die abgelegeneren Gebiete empfehlenswert, u. a. für Darién östlich von Metetí und für die Zufahrt zu vielen Nationalparks. Viele Panamaer fahren rücksichtslos. Fahren Sie langsam und aufmerksam. Telefonieren ist beim Fahren verboten, und es herrscht Gurtpflicht. Siehe S. 265 für Hinweise zur Vorgehensweise bei einem Autounfall.

Mit dem Zug

Die einzige Bahnstrecke des Landes verbindet Panama-Stadt mit dem Karibikhafen Colón und verläuft entlang des Panamakanals. Die Züge fahren im Corozal-Bahnhof von Panama-Stadt täglich um 7.15 Uhr ab und kommen um 17.15 Uhr zurück. Die Fahrt kostet pro Strecke 25 $ für Erwachsene und 15 $ für Kinder. Infos bei der **Panama Canal Railway Company**, Tel. 317 60 70, www.panarail.com.

Gruppenreisen

In Panama gibt es mehrere Dutzend Reiseveranstalter, darunter:
Ancón Expeditions, Tel. 269 94 15, www.anconexpeditions.com. Bekannt für seine Ökotouren und zweisprachigen Naturführer. Betreibt Nature Lodges in Darién.
Eco Circuitos Panama, Tel. 1-800/830 71 42, http://ecocircuitos.com. Spezialisiert auf Tages- und Thementouren.

PRAKTISCHE TIPPS

KOMMUNIKATION

E-Mail und Internet

Die Internetabdeckung in Panama ist gut. Die meisten Hotels, Pensionen, Apartments und Gasthäuser, aber auch viele Cafés, Restaurants und Geschäfte bieten ihren Gästen kostenloses WLAN. Für abgelegene Regionen ohne Internetzugang lohnt der Erwerb einer lokalen SIM-Card (Anbieter s. Telefon) für 2 $, die man in vielen Technikläden bekommt. Ein Datenpaket für eine Woche mit etwa 800 MB kostet in der Regel 5 $.

Postämter

Porto für einen Brief oder eine Postkarte nach Europa kostet 0,75 $. Nie Wertsachen per Post verschicken, Diebstahl ist an der Tagesordnung. Die meisten Städte haben ein Postamt, das in der Regel von 7–17.45 Uhr geöffnet ist. Post in die USA oder nach Kanada braucht rund eine Woche und mindestens 10 Tage nach Europa.
Post wird in Panama nicht zugestellt, sondern in die Postfächer *(apartados postales,* abgekürzt *Apdo.)* verteilt. Der Service ist unzuverlässig, und viele Leute setzen lieber auf nicht staatliche Briefzusteller und Kurierdienste.

Telefon

Die öffentlichen Telefone sind gelb oder blau und akzeptieren Münzen und Telefonkarten (manche ausschließlich Telefonkarten), die man in Supermärkten und in den Filialen von Claro *(www.claro.com.pa)*, Móvil (Cable & Wireless, *www.cwpanama.com*) sowie Movistar *(www.movistar.com.pa)* im ganzen Land erstehen kann. Die Karte wird eingeschoben, und die Kosten des Telefonats werden abgebucht. »Telechip Total«-Karten können in jeder Telefonzelle benutzt werden, »Telechip International«-Karten dagegen nur mit bestimmten Apparaten.

In abgelegenen Gebieten kann es vorkommen, dass der öffentliche Fernsprecher als das einzige Telefon der Dorfgemeinschaft fungiert.

Telefonieren

Ortsgespräche kosten 0,10 $ für die ersten drei Minuten und 0,05 $ für jede weitere Minute.

Für internationale Direktgespräche von Panama wählt man die 00, dann die Ländervorwahl (D: 49, Schweiz: 41, Österreich: 43, USA: 1), die Ortsvorwahl und die Nummer. Für die Auskunft 880 wählen.

Um von Deutschland, Österreich und der Schweiz aus in Panama anzurufen, 00 wählen, die Ländervorwahl 507 und dann die Nummer des Teilnehmers.

Mobiltelefone haben in Panama gewöhnlich eine achtstellige Nummer, die mit 6 beginnt.

STROMVERSORGUNG

Die Stromversorgung erfolgt landesweit mit 110 Volt Wechselstrom, obwohl einige abgelegene Orte mit 220 Volt arbeiten. Die meisten Steckdosen sind für die US-amerikanischen Flachstiftparallelstecker (USA, Kanada, Japan, Taiwan, Südamerika, Karibik) mit zwei oder drei Flachstiften vorgesehen. Besorgen Sie sich gegebenenfalls einen Reise-Spannungsumwandler mit Reisestecker. In entlegeneren Landesteilen gibt es häufig keinen Strom; dort setzen Restaurants und Hotels Generatoren ein oder nutzen Solarenergie. Immer wieder gibt es auch nicht zu jeder Tageszeit Strom.

ETIKETTE UND EINHEIMISCHE SITTEN UND GEBRÄUCHE

Die panamaische Gesellschaft ist vielfältig. Panama-Stadt ist kosmopolitisch und relativ liberal, während die Menschen in kleineren Städten und ländlichen Dörfern konservativer denken. Die Gesellschaft ist extrem klassenbewusst. Panamaer respektieren akademische Titel und verwenden sie in der Anrede, z. B. Ingenieur *(Ingeniero Arosemena)* und Architekt *(Arquitecto García)*.

Anreden sind *Señor* (Herr), *Señora* (Frau) und *Señorita* (Fräulein). *Don* (für Männer) und *Doña* (für Frauen) gelten angesehenen Persönlichkeiten und Senioren.

Die Panamaer verwenden die formale Anrede *usted* für »Sie«, während das informelle *tu* für Vertraute reserviert ist. Umarmungen und Küsse sind unter engen Freunden und in der Familie gebräuchlich.

Panamaer besitzen Nationalstolz und mögen keine Kritik von Ausländern. Die Guna von San Blas reagieren empfindlich auf Eindringen in ihr Gebiet oder Beleidigung ihrer Kultur: Außerhalb des Strandes sittsam kleiden und keine Personenfotos, außer man ist bereit, 1 $ zu zahlen.

Außerhalb der Zentren kommt man mit Englisch in der Regel nicht weiter. Man sollte ein paar Wörter Spanisch lernen. Viele Restaurants in den Städten haben englische Speisekarten.

FEIERTAGE

Neben Weihnachten, Silvester und Ostern stehen in Panama die folgenden nationalen Feiertage im Kalender:

9. Januar: Tag der Märtyrer. Erinnert an die Ausschreitungen vom 9. Januar 1964 (Flaggenstreit)

1. Mai: Tag der Arbeit

15. August: Panama-City-Tag (nur in Panama-Stadt)

3. November: Tag der Unabhängigkeit von Kolumbien

4. November: Tag der Flagge

10. November: Proklamation der Unabhängigkeit *(Primer Grito de Independencia)*

28. November: Tag der Unabhängigkeit von Spanien

8. Dezember: Muttertag

Das größte Fest ist der Karneval an den Tagen vor Aschermittwoch. Viele Touristen- und Serviceeinrichtungen haben während der Festtage geöffnet, aber Banken und Behörden sind geschlossen.

GESETZ ZUM ALKOHOLKONSUM

Der Konsum alkoholischer Getränke ist in Panama erst ab dem Alter von 18 Jahren gestattet, auch wenn das Gesetz nur selten greift. Das Fahren unter Alkoholeinfluss ist verboten. Eine Strafe wegen Alkohol am Steuer hebt jeden Versicherungsschutz für Mietwagen auf.

MEDIEN

Zeitungen und Zeitschriften

In Panama gibt es drei große Zeitungen. Die Tageszeitung *La Prensa* ist die konservativste und umfasst alles von Politik bis hin zu Mode; *El Panama América* und *La Estrella de Panama* sind auch gut.

Panama News, www.thepanamanews.com, und *News room Panama*, www.newsroompanama.com, veröffentlichen Online-Nachrichten in englischer Sprache.

Fernsehen und Rundfunk

Das Fernsehprogramm kann überall empfangen werden, es gibt fünf Fernsehsender. Panama hat Dutzende von Radiosendern. Fast alle senden Lokalnachrichten und Latin Music. Der *BBC World Service* und *Voice of America* bieten Nachrichten auf Englisch.

GELDANGELEGENHEITEN

Währung

Die Währung von Panama ist der Balboa, der an den US-Dollar gekoppelt ist (1 Balboa = 1 Dollar). Ein Balboa hat 100 Centesimos. Es wird meist mit Dollarnoten gehandelt, US-Münzen werden genauso wie panamaische angenommen.

Manche internationale Banken haben einen Devisenschalter, um Reisende mit US-Dollar zu versorgen. Darauf sollte man aber nicht bauen, die meisten Banken haben keinen Wechselschalter. Die staatliche Banco Nacional ist in der Regel weniger effizient als die nicht staatlichen Geschäftsbanken. Es gibt kaum private Wechselstuben.

Wer die San-Blas-Inseln besuchen will, sollte Bargeld mitnehmen. Es gibt nur zwei Banken in der *comarca* Guna Yala, in Darién auch nur wenige. An entlegenen Orten sollte man kleinere Geldscheine dabei haben, da 50-Dollar- und 100-Dollar-Noten oft nicht gewechselt werden. Es kann schwierig sein, Reiseschecks außerhalb von Banken einzulösen. In vielen Geschäften werden sie nicht angenommen.

Geldautomaten

Die meisten Banken haben Geldautomaten, die rund um die Uhr in Betrieb sind. Meistens wird eine Gebühr abgebucht. Geldautomaten in ärmlichen Gegenden und an dunklen Plätzen meiden (Probleme mit Kriminalität).

Kreditkarten

Kreditkarten *(tarjetas de crédito)* werden allgemein akzeptiert. Visa ist die häufigste Karte, gefolgt von MasterCard und American Express. Auf den San-Blas-Inseln und in Darién wird aber fast ausschließlich mit Bargeld bezahlt.

ÖFFNUNGSZEITEN

Geschäfte sind Montag bis Samstag von 8–18 Uhr geöffnet, Einkaufszentren, Supermärkte und Souvenirgeschäfte haben auch länger und am Sonntag geöffnet. Banken sind in der Regel Montag bis Freitag von 8–15 Uhr geöffnet (manche bis 18 Uhr), Samstag von 9–12 Uhr. Unternehmen sind meist Montag bis Freitag von 9.30–19 Uhr erreichbar. Reisebüros und Tourismus-Unternehmen sind auch samstags von 8–12 Uhr geöffnet. Behörden haben Sprechzeiten an Wochentagen von 7.30–15.30 Uhr.

GOTTESDIENSTE/RELIGION

In den meisten Gemeinden gibt es mindestens eine römisch-katholische Kirche und oft auch eine protestantische. In Panama-Stadt gibt es Moscheen. Die Fremdenverkehrsämter vor Ort und führende Hotels können meist eine Liste der Gotteshäuser bereitstellen.

TOILETTEN

Es gibt sehr wenige öffentliche Toiletten *(baños)*. Die meisten Restaurants und Busbahnhöfe haben Toiletten, der Hygienestandard ist dort aber sehr unterschiedlich.

Auf den San-Blas-Inseln verfügen die meisten Unterkünfte nur über Gemeinschaftsbäder, ebenso ein paar Budget-Hotels in Bocas del Toro und Darién. Toilettenpapier gibt es nur selten, man bringe sicherheitshalber sein eigenes mit.

RAUCHEN

Das Rauchen ist in öffentlichen Gebäuden und Einrichtungen offiziell verboten. Wer dagegen verstößt, muss mit einem hohen Bußgeld rechnen.

ZEITUNTERSCHIEDE

In Panama gilt die Zeitzone der US Eastern Standard Time (EST), die 6 Stunden hinter der mitteleuropäischen Zeit (MEZ) zurückliegt. Es gibt keinen Unterschied zwischen Sommer- und Winterzeit.

TRINKGELD

Außer in Touristenzentren sollte man Trinkgeld nur bei wirklich gutem Service geben. Eine Servicegebühr in Höhe von 10 Prozent ist oft in die Rechnung integriert, dort sollte man Trinkgeld dann nur für guten Service geben. Viele Cafés und Budget-Lokale erwarten gar keines. Hotelpagen sollte man 1–2 $ pro Gepäckstück geben und Zimmermädchen 1–2 $ pro Tag. Taxifahrer erwarten kein Trinkgeld.

REISENDE MIT HANDICAP

Außer Lippenbekenntnissen zeigt Panama wenig Aufgeschlossenheit gegenüber Reisenden mit Handicap. Wenige Gebäude haben einen Zugang für Rollstühle oder behindertengerechte Toiletten. Busse sind nicht für Rollstuhlfahrer geeignet, und wenige Bordsteine sind abgesenkt. Einige moderne Hotels und ein paar Restaurants haben einen Zugang für Rollstühle. Manche Hotels bieten spezielle Suiten. Folgende Agenturen informieren für Reisende mit Handicap:

Gimp on the Go, www.gimponthego.com, Online-Newsletter und Forum für Reisende mit Behinderung.

Instituto Panameño de Habilitación Especial (Panamaisches Institut für spezielle Rehabilitation), Tel. 501 05 10, www.iphe.gob.pa. Eine staatliche Organisation zur Unterstützung Behinderter.

Tourismus für Alle Deutschland e.V. – NatKo, Fleher Straße 317 a, 40223 Düsseldorf Tel. +49 (0)211/336 80 01, www.natko.de

TOURISTENINFORMATION

Panamas Umweltministerium **Ministerio de Ambiente** (MiAmbiente), verwaltet die Nationalparks und Naturschutzgebiete. Die regionalen Büros sind meist nützlicher als das Ministerium in Panama-Stadt. Diese Büros erteilen auch die Genehmigung für einen Parkbesuch und die Übernachtung in einer Hütte. Die Website ist *www.miambiente.gob.pa.*

Panama betreibt die staatliche **Autoridad de Turismo de Panama** (ATP, *Edif. BICSA Financial Center, Ave. Balboa u. Aquilino de la Guardia, TEl. 526 70 00, www.visitpanama.com)*. Die ATP hat ihre Zentrale am Tocumen International Airport und unterhält im ganzen Land regionale Zweigstellen.

Focus Panama (www.focuspublicationsint.com/focuspma) ist eine touristenorientierte Publikation, die zweimal jährlich auf Englisch und Spanisch erscheint und in vielen Hotels ausliegt. Die Zeitung *Panama The Visitor (www.thevisitorpanama.com)* erscheint wöchentlich auf Spanisch und Englisch.

IM NOTFALL

KRIMINALITÄT UND POLIZEI

Vor allem in den verarmten Bezirken von Panama-Stadt und in Colón sollten Sie Vorsicht walten lassen. In den Städten sind Taschendiebe und Räuber unterwegs. Daher sollte man vor allem bei Menschenansammlungen aufpassen. Trickbetrug ist häufig, besonders bei Käufen auf der Straße. Verwahren Sie Wertsachen in einem abgeschlossenen Koffer, da auch das Hotelpersonal nicht immer zuverlässig ist.

Niemals sollten Sie alleine wandern, vor allem nicht in den Nationalparks in der Umgebung von Panama-Stadt und in der Kanalzone. Niemals Dinge unbewacht am Strand zurücklassen. Möglichst kein Gepäck und keine Wertsachen im Auto lassen; keine größeren Bargeldbestände mitführen oder teuren Schmuck tragen und Reisepässe und Kreditkarten verbergen. Jeder Diebstahl sollte sofort bei der Polizei und/oder im Hotel gemeldet werden.

Die östliche Hälfte der Provinz Darién nahe der kolumbianischen Grenze gilt wegen Guerrillas, bewaffneten Aufständischen, Drogendealern und Banditen als unsicher.

Die **Policía Técnica Judicial** (PTJ, *Tel. 512 22 22, www.panamatramita.gob.pa/institucion/dirección-de-investigación-judicial*) führt strafrechtliche Ermittlungen durch.

BOTSCHAFTEN UND KONSULATE

Deutsche Botschaft, Calle 53 E, Urbanización Marbella, Edificio World Trade Center No. 20, Panamá R.P., Tel. 00 507 263 77 33, www.panama.diplo.de

Österreichische Botschaft Mexiko (Amtsbereich Kolumbien, Antigua und Barbuda, Barbados, Dominica, Ecuador, Grenada, Guyana, Panama, St. Kitts und Nevis, St. Lucia, St. Vincent und die Grenadinen, Trinidad und Tobago), Cra. 9 No. 73-44, Of. 402, Bogotá D.C. CO-110221, Tel. (+57/1) 745 20 86, www.bmeia.gv.at/oeb-bogota

Schweizer Botschaft Costa Rica (Amtsbereich Panama) Embajada de Suiza, Edificio Centro Colón, 10° Piso, Paseo Colón, San José, Costa Rica, Tel. (+506) 22 21 48 29, www.eda.admin.ch/sanjose

TELEFONNUMMERN FÜR NOTFÄLLE

In den meisten Gemeinden gelten die folgenden Notrufnummern:

Feuerwehr *(bomberos)*, Tel. 103
Polizei *(policia)*, Tel. 104
Touristenpolizei, Tel. 511 92 60 oder 527 98 73 (Casco Viejo)
Tourismushotline, Tel. 178

Krankenwagen werden vom **Roten Kreuz** betrieben, Tel. 11 28 oder 22 21 58 18, sowie von privaten Unternehmen wie **SEMM**, Tel. 366 01 22.

Notfallversorgung ist in öffentlichen Krankenhäusern kostenlos, d. h. in Panama-Stadt im **Hospital Santo Tomás**, in den zentralen Provinzen im **Hospital Cecilio Castillero** (Los Santos) und **Aquilino Tejeira** (Penonomé), alle anderen Dienstleistungen müssen bezahlt werden.

WAS TUN BEI EINEM AUTOUNFALL

Im Falle eines Unfalls das eigene Fahrzeug nicht mehr bewegen und nicht zulassen, dass das andere Fahrzeug weggefahren wird. Die Angaben vom Nummernschild und die Daten der *cédula* (Personalausweis) aller Zeugen notieren. Die Transitpolizei anrufen und auf deren Eintreffen warten; die Beamten werden einen Bericht für Ihre Versicherung ausfüllen. Falls jemand schwer verletzt oder getötet wurde, rufen Sie umgehend Ihre Botschaft an.

GESUNDHEIT

In den meisten Städten gibt es Ärzte und Kliniken. In Panama-Stadt und David entspricht die medizinische Versorgung dem nordamerikanischen Standard. In Panama-Stadt sind die drei besten Einrichtungen das **Hospital Nacional**, Ave. Cuba u. Calles 38 und 39, Tel. 207 81 10, **Centro Médico Paitilla**, Ave. Balboa u. Calle 53, Tel. 265 88 88, und **Clinica Hospital San Fernando**, Vía España, Las Sabanas, Tel. 305 63 05. Die staatlichen Gesundheitszentren *(centros de salud)* versorgen alle Städte und behandeln gegen eine geringe Gebühr. Die medizinische Versorgung dort ist jedoch von geringem Standard, und Reisende sollten sich um eine Behandlung in einer privaten Einrichtung bemühen.

Eine umfassende Reisekrankenversicherung kommt in der Regel für alle Behandlungskosten auf. Darauf achten, dass Patientenrücktransport eingeschlossen ist.
Hotels bieten meist eine Liste der Ärzte und Gesundheitszentren. Verwahren Sie alle Quittungen und Unterlagen für Ihren Antrag auf Erstattung der Kosten.
Das Tropenklima, in dem sich Bakterien und Keime rasch vermehren, stellt eines der größten Gesundheitsrisiken dar. Wunden immer mit warmem Wasser auswaschen und mit Alkohol abreiben. Das Leitungswasser ist fast überall sauber. Dennoch sollte man in Bocas del Toro und anderen Orten entlang der Karibikküste sowie in verarmten Gebieten kein Leitungswasser trinken und die Zähne nur mit Mineralwasser putzen. Beim Campen das Wasser abkochen, um Giardien, Dünndarmparasiten, abzutöten. Keine rohen Meeresfrüchte und Gemüse essen. Gleiches gilt für ungewaschenen Salat und ungeschälte Früchte.
Viel Sonnencreme auftragen und langsam bräunen, da die Sonne intensiv ist. Zum Schutz vor Austrocknung viel Wasser trinken. Stechende Insekten gibt es überall, vor allem in den feuchten Niederungen. Malaria kommt in den Flachgebieten vor und ist hauptsächlich an der Karibikküste und in Darién ein Problem. Fragen Sie Ihren Arzt nach einer Malariaprophylaxe. Denguefieber wird von Moskitos übertragen, und gelegentlich werden Ausbrüche in den Niederungen an der Karibikküste und am Pazifik gemeldet. Es gibt keine vorbeugende Behandlung, sodass man darauf achten muss, nicht gestochen zu werden. Insektenschutzmittel großzügig anwenden und beim Wandern erdfarbene, bedeckende Kleidung tragen.
Giftschlangen sind in der Wildnis weit verbreitet. Geschlossene Schuhe tragen, die auch den Knöchel bedecken und die Hände nie in Spalten oder Löcher stecken. Bei einem Biss sofort ärztliche Hilfe holen. Nicht im seichten Wasser entlang des mittleren Pazifikufers waten, wo Stachelrochen leben. Der Brandungsrückstrom stellt da eine große Gefahr dar, wo an der Küste die Wellen bis an den Strand noch hoch sind.

Bei den Unterkünften in Panama gibt es ein breites Spektrum, meist zu vernünftigen Preisen, jedoch mit unterschiedlichem Standard. Die Annehmlichkeiten sind sehr verschieden. Daher ist es sinnvoll, sich vor dem Buchen zu erkundigen. Bedenken Sie, dass große Gebiete des Landes sehr abgelegen sind und dass das Angebot dort eher spärlich ist. Während der Hauptreisezeit können die besseren Unterkünfte rasch ausgebucht sein, vor allem während Veranstaltungen wie dem Karneval. Im Darién und auf den San-Blas-Inseln sind die Unterkünfte oft sehr einfach. Essen gehen kann in Panama-Stadt ein großes Vergnügen sein; dort ist die Auswahl groß, es gibt auch Lokale von Weltklasseformat. Andernorts beschränkt sich die Speisekarte auf traditionelle Kost und Seafood; die etwas internationalere Küche findet man am ehesten in Touristenorten und gehobeneren Hotels.

HOTELS

Panama-Stadt ist mit Spitzenklassehotels von internationalem Standard gesegnet. Diese reichen von familiengeführten Boutique-Hotels, die Intimität mit Charme verbinden, bis hin zu internationalen Hotelketten in Wolkenkratzern, in der Regel mit Business- und/oder Konferenzeinrichtungen. Teilweise sind auch Casinos im Haus. Einige dieser Hotelketten haben gebührenfreie Reservierungsnummern:

Country Inn & Suites, Tel. (+353) 17 06 02 69, www.countryinns.com
Intercontinental Hotels Group, Tel. 080 01 81 60 68, www.ihg.com
Marriott Hotels & Resorts, Tel. 0800 185 44 22, www.marriott.com
Radisson, Tel. 080 01 81 44 42, www.radisson.com

Die Regionen El Valle und Boquete bieten einige der besten Unterkünfte des Landes, darunter Frühstückspensionen auf dem Lande. Bocas del Toro bietet auch eine große Auswahl. Die wenigen großen Ferienanlagen am Strand sind meist All-inclusive-Häuser und beherbergen hauptsächlich Einheimische. Mittelklassehotels gibt es viele, jedoch mit wenig Service und unterschiedlichem Standard. In einigen Regionen, darunter Azuero, gibt es nur wenige Hotels. Die Zimmer sind während des Karnevals schnell ausgebucht, dann kann es sein, dass man dort keine mehr findet.

Außer im Darién und den Chiriquí-Gebirgsregionen gibt es wenige Wildnis-Lodges. Dort gibt es Zeltlager, Holzhütten mit wenig Komfort und ein paar Anlagen mit Spa und Sauna. Manche Lodges sind auf Angler und Surfer eingestellt, wenngleich oft sehr einfach. An Stränden und in vielen Nationalparks ist Zelten erlaubt.

Im San-Blas-Archipel gibt es wenige und sehr einfache Hotels, oft mit selbstgebauten *cabañas* aus Palmenstämmen und Bambusschilf, mit Stroh- oder Blechdach. Wenige haben Strom (als Beleuchtung dienen meist Kerosinlaternen), und noch weniger haben ein WC mit Spülung – über dem Wasser hängende Häuschen sind die Norm.

Ferienhäuser und längerfristige Anmietung, vom Bungalow am Strand bis hin zu Haziendas im Kolonialstil, vermittelt **Haciendas Panama**, E-Mail: haciendaspanama@gmail.com, www.haciendaspanama.com.

In Budget-Hotels sind Duschen oft kalt und Matratzen dünn und abgenutzt. Warmes (lauwarmes) Wasser wird teilweise von einem Boiler über der Dusche bereitet. Achten Sie auf sichere Fenster und Türen. »Motels« werden meist als Stundenhotels vermietet. Sofern nicht anders angegeben, verfügen alle aufgeführten Hotels über Speisesäle sowie Zimmer mit Bad und sind ganzjährig geöffnet.

Die Preise steigen in der Hochsaison, von Dezember bis April, meist um rund 15 Prozent. In Mittelklasse- und Budget-Hotels sollte man sich mehrere Zimmer ansehen, da der gleiche Preis oft für verschiedene Größe und Ausstattung gilt. Auf die meisten Hotelrechnungen wird eine Umsatzsteuer von 10 Prozent aufgeschlagen.

RESTAURANTS

Seafood ist an der Küste das Hauptnahrungsmittel, während Huhn und Schwein die eigentlichen Grundelemente der panamaischen Kost sind. Restaurants sind meist von 11–14 Uhr und 18–23 Uhr geöffnet. Viele sind montags geschlossen. In den teureren Restaurants vorher reservieren, vor allem am Wochenende. In Panama-Stadt ist der Service meist flink, sonst oft eher langsam.
Lokale Gerichte sind in vielen Fällen schon für unter 5 $ erhältlich. Achten Sie auf die *comida corriente,* dies ist ein Mittagstisch (in der Regel eine Auswahl aus Fleisch, Reis und Bohnen und Gemüse oder Salat), der zu Sonderpreisen angeboten wird.
Auf den San-Blas-Inseln sind Restaurants rar. Hotels bieten oft fade Mahlzeiten; meiden Sie Hummer wegen Überfischung und Tintenfisch, den man oft fängt, indem man Bleichmittel in das Wasser schüttet.
Nachfolgend finden Sie eine Auswahl der besten Restaurants für jede Region.

PREISE

HOTELS

Preise für ein Doppelzimmer ohne Frühstück in der Hauptsaison werden durch $-Zeichen symbolisiert.

$$$$$	über 200 $
$$$$	100–200 $
$$$	50–100 $
$$	25–50 $
$	unter 25 $

RESTAURANTS

Preiskategorien für ein Drei-Gänge-Menü ohne Getränke werden durch $-Zeichen symbolisiert.

$$$$$	über 35 $
$$$$	20–35 $
$$$	10–20 $
$$	5–10 $
$	unter 5 $

RESERVIERUNGEN

Trotz der aufgelisteten Informationen sollten Sie sich im Einzelnen informieren, bevor Sie reservieren. Das gilt vor allem für Einrichtungen für behinderte Gäste, akzeptierte Kreditkarten und Preise. Versenden Sie Ihre Hotelreservierung per Fax oder E-Mail und nehmen Sie die schriftliche Bestätigung mit. Wenn Ihnen ein Reiseveranstalter mitteilt, dass das Hotel Ihrer Wahl belegt ist, fragen Sie selbst beim Hotel nach; Veranstalter wurden schon dabei ertappt, dass sie Kunden an Hotels verwiesen, die lukrative Provisionen zahlen.
Reisende mit Handicap sollten sich behindertengerechte Einrichtungen zeigen lassen.

GLIEDERUNG

Hotels und Restaurants wurden nach Regionen sortiert, dann alphabetisch nach Preiskategorie.
M = Mittagessen, A = Abendessen

KREDITKARTEN

In vielen gehobeneren Hotels kann man kein Zimmer ohne Angabe einer Kreditkartennummer reservieren. Manche Hotels erheben eine Gebühr von 3 Prozent bei Kreditkartenzahlungen. Die meisten besseren Restaurants akzeptieren Kreditkarten.
Folgende Abkürzungen werden benutzt:
AE (American Express),
DC (Diners Club),
MC (Mastercard),
V (Visa).

PANAMA-STADT

HOTEL BRISTOL $$$$$

Calle Aquilino de la Guardia, Calles 51 u. 52
Tel. 264 00 00
www.thebristol.com

Dieses schicke Boutique-Hotel, ein Mitglied der Leading Hotels of the World, glänzt vor Mahagoni und Marmor, während es Klasse und Charme der Alten Welt nach Londoner Art verströmt. De-luxe-Einrichtung mit lokalen Highlights, wie bunte *mola*-Kissen. Das Restaurant **Salsipuedes** (siehe S. 271) zählt zu den besten der Stadt.

110 AE, MC, V

CROWNE PLAZA $$$$

Ave. Manuel Espinosa Bautista
Tel. 206 55 00
www.ihg.com

Das gehobene Hotel mit viel Service im Geschäftszentrum verfügt über geschmackvolle, moderne Zimmer, einen Swimmingool auf der Dachterrasse und eine Sportbar. Frühstück inbegriffen.

150 Alle gängigen Kreditkarten

HOTEL DEVILLE $$$$

Ave. Beatriz Cabal nördlich von Calle 50
Tel. 206 31 00
http://hoteldevillepanamacity.com

Möbliert mit einer bunten Sammlung aus aller Welt. Das Luxus-Boutique-Hotel, das nur Suiten anbietet, verbindet geschmackvolles Dekor mit moderner Ausstattung. Individuell eingerichtete Zimmer und höhlenartige Badezimmer glänzen mit Marmorböden, auf denen orientalische Brücken liegen. Für guten Schlaf sorgen orthopädische Matratzen. Die Lage im Herzen des Ausgehbezirks ist ein Bonus. Das Restaurant **Ten Bistro** von Küchenchef Fabien Migny liegt gleich nebenan.

33 AE, MC, V

INTERCONTINENTAL MIRAMAR PANAMA $$$$

Miramar Plaza, Balboa Ave.
Tel. 206 88 88
www.miramarpanama.com

Erhebt sich 25 Stockwerke hoch über die Bucht von Panama-Stadt. Der Wolkenkratzer verbindet Luxus und Komfort, darunter ein Full-Service-Business-Center und Bankettträume, plus türkische Bäder. Die großen Zimmer sind schön eingerichtet und haben Internetanschluss. Das **Bay View Restaurant** im fünften Stock ist für sein Gourmet-Seafood bekannt.

183 AE, MC, V

LAS CLEMENTINAS $$$$

Calle 1ra u. Ave. A, Casco Viejo
Tel. 308 65 50
www.lasclementinas.com

Dass Daniel Craig während der Dreharbeiten zu *Ein Quantum Trost* hier nächtigte, hat einen guten Grund. Das raffinierte kleine Luxushotel mitten im Casco Antiguo verbindet koloniales Ambiente mit modernsten Requisiten wie Plasma-TVs, WLAN und iPod-Andockstationen. Die sechs Suiten verfügen über breite Doppelbetten mit weich gewebter (600er) Wäsche. Eine Bibliothek und eine Lounge tragen zur stilvollen Eleganz bei.

9 AE, MC, V

PLAZA PAITILLA INN $$$$

Vía Italia, Punta Paitilla
Tel. 208 06 00
www.plazapaitillainn.com

Modernes, rundes Hochhaus mit Glaswänden und einem tollen Blick auf die Stadt. Elegantes Interieur. Sonderrabatte können Schnäppchen bescheren.

255 AE, MC, V

ALBROOK INN $$$

Calle Las Magnolias No. 14
Albrook, Ancón
Tel. 315 17 89
www.albrookinn.com

Im Westen der Stadt und in der Nähe des Flughafens, perfekt zum Erkunden von Ancón und Balboa. Schön eingerichtet mit roten Stoffen, dunklem Hartholz und cremefarbenen Wänden. Die Suiten haben Küchenzeilen. Pool im Garten.
30 AE, MC, V

THE BALBOA INN $$$
2311 Calle Cruces, Balboa
Tel. 66 18 40 88
www.balboainnpanama.com
Das mit Liebe geführte Gästehaus inmitten eines großen Gartens ist ein prima Ausgangspunkt, um Balboa zu erkunden. Die Zimmer sind eher gemütlich denn luxuriös und verfügen über WLAN, Safes und Deckenventilatoren.
9 MC, V

ARCOS DE BELLA VISTA B&B $$
Calle 49 u. Ave. Federico Boyd, Bella Vista
Tel. 67 13 71 65
www.pattyscasitas.com
Patty Polte und Rudy Ariana heißen die Gäste in ihrer in den 1940ern erbauten Art-déco-Villa mit Zwei-Schlafzimmer-Suiten willkommen. Die Einrichtung ist schlicht.
255 Keine Kreditkarten

DISCOVERY $$
Av. Justo Arosamena Yi Calle 31
Tel. 225 11 40
www.hoteldiscoverypanama.com
Das einfache Hotel befindet sich im Botschaftsviertel der Stadt nahe der U-Bahn-Station Lotería. Die Zimmer sind schlicht und zweckmäßig eingerichtet. In der Lobby gibt es WLAN und einen kleinen Coffeeshop. Kostenloser Airport-Shuttle.
85 AE, MC, V

EUROHOTEL $$
Via España 33,
Tel. 263 08 02
www.eurohotelpanama.com
Zentral gelegenes Hotel inmitten des Geschäftsviertels von Panama-Stadt. Im Preis sind Frühstück, Internet und die Benutzung des Außenpools enthalten. Große Auswahl an einfach ausgestatteten Einzel- bis Vierbettzimmern.
103 AE, MC, V

LUNA'S CASTLE HOSTEL $
Calle 9na Este 3–28, Casco Viejo
Tel. 262 15 40
www.lunascastlehostel.com
Ein Liebling der Rucksacktouristen. Auf dieses Hostel in einem staubigen, knarrenden alten Herrenhaus mit seiner farbenfrohen Kunst an jeder Wand fällt die Wahl der Sparfüchse. Professioneller Service, sehr internationale Atmosphäre. Kaffee, Internet und WLAN werden gratis angeboten.
255 AE, MC, V

MAGNOLIA INN $
Calle 8va u. Calle Boquete, Casco Viejo
Tel. 202 08 72
www.magnoliapanama.com
Wunderbares Hostel in einem Kolonialgebäude inmitten des Casco Viejo. Die Zimmer sind einfach, aber sehr geschmackvoll eingerichtet. Es gibt Doppelzimmer und Schlafsäle, eine Gemeinschaftsküche und jede Menge Atmosphäre für wenig Geld.
12 AE, MC, V

LA POSTA $$$$
Calle 49, Bella Vista
Tel. 269 10 76
www.lapostapanama.com.
Urgemütliches Lokal im Stil eines Landhauses. Der Schwerpunkt liegt auf italienischer und mediterraner Küche mit hervorragenden Fisch- und Meeresfrüchtegerichten. Ein weiteres Plus ist die ausgezeichnete Weinkarte. Exzellenter Service.
60 Geschl. So AE, MC, V

SALSIPUEDES $$$$
Hotel Bristol, Calle Aquilino de la Guardia, Calles 51 u. 52
Tel. 294 78 00
www.facebook.com/salsipuedes panama

Mahagoni-Paneele und klassische europäische Eleganz zeichnen dieses hervorragende Restaurant im Hotel Bristol (siehe S. 269) aus. Chefin Cuquita Arias de Calvo, die nicht zuletzt durch ihre Fernsehkochshow berühmt geworden ist, herrscht über die göttliche, lateinamerikanische Fusion-Küche mit ausgefallenen Gerichten wie Tamales-Suppe, Krokodil mit Wasabi und Ingwer oder Lobster Tortellini mit Minze in Zwiebelbrühe.
80 AE, MC, V

ALKIMIA $$$
Calle 50 u. Beatriz Cabal, Hotel Deville, El Cangrejo
Tel. 391 97 20
http://hoteldevillepanamacity.com

Das hippe Restaurant im Hotel Deville (siehe S. 269) ist eine erlesene Augenweide. Die trendige, moderne Einrichtung wird von progressiver Musik in der Lounge Bar untermalt. Das mediterrane Flair – blaues Licht vor weißen Wänden – setzt sich auch auf der Speisekarte fort: spanischer Käse und Serrano-Schinken als Vorspeise, gefolgt von Paella und Langusten mit Basilikum.
50 AE, MC, V

THE FISH MARKET $$$
Avenida Central, Casco Viejo
Tel. 67 21 64 45
facebook.com/fish.market.panama

Ein Essen in dem außergewöhnlichen Restaurant, das sich in einer ehemaligen kolonialen Ruine befindet, ist ein Erlebnis und ein ganz besonderes Vergnügen. Inhaber Mike Thompson bringt superfrischen Thai-Ceviche, Fisch-Tacos, Thunfisch-Tartar und wechselnde Tagesspezialitäten direkt vom nahen *mercado de mariscos* auf den Tisch. Hervorragend ist Lobster-Ceviche, das man am besten mit einem eiskalten Balboa-Bier genießt, oder man wählt ganz traditionell Fish'n'Chips mit einem herzhaften Ale.
60 Geschl. Mo AE, MC, V

HABIBI'S $$$
Calle 48 u. Uruguay, Bella Vista
Tel. 264 36 47
www.habibispanama.com

Beliebtes Restaurant im levantinischen Stil in einem umgebauten kolonialen Herrenhaus mit modernem Leitmotiv und dezenter Atmosphäre. Auf der Speisekarte stehen Hummus, Shish Kebab, Schaschlik und westliche Leibgerichte. Am Wochenende treten Bauchtänzerinnen auf, Wasserpfeifen machen in der Lounge die Runde.
60 MC, V

LAS TINAJAS $$$
Calle 51, Bella Vista
Tel. 263 78 90
www.tinajaspanama.com

Das Touristenlokal ist für seine Folklore-Shows *(Di–Sa um 21 Uhr, 5 $ Eintritt)* mit Tänzerinnen in *polleras* bekannt. Die Speisekarte hat Lokalkolorit; es gibt *sopa borracha*, Tamales und frittierte Speisen. Rustikales Dekor im Kolonialstil. Tische für die Dinnershows vorab reservieren.
80 MC, V

MANOLO CARACOL $$$
Calle 3ra u. Ave. Central, Casco Viejo
Tel. 211 28 11
www.manolocaracol.net

Dieser Umbau eines Bauwerks aus der Kolonialzeit hat eklektisches Dekor und eine offene Küche. Es bietet hervorragende Fusion-Gerichte und Tapas. Die spanisch inspirierte Karte umfasst Köstlichkeiten wie Gazpacho Andaluz mit Gurke und Sorbet und reicht bis hin zu Sashimi-Thunfisch. Tageskarte zum Festpreis. Dient zugleich als Kunstgalerie.
100 Geschl. So MC, V

SUKHI $$$
Edificio América, Ave. Ricardo Arias
Tel. 395 60 81
www.sukhionline.com

Angenehmes und gepflegtes Restaurant, das Gerichte aus Südostasien serviert. Empfehlenswert ist Pad Thai mit Riesengarnelen, Garnelen in Dschungelcurry oder Tempura-Tilapia. Jeden Mittwochnachmittag gibt es ein Curry-Büfett. Das Personal ist freundlich und spricht Englisch.

40 Geschl So MC, V

SUSHI ITTO $$$
Hinter Edificio Plaza Obarrio, Calle Samuel Lewis u. Calle 55
Tel. 265 12 22
www.facebook.com/sushiitto panama

Mailand trifft Tokio in diesem modernen japanischen Restaurant. Gehoben, ohne prätentiös zu sein. Auf der Speisekarte steht Pasta neben Sushi, Tempura und anderen japanischen Standards. Man kann auch draußen im Patio essen.

80 MC, V

TANTALO KITCHEN $$$
Ave. B u. Calle 8, Casco Viejo
Tel. 262 40 30
www.tantalohotel.com

Schick, frisch und modern: Hier speist Panamas *farandula* (ein junges Hipster-Publikum) unter einem Spinnennetz aus Halogenleuchten. Die umfangreiche Speisekarte enthält Pizzavariationen, gegrillten Tintenfisch, Pad Thai und Risottos. Nach dem Abendessen kann man die Lounge auf der Dachterrasse aufsuchen und an der neonerleuchteten Bar die Nacht durchtanzen.

80 AE, MC, V

TAURO $$$
Multicentro, Ave. Balboa
Tel. 380 11 11
www.hrhpanamamegapolis.com

Aufregende Interpretation eines klassischen Steak-Hauses im Hard Rock Hotel. Neben saftigen Steaks gibt es auch marktfrisches Seafood und Vorspeisen wie geräucherten Lachs, Fajitas oder Chicken Fingers. Avantgardistisches Dekor in Rot und Schwarz. Der Service ist nicht der schnellste.

48 Geschl So AE, MC, V

CASA SUCRE COFFEEHOUSE $$
Calle 8 u. Ave. B, Casco Viejo
Tel. 393 61 30
www.casasucrecoffeehouse.com

Unkonventionelles Café mit Pariser Flair und gemütlichen Sitzgelegenheiten mitten im Herzen der Altstadt. Das Casa Sucre ist der perfekte Ort für einen gemütlichen Nachmittag bei einem Espresso, Cappuccino oder geeisten Latte. Oder wie wäre es mit einem preiswerten Frühstück, bestehend aus Bagels, Eiern, Speck und Frischkäse? Kostenloses WLAN.

30 MC, V

EGO Y NARCISCO $$
Calle Antonio Sucre, Plaza Bolívar, Casco Viejo
Tel. 262 20 45

Die Boheme von Panama-Stadt versammelt sich gerne in diesem Tapas-Restaurant oder an den Tischen draußen auf dem gepflasterten Platz. Die würzigen Garnelen-Ceviche lassen sich dabei wunderbar mit einer Sangría herunterspülen.

20 Geschl. Sa u. So mittags Alle gängigen Kreditkarten

EL TRAPICHE $$
Vía Argentina, El Cangrejo
Tel. 269 43 53

Herzhafte panamaische Küche aus den zentralen Provinzen. Vorweg Frittiertes, gefüllt mit Hühnchen oder Ceviche, gefolgt von der »Fiesta Combo«. Im Lokal steht eine *trapiche*, eine traditionelle Zuckerrohrpresse. Die Bedienung ist nicht besonders flott.

44 MC, V

CASA VEGETARIANA $
Calle Ricardo Arias u. Ave. 3 Sur
Tel. 269 18 76
Dieses Lokal kommt Veganern und Vegetariern wie gerufen. Auf der Karte stehen Vier-Beilagen-Kombinationen für nur 2 $. Wer eine fünfte dazu wählt, erhält zusätzlich eine Miso-Suppe. Außerdem gibt es leckere hausgemachte Säfte.
10 Keine Kreditkarten

GRANCLÉMENT $
Ave. Central u. Calle 3ra,
Casco Viejo
Tel. 208 07 37
www.granclement.com
Köstliches Gourmet-Speiseeis und Sorbets aus rein natürlichen Zutaten. Die ausgefallenen Sorten reichen von Ananas und Mango bis hin zu Zimt und Earl-Grey-Tee, und das alles in hübscher kolonialer Umgebung.
6 Keine Kreditkarten

NIKO'S CAFÉ $
Antigua Bolera, Balboa
Tel. 228 88 88
www.nikoscafe.com
In der beliebten Coffeeshop-Kette mit zahlreichen Filialen in der ganzen Stadt stimmt das Preis-Leistungs-Verhältnis. Es bietet eine Auswahl an leckerer heimischer Kost und Desserts. Die Wände zieren historische Schwarz-Weiß-Fotos von der Kanalzone.
120 Keine Kreditkarten

ZENTRALE KARIBIKKÜSTE UND DER KANAL

LAS PERLAS-ARCHIPEL

HACIENDA DEL MAR $$$$$
Isla San José
Tel. 832 54 39
www.haciendadelmar.net
Dieses Hotel ist ein wahres Refugium. Keine Fernseher, keine Telefone, 20 Minuten Flug vom Festland, auf einem Felsvorsprung mit Balkonen über azurblauem Wasser. Unter den gemütlichen Bungalows sind Junior-Suiten und »VIP-*cabañas*« mit zwei Zimmern. Mit Schiefer ausgekleideter Pool, köstliches Seafood im Bambusrestaurant im Freien. Sportfischen, Jeep-Safari etc. gegen Aufpreis.
14 AE, MC, V

PERLA REAL INN $$$$
Passeo Urraca 50, Isla Contadora
Tel. 65 13 90 64
www.perlareal.com
Im spanischen Kolonialstil mit Brunnen im Innenhof, in der Nähe toller Strände. Touren und Aktivitäten, Frühstück inbegriffen.
6 MC, V

MAR & ORO $$$
Playa Cacique, Isla Contadora
Tel. 202 74 26
www.maryoro.com
Eine etwas in die Jahre gekommene originelle Villa mit reizvollen, wenn auch etwas kitschig eingerichteten Zimmern und großen Deckenventilatoren. Wunderbares Restaurant im Freien mit Blick aufs Meer.
17 MC, V

THE POINT $$$
Punta Galeon, Isla Contadora
Tel. 836 54 34
http://hotelthepoint.com
In Parkanlage mit Palmen und Holzsteg zum Strand. Toller Pool und Restaurant am Strand, das Nudel- und Seafoodgerichte serviert. Der neue italienische Besitzer hat die Anlage zu einem himmlischen Rückzugsort voller Atmosphäre umgewandelt.
48 MC, V

CERRO AZÚL

LA SEMILLA ECOLODGE $$$$
Urbanizacion las Nubes, Ave. Los Cumulos, 45 Min. nördlich vom Flughafen
Tel. 66 73 07 78
www.lasemillapanama.com

Wunderbare Regenwald-Lodge, beliebt bei Städtern, die der Hektik von Panama-Stadt entfliehen wollen. Große, minimalistisch, aber modern ausgestattete Zimmer, Veranda mit Hängematten, großer Pool und Picknickflächen. Die Betreiber bieten Vogelbeobachtungs- und Wandertouren an.
10 AE, MC, V

HOSTAL CASA DE CAMPO COUNTRY INN & SPA $$$
45 km östlich von Panama-Stadt
Tel. 226 02 74
Gasthaus im Stil der Alten Welt. Die Zimmer in den Hütten sind schön dekoriert. Hausmannskost und Spa mit vielen Behandlungen. Nur Minuten vom Parque Nacional Chagres. Bietet Vogeltouren.
7 MC, V

COLÓN

RADISSON COLÓN 2000 & CASINO $$$$
Paseo Gorgas u. Calle 13
Tel. 00 800 00 52 01 29 (Panama), 353 17 06 02 03 (Ausland)
www.radisson.com
Nachbar der Vier-Sterne-Alternativen; für gutes Aussehen hat es keine Punkte verdient, wohl aber für komfortable Gästezimmer und moderne Einrichtungen.
102 Alle gängigen Kreditkarten

SAND DIAMOND HOTEL $$$$
Millennium Plaza, Ave. Ahmad Waked
Tel. 447 10 00
http://sanddiamondhotel.com
Dieses schicke Hochhaushotel bringt Klasse nach Colón und erinnert an einen Schiffsbug. Die Zimmer kombinieren eine stylishe Ausstattung mit modernstem Beiwerk wie Hochgeschwindigkeitsmodems (Extra-Gebühr) und WLAN im Café.
243 Alle gängigen Kreditkarten

NEW WASHINGTON HOTEL $$$
Calle 1, Ave. Bolívar, Colón
Tel. 441 71 33
http://newwashingtonhotel.com
Das altehrwürdige Hotel wurde vor einigen Jahren renoviert. Kronleuchter und Marmortreppen glänzen, die Zimmer sind jedoch etwas langweilig. Ein Casino ist nebenan, und das Restaurant bietet eine große Seafood-Speisekarte.
124 AE, MC, V

LAS CUMBRES

HOTEL AVALON GRAND PANAMA $$$$
8 km nördlich von Panama-Stadt
Tel. 18 00/959 38 56
www.hotelavalongrandpanama.com
Auf einem Berg im Regenwald beim Parque Nacional Camino de Cruces, in dem man wandern kann. Elegante Gästezimmer und Villen, Wasserpark für Kinder.
37 MC, V

GAMBOA

GAMBOA RAINFOREST RESORT $$$$
Ave. Gaillard, 25 km nordwestlich von Panama-Stadt
Tel. 340 98 89 oder 314 50 00
https://de-de.facebook.com/gamboaresort
Auf einem Berggrat gelegen, mit spektakulärem Ausblick. Dieses Spa-Hotel im Hazienda-Stil zählt zu den besten Landhotels von Panama. Geräumige Hütten mit vier Einheiten mit Terrakotta-Böden, Möbeln im Kolonialstil, bequemen Betten und großen Fenstern. Jede Einheit hat eine Veranda mit Hängematte und Deckenventilatoren. Rohlederstühle und flammenfarbene Wandleuchten im Speisesaal, der Rundumblick und kultivierte Kost mit lokalen Zutaten bietet. Ein Full-Service-Spa bietet Behandlungen. Geführte Waldwanderungen und weitere Aktivitäten.
107 DC, MC, V

ISLA GRANDE

SISTER MOON ECOLODGE $$$
Isla Grande, 22,5 km östlich von Portobelo
Tel. 69 48 19 90
www.hotelsistermoon.com

Unter Palmen an den Hängen einer Felsenbucht. Hütten auf Stelzen, auch Stockbetten für Budget-Reisende. Billardtisch und Darts in der Bar auf derTerrasse. Wassersport und Fischen. Frühstück im Preis inbegriffen.
11 MC, V

ISLA TABOGA

CERRITO TROPICAL $$$
Isla Taboga
Tel. 64 89 00 74
www.cerritotropicalpanama.com

Malerisches B&B, erreichbar über einen steilen Pfad. Es gibt einfache Zimmer und größere, sehr gemütliche Apartments. Alle Zimmer haben Deckenventilatoren und sind in tropischen Farben gehalten. Im Restaurant **Garden Ranchito** auf der Veranda wird ein herzhaftes Frühstück serviert.
3 (2. Apts.) MC, V

VEREDA TROPICAL HOTEL $$$
Isla Taboga
Tel. 250 21 54
www.hotelveredatropical.com

Dieses farbenfrohe Hotel liegt auf der Klippe mit Blick auf den Strand. Hübsche Zimmer um einen Innenhof. Alle Zimmer sind individuell gestaltet und gleichen einer Weltreise. Seeblick-Restaurant.
14 (einige Zimmer) MC, V

LAGO GATÚN

MELIÁ PANAMA CANAL $$$$
Lago Gatún, 6,4 km westlich von Colón
Tel. 470 11 00 oder 01 80/212 17 23
www.meliapanamacanal.com

Stilvoller Umbau eines ehemaligen US-Militärstützpunkts am Gatún-See. Zimmer im Stil der Jahrhundertwende, »Royal Service«-Suiten mit Butler. Konferenzzentrum, Restaurants, Sportangebote und eine Seilrutsche in den Baumwipfeln.
285 Alle gängigen Kreditkarten

JUNGLE LAND PANAMA $$
Lago Gatún
Tel. 213 11 72
www.junglelandpanama.com

Schwimmendes Hotel, das in einer kleinen Bucht inmitten des Gatún-Sees ankert – ein Traum. Das zweistöckige, hölzerne Hausboot ist ideal für alle, die gerne angeln oder Tiere beobachten. Auf dem schattigen Deck kann man zwischen Hängematten Hausmannskost genießen. Angeboten werden Kajakausflüge und sogar Survivalkurse im Dschungel.
8 MV, V

MARIA CHIQUITA

BALA BALA BEACH RESORT $$$$
Maria Chiuquita, 16 km östlich von Colón, Besucherzentrum
Tel. 202 08 82
www.balabeach.com

Atemberaubend moderner Apartmentkomplex, der urbanen Chic verströmt. Ob Studios oder Penthouse-Lofts, alle sind mit perfekt eingerichteten Küchen, großen Balkonen und WLAN ausgestattet. Riesenauswahl an Wassersportmöglichkeiten und anderen Aktivitäten.
117 MC, V

MIRAFLORES

MIRAFLORES RESTAURANT $$$
Miraflores-Schleusen, Besucherzentrum, 8 km westlich von Balboa
Tel. 232 31 20

Restaurant mit All-you-can-eat-Büffet mit Terrasse. Blick über die Miraflores-Schleusen. Snackbar im Erdgeschoss.Wer in das Restaurant im oberen Stockwerk gelangen möchte, zahlt im Besucherzentrum Eintritt.
60 MC, V

PARQUE NACIONAL SOBERANÍA

CANOPY TOWER ECOLODGE & NATURE OBSERVATORY $$$$
Parque Nacional Soberanía
Tel. 264 57 20
www.canopytower.com

Diese asketische Umwandlung einer ehemaligen Radarstation spricht vor allem Vogelkundler an, wobei die Metallwände und Stahlträger ein industrielles Flair erzeugen. Die Zimmer im Erdgeschoss sind klein, einfach und mit Gemeinschaftsbad. Die Unterkünfte im oberen Stockwerk sind geräumiger und romantisch eingerichtet. Eine gemütliche Bibliothek dient als Speiseraum. Das Observatorium auf dem Dach bietet Blick auf den Wald. Mahlzeiten und Vogeltouren inbegriffen.

12 P DC, MC, V

PORTOBELO

COCO PLUM $$$
Calle Principal Portobelo a Sabanitas, 5 km westlich von Portobelo
Tel. 448 21 02
www.cocoplumpanama.com

Hotel am Strand mit Wassersport und Strandspielen. Bunte Einrichtung in großen Zimmern mit Bodenfliesen. Der Zustand könnte allerdings besser sein. Das **Restaurante Las Anclas** ist spezialisiert auf Seafood und *patacones* (Bananen-Chips) nach kolumbianischer Art.

12 P AE, MC, V

RESTAURANTE LOS CAÑONES $$
0,8 km westlich von Portobelo
Tel. 448 29 80

Restaurant über einer kleinen Bucht, Seafood steht im Zentrum. Spezialität des Hauses ist *pulpo en leche de coco:* Krake in Tomatensauce auf Kokosnussreis. *Chitras* greifen bei Sonnenuntergang gerne an – denken Sie also daran, Insektenschutzmittel einpacken.

34 P Keine Kreditkarten

GUNA YALA

ACHUTUPU

DOLPHIN LODGE UAGUINEGA $$$
Isla Uaguitupo, 366 m östlich von Achutupu
Tel. 60 90 89 90
www.dolphinlodgesanblas.com

Strohgedeckte Hütten mit Satelliten-Internet auf Privatinsel. Junior-Suiten mit Bambuswänden sowie einfachere Hütten aus Beton und Holz. Alle Badezimmer haben Toiletten mit Spülung und kalte Duschen. Hängematten, Volleyballplatz, eine Bar und das **Seafood-Restaurant Bohío** mit Meerblick (Mahlzeiten im Preis inbegriffen).

11 MC, V

AILIGANDÍ

DAD IBE KUNA YALA LODGE $$$$
10-minütige Bootsfahrt vom Inlandsflughafen
Tel. 61 12 54 48
https://dadibelodgepanama.jimdo.com

Stroh-und-Bambus-Hütten auf einer winzigen Insel. Schwimmen ist unbedenklich, da es WCs und Faulbehälter gibt. Einfaches Seafood-Restaurant. Mahlzeiten im Preis inbegriffen. Zweisprachige Führer.

3 Keine Kreditkarten

AKWADUP

AKWADUP LODGE $$$$
Akwadup
Tel. 61 25 85 38
www.akwaduplodge.com

Familiengeführte Ökolodge mit strohgedeckten Hütten, 24 Stunden Stromversorgung, gefliesten Fußböden und modernen Badezimmern mit Duschen. Der Clou sind Balkone, die auf das Meer hinausgehen. Im Übernachtungspreis sind alle Mahlzeiten enthalten. Gutes Angebot an Ausflügen.

7 P MC, V

ÁREA SILVESTRE PROTEGIDA NARGANÁ

BURBAYAR LODGE $$$
Nusugandi, 14,5 km nördlich von El Llano (an der Panamericana)
Tel. 236 60 61 oder 69 49 57 00

Rustikale, familiengeführte Ökolodge in der unberührten Natur der Serranía San Blas. Ökologische Bewirtschaftung. Die Lodge hat Bambus- und Hartholz-*cabañas* mit einfacher Möblierung, Gemeinschaftsbädern und Solarlampen. Einige Zimmer mit Stockbetten. Köstliche Mahlzeiten im Preis inbegriffen. Geführte Wanderungen. Reservieren.

7 Keine Kreditkarten

BAHÍA EL ESCRIBANO

CORAL LODGE RESORT $$$$$
Costa Arriba, Colón, San Blas
Tel. 836 99 88

Ferienanlage im polynesischen Stil an der westlichen Grenze der *comarca* Guna Yala mit strohgedeckten »Wasservillen« auf Stelzen. Glasböden zur Beobachtung des Lebens im Riff, Riesenbetten mit Moskitonetz, Hängematten auf dem Sonnendeck, Rattanmöbel und Whirlpools mit Meeresblick. Lässige Eleganz. Bietet Tauchen und Kajakfahren. Zwei Restaurants, WLAN.

6 MC, V

ISKARDUP

SAPIBENEGA KUNA LODGE $$$$$
4,8 km westlich von Playón Chico
Tel. 215 14 06
https://sapibenega.jimdo.com

Auf einem Inselchen gelegen, wird diese Lodge nach dem Motto »Natur ist unser Leben« geführt. Duplex-Hütten mit Bambuswänden auf Stelzen über dem Wasser haben in jedem Zimmer WCs und geflieste Duschen. Seafood wird in einem Open-Air-Restaurant am Wasser serviert, das nachts von geschnitzten Ahnenbildern, die als Leuchten dienen, illuminiert wird. Geführte naturkundliche Wanderungen und kulturelle Touren. Mahlzeiten im Preis enthalten. Fotovoltaikanlagen und ein Generator sorgen rund um die Uhr für Strom.

13 MC, V

ISLA YANDUP

YANDUP ISLAND LODGE $$$
1,2 km nordöstlich von Playón Chico
Tel. 203 77 62
www.yandupisland.com

Angenehme Bambushütten am Meer und Gemeinschaftstoiletten. Waldwanderungen, Schnorcheln und Mahlzeiten sind im Preis inbegriffen.

14 Keine Kreditkarten

KUANIDUP

KUANIDUP ISLAND LODGE $$$$
Kuanidup, 7,2 km nördlich von Río Sidra
Tel. 66 35 67 37 oder 67 42 76 56
www.kuanidup.com

Einfache, strohgedeckte Hütten aus Bambusgeflecht an einem traumhaften Strand. Gemeinschaftstoiletten draußen. Im Preis sind alle Mahlzeiten sowie Schnorcheln und der Transfer von der Landepiste in Río Sidra enthalten.

12 Keine Kreditkarten

NARGANÁ

RESTAURANTE NALI'S CAFÉ $
Narganá

Eins der wenigen Lokale im Archipel. Das Seafood ist lecker und ungewöhnlich zuverlässig. Hummer, frische Krebse, Reis und Bohnen sind die Standards. Es wird auch traditionelles amerikanisches Frühstück serviert.

20 Keine Kreditkarten

EL PORVENIR

UKUPTUPU HOTEL $$$
Ukuptupu, 0,3 km westlich von El Porvenir
Tel. 67 46 50 88

Ehemalige Forschungseinrichtung des Smithsonian Institute auf einer winzigen Insel. Bietet herrliche Ausblicke. Geräumige, einfache Unterkünfte mit Blechdach, Bambuswänden, Schaumstoffmatratzen und Linoleumböden. Toiletten mit Wasserspülung in Gemeinschaftsbädern. Hängematten auf Balkonen. Mahlzeiten sind im Preis inbegriffen.
15 Keine Kreditkarten

KUNA NISKUA LODGE $$
Isla Wailidup, 0,8 km südwestlich von El Porvenir
Tel. 259 34 71
Einfache, saubere Stroh-und-Bambus-Lodge ohne Extras, in der die Eckzimmer zu bevorzugen sind. Drei der Unterkünfte haben ein Gemeinschaftsbad und Strom durch Sonnenenergie. Seafood wird in einem einfachen, strohgedeckten Restaurant serviert. Mahlzeiten und Schnorchelausflüge sind im Preis inbegriffen.
9 Keine Kreditkarten

DARIÉN

BAHÍA PIÑA

TROPIC STAR LODGE $$$$$
Bahia Piña
Tel. 40 74 23 99 31 oder 80 06 82 34 24 (U.S.)
www.tropicstar.com
Diese gehobene Lodge im Eigentum von US-Amerikanern liegt sehr ruhig an dem von Bergen gesäumten Ostufer der Ananasbucht. Die Unterkünfte sind eine Mischung aus Hütte und Zimmer, einige davon mit riesengroßen Betten, allesamt eingerichtet im Kolonialstil der Alten Welt. El Palacio, das auf einem Grat gelegene Haus mit drei Zimmern des ursprünglichen Eigentümers, kann ebenfalls gemietet werden und ist über eine Seilbahn oder eine Treppe mit 122 Stufen erreichbar. Beim Essen geht es familiär zu. Spitzenklassegerichte, vorwiegend Seafood, während gleichzeitig Angelvideos gezeigt werden. Gefischt wird an Bord einer Flotte von 9,5 m langen Bertrams. Während der Hauptsaison Mindestaufenthalt eine Woche.
18 AE, MC, V

METETÍ

FILO DEL TALLO LODGE $$$$
3 km westlich von Metetí
Tel. 66 73 53 81
www.panamaexoticadventures.com
In diesem auf einem Hügel im Wounaan-Dorf gelegenen Rückzugsort kann man sowohl in die indigene Kultur eintauchen als auch einen liebevollen Komfort genießen. Traditionelle Palmen- und Bambus-Architektur sind hier mit einer einfachen und doch anspruchsvollen Ausstattung kombiniert. Die Lounge und das mit Palisaden eingefasste Rund des Speiseareals bieten einen grandiosen Ausblick. Geboten werden geführte Vogelbeobachtungstouren, Wanderungen und Ausritte.
3 Keine Kreditkarten

PARQUE NACIONAL DARIÉN

CANA FIELD STATION $$$$
Cana, Parque Nacional Darién
Tel. 269 94 15
www.anconexpeditions.com
Liegt auf 488 m Höhe im Herzen des Parque Nacional Darién. Einfache Lodge, von Ancón Expeditions bewirtschaftet, die das Alleinnutzungsrecht hat. Von Regenwald umgeben; tolle Lage für Vogelkundler. Gemeinschaftsbad. Speisesaal mit Blick auf den Wald. Wird in der Regel nur im Rahmen einer mehrtägigen Pauschalreise vermietet. Ein Zeltlager im Nebelwald auf 1280 m Höhe, 9,6 km Fußmarsch entfernt.
8 MC, V

PLAYA DE MUERTO

MAMA GRAJALES' $
29 km südwestlich von Garachiné
Tel. 299 64 28 (nach Gisela de Olmedo fragen)

Kulturelles Erlebnis in einem Emberá-Dorf. Einfache Hütten aus Bambusschilf auf Stelzen, Plattformen für Zelte. Wasser und Badezimmer draußen. Leckere Mahlzeiten sind im Preis inbegriffen.
2 Keine Kreditkarten

PUNTA PATIÑO

PUNTA PATIÑO LODGE $$$$
Reserva Natural Punta Patiño
Tel. 269 94 15
www.anconexpeditions.com
Die Lodge liegt am oberen Ende eines Steilhangs im Naturschutzgebiet Punta Patiño und bietet eine traumhafte Aussicht. Einzelhütten in Pastelltönen mit Schlafzimmern auf der Empore und Badezimmer mit kalter Dusche; sechs mit Klimaanlage. Balkon mit Hängematten. Naturkundliche Ausflüge.
10 MC, V

RÍO SAMBÚ

SAMBÚ HAUSE BED & BREAKFAST $$$
Sambú
Tel. 268 69 05 oder 67 66 51 02
www.sambuhausedarienpanama.com
Holz-Lodge mit Grillterrasse bietet ein Dschungelerlebnis mit Komfort in der indigenen Emberá-Dorfgemeinschaft. Zwei Zimmer teilen sich ein Bad; ein drittes ist klimatisiert mit eigenem Bad. Die Besitzer bieten vogelkundliche und kulturelle Touren. Mahlzeiten inbegriffen.
3 Keine Kreditkarten

ZENTRALPANAMA

MARIATO

HELICONIA B&B ECO-LODGE $$$
Mariato, 60 km südlich von Santiago
Tel. 66 76 22 20
hotelheliconiapanama.com
Luxuriöses Campen mitten in einem autarken Ökoprojekt, das von den niederländischen Biologen Loes Roos und Kees Groenendijk geleitet wird. Geräumige Zelte im Safari-Stil auf Stelzen mit Strohdächern, Doppelbetten mit Matratzen und Hängematten auf der Terrasse. Kunstvolle Freiluftbäder mit Steinfußböden und Dusche. Möglichkeit zur Mithilfe bei einem Wiederaufforstungsprojekt. Geführte Vogelbeobachtungs-, Wander- und Kajaktouren. Ein zusätzliches Hotel mit vier Zimmern und Ferienhäuser sind geplant.
8 Keine Kreditkarten

PARQUE NACIONAL ALTOS DE CAMPANA

HOSTAL HACIENDA DOÑA VICTORIA $$
Campana, 3,2 km westlich von Capira
Tel. 393 73 79
www.hostalvictoriapanama.com
Vor dieser anheimelnden alten spanischen Hazienda mit wunderschönem Garten liegt ein gepflasterter Hof mit Brunnen, schmiedeeisernen Fenstergittern und Hängematten auf Terrakotta-Patios. Es gibt einen herrlichen Pool mit Wasserfall. Ausritte und Kutschfahrten können gebucht werden. Mahlzeiten sind im Preis inbegriffen.
9 MC, V

PARQUE NACIONAL COIBA

PESCA PANAMA $$$$$
Isla Coiba
Tel. 001-844/264 22 46 (USA)
www.pescapanama.com
Eine schwimmende Lodge, die vor allem für Sportfischer gedacht ist. Gemütliche holzvertäfelte Bar/Lounge mit Bambusmöbeln, Tische im Freien. Zwölf Betten, u. a. Stockbetten. Tauchgänge und Kajakfahren werden angeboten. Fischen auf 8 m langen Booten mit Mittelkonsole. Nur wochenweise Pauschalangebote.
3 MC, V

PENONOMÉ

LA IGUANA ECO-RESORT $$$

Churuquita Grande, 14 km nordöstlich von Penonomé
Tel. 67 98 86 50
www.laiguanaresort.com

Die teilweise strohgedeckte Lodge im Vorgebirge ist perfekt für Vogelkundler, jedoch nicht im besten Zustand. Einfach ausgestattete Zimmer; Schlafstätten teils auf einer Empore. Kalte Duschen. Das Essen wird im Haus und auf einem schönen Patio serviert.
8 Keine Kreditkarten

PLAYA BLANCA

HOTEL RIU PLAYA BLANCA $$$$$

Playa Blanca
Tel. 907 09 00
www.riu.com

Dieses All-inclusive-Resorthotel besticht durch seine angenehme Architektur, die superschicke Ausstattung und eine Hightech-Ausstattung. Die Zimmer befinden sich in siebenstöckigen Gebäuden, die rund um eine Poollandschaft angeordnet sind. Fünf Restaurants servieren u. a. mediterrane und japanische Küche. Für die Kleinen wird ein kostenloser Kinderclub angeboten, kostenloses WLAN im gesamten Hotelbereich.
211 Alle gängigen Kreditkarten

PLAYA BLANCA HOTEL & RESORT $$$$

9,6 km südwestlich von Río Hato
Tel. 264 64 44 oder 908 35 00
www.playablancaresort.com

All-inclusive-Strandhotel, das vor allem auf Pauschalreisende aus dem Ausland eingestellt ist. Die Gästezimmer liegen in einer Reihe dreistöckiger Einheiten, die scheinbar willkürlich um zwei große, geschwungene Swimmingpools angeordnet sind. Lebhafte zeitgenössische Einrichtung. Abendessen, Unterhaltung und Aktivitäten wie Wassersport sind komplett im Preis inbegriffen. Am Wochenende und in den Ferienzeiten kann es ziemlich laut werden.
340 MC, V

PIPA'S BEACH BAR $$

Farallón, 1,6 km westlich von Decameron
Tel. 62 52 84 30
www.pipasbeach.com

Baufällige, bunte Strandbar mit Restaurant, das köstliches Seafood serviert. Hier hören Sie Reggae-Stücke, spielen Beach-Volleyball und essen mit Sand zwischen den Zehen. Meist geöffnet, bis der letzte Gast den Heimweg antritt.
20 Keine Kreditkarten

PLAYA CORONADO

BLUEBAY CORONADO GOLF & BEACH RESORT $$$$$

Playa Coronado
Tel. 240 44 44
www.bluebayresorts.com

In dieser an einem 18-Loch- Championship-Golfplatz gelegenen, gehobenen Hotelanlage in Niedrigbauweise kann es am Wochenende ziemlich laut werden, wenn die Ausflügler aus Panama-Stadt anreisen. Zu ihren zahlreichen Einrichtungen gehören acht Restaurants, ein Spa sowie Tennispätze, Reitstall, Wassersportmöglichkeiten und Konferenzräume.
104 Alle gängigen Kreditkarten

PLAYA FARALLÓN

JW MARRIOTT $$$$$

340 Calle 3ra, Buenaventura, Playa Farallón
Tel. 908 33 33
www.marriott.com

Das Luxushotel befindet sich mitten im verzweigten Buenaventura-Wohnpark, der um einen 18-Loch-Meisterschaftsgolfplatz (72 Schläge) herum erbaut wurde. Die geräumigen Suiten sind aufwendig eingerichtet und verfügen über große Doppelbetten und mo-

dernste Ausstattungen. Zu Recht ein Mitglied der Leading Hotels of the World. Gourmetrestaurant; hoteleigener Beach Club. Verfügbar sind auch 18 Vierbettvillen.
114 Alle gängigen Kreditkarten

PLAYA KOBBE

DREAMS DELIGHT PLAYA BONITA $$$$

6,4 km westlich von Panama-Stadt
Reservierungshotline: 18 66/ 237 32 67
www.dreamsresorts.com

Weitläufiges Hotel mit mediterranem Flair inmitten von 8 ha saftig-grünem Regenwald entlang einem 1,6 km langen Sandstrand. Stilvolle und luxuriöse Gästezimmer mit teuren Hartholzmöbeln, himmlisch bequemen Betten und WLAN-Zugang. Fünf Swimmingpools, sieben Restaurants und ein riesiger Spabereich. Gespeist wird direkt am Meer, im Freien unter einem Strohdach.
303 Alle gängigen Kreditkarten

PLAYA EL PALMAR

MANGLAR LODGE $$$

Calle 1 Norte, Playa El Palmar, San Carlos
Tel. 345 40 14
www.manglarlodge.com

Kleine, familiär geführte Lodge mit modern ausgestattenen Zimmern in einer attraktiven Gartenumgebung direkt am Strand. Alle Zimmer haben Flachbild-TV, WLAN und großzügige Bäder. Es gibt ein Restaurant und eine gesellige Bar. Gleich nebenan kann man in der Surfschule Kurse belegen.
4 MC, V

PLAYA SANTA CATALINA

HOTEL SANTA CATALINA $$$

50 m landeinwärts von der Playa Santa Catalina
Tel. 65 71 43 87
www.hotelsantacatalinapanama.com

Eine der besten Übernachtungsmöglichkeiten weit und breit. Das Boutiquehotel am Ozean ist im Stil einer alten Hazienda gehalten, mit knorrigen Balken und Terrakottadecken, an denen große Deckenventilatoren kreisen. Einige Zimmer haben Etagenbetten.
5 MC, V

JAMMIN PIZZERIA $

Zwischen Playa Santa Catalina u. Punta Brava
www.jammincatalina.com

Ein Lieblingslokal der Surfer, die wegen der Pizza unter das Strohdach strömen. Es gibt Hängematten und Biertische.
24 Geschl. Mo Keine Kreditkarten

PLAYA SANTA CLARA

ART LODGE LAND ART $$

Isla Gobernadora, 10 km südöstlich von Santa Catalina
Tel. 66 36 51 80
www.artlodgepanama.com

Ein Traum für Preisbewusste: Die Insellodge wurde von den französischen Künstlern Valerie und Yves geschaffen. Naturfreunde werden die riesigen, mit Moskitonetzen verhangenen Freiluftbetten unter Reetdächern lieben. Nett sind die Mosaike in den »Regenwaldbadezimmern« unter freiem Himmel.
5 Keine Kreditkarten

HIBISCUS GARDEN & RESTAURANT $$

Playa Lagartero, Santa Catalina
Tel. 66 15 60 97
www.hibiscusgarden.com

Die Surfer Mike und Ollie aus Kalifornien verwandelten diese Lodge in eine stilvolle und dennoch preiswerte Unterkunft. Minimalistische und doch geschmackvolle Einrichtung. Gemeinschaftsküche. Surfkurse. Das Freiluftrestaurant am Meer bietet Hängematten und serviert Salate mit Ziegenkäse, Burger und Truthahn-Sandwiches.
11 Keine Kreditkarten

XS MEMORIES $$
Interamerican Hwy., Playa Santa Clara
Tel. 993 30 69
www.xsmemories.com
Dennis und Sheila Parsick – ein aus den USA eingewandertes Paar – führt diesen Wohnmobilpark, der Kabelanschlüsse und Toiletten für 22 Wohnmobile bietet. Hier kann auch gezeltet oder in einer der drei Hütten mit Deckenventilator übernachtet werden. Sportbar. Kayak Panama hat hier seinen Sitz.
3 MC, V

PUNTA CHAME

NITRO CITY PANAMA ACTION SPORTS RESORT $$$$
Paseo Andres Maduro, Punta Chame
Tel. 209 21 66 oder 209 21 65
www.nitrocityresort.com
Die Zielgruppe dieses Hotels sind sportliche Reisende, die tagsüber ihren Aktivitäten nachgehen und am Abend feiern wollen. Die lichtdurchfluteten Zimmer mit De-luxe-Ausstattung lassen keine Wünsche offen. Das **Pit-Stop-Restaurant** serviert einfache Kost von Seafood über Suppen bis hin zu Burgern. Die entspannte **Refuel Bar** bietet einen Poolbilliardtisch und jede Menge Partystimmung. Zu den angebotenen Aktivitäten gehören Paintball, MotoX sowie diverse Wassersportmöglichkeiten.
36 MC, V

SANTA FÉ

HOSTAL LA QHIA GUEST HOUSE $$
Santa Fe
Tel. 954 09 03
www.panamamountainhouse.com
Das im Schweizer Stil erbaute ehemalige Sommerhaus eines reichen Geschäftsmannes aus Panama ist heute eine hübsche Berghütte mit prachtvollem Garten. Zimmer und Schlafsaal wirken mit ihrer minimalen Möblierung spartanisch. Das Haus steht zwar zum Verkauf, soll aber als Hotel weiterbetrieben werden.
4 Keine Kreditkarten

HOTEL SANTA FÉ $$
Provinz Veraguas, Straße Santiago–Santa Fe, 57 km von Santiago entfernt, 500 m vor der Stadt
Tel. 954 09 41
http://hotelsantafepanama.weebly.com
Besonders beliebt bei Vogelkundlern. Dieses Hotel am Ende des Dorfes bietet einen schönen Blick ins Tal. Einfache, aber gemütliche Zimmer, einige davon mit Klimaanlage, mit kalten Duschen. Geführte Wandertouren, außerdem Pferdeverleih.
16 Einige Zimmer Keine Kreditkarten

SANTIAGO

HOTEL VISTA LAGO ECORESORT $$$
Interamerican Hwy., km 258, Santiago de Veragua
Tel. 954 99 16 oder 62 06 60 65
www.hotelvistalagopanama.com
Ein starker Kontrast zur idyllischen Umgebung am See: Minimalistisch ausgestattetes modernes Hotel, mit einer Lounge im urbanen Stil. Die Gästezimmer sind schlichter. Gourmetrestaurant mit Fusions-Küche.
24 MC, V

HOTEL LA HACIENDA $$
Interamerican Hwy., 2,4 km westlich vom Stadtzentrum
Tel. 958 85 80
www.hotel-lahacienda.net
Farbenfrohes Hotel im mexikanischen Stil am Interamerican Highway. Ein beliebter Zwischenstopp für Geschäftsreisende und das schönste Hotel der Stadt. Sonnen- und Mondgesichter aus Keramik lächeln an jeder Ecke. Die Zimmer sind im Hazienda-Stil möbliert. Italienische Kost im bunten Lokal.
42 MC, V

RESTAURANTE LOS TUCANES $$$
Centro Comercial Veraguense, Interamerican Hwy.
Tel. 958 64 90

Beliebter Boxenstopp für Reisebusse. Das Restaurant am Straßenrand ist eine beliebte Adresse für Sandwiches, Salate und panamaische Standards, von gebratenem Hühnchen bis hin zu scharfer Shrimp-Criolla (in Tomatensauce).

60 MC, V

SORÁ

CASA BERMUDA $$$
918 Asturias North, Calle Cornion, Altos del Maria, Chame
Tel. 68 08 73 06
http://casabermuda.weebly.com

Fantastische Lage in den Bergen. Die zwei Bungalows für Selbstverpfleger sind im rustikalen mexikanischen Stil eingerichtet. Sie bieten jeweils eine Küche, kostenloses Internet und Satelliten-TV.

2 Keine Kreditkarten

EL VALLE DE ANTÓN

HOTEL LOS MANDARINOS BOUTIQUE HOTEL & SPA $$$$$
185 m westlich von Escuela de Primer Ciclo, an der Calle El Ciclo
Tel. 983 66 45 (El Valle)
www.losmandarinos.com

Das Schmuckstück, das an eine toskanische Villa erinnert und sich in eine stille Ecke von El Valle schmiegt, ist eines der edelsten Boutique-Hotels in ganz Panama. In den herrlichen Gärten kann man wunderbar entspannen, elegante Möbel und Himmelbetten zieren die geräumigen Zimmern und Suiten. Es gibt zwei Restaurants: Im **Irish Pub** kommt eine herzhafte britische Küche auf den Tisch, während das **La Tasca de Triana** seinen Gästen köstliche Tapas, Paella und sogar Koteletts serviert. Im Wellnessbereich werden komplette Anwendungen geboten.

31 AE, MC, V

CANOPY LODGE $$$$
Calle Cerro Macho
Tel. 264 57 20
www.canopylodge.com

Dieses zeitgemäße Hotel am Flussufer befindet sich in einem privaten Naturschutzgebiet, das an das Schutzgebiet des Cerro Gaital Natural Monument grenzt. Besonders beliebt bei Hobbyornithologen. Helle, geräumige Gästezimmer mit japanisch inspirierter Einrichtung und Terrassen, von denen man den Wald überblicken kann. Öffentlich zugängliche Aussichtsplattformen zur Vogelbeobachtung.

12 AE, MC, V

CRATER VALLEY RESORT & ADVENTURE SPA $$$$
Calle Catirita u. Ranita de Oro
Tel. 215 23 28 oder 983 69 42
www.crater-valley.com

Die atemraubende Landschaft bietet eine wunderbare Kulisse für dieses ausgedehnte Hotel & Spa. Die geräumigen Zimmer haben Holzbalkendecken und Keramikfliesen. Sie sind schlicht möbliert, in warmen Erdfarben gehalten und ausgesprochen hell. Im Spa kann aus einer Palette von Angeboten gewählt werden. Kontinentales Frühstück ist im Preis enthalten.

8 MC, V

PARK EDEN BED & BREAKFAST $$$$
Calle Espave 7
Tel. 983 61 67 oder 66 95 61 90
www.parkeden.com

Ein herrlicher Garten erstreckt sich vor diesem aus Feldsteinen und Holz im europäischen Stil erbauten Haus. Familiäre Ausstattung, individuell gestaltete Zimmer unterschiedlicher Größen, alle mit Deckenventilator. Zudem kann ein Haus mit zwei Schlafzimmern gemietet werden. Das Frühstück ist eine Gaumenfreude. Am Nachmittag wird Tee serviert.

6 (einige Zimmer) AE, MC, V

HOTEL CAMPESTRE $$$
Calle El Hato
Tel. 983 61 46
http://hotelcampestre.com

Dieses reizend rustikale Landhaus am Fuße des Berges vermittelt eine gediegene Atmosphäre, wenngleich die Möblierung trotz der Renovierung, die etliches der alten Bausubstanz ersetzt hat, die alte geblieben ist.
40 MC, V

RINCÓN VALLERO HOTEL $$$
90 m südlich von Calle de los Milionarios
Tel. 983 61 75
www.hotelrinconvallero.com

Hotel im Hazienda-Stil mit Steinfliesenböden; reizende Umgebung mit künstlich angelegtem See und Wasserfall. Bietet geschmackvoll eingerichtete, individuell gestaltete Zimmer und Bungalows, u. a. auch eine Hochzeitssuite mit eingelassenem, steinernem Whirlpool. Das Restaurant **El Pez de Oro** und die Bar laden ein zu Romantik. Man probiere die gebratenen Ceviche!
14 MC, V

WINDMILL HOSTEL $-$$
El Valle de Antón
Tel. 63 44 11 99
www.facebook.com/windmillhostel

Ein bescheidenes Hostel inmitten üppiger Gärten, durch die ein Bach fließt. Die Zimmer sind einfach, aber modern ausgestattet, es gibt WLAN und für Selbstversorger eine Küche. Eine Feuerstelle, ein Pool und verschiedene Ausflugsangebote runden den Aufenthalt ab.
10 (2 Schlafsäle) MC, V

LA CASA DE LOURDES $$$
El Valle de Antón
Tel. 983 64 50
www.lacasadelourdes.com

Der in ganz Panama berühmte Küchenchef Lourdes Fábrega de Ward zaubert hier seine ganz eigenen kreativ-fantasievollen Versionen südamerikanischer Gerichte auf den Tisch. Das Restaurant befindet sich rund um einen gemütlichen Patio in einem schmucken Landhaus.
60 AE, MC, V

HALBINSEL AZUERO

CHITRÉ

HOTEL LOS GUAYACANES $$$
Vía Circunvalación
Tel. 996 97 58
www.losguayacanes.com

Ein gutes, aber seelenloses Hotel im germanisierenden Stil um einen künstlichen See mit Wasserfall. Geschnitzte Hartholzmöbel in den Gästezimmern. Zu den Einrichtungen gehören Tennisplätze, Disco und Konferenzräume. Das Open-Air-Restaurant Las Brisas – geziert von glänzendem Hartholz – führt eine bunt gemischte Speisekarte. Zu empfehlen sind die gegrillte Hühnerbrust in Zitronen-Champignon-Sauce.
64 AE, MC, V

HOTEL VERSALLES $$
El Paseo Enrique Geenzier
Tel. 996 31 33
http://hotelversalles.com

Dieses kleine, moderne Hotel ohne Schnickschnack an der Hauptstraße am Stadtrand bietet einfachen Komfort. Die geräumigen Familienzimmer bieten ein besseres Preis-Leistungs-Verhältnis als die kleinen Standardzimmer. Eine Highspeed-Internetverbindung ist ein weiterer Pluspunkt, aber der Swimmingpool ist winzig.
60 MC, V

RESTAURANTE EL MESÓN $$
Hotel Rex, Calle Melitón Martín
Tel. 996 24 08

In diesem Restaurant mit Blick auf den Hauptplatz stimmt das Preis-Leistungs-Verhältnis – von Sandwiches bis hin zu Lasagne, Seafood und mexikanischer Küche. Sonn-

tags gibt es Paella. Der Schweinebraten *(lomo al horno)* ist empfehlenswert.
66 AE, MC, V

PEDASÍ

CASA DE CAMPO $$$

430 m von der Tankstelle entfernt, Pedasí
Tel. 67 80 52 80 oder 995 27 33
www.casacampopedasi.com

Im Zentrum von Pedasí, umgeben von Bäumen und schattigem Grün. Holzbalkendecken und Betonfußböden verschmelzen koloniale und moderne Elemente; das stylishe Inventar in den gemütlichen Gästezimmern ist hochmodern. Billardtische und Schaukelstühle unterm Strohdach. Massagen.
4 MC, V

CASITA MARGARITA BOUTIQUE HOTEL $$$

Calle Principal, Pedasí
Tel. 995 28 98
www.pedasihotel.com

Ein weiteres kleines Schmuckstück im Zentrum von Pedasí. Dieses schlichte Gasthaus ist mit glänzenden Hartholzmöbeln ausgestattet, die geschmackvollen Gästezimmer mit WLAN und Satelliten-TV. Deckenventilatoren, Hängematten auf den Balkonen. Mahlzeiten werden im mit Natursteinen ausgekleideten Speiseraum serviert.
5 MC, V

LA ROSA DE LOS VIENTOS $$$

1,6 km östlich von Pedasí
Tel. 67 78 06 27 oder 65 30 49 39
www.bedandbreakfastpedasi.com

Inmitten eines üppig grünen Areals gelegen, verströmt dieses intime Hotel im Stil einer Hazienda traditionellen Charme. Die Zimmer sind einfach möbliert, die Fußböden blank poliert, und die Dekostoffe sind im guatemaltekischen Stil gehalten. Die gastfreundlichen Besitzer bieten die Benutzung von Fahrrädern und Ausritte zu Pferd an.
3 MC, V

RESTAURANTE SMILEY'S $$

Pedasí, an der Hauptstraße Via Dr. Belisano Porras
Tel. 65 10 96 52

Einfaches und dennoch charmantes Restaurant mit stimmungsvollem Patio. Gute Küche, Burger, Steaks und leckeres Seafood. Freitags gibt es Livemusik und gute Stimmung. Etwas teurer als die Lokale in der Umgebung, aber Service und Qualität stimmen.
30 MC, V

PLAYA DESTILADEROS

POSADA LOS DESTILADEROS $$$$

11,3 km südwestlich von Pedasí
Tel. 995 27 71
http://panamabambu.net

Diese Ökolodge unter französischer Leitung ist komplett aus Hartholz und Stroh errichtet. Die Zimmer mit Kreuzbelüftung sind im Amazonas-Stil eingerichtet und verströmen eine Atmosphäre von Naturverbundenheit. Zu den exquisiten Details gehören u. a. handgeschnitzte Holzwaschbecken. Die Holzterrassen mit Adirondack Chairs (bequeme Holzsessel) mit Blick aufs Meer. Für Gourmetküche sorgt der französische Küchenchef. Kostenloses WLAN.
18 MC, V

PLAYA VENADO

VILLA MARINA LODGE $$$$

Playa Venado
Tel. 832 50 44
www.villamarinalodge.com

Historisches Strandhotel im Stil einer spanischen Hazienda. Rote Ziegeldächer und blau-weiß gestrichene Wände verströmen traditionelles Flair, ebenso die Antiquitäten in den Zimmern. Balkone mit Meerblick. Manche Zimmer teilen Gemeinschaftsbäder. Hochwertige Mahlzeiten im stimmungsvollen Speisesaal. Im Angebot sind Ausritte, Sportfischern steht ein 7 m langer Boston Whaler zur Verfügung.
9 AE, MC, V

CHIRIQUÍ UND DIE KORDILLERE

BOCA CHICA

CALA MIA RESORT $$$$$
Tel. 851 00 25 oder 69 72 69 54
www.calamiaresort.com

Das Luxushotel mit Solarstrom liegt auf der nahezu unbewohnten Isla Boca Brava am Meer. Man wohnt in schilfgedeckten Ranchos mit rustikalen Hartholzmöbeln, teils auch mit Himmelbetten. Highlights sind der Überlaufpool und die Holzpaneelen-Terrasse. Mediterrane Gourmet-Küche.
11 MC, V

SEAGULL COVE LODGE $$$$
Boca Chica
Tel. 851 00 36
www.seagullcovelodge.com

Dieses gehobene Hotel am Hügel ist im spanischen Neokolonialstil errichtet. Zu der eleganten Ausstattung gehören bunte guatemaltekische Quilts, Deckenventilatoren und Terrakottaböden. Die Bungalows liegen zwischen sorgsam gepflegten Gärten. Eigene Anlegestelle. Familienbetrieb.
6 P MC, V

BOQUETE

HOTEL PANAMONTE $$$$$
Boquete
Tel. 720 13 24
www.panamonte.com

Edles, seit 1914 betriebenes Familienunternehmen; strahlt Wärme und Individualität aus, liebenswürdige Gastgeberin. In der Cocktail-Lounge brennt ein Holzfeuer; davor erstrecken sich üppige Gärten. Individuelle und gemütliche Zimmer im englischen Landhausstil; alle mit Ventilator, WLAN und Telefon. Das Restaurant bietet erstklassige Gerichte wie fangfrische Forelle oder saftige Black-Angus-Steaks mit regionalem Gemüse, vortrefflich zubereitet, fantastische Zitronentorte. Spa mit Anwendungen aller Art.
19 P AE, MC, V

COFFEE ESTATE INN $$$$
Jaramillo Arriba, 1,6 km nordöstlich von Boquete
Tel. 720 22 11
www.coffeeestateinn.com

In dem familiengeführten Gasthaus von Chiriquí fühlt man sich wie zu Hause. Umgeben von Wäldern auf einer Höhe von 1280 m gelegen, beweist dieses Kaffee- und Zitrusgut, dass ein Juwel erst durch sein Umfeld glänzen kann. Das Inn bietet Ausblicke auf einen Vulkan von den gemütlichen Bungalows aus, jeweils mit separatem Schlafzimmer, Bad, Küche, Fernsehbereich und Terrasse. Gourmet-Abendessen bei Kerzenschein werden auf dem eigenen Balkon serviert, und die Inhaber bereiten Lunchpakete zu. Kostenloser Internetzugang ist ein Bonus. Die Wanderwege sind zur Vogelbeobachtung geeignet.
3 P MC, V

LOS ESTABLOS BOUTIQUE HOTEL $$$$
Jaramillo Arriba, 2,4 km nordöstlich von Boquete
Tel. 720 26 85
www.losestablos.net

Ein individuelles Gasthaus mit fantastischer Aussicht. Dieses Luxushotel in einem umgebauten Pferdestall ist von saftig-grünem Rasen und Kaffeefeldern umgeben. Hübsche Einrichtung, u. a. mit Antiquitäten; die Gästeunterkünfte haben Patios und Marmorbäder. Internetzugang. Das Frühstück ist im Preis inbegriffen.
7 P MC, V

BOQUETE GARDEN INN $$$
Palo Alto, 2,8 km nördlich von Boquete
Tel. 720 23 76
www.boquetegardeninn.com

Am Ufer des Río Palo Alto, inmitten einer Gartenanlage gelegen, ist dieses charmante Hotel durch und durch der Natur verbunden. Die Gästezimmer sind bescheiden,

aber exquisit eingerichtet, in Erdtönen gehalten und mit gestärkter Bettwäsche sowie warmen Bettdecken. Die kanadisch-amerikanischen Inhaber führen ihr Gasthaus mit großer Liebe zum Detail.
10 MC, V

FINCA LÉRIDA BED & BREAKFAST $$$
Alto Quiel, 9,6 km nordwestlich von Boquete
Tel. 720 22 85 oder 720 11 11
www.fincalerida.com

Im Herzen einer Kaffeeplantage. Das romantische Gasthaus gefällt Naturliebhabern, bietet Atmosphäre und ist geschmackvoll gestaltet. Wählen Sie eines der Zimmer im ehemaligen Wohnhaus der Familie (oder in den angrenzenden Häuschen) aus dem Jahre 1922, die mit Zedernholz vertäfelt sind. Die Lounge-Bibliothek hat einen steinernen Kamin. Die Möbel sind Originalmöbel aus der damaligen Zeit. Die Bäder entsprechen Schweizer Hygienestandards. Einige Zimmer haben eine eigene Veranda mit Adirondack Chairs (bequeme Holzsessel). Die neueren Zimmer in einem modernen Wohnblock bieten Blick auf den Rasen und die Kaffeefelder. Eins der Zimmer ist barrierefrei. Es führen Wanderwege in den Wald, und es werden Touren zur Besichtigung der Plantage angeboten.
21 MC, V

HOSTAL CASA PEDRO BOQUETE $$
Arco Iris, Alto Lino/Clinica dental del Dr. Rivera Boquete
Tel. 720 24 02
www.casapedroboquete.com

Das Hostel bietet eine Reihe unterschiedlich eingerichteter Zimmer in einem Haupthaus, die jeden Geldbeutel befriedigen sollten. Frühstück kann bestellt werden. Außerdem gibt es ein Cottage für Selbstversorger mit Küche, in dem bis zu sechs Personen unterkommen können. Auch das Haupthaus bietet eine komplett eingerichtete Küche. Einkaufen kann man im nahegelegenen Mercado del Pueblo. Vom Garten bieten sich herrliche Ausblicke auf die Bergwelt.
17 Keine Kreditkarten

DELICIAS DEL PERÚ $$$
Ave. Los Fundadores u. Calle 2da
Tel. 720 19 66

Fantastisches Seafood-Restaurant, gemütliche Atmosphäre und Ceviche der Superlative sowie andere regionale Gerichte. Tische im Patio mit Ausblick.
80 AE, MC, V

MACHU PICCHU $$$
Ave. Belisario Porras
Tel. 720 15 02 oder 264 93 08

Der aufmerksame peruanische Küchenchef Jaime Breña Aristoteles zaubert hervorragende peruanische Seafood- und Fleischgerichte. Üppig dekoriert in Königsblau und Weiß mit hellen Holzmobeln.
65 AE, MC, V

IL PIANISTA $$$
Palo Alto, Boquete
Tel. 720 27 28

Die kurvenreiche Fahrt auf den Hügel lohnt allemal, bietet das italienische Restaurant am Ufer eines Baches doch authentische sizilianische Küche. Die Inneneinrichtung ist rustikal mit Wänden aus Flusssteinen. Der Service ist etwas langsam, aber das lässt Zeit für den Blick auf den Wasserfall vom Patio aus.
20 Geschl. Mo AE, MC, V

BOQUETE FISH HOUSE $–$$
Calle Principal, Ave. Fundadores
Tel. 65 21 21 20
www.facebook.com/BoqueteFishHouseRestaurant

Fisch, Lobster, Garnelen – alles frisch gebraten oder als Burger –, hier kommen Fischfreunde für wenig Geld auf ihre Kosten. Schön sind die Plätze mit Blick auf den Bach.
40 Keine Kreditkarten

CAFÉ KOTOWA $
Cefati, Alto Boquete
http://kotowa.com

Gleich neben dem Informationsbüro des IPAT gelegen. Dieses Café bietet einen sagenhaften Blick über Boquete – perfekt zum Genießen von Cappuccino und einem Schokoladen-Brownie.

20 MC, V

CERRO PUNTA

CASA GRANDE BAMBITO RESORT $$$$
Bambito, 4,8 km südlich von Cerro Punta
Tel. 771 51 26
http://casagrandebambito.com

Ein unglaublich stilvolles Luxus-Boutique-Hotel mit gepflegtem Rasen zur einen und üppigem Wald zur anderen Seite. Massage und andere Behandlungen im Spa mit steinernen Whirlpools. Das Restaurant **Casa Grande y Fire Place Lounge** besitzt Glaswände, durch die man in den Wald sehen kann, und einen Außenbereich im Innenhof für sonnige Tage. Schlauchbootfahrten und weitere Aktivitäten.

20 AE, MC, V

ECOLODGE & SPA LOS QUETZALES $$$$
Guadalupe, 3,2 km nordöstlich von Cerro Punta
Tel. 507 771 22 91
www.losquetzales.com

Eine Berghütte im Schweizer Stil mit sparsam eingerichteten Budget-Schlafsälen, Chalets, Bibliothek-Lounge und einem Restaurant, das ausgezeichnete Kost serviert. Die fünf geräumigen, rustikalen Hütten im Parque Nacional La Amistad (häufig sind Quetzals vom Balkon aus zu sehen) verfügen über Butangas-Lampen und -Öfen. Die Mahlzeiten kann man sich von der Lodge kommen lassen. Geführte Vogelbeobachtungs- und Wandertouren.

24 AE, MC, V

CIELITO SUR BED & BREAKFAST $$$
Nueva Suiza, 3,2 km südlich von Cerro Punta
Tel. 771 20 38
www.cielitosur.com

Diese Frühstückspension erfreut sich einer Lage mit Blick über den Río Caldera voller Forellen. Geräumige, idyllisch eingerichtete Berghütten, dazu ein Essensbereich im Freien auf einer schattigen Veranda mit Kamin, von der aus sich prima Vögel beobachten lassen. Ein strohgedecktes *bohio* (Schilfhütte) hat Hängematten, und im Badehaus gibt es eine Badewanne mit heißem Wasser.

4 Geschl. im Okt. MC, V

HOTEL BAMBITO RESORT $$$
Bambito, 4,8 km südlich von Cerro Punta
Tel. 771 42 65 oder 215 94 48
www.hotelbambito.com

Dieses zeitgenössische Hotel mit stark alpinem Einschlag liegt in einem schönen Garten mit Ententeich und Wasserkaskade, dazu bescheidene Unterkünfte. Beheizter Pool hinter Glas und Aktivitäten wie geführte Ausritte und Wanderungen. Die All-inclusive-Wochenendpakete sind sehr günstig. Das **Restaurant Las Truchas** ist auf Forellen spezialisiert; ein Sonntagsbrunch zum Festpreis bietet Genuss auf All-you-can-eat-Basis.

47 AE, MC, V

DAVID

GRAN HOTEL NACIONAL $$$
Calle Central u. Ave. 1 este
Tel. 775 22 22
www.hotelnacionalpanama.com

Dieses moderne Hotel ist das Beste aus einem Sortiment an nicht übermäßig ansprechenden Häusern. Die Zimmer von mäßiger Größe bieten bequeme Matratzen, die Bäder sind jedoch ziemlich beengt. Das WLAN funktioniert nicht immer zuverlässig.

75 Alle Kreditkarten

RESTAURANTE EL FOGÓN $$$
Ave. 1 este zwischen Calles A u. B
Tel. 775 70 91
Angenehmes Open-Air-Ambiente in modernem Restaurant mit großer Auswahl an Fleisch- und Seafood-Gerichten. Meist läuft Latin Music im Hintergrund.
90 Geschl. So mittags
MC, V

TERRA RISTORANTE & PIZZERIA $$$
Calle U Norte
Tel. 788 80 81
Der unauffällige Restaurantbungalow und die unprätentiöse Einrichtung sowie eine große Außenterrasse lassen kaum vermuten, dass hier feinste, bodenständige italienische Küche auf den Tisch kommt. Abends wird der Steinofen angeworfen und köstliche Steinofenpizza gebacken. Unschlagbares Preis-Leistungs-Verhältnis.
60 Geschl. So Keine Kreditkarten

ISLA BOCA BRAVA

THE RESORT AT ISLA PALENQUE $$$$$
Südöstlich der Isla Boca Brava
Tel. 777 92 60
www.amble.com
Dieses bemerkenswerte Boutique-Strandresort befindet sich auf einer kleinen privaten Insel und verspricht entspannten Luxus in Zeltsuiten und »Deluxe Estate Rooms«, die an den Stränden auf beiden Seiten der Insel stehen. Die architektonisch faszinierenden, freundlich möblierten Suiten sind von Wald umgeben und haben ausladende Deckenkonstruktionen und private Swimingpools. Zwei Gourmet-Restaurants sorgen für das leibliche Wohl und bieten die Möglichkeit, im Fackelschein am Strand zu dinieren. Außerdem stehen Kajaktouren, Inselausflüge und Sportangeln auf dem Programm. Kostenloses WLAN.
6 (4 Zeltsuiten) MC, V

HOTEL BOCA BRAVA $-$$$
Isla Boca Brava
Tel. 851 00 17
hotelbocabrava.com
Das Hotel steht auf einem Hügel einer Halbinsel und bietet herrliche Aussichten auf den Parque Nacional Marino Golfo de Chiriquí. Die preiswerten Zimmer sind schlicht und zweckmäßig eingerichtet. Die höherpreisigen Zimmer befinden sich in gemütlichen Bungalows. Es gibt ein Restaurant mit großer Aussichtsterrasse mit Blick aufs Meer.
17 MC, V

ISLAS SECAS

ISLAS SECAS RESORT $$$$$
Isla Cavada
Tel. 180 03 77 88 77
www.islassecas.com
Schlichter Luxus in ökologisch ausgerichteter Anlage an über 4 ha Küste. Große Hütten – 2014 vollständig renoviert – über einer Bucht, mit offenen Fenstern mit Insektengittern und sinnlichem Dekor. Kein TV, Telefon oder Radio. Gourmet-Kost auf der Terrasse unter Mangobäumen. Köstlich sind Krabbenküchlein mit Kochbananen-Kruste, Manchego und Aioli mit geröstetem Knoblauch als Entree. Mahlzeiten, alkoholische Getränke und Wassersport sind inbegriffen. Anreise mit dem Charterflugzeug. Mindestaufenthalt vier Nächte.
6 AE, MC, V

LOS PLANES

LOST AND FOUND LODGE $$
Hwy. 4, 42 km nördlich von Chiriquí
Tel. 69 20 30 36
www.lostandfoundlodge.com
Dieses fantastische, etwas abseits gelegene Budgethostel am Rand des Nebelwalds spricht in erster Linie Rucksacktouristen an. Es gibt Privatzimmer und Schlafsäle, alle kunstvoll ausgestattet. Atemraubende Aussichten. Zum Hostel muss man von der Straße ein Stück bergauf wandern (ca. 15 Min.).
5 Keine Kreditkarten

PLAYA BARQUETA

LAS OLAS BEACH RESORT $$$$
Playa Barqueta, 26 km südwestlich von David
Tel. 772 30 00
www.lasolasresort.com

All-inclusive-Hotel in der Nachbarschaft eines Naturschutzgebiets. Pinkfarbene Zimmer mit Terrassen zum Meer. Die Standardzimmer sind klein, die Junior-Suiten bieten ein besseres Preis-Leistungs-Verhältnis. Aktivitäten von Beach-Volleyball bis hin zu Ausritten, plus Spa.

39 AE, MC, V

PUNTA BURICA

MONO FELIZ $$
Bella Vista, 45 km südlich von Boquete
Tel. 65 95 03 88
www.facebook.com/monofeliz puntaburica

Nature Lodge unter nordamerikanischer Leitung, ganz an der Spitze von Punta Burica. Möglichkeiten zur Tierbeobachtung. Hütten mit Moskitonetzen und kalten Duschen. Camping ist gestattet. Es steht eine Küche bereit, gegen Aufpreis werden Mahlzeiten auch serviert. Keine öffentlichen Verkehrsmittel zur Anreise.

5 Keine Kreditkarten

VOLCÁN

HOTEL DOS RÍOS $$$
43 Nueva California, 2,4 km westlich von Volcán
Tel. 771 42 71
www.dosrios.com.pa

Farbenfrohe, schlicht ausgestattete Zimmer in freundlichem, serviceorientiertem Hotel am Flussufer, vollständig aus Holz errichtet. Schöner Garten. Restaurant mit Tischen drinnen und draußen mit uriger Landhausatmosphäre und hochwertigem Essen, außerdem eine Pizzeria sowie die Bar **Barriles**. Frühstück inbegriffen.

19 MC, V

CERRO BRUJO GOURMET $$$
Calle Principal, Volcán
Tel. 66 69 91 96

Die Künstlerin Patricia Miranda Allen agiert als Gourmet-Chefin dieses fantastischen Landhaus-Restaurants, inmitten eines gepflegten Gartens im Windschatten des Volcán Barú. Die Veranda ist der ideale Ort, um die einfallsreichen und kunstvoll angerichteten Speisen wie Gewürzkaninchen oder Huhn in grünem Curry zu probieren. Zu jedem Gericht werden Salate frisch aus dem Garten und in Bioqualität oder Suppen wie die cremige gelbe Schälerbsensuppe gereicht.

10 Keine Kreditkarten

BOCAS DEL TORO

CHANGUINOLA

SOPOSO $$
Río Teribe, 8 km westlich von Changuinola
Tel. 66 31 22 22 oder 68 75 81 25
www.soposo.com

Diese rustikale Lodge lässt den Besucher in die Kultur der Naso eintauchen. Die beiden strohgedeckten Hütten auf Pfählen sind urig, aber bieten Moskitonetze, Solarlampen, Terrassen mit Hängematten und gemeinsam benutzte Freiluftduschen und Feldtoiletten. Herzhafte Mahlzeiten.

5 Keine Kreditkarten

WEKSO CENTRO ECOTURÍSTICO NASO $$
19 km westlich von Changuinola
Tel. 65 74 98 74 oder 65 69 28 44
www.odesen.bocasdeltoro.org

Isolierte, rustikale Ecolodge der Gemeinschaft der Naso am Fluss am Rande des Parque Internacional La Amistad. Einfache Hütten auf Stelzen, mitten im Dschungel; kalte Duschen. Es werden Mahlzeiten serviert; abgefülltes Trinkwasser mitbringen. Transport per Boot von El Silencio.

6 Keine Kreditkarten

ISLA BASTIMENTOS

TRANQUILO BAY ECO ADVENTURE LODGE $$$$$

Cayo Crawl
Tel. 838 00 21
www.tranquilobay.com

Bescheidene Hütten auf Stelzen mit Blechdach inmitten von Mangroven. Einfache, handgearbeitete Möbel und erhöhte Veranden zum Meer mit Hängematten. Die Haupt-Lodge hat eine Bar und einen Fernsehraum. Die Mahlzeiten sind in den All-inclusive-Pauschalangeboten inbegriffen.

6 AE, MC, V

LA LOMA JUNGLE LODGE $$$$

Bahía Honda, 10,5 km östlich von Old Bank
Tel. 65 92 51 62
www.thejunglelodge.com

Die Ecolodge, nur per Boot erreichbar, grenzt an den Nationalpark. Schnorchelrevier und Möglichkeiten zur Tierbeobachtung. Bambus- und Stroh-*ranchos* (Hütten) mit offenen Wänden und Hartholzböden. Badezimmer mit heißem Wasser. Zwei Baumhäuser. Mahlzeiten im Preis inbegriffen. Hölzerne *cayucos* stehen zur Verfügung.

3 Keine Kreditkarten

ISLA CARENERO

BUCCANEER RESORT $$$

Südostküste
Tel. 757 90 42
http://bocasbuccaneerresort.com

Lodge im Dschungel-Look mit Bungalows und Hütten, die von Palmen beschattet werden. Ein Bar-Restaurant hängt über dem Wasser. Man hört die Bässe naher Disco-Bars.

12 MC, V

ISLA COLÓN

PUNTA CARACOL ACQUA-LODGE $$$$$

Punta Caracol
Tel. 66 12 10 88 oder 757 94 10
www.puntacaracol.com

Umweltbewusste Lodge im polynesischen Stil. Ein Holzsteg führt zu Holzhütten auf Stelzen über dem Wasser. Die handgefertigte Einrichtung aus Hartholz umfasst u. a. Himmelbetten mit Netzvorhängen. Das Restaurant bietet Seafood, z. B. Snapper in Olivenöl und Steinsalz mit Reis oder Guandu in Kokosnussmilch.

9 AE, MC, V

PLAYA TORTUGA HOTEL & BEACH RESORT $$$$

3 km westlich von Bocas-Stadt, Isla Colón
Tel. 300 18 93
www.hotelplayatortuga.com

Dieses dreistöckige Hotel mit Blick auf das Meer und den Palmenstrand eröffnete 2009 als erstes vollwertiges Beach Resort in Bocas. Das moderne Design ist komplex und dennoch dezent. Der traumhafte zweistöckige Swimmingpool verfügt über eingebaute Lounge-Sessel. WLAN im ganzen Areal. Zwei Restaurants. Leider riecht es hier zuweilen ziemlich stark nach Abwasser.

117 AE, MC, V

TROPICAL SUITES $$$$

Calle 1ra neben Policía nacional u. Ipat, Bocas-Stadt
Tel. 757 98 80
www.bocastropical.com

Für Selbstversorger. Funktionale Suiten mit orthopädischen Matratzen und Fliesenböden. Wasserfahrzeuge stehen am eigenen Bootsanleger bereit.

16 MC, V

BOCAS INN $$$

Calle 3 u. Ave. G, Bocas-Stadt
Tel. 269 94 15
www.anconexpeditions.com

Ein Haus über dem Wasser an der Nordostseite der Stadt. Geräumige, schlichte Zimmer mit Veranden und Hängematten. Üppiges Frühstück und eine winzige Bar.

6 AE, MC, V

Hotel · Restaurant · Zimmer · Sitzplätze · Parkplätze · Metro · Geschlossen · Aufzug

EL LIMBO ON THE SEA $$$
Calle 2da, Bocas-Stadt
Tel. 757 90 62 oder 757 92 27
www.ellimbo.com
Kleines Hotel mit Bar direkt am Wasser, außerdem Vermietung von Seekajaks und Schnorchelausrüstung.
18 AE, MC, V

HOTEL SWANS' CAY $$$
Calle 3, zwischen Aves. E u. F, Bocas-Stadt
Tel. 757 90 90
www.swanscayhotel.com
Stilvoll renovierte auffällige Fassade, farbenfrohe Zimmer. Restaurant im italienischen Stil, Pool am Meer in einem Anbau. WLAN.
46 MC, V

LEMONGRASS $$$$
Calle 2, Bocas-Stadt
Tel. 68 47 93 06
Dieses Fischrestaurant befindet sich im ersten Stock eines knarrenden Holzhauses über der Karibik. Der englische Inhaber Mike Thompson ist zwar weitergezogen, aber die neuen holländischen Besitzer sorgen dafür, dass die internationale Küche noch immer herausragend ist. Die Speisekarte reicht von karibischen Currys über Samosas bis hin zu Pad Thai. Dank Livemusik und Themenpartys ist das Lokal stets gut besucht.
30 Geschl. Do MC, V

OM CAFÉ $$
Ave. H, zwischen Calle 3 u. 4, Bocas-Stadt
Tel. 66 24 08 98
www.facebook.com/OmCafe Panama
Kultiges Restaurant in einem alten Haus. Auf dem Balkon im Obergeschoss werden hervorragende ostindische Speisen zu angesagten Weltmusik-Klängen serviert. Faire Preise. Reichhaltiges Frühstück.
20 Geschl. Mi Keine Kreditkarten

RAW $$
Calle 3 u. Ave. E, Bocas-Stadt
Tel. 69 38 84 73
www.facebook.com/pg/RawFusionBocas
Kleines Lokal mit asiatischer Fusion-Küche und Sushi-Restaurant. Köstliche gefüllte Röllchen und frische *nigiris*. Beliebt für seine *sake*-Martinis und die tägliche Happy Hour.
30 Geschl. Mo Keine Kreditkarten

YARISNORI $$
Bocas del Drago, 14,5 km nordwestlich von Bocas-Stadt
Tel. 66 15 55 80 oder 64 98 56 06
www.yarisnori.com
Bar mit Restaurant am Strand mit schattigen Tischen. Hummer, Shrimps und weiteres Seafood. Hängematten und Spielplatz.
60 Geschl. Di Keine Kreditkarten

ISLA POPA

POPA PARADISE BEACH RESORT $$$$
Isla Popa, Bocas del Toro
Tel. 65 50 25 05
www.popaparadisebeachresort.com
Am Ufer einer der entlegeneren Inseln liegt dieses gehobene Resort. Es gibt schlichte, preiswerte Hütten, frei stehende *casitas* mit Suiten und ein Zwei-Zimmer-Penthouse mit Küche. Es werden Dschungelwanderungen, Schnorcheln und Kajak-Safaris organisiert. Im Garten gibt es eine Poollandschaft.
16 MC, V

ISLA SOLARTE

GARDEN OF EDEN $$$$
Isla Solarte
Tel. 69 67 01 87
www.gardenofedenbocas.com
Oben auf den Klippen, erwarten die Besucher in dieser Unterkunft wunderschön eingerichtete Zimmer. Der einheimische Koch sorgt für das kulinarische Wohlbefinden.
3 Keine Kreditkarten

Als einer der Hauptknotenpunkte aller Handelsrouten weltweit ist Panama ein Einkaufs-Mekka, nicht zuletzt für solche hochwertigen Güter wie Schmuck und Designer-Kleidung. Die Freihandelszone Colón (eine der größten Freihandelszonen der Welt) beliefert viele Einzelhändler in Panama-Stadt, die den Vorteil der niedrigen Frachtkosten an ihre Kunden weitergeben. Große Einkaufszentren in Marbella und im Bezirk Tumba Muerto in Panama-Stadt bieten die ganze Palette weltbekannter Namen von Bulgari bis hin zu Yves Saint-Laurent.

Panamas zweiter Handelsschwerpunkt liegt auf indigenem Kunsthandwerk. In gehobenen Hotels gibt es Souvenirläden, die Kunsthandwerk verkaufen. Auf den Märkten hat man jedoch die größte Auswahl, und es macht mehr Spaß, mit den Künstlern selbst zu feilschen. In fast jeder Stadt gibt es einen solchen Markt, der geflochtene Körbe, bunte Perlenketten *(chaquiras)*, gehäkelte Taschen der Ngöbe-Buglé namens *chácaras*, Tierfiguren, die aus der Nuss der Tagua-Palme geschnitzt sind, und Textilkunstwerke, *molas*, anbietet. Oft verwenden die Künstler Hartholz, wie Pockholz, Amaranth und Rosenholz, aus dem junge Tiere und Vögel oder *cayucos* geschnitzt werden. Weitere Andenken sind z. B. Teufelsmasken aus der Azuero-Region, *sombrero-montuno*-Strohhüte (Panamahüte) und Trachtenpuppen, die eine *pollera* tragen.
Feilschen wird erwartet, und zwar sogar, im Gegensatz zu den meisten anderen Staaten Zentralamerikas, bei Elektroartikeln und Schmuck. Der berühmte Kaffee ist landesweit erhältlich, und die panamaischen Zigarren sind ein beliebtes Souvenir. (Es werden auch kubanische Zigarren verkauft, für US-Amerikaner ist der Kauf allerdings strafbar.)

ÖFFNUNGSZEITEN

Siehe S. 263.

PANAMA-STADT

Die Einkaufsstraße von Panama-Stadt ist die Vía España in Marbella und El Cangrejo voller Designerläden und Einkaufszentren wie die Multiplaza Pacific Mall *(www.multicentro panama.com.pa)* und das Multicentro. Die Albrook Mall *(Nähe Flughafen Marcos A. Gelabert, www.albrookmall.com)* erstreckt sich über beinahe 460 000 Quadratmeter. Guna verkaufen ihre Handwerkskunst im Casco Viejo und auf Kunsthandwerksmärkten, auf denen Produke jeder indigenen Gruppe vertreten sind. Die Fußgängerzone in der Avenida Central ist gesäumt von Straßenhändlern und Läden – Achtung Taschendiebe!

BÜCHER UND KARTEN

El Hombre de la Mancha Multiplaza, Vía Israel, Punta Pacifica, Local B-195, Tel. 302 37 61 hombredelamancha.com; Metro Mall, Avenida Domingo Díaz, Local C184–C185, Tel. 217 70 82 und Albrook Mall, 2 Pasillo del Koala, Tel 203 18 72. Buchhandelskette mit vielen Filialen in der ganzen Stadt. Sehr gutes Sortiment, mit Literaturcafés in den aufgeführten Filialen.
Instituto Geográfico Nacional Tommy Guardía Calle 57 Oeste u. Ave. 6a Norte (Seitenstraße der Vía Simón Bolívar), Tel. 507 96 84 oder -86, http://ignpanama.anati.gob.pa. Detaillierte Karten aller Art, nützlich für Wanderer. Keine Straßenkarten.

EINKAUFSZENTREN

Albrook Mall Corredor Norte, Tel. 303 62 55, www.albrookmall.com. Eine riesige Mall mit über einhundert Läden.
Multicentro Mall Ave. Balboa, Marbella, Tel. 208 25 00, www.multicentropanama.com.pa. Großer Komplex mit Casino und einem Hotel.

Multiplaza Pacific Vía Israel, Punta Pacífica, Tel. 302 37 56, www.multiplaza.com. Mehrstöckiger Komplex mit sieben Kaufhäusern und 52 Läden.

KLEIDUNG UND ACCESSOIRES

Boutique Breebaart Calle Abel Bravo #5, Obarrio, Tel. 264 59 37, http://hbreebaart.com. Moderne Damenbekleidung von Modedesignerin Hélène Breebaart mit *mola*-Motiven der Guna.

La Fortuna Vía España, 45 m östlich der Vía Argentina, Tel. 236 64 34, www.lafortunapanama.com. Anzüge und Hemden vom »Schneider von Panama«. Wer in Panama etwas auf sich hält, der kleidet sich hier ein (siehe S. 90f.).

Victor's Panama Hats Calle 3 zwischen Ave. Central & A, Casco Viejo, www.facebook.com/victorspanamahat. Der Name sagt es schon; hier gibt es *montuno*-Hemden und Panama-Hüte aus Ecuador.

KUNST UND ANTIQUITÄTEN

Allegro Galería Calle 73 #16, San Francisco, Panama-Stadt, Tel. 226 69 67, www.allegrogallery.com. Avantgarde-Kunst von rund einem Dutzend lokaler Künstler.

Weil Art Calle 48 Bella Vista, Tel. 264 96 97, www.weilgallery.com. Neben zeitgenössischer panamaischer Avantgarde-Kunst bekommt man hier auch eine erlesene Auswahl an moderner Kunst der Wounaan-Emberá und Guna.

Galería Mateo Sariel Calle 79E #14, Panama-Stadt, Tel. 270 24 04, www.mateosariel.com. Kunstgalerie mit vorwiegend zeitgenössischen Werken von zwei Dutzend der bekanntesten Künstler aus Panama.

Legacy Fine Art Condominio Los Delfines, Ave. Balboa, Marbella, Tel. 265 81 51, www.legacyfineartpanama.com. Vertritt viele der berühmtesten Künstler des Landes.

KUNSTHANDWERK UND SCHMUCK

Artesanías y Souvenirs El Farol Calle 1 Este, Casco Viejo, Tel. 22 80 85 97. Der Laden ist spezialisiert auf hochwertige indigene Kunst sowie Bekleidung.

Galería de Artes Indígenas Calle 1 an der Plaza Francia, Casco Viejo, Tel. 228 95 57. In Las Bóvedas. Große Auswahl an indigenem Kunsthandwerk und Souvenirs.

Museo de la Esmeralda Calle Pedro Sosa u. Calle 6, Casco Viejo, Tel. 220 33 73. Feine kolumbianische Smaragde, einzeln oder zu Schmuckstücken verarbeitet.

Reprosa Ave. Samuel Lewis u. Santuario Nacional St., Obarrio, Tel. 271 00 33, http://treasuresofpanama.com. Präkolumbische Goldrepliken *(huacas)* und zeitgenössischer Schmuck. Wer hier einkauft, kann auch die Fabrik besichtigen.

La Ronda Calle 1, Casco Viejo, Tel. 211 10 01. *Die* Adresse für hochwertiges indigenes Kunsthandwerk, wie Emberá-Wounaan-Körbe, Ngöbe-Schmuck und *sombreros montunos* (Strohhüte/Panamahüte).

MÄRKTE

Centro de Artesanías Internacional Altes YMCA-Gebäude, Ave. Arnulfo Arias Madris, Balboa, Tel. 507 65 29 06 78. Ein Markt unter indigener Leitung, auf dem Hängematten, Masken, Schnitzereien, Körbe, *molas*, sonstige Stammeskunst und Kunsthandwerk verkauft werden.

Mercado de Buhonerías y Artesanías Ave. 4 Sur u. Calle 23 Este, Calidonia. Künstlermarkt mit *molas* und sonstigem indigenem Kunsthandwerk sowie *sombreros montunos*, und Hängematten (bis 2020 wegen Renovierung geschlossen).

Mercado Nacional de Artesanías Vía Cincuentenario, Panama Viejo. Eine Vielzahl von Verkaufsständen, die von Guna und anderen Ureinwohnern betrieben werden. Es gibt alles von Panamahüten bis zu Hängematten.

Mi Pueblito Ave. de los Mártires, Ancón. Nachbau spanisch-kolonialer, karibischer und Emberá-Dörfer und Standort von Läden mit für die jeweilige Region typischem Kunsthandwerk.

SOUVENIRS UND VERSCHIEDENES

Panafoto Calle 50 u. Calle 49 a Este, Tel. 263 30 30, www.panafoto.com. Auswahl an Kameras, Fotoausrüstung und Ferngläsern.

Papiro y Yo Calle 4 zwischen Aves. Central u. B, Casco Viejo, Tel. 391 38 00. Einzigartige Geschenkartikel aus Papier sowie Hefte und Bürobedarf.

ZENTRALE KARIBIKKÜSTE UND DER KANAL

Colón ist der Hauptumschlagsplatz für Waren, die über die Zona Libre de Colón (Colón-Freihandelszone) nach Panama ein- bzw. von dort ausgeführt werden. Die Anlage versorgt den Groß- und Einzelhandel. Es gelten strenge Zollvorschriften für den Verkauf an Touristen, die nichts aus der Zone mitnehmen dürfen. Die Waren müssen zum Flughafen oder Kreuzschiffhafen geschickt werden, wo sie den abreisenden Passagieren ausgehändigt werden. In den Kreuzschiffhäfen von Colón gibt es Kunst- und Kunsthandwerksmärkte und Ausflüge zu den Dörfern der Emberá, wo man erlesene Körbe, Ketten und anderes direkt vom Hersteller bekommt.

EINKAUFSZENTREN

Zona Libre de Colón Ave. Roosevelt u. Calle 13, Tel. 475 95 00 oder -90 00, www.zolicol.gob.pa. Stadtgroßer Komplex auf über 400 ha mit zig Lagerhäusern und Ausstellungsräumen, in denen alles Mögliche zollfrei verkauft wird. Zutritt nur mit Genehmigung, die am Haupttor ausgestellt wird. Die meisten interessanten Waren können ebenso günstig in den Duty-free-Shops am Flughafen erstanden werden.

MÄRKTE

Mercado de Artesanía 45 m südwestlich der Iglesia de San Felipe de Portobelo, Portobelo. Der Markt an der Westseite des Platzes wird von Gunan beschickt, die insbesondere *molas*, Hängematten und Schmuck verkaufen.

KUNSTHANDWERK UND SCHMUCK

Emberá Parará Púru, Emberá Drua und **Emberá Púru** im Parque Nacional Chagres. Die indigenen Dörfer verkaufen Perlenschmuck der Ureinwohner, Schnitzereien aus Holz und der Tagua-Nuss, geschnitzte Flaschenkürbisse, geflochtene Körbe und Schalen sowie traditionelle Masken. Man sollte kleine Geldnoten in ausreichender Zahl mit sich führen.

SOUVENIRS UND VERSCHIEDENES

Colón 2000 Paseo Gorgas, Tel. 447 31 97. Kleiner, moderner Kreuzfahrtschiffshafen mit Duty-free- und Souvenirläden sowie Folkore-Aufführungen.

Miraflores-Besucherzentrum Miraflores-Schleusen, Tel. 276 83 25, www.pancanal.com. Toller Souvenirladen mit allem, was man sich wünschen kann, von Schnickschnack wie Henkelbechern und Schlüsselanhängern bis hin zu Büchern und Kunstdrucken.

MUCEC Calle 2 u. Ave. Amador Guerrero, Colón, Tel. 447 08 28, www.mucec.org. Wohltätigkeitsorganisation für Frauen in Not in Colón mit Lehrwerkstatt, in der Kissenbezüge, Kinderkleidung, Töpferwaren etc. hergestellt werden, die man dort auch erstehen kann.

GUNA YALA

Zentrum der *mola*-Herstellung. Die San-Blas-Inseln sind eine »Magical Mystery Tour« des indigenen Guna-Kunsthandwerks: Perlenarmbänder, Korallen- und Muschelschmuck, Panflöten und bestickte Blusen und Hemden mit Applikationen. Es gibt keine Läden: Manche legen ihre Waren auf den Wegen aus, andere paddeln mit ihren Booten hinaus, um ihre Waren vor Kreuzfahrtschiffen und Jachten anzubieten. Die

Verkäufer können aufdringlich sein. Guna sind zähe Verhandlungspartner, und die meisten Preise sind von Anfang an fair. Für eine *mola* müssen mindestens 15 $ bezahlt werden, die edelsten Stücke können aber mehrere Hundert Dollar kosten. Bei *molas* sollte man auf Folgendes achten: Muster mit harmonischen Farbkontrasten; Linien mit glatten Kanten; winzige Stiche. Achten Sie auch auf *nuchunaga*-Holzfiguren, die Schutzgeister verkörpern.
Die Inseln Wichub-Huala und Carti Suitupo, die von den Kreuzfahrtschiffen angelaufen werden, sollten Sie meiden. Kreditkarten werden grundsätzlich nicht akzeptiert. Kleine Geldscheine mitnehmen! In Narganá gibt es eine Bank.

DARIÉN

Die Volksgruppen der Emberá und Wounaan stellen sehr schönes Kunsthandwerk her. Obwohl es ihre Produkte auch in Panama-Stadt gibt, macht das Feilschen mit dem Künstler in einem Emberá- oder Wounaan-Dorf mehr Spaß. Die Dorfgemeinschaften versuchen, der Zerstörung der Umwelt, z. B. durch Abholzung des Waldes, entgegenzuwirken, indem sie auf sanften Tourismus setzen und ihren Lebensraum produktiver als nur für Brandrodung nutzen. Der Verkauf an Touristen ist inzwischen eine bedeutende Einnahmequelle.
Achten Sie auf die *chaquiras* aus bunten Muscheln und/oder Perlen; Schalen, Tierfiguren und Miniaturkanus aus *cocobolo*-Hartholz; und kleine Figuren – Ameisenbären, Meeresschildkröten, Aras und Faultiere – aus der elfenbeinartigen Nuss der *tagua*-Palme von der Größe eines Hühnereis. Eindrucksvoll sind die dekorativen Körbe aus den Fasern der *naguala*- und *chunga*-Palmen. Die cremefarbenen Körbe und Schalen werden von den Emberá-Frauen in einer Wulstwickeltechnik *(coiled basket)* gefertigt; dann werden schwarze und rote geometrische Formen oder Tier- und Vogeldarstellungen eingearbeitet. Die Herstellung kann zwei Monate und länger dauern. Veranschlagen Sie mindestens 10 $ für eine Schale und 50 $ für einen Korb.
Die meisten Dorfgemeinschaften preisen ihre Waren an Ständen beim Eintreffen von Besuchern an. Hier wohnen auch Afro-Antillaner, einige von ihnen verkaufen Trommeln und andere Musikinstrumente.

KUNSTHANDWERK UND SCHMUCK

Diese Dörfer sind besonders zu empfehlen:
Boca Lara 6,4 km südlich von Santa Fé und 8 km südwestlich des Interamerican Highway. Wounaan-Dorf, mit hochwertigem Kunsthandwerk.
Emberá Arimae Panamericana, 29 km westlich von Metetí. Bekannt für Kunsthandwerk.
Ilpetí Emberá 1,6 km südlich des Interamerican Highway, 87 km östlich von Chepo, Tel. 333 08 03. Emberá-Gemeinschaft, die Kunsthandwerk verkauft.
Ipetí Guna 1,6 km nördlich der Panamericana, 85 km östlich von Chepo. *Molas* und anderes Kunsthandwerk der Guna.
Vista Alegre Río Tuira, 4 km östlich von El Real de Santa María. Handgeflochtene Schalen und Körbe.
Wererá Perú 3,2 km westlich von Sambú. Dorf, in dem Emberá und Afro-Antillaner wohnen. Kunsthandwerkstatt mit Direktvertrieb.

SOUVENIRS UND VERSCHIEDENES

ECODIC Centro Pastoral, Santa Fé, 3,2 km westlich des Interamerican Highway und 148 km östlich von Chepo, Tel. 69 48 46 33. Indigene Werkstätte, die Heilpflanzen, Gemälde (auch Wandgemälde einheimischer Jugendlicher) und Duftseifen anbietet.
Pajaro Jai Furniture Factory Mogue, 4,8 km den Río Mogue hinauf, 24 km südwestlich von La Palma, www.sites.google.com/site/pajarojaifoundation. Möbelfabrik der Emberá-Gemeinschaft, die Hartholz-

bänke und andere Möbel von Weltklasse für den Export produziert.
Talabartería Echao Palante, Tortí, Interamerican Highway. Pedro Guerra ist der Eigentümer dieser Sattlerei, in der ein Sattel als Sonderanfertigung in Handarbeit in einem Tag hergestellt wird.

ZENTRALPANAMA

Die Straße, die nach El Valle de Antón führt, ist gesäumt von Ständen, an denen Korbwaren und Keramik verkauft werden, während *viveros* (Gärtnereien) Orchideen anbieten. Diese Region ist ein sehr guter Ort, um einen *sombrero montuno* (Panamahut, cremefarben mit schmalen schwarzen oder braunen Streifen) zu erstehen, der in der Gegend von La Pintada gefertigt und ungefähr zum halben Preis dessen verkauft wird, was in Panama-Stadt verlangt wird.
Hüte von niedrigerer Qualität sind schon ab 15 $ zu haben, die besten Hüte werden für 100 $ und mehr verkauft. Das Geflecht sollte so fein sein, dass es kaum erkennbar ist. Man kann hier auch das bestickte *montuno*-Herrenhemd (ähnlich der kubanischen *guayabera*) und Trachtenpuppen mit den typischen *polleras* günstig erstehen.

KUNSTHANDWERK UND SCHMUCK

Davi's Shop Ave. Central, El Valle de Antón, Tel. 983 65 36, www.hotelresidencialelvalle.com. Kunsthandwerksgeschäft mit Werkstatt und einer großen Palette an Kunsthandwerk, vieles entstammt der Werkstatt im Hinterraum. Bietet Volkskunst aus ganz Amerika.

MÄRKTE

Cooperativa Santa Fé Santa Fé. Verkauft *chacara*-Häkeltaschen der Ngöbe-Buglé und Schmuck.
Mercado Artesanal Veraguas La Peña Interamerican Hwy., 4,8 km westlich von Santiago. Kunsthandwerksmarkt mit Reproduktionen präkolumbischer Figuren und zeitgenössischem Kunsthandwerk.
Mercado de Artesanías Ave. Central, El Valle de Antón. Kleiner, pulsierender Markt, bietet sonntags eine Menge Ngöbe-Buglé-Schmuck, Speckstein-Figuren und sonstiges Kunsthandwerk. Es gibt auch *sombreros pintados* (Strohhüte aus der Gegend von La Pintada), Hängematten und Guna-*molas*, außerdem Orchideen, Hartholzserviertabletts *(bateas)* und bemalte Figuren.
Mercado de Artesanías Coclé Interamerican Hwy., Penonomé, Tel. 997 90 11. Verschiedene Kunsthandwerkserzeugnisse, von Hängematten bis hin zu bestickten *montuno*-Herrenhemden.

SOUVENIRS UND VERSCHIEDENES

Artesanías Típicas Panameñas Panamericana, KM 50 in der Nähe von Capira, Tel. 248 53 13. Laden am Straßenrand mit Teufelsmasken, Keramik aus Azuero, Hängematten und rustikalen Schaukelstühlen aus Leder und gedrechseltem Holz.
Café El Tute Santa Fé, Tel. 954 07 37. Arbeiterkooperative der Ngöbe-Buglé. Verkauft Biokaffee aus der Rösterei.
Cigarros Joyas de Panama La Pintada, Tel.66 22 11 51, www.facebook.com/joyasde.panama. Kleine Zigarrenmanufaktur, in der man zwölf Arten handgerollter Zigarren von hoher Qualität für wenig Geld erstehen kann. Eine Kiste Churchills kostet 45 $, und einzelne Zigarren kosten 1 $–2 $.

HALBINSEL AZUERO

Azuero ist bekannt für die Herstellung von *polleras* und *diablitos* (bunte Teufelsmasken), während La Arena, am Rand von Chitré, das Keramikzentrum des Landes ist. Schauen Sie in den *talleres* (Werkstätten) zu, wie Keramik in den Holzöfen gebrannt wird. Guararé und Ocú sind Zentren für *polleras*, deren Anfertigung sechs Monate und länger dauern kann und die über 1000 $ kosten können.

KLEIDUNG UND ACCESSOIRES

Casa de Dilsa Vergara de Saavera Via El Puerto Eloy Espino, Tel. 994 52 21 oder 65 29 04 45. Señora Vergara ist berühmt für ihre handgenähten *polleras*.

Mi Pollera by Salomon Zarzavilla Guarare, Los Santos, Tel. 66 66 63 69. Hier kann man erlesene *polleras* nicht nur kaufen, sondern für besondere Anlässe auch mieten.

Talabartería 5 Hermanos de Arnulfo Calle Moisés Espino, Las Tablas, Tel. 994 67 43. Sattlerei und Lederladen; edle Gürtel.

KUNSTHANDWERK UND SCHMUCK

Artesanía Ocueña San José, 4,8 km westlich von Ocútel, Tel. 601 74 30 oder 694 22 51. Fertigt *sombreros montunos* sowie *montuno*-Herrenhemden und *polleras* für die Damen. Auch Spitzentischdecken.

Casa de Carlos Ivan de León Calle Tomás Herrera, Los Santos, Tel. 966 91 49 oder 64 74 32 28. Maskenmacher; seine Masken sind Sammlerstücke.

Casa de Dario López Carretera Nacional, gegenüber der Shell-Tankstelle, La Parita, Tel. 974 20 15, 65 34 19 58. Wunderbar gefertigte Pappmaschee-Teufelsmasken.

Cerámica Calderón Carretera Nacional, La Arena, Tel. 974 49 46. Schöne Keramikwaren und Essgeschirr, Reproduktionen präkolumbischer Kunst auf Bestellung.

MÄRKTE

Mercado de Artesanías de Herrera Carretera Nacional, La Arena, Tel. 974 41 57. Zweigeschossiges Gebäude mit Arbeiten verschiedener Keramikwerkstätten.

Mercado de Artesanías de Las Tablas Carretera Nacional, Las Tablas. Kleiner Markt, gut für Teufels- und andere Masken.

CHIRIQUÍ UND DIE KORDILLERE

Die Ngöbe-Buglé fertigen Perlenschmuck und gehäkelte Taschen. Der Interamerican Highway ist gesäumt von Ständen mit indigenem Kunsthandwerk. In Boquete gibt es Souvenirläden mit hochwertigen Waren und Kaffee, der frisch geröstet verkauft wird. David bietet Einkaufszentren, die Hauptstraße ist eine Hauptader für den Handel. Paso Canoas ist gesäumt von Duty-free-Shops, die CDs, Kleidung und Ähnliches verkaufen.

KUNSTHANDWERK UND SCHMUCK

Artesanías Cruz Volcán Carretera 41, Volcán, Tel. 66 22 15 02. In seinem Werkstattladen verkauft der Künstler José de la Cruz Glasmalereien und Holzschnitzkunst.

Casa Artesanal Ngöbe-Buglé Cruce San Felix, Interamerican Hwy., 3,2 km nördlich von Las Lajas, Tel. 597 31 01 oder 727 09 29. Ngöbe-Buglé-Kooperative mit dem größten Sortiment an Kunsthandwerk der Region.

Tolé Interamerican Highway. Ngöbe-Buglé-Zentrum für Kunsthandwerk; Verkauf am Straßenrand.

MÄRKTE

Avenida 3 de Noviembre David. Geschäfte und Stände, die CDs, Hängematten, Kleidung etc. anbieten.

Mercado Municipal Nordöstliche Ecke vom Parque Domingo Médica, Boquete. Markt für landwirtschaftliche Erzeugnisse.

SOUVENIRS UND VERSCHIEDENES

Conservas de Antaño südöstlich vom Parque Domingo Médica, Boquete, Tel. 720 15 39. Tropischer Fruchtaufstrich.

Galería de Arte Ave. Belisario Porras, Tel. 67 69 60 90. Eine gute Quelle für indigene Kunst und Kleidung. Daneben gibt es Keramik, Schmuck und hochwertiges Kunsthandwerk zu kaufen.

Finca Dracula Guadalupe, Tel. 771 20 70, www.fincadracula.com. Rare Orchideen in Glasbehältern, fertig zum Export.

Hacienda Carta Vieja El Tejar, 3,2 km nordwestlich von Alanje, Tel. 772 70 73. Nach der Fabrikbesichtigung kann guter Rum erstanden werden.

Souvenir El Cacique Südwestliche Ecke vom Parque Domingo Médica, Boquete, Tel. 720 22 17. Ngöbe-Buglé-Kunsthandwerk, Bücher, Karten und mehr.

BOCAS DEL TORO

In Bocas-Stadt gibt es viele Läden, die Hängematten, *molas* und anderes indigenes Kunsthandwerk anbieten, das aber auch direkt beim Hersteller in Ngöbe-Buglé- und in Bribrí-Dörfern im Bosque Protector Palo Seco und auf den Inseln des Bocas-del-Toro-Archipels erstanden werden kann. Viele Läden verkaufen Schokolade, die aus heimischem Biokakao hergestellt wird.

KLEIDUNG UND ACCESSOIRES

Tropix Surf Shop Calle 3, Isla Colón, Bocas-Stadt, Tel. 757 94 15, http://tropixsurf.tripod.com. Surfboard-Sonderanfertigungen und Surfzubehör.

KUNSTHANDWERK UND SCHMUCK

Artesanías Bribrí Emanuel Calle 3, Bocas-Stadt, Tel. 757 96 52. Große Auswahl an Kunsthandwerk der Ureinwohner und Souvenirs.

Pachamama Calle 3, Bocas-Stadt, Hängematten und indigenes Kunsthandwerk.

Up in the Hill Altstadt, Isla Bastimentos, Tel. 66 07 89 62, http://upinthehill.com. Ökologisch hergestellte Seifen, Öle und Lotionen, zudem Mosaik- und Holzschnitzkunst.

MÄRKTE

Super Gourmet Calle 3 u. Ave. Central, zentral gelegen, neben dem Hotel Bahía, Bocas-Stadt, Tel. 757 93 57. Feinkostladen, der guten Kaffee und vor Ort hergestellte Schokolade im Angebot hat.

Panama-Stadt bietet für jeden etwas, von Theatern und Kinos bis hin zu Casinos, Sportbars und Discos, viele von ihnen in den Bezirken Bella Vista und El Cangrejo. Clubs und Bars in Panama-Stadt kommen erst am Freitag richtig in Fahrt und lassen es am Samstag schon wieder ruhiger angehen. In der Provinz Azuero finden besonders viele Folklore-Feste statt, dort wird auch der wildeste Karneval des Landes gefeiert. Feste und Veranstaltungen werden in *La Prensa* angekündigt.

PANAMA-STADT

CASINOS

Crown Casino Continental Vía España, Tel. 395 80 00.
Ocean Sun Casino Calle Punta Colón, http://oceansuncasino.com.
Veneto Hotel & Casino Vía Veneto zwischen Vía España u. El Cangrejo, Tel. 340 86 86, www.venetopanama.com

FESTIVALS

Panama City Jazz Festival (Jan.), www.panamajazzfestival.com. Vier Tage lang Musik mit einer Vielzahl von Darbietenden aus dem In- und Ausland.
Festival Internacional del Cine (April), Tel. 202 08 67, www.iffpanama.org. Nationale und internationale Filme.
Festival Nacional de Ballet (Okt.), Tel. 501 49 59. Internationales Ballettfestival.

KUNST

Asociación Nacional de Conciertos Tel. 214 72 36, www.conciertospanama.org. Fördert die darstellende Kunst.
Atlapa Convention Center Tel. 526 72 00, www.atlapa.gob.pa. Der Hauptveranstaltungsort der Stadt für klassische Aufführungen und Shows.
Ballet Nacional de Panama Tel. 501 41 50. Gefeiertes Ballettensemble, das im Teatro Nacional auftritt.
Orquesta Sinfónica Nacional Tel. 501 41 11
Teatro Balboa Tel. 501 41 09 oder -10. Art-déco-Theater, in dem klassische Stücke aufgeführt werden.
Teatro Nacional Tel. 501 41 07. Das führende Theater der Stadt.

NACHTLEBEN

In den meisten Clubs kommt erst deutlich nach Mitternacht richtig Stimmung auf.

Panama Bar Crawl Calle 12 b, Casco Viejo, Start: Malibu Spirits & Eatery Bar, Tel. 69 60 01 75. Jeden Freitagabend veranstalten Sandrine und Julie den Panama Bar Crawl, bei dem gemeinsam verschiedene Bars der Stadt besucht werden.
Hard Rock Hotel Ave. José de la Cruz Herrera, Marbella, Tel. 294 40 00, www.hrhpanamamegalopolis.com. Vier Bars, eine auf dem Dach, und Livebands.
Isabella Multiplaza Pacífica, Vía Israel, Tel. 391 60 08. Nobler Nachtclub, in dem man die Nacht durchtanzen kann.
Relic Bar Calle 9, Casco Viejo, Tel. 262 16 40, www.relicbar.com. Beliebte Kellerbar.
Tantalo Roof Bar Ave. B u. Calle 8, Tel. 262 40 30, www.tantalohotel.com. Eine hippe Lounge mit jungem Publikum.
Zona Viva Amador Causeway. Gut ein Dutzend Bars und Nachtclubs.

ZENTRALE KARIBIKKÜSTE UND DER KANAL

CASINOS

Crown Casino Radisson Colón 2000 Hotel u. Casino, Paseo Gorgas, Tel. 446 20 00

FESTE

Festival de Diablos y Congos (Silvester u. 3. März), Portobelo. Satirisches Festival, das an die Zeit der Sklaverei erinnert.
Los Congos (Jan.–Feb.), Escobal, 24 km südwestlich von Colón. Feier zur Erinnerung

an das afro-antillanische Erbe. Ein wahrer Zuschauermagnet.
Karneval (die vier Tage vor Aschermittwoch), Isla Grande. Lautstarke Maskerade im Calypso-Stil.
Patronales de la Virgen del Carmen (16. Juli), Isla Grande. Religiöse Prozession zu Wasser und zu Land.
Día de la Raza (12. Okt.), Viento Frío, Colón. Zum Gedenken an die Landung von Kolumbus.
Fest des Schwarzen Christus (21. Okt.), Portobelo. Pilgerfahrt mit Prozession und Musik, Tanz und Festschmaus.

NACHTLEBEN

Lum's Bar & Grill Corozal, Tel. 317 63 03. Bei den Einwohnern der Kanalzone beliebte Sportbar mit Livemusik.

GUNA YALA

FESTE

Carnaval (die vier Tage vor Aschermittwoch), Río Azucar. Vier Tage Musik, Tanz und *chicha* (fermentierter Maisschnaps).
Nogagope (10.–12. Okt.), Isla Tigre. Feier des traditionellen *nogagope*-Tanzes, dazu Kanurennen und Spiele.

DARIÉN

FESTE

Kulturfestival der Emberá-Wounaan (Okt.), Emberá Purú. Traditionelle Musik und Tanz.

ZENTRALPANAMA

FESTE

Carnaval Acuático (die vier Tage vor Aschermittwoch), Penonomé. Karneval im Mardi-Gras-Stil, Karnevalskönigin und Teilnehmer treiben auf Flößen den Fluss hinab.
Feria de las Orquídeas de Santa Fé (Aug.), Santa Fé de Veraguas. Bei diesem Fest steht die Orchidee im Zentrum.
Festival del Toro Guapo (Okt.), Antón. Dreitägige Festivität mit Umzugswagen, Schönheitswettbewerben und einem Stierkampf.
Festival del Topon (8. und 9. Dez.), Penonomé. Weihnachtsprozession, bei der die Teilnehmer die Figur des Schutzheiligen tragen.

HALBINSEL AZUERO

FESTE

Fiesta de Los Reyes Magos (6. Jan.), Macaracas. Dreikönigsfest mit den drei Weisen zu Pferde.
Carnaval Karneval (die vier Tage vor Aschermittwoch), Las Tablas. Panamas beliebtester und buntester Karneval im Mardi-Gras-Stil mit dem größten Zulauf.
Fronleichnam (Mai/Juni), Villa de los Santos. Zwei Wochen kunstvoller Teufelstänze, Paraden, Feuerwerk und Festivitäten.
Festival de la Pollera (Juli), Las Tablas. Junge Damen führen die Nationaltracht vor und wetteifern um den Titel der »Nationalkönigin«.
Fiestas Patronales de Santa Librada (20. Juli), Las Tablas. Einerseits eine religiöse Prozession, andererseits eine ausgelassene Lustbarkeit.
Festival Nacional de la Mejorana (Sept.), Guararé. Das wichtigste Folkore-Festival des Landes mit einer Ochsenkarren-Parade und Dorfköniginnen in *polleras*, dazu Folklore-Musik und Tanz.
El Grito de la Villa de los Santos (10. Nov.), La Villa de los Santos. Zur Feier der Proklamation der Unabhängigkeit wird eine Parade abgehalten.

NACHTLEBEN

Centro Turístico Los Guayacanes, Chitré, Tel. 996 97 58, www.losguayacanes.com. Zwei Bars plus Nachtclub neben dem Hotel.

CHIRIQUÍ UND DIE KORDILLERE

FESTE

Feria de las Flores y el Café (Mitte Jan.), Boquete. Sehr gut besuchtes Blumenfest (http://feriadeboquete.com).

Boquete Jazz & Blues Festival (Feb.) Die Ortschaften in der Umgebung erwachen zum Leben.

Feria Internacional de David (Mitte März), David. Landwirtschaftsmesse mit Vieh, Rodeo und Folkore-Aufführungen (www.feriadedavid.com).

Fiesta Patronal de San José (in der Woche des 19. März), David. Das Fest zu Ehren des Schutzheiligen der Stadt wird mit Musik und Tanz begangen.

Independencia de Panamá de España (28. Nov.), Boquete. Feiern zum Tag der Unabhängigkeit von Spanien.

Festival del Tambor (28. Nov.), David. Folklore-Darbietungen zur Feier der Unabhängigkeit Panamas.

NACHTLEBEN

La Cabaña Calle de la Feria, Boquete. Disco am Fluss mit jungem Publikum.

Zanzibar Ave. Central, Boquete, kein Tel. Hippe Jazzbar. An Wochenenden steht Livemusik auf dem Programm.

BOCAS DEL TORO

FESTE

Karneval (die letzte Woche im Feb.), Bocas-Stadt. Party im brasilianischen Stil mit Wagen, Schönheitswettbewerben und Nonstop-Musik und Tanz.

Fiestas Patronales de la Virgen del Carmen (dritter So im Juli), La Colonia Santeña, Isla Colón. Religiöse Pilgerfahrt.

Feria del Mar (Sept.), Bocas-Stadt. Vier Tage Tanz, Festschmaus und Party am Strand.

Fundación de la Provincia de Bocas del Toro (16. Nov.), Bocas-Stadt. Paraden und Straßenparty zur Feier der Gründung der Provinz Bocas del Toro.

NACHTLEBEN

Aqua Lounge Isla Carinero. Am Wasser gelegener Club mit Sprungbrett (www.bocasaqualounge.info).

Barco Hundido Calle 1, Bocas. Beliebte Bar auf schwimmenden Pontons.

Bocas Beach Club Isla Carenero Tel. 69 98 39 90, www.bocasbeachclub.com. Ultraschicker Club direkt am Meer.

Roots Old Bank, Isla Bastimentos. Farbenfrohe Reggae-Bar.

La Rumba Big Creek, Bocas, Tel. 757 93 61. Im Freien, strohgedeckte Sports-Bar mit Satelliten-TV.

Panama feiert den Karneval mit vielen Umzügen und einem viertägigen rauschenden Fest

Neben dem großen Angebot an Unterhaltung stehen in diesem Land auch Aktivitäten zur Verfügung, durch die und bei denen man die große Vielfalt der Natur voll auskosten kann. Nachfolgend finden Sie eine allgemeine Übersicht über Aktivitäten und verschiedene Veranstalter in ganz Panama, gefolgt von einer Liste regionaler Angebote. Bitte beachten Sie, dass die erwähnten Veranstalter möglicherweise noch weitere Aktivitäten und Gebiete als die hier beschriebenen anbieten.

ALLGEMEIN

ABENTEUERREISEN

Ancón Expeditions Tel. 269 94 15, www.anconexpeditions.com. Die Agentur organisiert eine Vielzahl von Abenteuertouren in ganz Panama, darunter eine Kanufahrt durch Darién, eine Wanderung entlang des Camino Real und ein Familienausflug zu den schönsten Plätzen Panamas.
Expediciones Tropicales Tel. 317 12 79, www.xtrop.com. Der Reisende kann sich seine eigene Route zusammenstellen.
Adventures Panama Tel. 66 79 44 04, www.adventurespanama.com. Wander-, Trekking-, Wildwassertouren und vieles mehr in ganz Panama.

ANGELN

Das Sportfischen konzentriert sich auf die Hannibal Bank im pazifischen Nordwesten. Fischereiausflüge werden von Panama-Stadt aus angeboten. Der Gatún-See gilt als Spitzenrevier für Pfauenbarsche *(Cichla temensis)*.

Panama Fishing & Catching Tel. 66 22 02 12 oder 65 05 95 53, www.panamafishingandcatching.com. Fischereiausflüge in ganz Panama.

GOLF

Die besten Golfplätze liegen rund um Panama-Stadt sowie bei den Urlaubsanlagen am Pazifikstrand von Zentralpanama.

MOUNTAINBIKE- UND WANDERTOUREN

Mountainbikes können in allen gut besuchten Touristenorten, besonders in Bocas del Toro, Boquete und El Valle de Antón gemietet werden.
Backroads Tel. 51 05 27 15 55 oder 80 04 62 28 48, www.backroads.com. Bietet eine Familienreise durch Panama mit vielen Aktivitäten wie etwa Radfahren und Wandern.

NATURKREUZFAHRTEN

Die Kreuzfahrtschiffe fahren vorwiegend während der Nacht, tagsüber wird bei Naturschutzgebieten, Dörfern und im Panamakanal festgemacht. Im Angebot sind Wanderungen, Bootsausflüge und Schnorcheln an Korallenriffen.

National Geographic Expeditions Tel. 8 89 66 86 87, www.nationalgeographicexpeditions.com. Naturkundliche Kreuzfahrten mit kleinen Schiffen in Costa Rica und Panama. An Bord befinden sich die besten Guides der Region.
Windstar Cruises Tel. 866/643 31 05, www.windstarcruises.com. Das Unternehmen bietet naturkundliche Kreuzfahrten auf luxuriösen Segelschiffen, aber auch Fahrten durch den Kanal.

NATURTOUREN

Am besten reist man mit einem lizenzierten Naturführer. Die folgenden Gesellschaften haben sich auf Naturreisen spezialisiert.

Ancón Expeditions Tel. 269 94 15, www.anconexpeditions.com
International Expeditions Tel. 20 54 28 17 00, www.ietravel.com. Der neuntägige Trip »Panama: Naturbrücke der amerikanischen Kontinente« wird von einem bekannten panamaischen Naturkundler begleitet.

Panama Travel Experts, Tel. 66717923 oder 2134552314, www.panamatravelexperts.com
Reef & Rainforest Tel. 01803866985, http://reefandrainforest.co.uk. Naturreiseveranstalter mit Sitz in Großbritannien. Gruppen- und maßgeschneiderte Individualreisen.

SEGELN UND BOOTSTOUREN

Zahlreiche Jachthäfen versorgen private Jachtbesatzungen. Mehrere Gesellschaften bieten Eintages- bis Zehntages-Bootsabenteuer, mancherorts werden Bootsausflüge zum Sonnenuntergang angeboten.

Panama Sailing Adventures Tel. 68048484, www.panamasailingadventures.com.
Panama Sailing & Diving Adventures Tel. 66686849, www.panamasailing.com
San Blas Sailing Tel. 3141800, www.panamayachtours.com

SURFEN

An der Pazifikküste gibt es ausgezeichnete Surfbuchten. Playa Venado und Santa Catalina sind besonders klasse. An der Karibikseite bieten Bocas del Toro und Isla Grande Herausforderungen.

Surfing en Panama Tel. 5076452 3800, www.surfeapanama.com. Bieten Trips nach Azuero, Santa Catalina und Bocas del Toro.

TAUCHEN

Die Gewässer rund um die Isla Coiba und den Archipiélago de Perlas bieten beste Möglichkeiten. Bocas del Toro wartet mit fabelhaftem Rifftauchen auf, spanische Galeonen liegen auf dem Meeresgrund rund um Portobelo.

Scuba Panama Tel. 2614064 oder 2613841, www.scubapanama.com. Tauchen an einigen der besten Stellen Panamas, u.a. im Kanal. Bietet Tauchreisen, ein Taucherhotel in der Nähe von Portobelo und Kurse.

VOGELBEOBACHTUNG

Zur Vogelbeobachtung bucht man sich am besten einen Führer.

Ancón Expeditions Tel. 2699415, www.anconexpeditions.com. Dieser Veranstalter hat einige der besten Führer des Landes.
Birdingpal www.birdingpal.org. Liste freiberuflicher Führer für vogelkundliche Touren.
Birding Pipeline Panama Tel. 69971935, www.birdingpipelinepanama.com. Vogelkundliche Reisen durch Zentralpanama und in die Kanalzone mit dem Ornithologen Kent Livezey.
Fundación Avifauna Eugene Eisenmann Tel. 2646266, www.avifauna.org.pa. Nonprofit-Organisation zum Schutz der Vögel in Panama.
Just Adventures Panama Tel. 64460466, www.justadventurespanama.com. Ein- bis viertägige Vogelbeobachtungstouren in Panama, u.a. nach Chiriquí und Bocas del Toro.

PANAMA-STADT

ANGELN

Panama Fishing & Catching Tel. 66220212, www.panamafishingandcatching.com

VERSCHIEDENES

HeliAncon Tel. 3151840, www.heli-ancon.com. Helikopterrundflüge und -touren.
Panama Marine Adventures Tel. 2268917, www.pmatours.net. Segway-Rundfahrten in Panama-Stadt.

WASSERSPORT

Balboa Yacht Club Fort Amador, Tel. 2285196, www.balboayachtclub.com. Mit einer Schienenrampe für Jachten.
Flamenco Yacht Club and Marina Tel. 3141980, www.fuerteamador.com. Moderne Marina mit zwölf Liegeplätzen, meist voll.
Panama Yacht Tours Tel. 3141000, www.panamayachtours.com. Fischen und Segeltouren.

ZENTRALE KARIBIKKÜSTE UND DER KANAL

BOOTSTOUREN

Canal & Bay Tours Tel. 209 20 02, www.canalandbaytours.com. Bietet Transit durch den Kanal.

Panama Marine Adventures Tel. 226 89 17, www.pmatours.net. Ganz- und Teilstrecken auf dem Kanal.

GOLF

Summit Golf & Resort Panama-Stadt, Tel. 232 46 53, www.summitgolfpanama.com. 18-Loch-Championship-Platz mit angeschlossenem Hotel.

RAFTING

Aventuras Panama Tel. 260 00 44, Mobil 66 79 44 04, www.aventuraspanama.com. Wildwassertouren auf den Flüssen Chagres und Mamomi.

TAUCHEN

Coco Plum Eco-Lodge 4,8 km westlich von Portobelo, Tel. 448 21 02. Taucherladen, der Ausflüge zu den nahe gelegenen Riffen organisiert.

Coral Dreams Isla Contadora, Tel. 65 36 17 76, www.coral-dreams.com. Tauchen bei den Islas de las Perlas.

Panama Divers Tel. 448 22 93, www.panamadivers.com. Spezialisiert auf Tauchgänge in Portobelo.

Scuba Panama Tel. 261 40 64 oder 261 38 41, www.scubapanama.com. Tauchausflüge bei Portobelo.

VOGELBEOBACHTUNG

Canopy Tower Parque Nacional Soberanía, Tel. 264 57 20, www.canopytower.com. Ein Hotel, das insbesondere auf Vogelkundler spezialisiert ist.

Panama Rainforest Discovery, Parque Nacional Soberanía, Tel. 65 88 06 97, www.pipelineroad.org. Guter Ort zur Vogelbeobachtung.

GUNA YALA

SEEKAJAKFAHREN

Expediciones Tropicales Tel. 317 12 79, www.xtrop.com. Kajaktouren auf dem Meer bei San Blas.

SEGELN

San Blas Sailing Tel. 314 12 88 oder 314 18 00, www.sanblassailing.com. Vier- bis 21-tägige Touren im San-Blas-Archipel.

TAUCHEN

In Guna Yala ist Flaschentauchen verboten. Erlaubt sind aber Schnorcheltouren, die u. a. von **Adventures Panama** organisiert werden *(www.adventurespanama.com)*.

VOGELBEOBACHTUNG UND WANDERN

Burbayar Lodge Nusugandí, Tel. 236 60 61 oder 69 49 57 00. Geführte Wanderungen.

Ecocircuitos Tel. 315 14 88, www.ecocircuitos.com. Exkursionen nach San Blas, u. a. zum Wandern.

Exotic Adventures Tel. 66 73 53 81, www.panamaexoticadventures.com. Wandern und Kajakabenteuer.

DARIÉN

ABENTEUERREISEN

Ancón Expeditions Tel. 269 94 15, www.anconexpeditions.com. Spezialist für vogelkundliche Touren und Wandern.

Ecocircuitos Tel. 315 13 05, www.ecocircuitos.com. Öko- und Abenteuertouren.

Exotic Adventures Tel. 66 73 53 81 oder 67 47 60 96, www.panamaexoticadventures.com. Dreitägiges Wander-, Kajak- und Reitabenteuer.

SPORTFISCHEN

Tropic Star Lodge Tel. 40 74 23 99 31 oder 80 06 82 34 24, www.tropicstar.com. Erstklassiges Sportfischen.

ZENTRALPANAMA

ABENTEUERREISEN

Crater Valley Adventure Center El Valle de Antón, Tel. 215 23 28, www.crater-valley.com. Felsklettern, Canyoning etc.
Adventures Panama Tel. 66 79 44 04, www.adventurespanama.com. Rundumangebot mit Wandern, Kajakfahren und Mountainbike-Touren.

BAUMWIPFELTOUREN

Canopy Adventure El Valle de Antón, Tel. 264 57 20, www.canopytower.com. Seilrutschtouren in einem Privatreservat.

BOOTSTOUREN

Fluid Adventures Panama Tel. 65 60 65 58, www.fluidadventurespanama.com. Boots- und Surftouren zu abgelegenen Stränden und vorgelagerten Inseln.

GOLF

Buenaventura Panama Golf Course Río Hato, Coclé, Tel. 908 32 00, www.buenaventurapanamagolf.com. Von Jack Nicklaus erbauter Par-72-Golfplatz am Meer.
Coronado Golf Course BlueBay Coronado Golf & Beach Resort, Tel. 240 44 44, www.bluebayresorts.com. Golfplatz, nur für Hotelgäste.
Vista Mar Resort Playa San Carlos, Tel. 340 38 88, www.vistamarresort.com. Schöne 18-Loch-Anlage.

KITEBOARDING

Machete Kites, Punta Chame, Tel. 66 74 77 72, www.machetekites.com. Kitesurfing-Schule in den Monaten Nov.–April.
Gisela Pulido Kitesurf Panama, Nitro City, Punta Chame, ***kitesurfpanama.com/en.html.*** Wakeboarding, ATVs und MotoX.

REITEN

Alquiler de Caballos El Valle de Antón, Tel. 66 46 58 13. Ausritte von einer Stunde bis zu einem halben Tag.
Club Equestre Coronado Tel. 264 31 64, www.coronadoresort.com. Reitclub eines Hotels.

SPORTFISCHEN

Pesca Panama Tel. 80 09 46 34 74, www.pescapanama.com. Sagenhafte Fischfangabenteuer rund um Isla Coiba.

TAUCHEN

Coiba Dive Center Playa Santa Catalina, Tel. 67 74 08 08, www.coibadivecenter.com. Schnorchel- und Tauchgänge zur Isla Coiba.
Scuba Coiba Playa Santa Catalina, Tel. 69 80 71 22, www.scubacoiba.com. Zweimal täglich Tauchgänge, außerdem werden mehrtägige Ausflüge mit Übernachtungen im Naturpark durchgeführt.

WASSERSPORT

Fluid Adventures Panama Playa Santa Catalina, Tel. 65 60 65 58, www.fluidadventurespanama.com. Auf dem Programm stehen Kajaktouren zur Isla Coiba.

HALBINSEL AZUERO

TAUCHEN UND SPORTFISCHEN

Pedasi Sports Club Pedasí, Tel. 995 28 94, www.pedasisportsclub.com. Tauchen, PADI-Kurse sowie Sportangeln.

CHIRIQUÍ UND DIE KORDILLERE

ANGELN

Gone Fishing Panama Resort Tel. 64 80 52 96, www.gonefishingpanama.com. Familienfreundliche Anlage im Nationalpark Golfo de Chiriqui.

BAUMWIPFELTOUREN

Boquete Tree Trek Boquete, Tel. 202 68 43 oder 720 16 35, www.boquetetreetrek.com. Gleiten durch die Baumwipfel.

GOLF

Valle Escondido Resort & Golf Spa, Tel. 720 24 54, www.veresort.com. Der 18-Loch-Championship-Golfplatz bietet eine spektakuläre Aussicht.

RAFTING

Chiriquí River Rafting Tel. 68 79 43 82, www.panama-rafting.com. Rafting-Ausflüge auf Flüssen.

SPORTFISCHEN

Panama Big Game Fishing Club Tel. 66 27 54 31, www.panamabiggamefishingclub.com. All-inclusive drei-, vier-, fünf- und sechstägige Fischereipakete.
Paradise Fishing Lodge Quedabra de Piedra, Chiriquí, Tel. 60 29 11 04, www.paradisefishinglodge.com

TAUCHEN

Golden Frog Scuba Boca Chica Tel. 65 86 48 38, www.goldenfrogscuba.com. Der Veranstalter organisiert Tauchausflüge zur Isla Coiba.

BOCAS DEL TORO

ANGELN

Boteros Bocatoreños Bocas-Stadt, Tel. 757 97 60, www.boterosunidos.bocas.com. Eine Initiative örtlicher Fischer, die individuelle Touren anbietet.

KULTURELLE TOUREN

ODESEN Tel. 65 74 98 74 oder 65 69 28 44, www.odesen.bocasdeltoro.org. Eintauchen in die Kultur der Teribe.

SURFEN

Bocas Surf School Tel. 68 52 52 91, http://bocassurfschool.com. Die Schule bietet Surfkurse und Ausflüge.
Panama Surf Tours Boca Chica, Tel. 66 71 77 77, www.panamasurftours.com. Surfkurse und Ausflüge zu den besten Surfstränden.

TAUCHEN

Starfleet Scuba Bocas-Stadt, Tel. 757 96 30. Taucher-Resort mit großem Angebot an PADI-Programmen und diversen Ausflügen.

Die Riffe von Bocas del Toro gehören zu den besten Tauchgründen der Karibik

ALLGEMEIN

ja *sí*
nein *no*
bitte *por favor*
danke *gracias*
bitte sehr, keine Ursache *de nada*
Hallo! *¡Hola!*
Auf Wiedersehen! *¡Adiós, hasta luego!*
Guten Tag! *¡Buenos días!*
Guten Tag! (nachmittags) *¡Buenas tardes!*
Guten Abend!/Gute Nacht! *¡Buenas noches!*
in Ordnung *está bien/de acuerdo*
heute *hoy*
gestern *ayer*
morgen *mañana*
Sprechen Sie deutsch/englisch? *¿Habla usted alemán/inglés?*
Ich bin Deutscher/Österreicher/ Schweizer. *Soy alemán/austríaco/suizo.*
Ich verstehe nicht. *No entiendo.*
Bitte sprechen Sie langsamer. *Hable más despacio, por favor.*
Wie heißen Sie? *¿Cómo se llama?*
Ich heiße ... *Yo me llamo ...*
Gehen wir! *¡Vamos!*
Um wie viel Uhr? *¿A qué horas?*

NOTFÄLLE

Ich brauche einen Arzt/Zahnarzt. *Necesito un médico/dentista.*
Können Sie mir helfen? *¿Me puede ayudar?*
Wo ist ein Krankenhaus/eine Klinik? *¿Dónde hay un hospital/una clínica?*
Hilfe! *¡Socorro!*

EINKAUFEN

Ich möchte ... *Quisiera ...*
Wie viel kostet es? *¿Cuánto es?*
Das ist sehr teuer. *Es muy caro.*
Nehmen Sie Kreditkarten? *¿Acepta tarjetas de crédito?*
Größe *el talle*
Quittung *el recibo/la nota*
Bäckerei *la panadería*
Buchhandlung *la librería*
Markt *el mercado/tianguis*
Apotheke *la farmacia*
Einkaufszentrum *el centro comercial*
Supermarkt *el supermercado*

BESICHTIGUNGEN

Touristeninformation *información turística*
geöffnet *abierto/a*
geschlossen *cerrado/a*
Kirche *iglesia*
Kathedrale *catedral*
Landgut *hacienda*
Museum *museo*
Ort *pueblo*
Stadt *ciudad*
Ticket *billete*
Cafeteria *cafetería*
Ausflug *excursión*
Hinweg *ida*
Rückweg *vuelta*
Karte *mapa*
Moschee *mezquita*
Museum *museo*
Büro *oficina*
Haltestelle *parada*
entschuldigen Sie *perdone*
Kunst *arte*
Ruine *ruina*
Bus *autobús*
Bahn *train*
Auto *coche*
Fahrrad *bicicleta*
Pool *piscina*
Toiletten *servicios*
Damen *señoras*
Herren *caballeros*

IM HOTEL

Haben Sie ...? Gibt es ...? *¿Hay ...?*
Einzelzimmer *una habitación sencilla*
Doppelzimmer *una habitación doble*
mit/ohne *con/sin*
Bad/Aussicht *baño/vista*

IM RESTAURANT

Speisekarte *el menú/la carta*
Frühstück *el desayuno*
Mittagessen (Hauptmahlzeit) *la comida*
Abendessen *la cena*

Rechnung *la cuenta*
zum Mitnehmen *para llevar*
Tagesmenü *el menú del día*
à la carte *a la carta*

SPEISEKARTE

Siehe auch »Essen und Trinken«, S. 32ff
Vorspeise *el antojito*
Brot *el pan*
Suppe *la sopa*
Cremesuppe *la crema*
Salat *la ensalada*
Hauptgericht *el plato principal*
Gemüse *verdura/vegetal*
Reis *(sopa de) arroz*
Bohnensuppe *sopa de frijol*
Bohnenpüree *frijoles refritos*
Dessert *el postre*
würzig *picante*
Bier *la cerveza*
Kaffee *el café*
Tee *el té*
Milch *la leche*
Mineralwasser *el agua mineral*
Eis *el hielo*
gereinigtes Wasser *el agua purificado*
Softdrink *refresco*
Limonade/Orangensaft *limonada/naranjada*
Wein *vino*
Aperitif *aperitivo*
Prost! *¡Salud!*
Fleisch *la carne*
Rindfleisch *la carne de res*
Schwein *el puerco*
Hähnchen *el pollo*
Fisch *el pescado*
Tintenfisch *el calamar*

ZEITEN UND ZAHLEN

Jahr *año*
Monat *mes*
Tag *día*
Stunde *hora*
Minute *minuto*
Sekunde *segundo*
früher Morgen *madrugada*
morgen/der Morgen *mañana*
Mittag *mediodía*
Mittagsruhe *siesta*
nachmittags/abends *por la tarde*
die Nacht *la noche*
Montag *lunes*
Dienstag *martes*
Mittwoch *miércoles*
Donnerstag *jueves*
Freitag *viernes*
Samstag *sabado*
Sonntag *domingo*
Feiertag *fiesta*
Frühling *primavera*
Sommer *verano*
Herbst *ótoño*
Winter *invierno*
eins *uno*
zwei *dos*
drei *tres*
vier *cuatro*
fünf *cinco*
sechs *seis*
sieben *siete*
acht *ocho*
neun *nueve*
zehn *diez*
elf *once*
zwölf *doce*
dreizehn *trece*
vierzehn *catorce*
fünfzehn *quince*
sechzehn *dieciséis*
siebzehn *diecisiete*
achtzehn *dieciocho*
neunzehn *diecinueve*
zwanzig *veinte*
einundzwanzig *veintiuno*
zweiundzwanzig *veintidos*
dreißig *treinta*
vierzig *cuarenta*
fünfzig *cincuenta*
sechzig *sesenta*
siebzig *setenta*
achtzig *ochenta*
neunzig *noventa*
hundert *cien*
tausend *mil*

Q

BILDNACHWEIS

Alle Abbildungen stammen von Gilles Mingasson/Getty Images mit Ausnahme der folgenden:

Umschlagvorderseite: Ein Einbaum am einsamen Palmenstrand auf der Insel Chichime; mauritius images/ imageBROKER/Stefan Espenhahn

10–13, TOP 10 Tipps: (1) dixonhamby/iStockphoto; (2) vilainecrevette/iStockphoto; (3) Dougall_ Photography/iStockphoto; (4) Six_drive/iStockphoto; (5) Alfredo Maiquez/Shutterstock; (6) insign/ iStockphoto; (7) Alfredo Maiquez/Shutterstock; (8) Domsta/iStockphoto; (9) Gualberto Becerra/ Shutterstock; (10) Frank Leung/iStockphoto

14–17, TOP 5 Tipps: Alle von yourshot.nationalgeographic.com: (1) Walter Arbaiza; (2) T. Maruyama; (3) Nick Smith; (4) Natalia Zisa; (5) Maria Gonzalez

2-3, Authentic traveler/Shutterstock; 4, Shutterstock/Daniel Lange; 6, Lookphotos/age fotostock; 19, Eleana/Shutterstock; 21, Stephen St. John/National Geographic Creative; 22-23, SL_Photography Jordan Adkins/Shutterstock; 24–25, Jon Hicks/Corbis; 31, Lisa Strachan/Shutterstock; 32, Humberto Olarte Cupas/Alamy; 36, Hulton Archive/Getty Images; 38–39, Hulton Archive/Getty Images; 43, Hulton Archive/Getty Images; 44, Stephen Ferry/Liaison/Getty Images; 47, imago/Agencia EFE; 50–51, Vilainecrevette/Shutterstock; 58, WorldsWildlifeWonders/Shutterstock; 62, WorldsWildlifeWonders/ Shutterstock; 67, Paul Hawthorne/Getty Images; 68-69, Jordan Adkins/Shutterstock; 73, Holger Mette/ Shutterstock; 87, Humberto Olarte Cupas/Alamy; 92, meunierd/Shutterstock; 102-103, Fotos593/ Shutterstock; 109, AP Photo/Heinz Krimmer/picture-alliance/dpa; 110, Mika Gröndahl, Panama Canal Authority; 112, George F. Mobley/National Geographic Stock; 118, Mattias Klum/National Geographic/ Getty Images; 127, Danny Lehman/Corbis; 128, Brian Lasenby/Shutterstock; 130-131, rj lerich/ Shutterstock; 137, Diana Walker/Time & Life Images/Getty Images; 144, Christian Wilkinson/ Shutterstock; 154, WorldsWildlifeWonders/Shutterstock; 155, George Grall/National Geographic/Getty Images; 161, Seaphotoart/Shutterstock; 162-163, ian woolcock/Shutterstock; 185, Wolcott Henry/ National Geographic/Getty Images; 188, Gualberto Becerra/Shutterstock; 193, Daniel Ho/Istmophoto. com; 206, 207, Cris Jaeg/Shutterstock; 208, Angel DiBilio/Shutterstock; Tim Graham/Getty Images; 211, John Warburton Lee/SuperStock; 212, Dave G. Houser/Corbis; 217, Peter Knif/Shutterstock; 218, jcarillet/iStockphoto.com; 222, White Gold Photos/Shutterstock; 233, Mark52/Shutterstock; 234, Seaphotoart/Shutterstock; 238, Fotos593/Shutterstock; 240, Scott B. Rosen/Alamy; 244, Alexey Stiop/ Shutterstock; 256-257, Peek Creative Collective; 303, Abner Veltier/Shutterstock; 309, Seaphotoart/ Shutterstock.

IMPRESSUM

Verantwortlich: Claudia Hohdorf
Übersetzung und Aktualisierung 2020: Oliver Fülling
Lektorat der aktualisierten Ausgabe: Birgit Günther
Satz: BUCHFLINK Rüdiger Wagner
Grafisches Konzept (Innenteil): Alexandra Rusitscka
Grafisches Konzept (Umschlag): Helene Avtuschko
Herstellung: Alexander Knoll
Printed in Slovenia by Florjancic

★★★★★

Sind Sie mit diesem Titel zufrieden? Dann würden wir uns über Ihre Weiterempfehlung freuen. Erzählen Sie es im Freundeskreis, berichten Sie Ihrem Buchhändler, oder bewerten Sie bei Onlinekauf. Und wenn Sie Kritik, Korrekturen, Aktualisierungen haben, freuen wir uns über Ihre Nachricht an NG Buchverlag, Postfach 40 02 09, D-80702 München oder per E-Mail an info@nationalgeographic-buch.de.

Unser komplettes Buchprogramm finden Sie unter: www.nationalgeographic-buch.de

Titel der Originalausgabe:
NATIONAL GEOGRAPHIC TRAVELER PANAMA

Die Deutsche Nationalbibliothek verzeichnet diese Publikation in der Deutschen Nationalbibliografie; detaillierte bibliografische Daten sind im Internet über http://dnb.d-nb.de abrufbar.

Deutsche Ausgabe veröffentlicht von: NG Buchverlag GmbH, München 2020
Lizenznehmer von: National Geographic Partners, LLC

ISBN 978-3-95559-226-4

Seit ihrer Gründung 1888 hat sich die National Geographic Society weltweit an mehr als 12 000 Expeditionen, Forschungs- und Schutzprojekten beteiligt. Die Gesellschaft erhält Fördermittel von National Geographic Partners LLC, unterstützt unter anderem durch Ihren Kauf. Ein Teil der Einnahmen dieses Buches hilft uns bei der lebenswichtigen Arbeit zur Bewahrung unserer Welt. Das legendäre NATIONAL GEOGRAPHIC-Magazin erscheint monatlich. Darin veröffentlichen namhafte Fotografen ihre Bilder und renommierte Autoren berichten aus nahezu allen Wissensgebieten der Welt. National Geographic im TV ist ein Premium Dokumentations-Sender, der ein informatives und unterhaltsames Programm rund um dieThemen Wissenschaft, Technik, Geschichte und Weltkulturen bereithält. Falls Sie mehr über National Geographic wissen wollen, besuchen Sie unsere Website unter *www.nationalgeographic.de.*